Utilize este código QR para se cadastrar de forma mais rápida:

Ou, se preferir, entre em:
www.santillanaespanol.com.br/ac/livroportal
e siga as instruções para ter acesso aos conteúdos exclusivos do
**Portal e Livro Digital**

CÓDIGO DE ACESSO:
A 00103 LISTO U 77391

Faça apenas um cadastro. Ele será válido para:

CB052371

# De los árboles a los libros, sostenibilidad en todo el camino

Da semente ao livro, sustentabilidade por todo o caminho

### Plantar bosques

La madera usada como materia prima para nuestro papel viene de plantaciones renovables, o sea, no es fruto de deforestación. Este tipo de plantación genera millares de empleos para los agricultores y ayuda a recuperar las áreas ambientales degradadas.

### Fabricar papel e imprimir libros

Toda la cadena de producción de papel, desde la fabricación de la celulosa hasta la encuadernación del libro, tiene los correspondientes certificados y cumple los patrones internacionales de procesamiento sostenible y las buenas prácticas ambientales.

### Crear contenido

Los profesionales involucrados en la elaboración de nuestras soluciones educativas tienen como objetivo una educación para la vida basada en la curaduría editorial, la diversidad de visiones y la responsabilidad socioambiental.

### Construir proyectos de vida

Ofrecer una solución educativa Santillana Español es un acto de compromiso con el futuro de las nuevas generaciones y posibilita una alianza entre las escuelas y las familias en la misión de educar.

### Plantar florestas

A madeira que serve de matéria-prima para nosso papel vem de plantio renovável, ou seja, não é fruto de desmatamento. Essa prática gera milhares de empregos para agricultores e ajuda a recuperar áreas ambientais degradadas.

### Fabricar papel e imprimir livros

Toda a cadeia produtiva do papel, desde a produção de celulose até a encadernação do livro, é certificada, cumprindo padrões internacionais de processamento sustentável e boas práticas ambientais.

### Criar conteúdo

Os profissionais envolvidos na elaboração de nossas soluções educacionais buscam uma educação para a vida pautada por curadoria editorial, diversidade de olhares e responsabilidade socioambiental.

### Construir projetos de vida

Oferecer uma solução educacional Santillana Español é um ato de comprometimento com o futuro das novas gerações, possibilitando uma relação de parceria entre escolas e famílias na missão de educar.

Para saber más, escanea el código QR.
Accede a *http://mod.lk/sostenab*

Fotografe o código QR e conheça melhor esse caminho.
Saiba mais em *http://mod.lk/sostenab*

# nuevo LISTO

## Volumen Único

Editora responsável: Roberta Amendola

Obra coletiva concebida, desenvolvida e produzida pela Santillana Español.

### GUION DE AUDIO

Pista 1 – Presentación

**Lección 1**
| Pista 2 | Pág. 10 |
| Pista 3 | Pág. 14 |
| Pista 4 | Pág. 19 |

**Lección 2**
| Pista 5 | Pág. 31 |

**Lección 3**
| Pista 6 | Pág. 34 |
| Pista 7 | Pág. 43 |

**Lección 4**
| Pista 8 | Pág. 46 |
| Pista 9 | Pág. 55 |

**Lección 5**
| Pista 10 | Pág. 67 |

**Lección 6**
| Pista 11 | Pág. 70 |
| Pista 12 | Pág. 79 |

**Lección 7**
| Pista 13 | Pág. 82 |

**Lección 8**
| Pista 14 | Pág. 94 |
| Pista 15 | Pág. 103 |

**Lección 9**
| Pista 16 | Pág. 106 |

**Lección 10**
| Pista 17 | Pág. 118 |
| Pista 18 | Pág. 127 |

**Lección 11**
| Pista 19 | Pág. 130 |
| Pista 20 | Pág. 139 |

**Lección 12**
| Pista 21 | Pág. 142 |
| Pista 22 | Pág. 151 |

**Lección 13**
| Pista 23 | Pág. 154 |
| Pista 24 | Pág. 163 |

**Lección 14**
| Pista 25 | Pág. 166 |
| Pista 26 | Pág. 175 |

**Lección 15**
| Pista 27 | Pág. 178 |
| Pista 28 | Pág. 187 |

**Lección 16**
| Pista 29 | Pág. 190 |
| Pista 30 | Pág. 199 |

**Lección 17**
| Pista 31 | Pág. 202 |
| Pista 32 | Pág. 211 |

**Lección 18**
| Pista 33 | Pág. 214 |
| Pista 34 | Pág. 223 |

**Lección 19**
| Pista 35 | Pág. 226 |
| Pista 36 | Pág. 235 |

**Lección 20**
| Pista 37 | Pág. 238 |
| Pista 38 | Pág. 247 |

**Lección 21**
| Pista 39 | Pág. 250 |
| Pista 40 | Pág. 259 |

**Lección 22**
| Pista 41 | Pág. 262 |
| Pista 42 | Pág. 271 |

**Lección 23**
| Pista 43 | Pág. 274 |
| Pista 44 | Pág. 283 |

**Lección 24**
| Pista 45 | Pág. 286 |
| Pista 46 | Pág. 295 |

SANTILLANA ESPAÑOL

**Dirección:** *Paul Berry*
**Gerencia editorial:** *Sandra Possas*
**Coordinación de arte:** *Christiane Borin*
**Coordinación de bureau:** *Américo Jesus*
**Coordinación de revisión:** *Katia Gouveia Vitale*
**Gerencia de producción gráfica:** *André Monteiro*
**Coordinación de producción gráfica:** *Maria de Lourdes Rodrigues*
**Gerencia de producción industrial:** *Wilson Aparecido Troque*

**Edición:** *Roberta Amendola, Daiene P. S. de Melo, Adriana Pedro de Almeida*
**Asistencia editorial:** *Cíntia Afarelli Pereira, Ludmila De Nardi, Fernanda Baião*
**Corrección:** *Camilla Bazzoni de Medeiros*
**Revisión lingüística:** *Eugenia Flavian*
**Revisión:** *Amanda Valentin, Augusto de Salvo Russo, Fabiana Teixeira Lima, Rafael G. Spigel, Sheila Folgueral, Simone S. Garcia, Tatiana M. Santana, Verónica Rolandi, Vinicius Oliveira, Vivian M. Viccino*
**Proyecto gráfico:** *Claudiner Corrêa Filho*
**Dirección de arte:** *Claudiner Corrêa Filho*
**Asistencia de arte:** *Daniela Amaral, Hulda Melo, Gisele. A. Rocha*
**Diseños especiales:** *Amanda Savoini, Daniela Amaral, Hulda Melo, Gisele. A. Rocha, Rafael Gentile*
**Ilustración:** *Alexandre Affonso, Bruno Mota, Gus Morais*
**Cubierta:** *Hulda Melo*
**Captura de fotos:** *Mariana Veloso Lima, Carol Böck, Yan Comunicação*
**Tratamiento de imágenes:** *Arleth Rodrigues, Bureau São Paulo, Fabio N. Precendo, Pix Art, Rubens M. Rodrigues, Wagner Lima*
**Maquetación:** *Exemplarr Worldwide Limited*
**Preimpresión:** *Alexandre Petreca, Everton L. de Oliveira Silva, Hélio P. de Souza Filho, Marcio H. Kamoto*
**Impresión:** *Meta Brasil*
**Lote:** *12082178*
**Cód:** *797682*

Aunque se hayan tomado todas las medidas para identificar y contactar a los titulares de los derechos de autor de los materiales reproducidos en esta obra, no siempre ha sido posible. La editorial se dispone a rectificar cualquier error de esta naturaleza siempre y cuando se lo notifiquen.

*Embora todas as medidas tenham sido tomadas para identificar e contatar os titulares dos direitos autorais sobre os materiais reproduzidos nesta obra, isto nem sempre foi possível. A editora estará pronta a retificar quaisquer erros desta natureza assim que notificada.*

---

**Dados Internacionais de Catalogação na Publicação (CIP)**
**(Câmara Brasileira do Livro, SP, Brasil)**

Nuevo listo : volumen único / editora responsável Roberta Amendola. — 2. ed. — São Paulo : Moderna, 2012.

1. Espanhol - Estudo e ensino I. Amendola, Roberta.

12-10039          CDD-460.7

**Índices para catálogo sistemático:**
1. Espanhol : Ensino fundamental 372.6

ISBN 978-85-16-08217-8 (LA)
ISBN 978-85-16-08218-5 (LP)

Reprodução proibida. Art. 184 do Código Penal e Lei 9.610 de 19 de fevereiro de 1998.
*Todos os direitos reservados.*

**SANTILLANA ESPAÑOL**
**EDITORA MODERNA LTDA.**
Rua Padre Adelino, 758 – Belenzinho
São Paulo – SP – Brasil – CEP 03303-904
www.santillana.com.br
2024
Impresso no Brasil

---

**Elaboración de originales:**
Cíntia Afarelli Pereira
Dária de Souza Ferraria
Fernanda Araújo de Carvalho
Fernanda Peçanha Carvalho
Ludmila De Nardi
María Alicia Manzone Rossi
Raquel Mendes Aguiar
Roberta Amendola
Solange Chagas do Nascimento

**Agradecimientos especiales:**
Adilson Prizmic Momce
Adriana Dias de Santana Santos
Adriana Soares Farias
Alessandra Estrada Mari
Ângela Lopes
Angelita Dal Piva
Aníbal Eduardo Pérez Coutinho
Bárbara Luzia Manhães Flores da Silva Ribeiro
Carlos Enrique López Montero
Carmen Irene Bovolato de Zonis
Cesar Alexandre Bustos
Daniela Vieira
Daniele Nascimento Freitas
Denice Saraiva de Alencar
Denise Aguiar Fernandes
Diana Emilia Bekeris Rago
Elba Magnani de Souza Rocha
Emília Cordeiro de Carvalho
Emerson Ribeiro Chaves
Evilane Alves de Araujo
Fernanda Peçanha Carvalho
Francisco José Mayor Bermúdez
Giselle Shiotoku Motta
Gladys Elisa Fernández Blanco
Graziele Weinert Napoli Silva
Hebert Ferreira de Melo
Hiago Henrique de Oliveira Souza
Hugo Alfredo Lingan Chacon
Ivison dos Passos Martins
Joana de Melo Araujo de Moraes
José Cleidinaldo Guerra
Katia Lima
Kelly Werneck
Kelvea Nascimento Nunes
Lidiane Fagundes Bitencourte
Lílian Fortes de Lima
Lillia Kelly Góes de Aquino
Luciana de Cássia Pereira
Luciana Sanchez
Luciano Guidorzzi Girotto
Luis Gabriel Aravena Gutierrez
Lylian Nara Pires Bandeira
Marcelo Guimarães Rodrigues
Márcia Aparecida Tinoco Pereira Caetano
Márcio Fialho
Maria Alejandra Demarco de Blanco
Mariane Rocha Silveira
Michelle Christine Gonçalves da Silva
Mônica da Cunha Barbato
Mônica de Almeida Santos
Nancy de Mello Bertolini
Patricia Mc Quade
Patrícia Pimentel Pereira
Paula Cristina Cagnoni de Melo
Paula Cristina de Jesus Silva
Paula Sierra
Raquel Nascimbem
Ricardo Gustavo Fernandez
Rildo Risel Rosales Dávila
Roberta Leal Lopes
Roberto Alfonso Lazarte Oblitas
Simone Alessandra Alves Moletta
Simone Cometti
Simone Vilela Garcia Battaggia
Sonia Maribel Muñoz Croeto
Tânia Maria Medeiros Perdigão
Tatiana de Carvalho Castro
Thiago Coutinho
Veronica Andrea Peralta Melendez Molina
Vinícius Fernandes Batista
Viviane Lima da Silva
Viviane Machado Santos Pereira da Costa
Vládia Patricia Medeiros Santos
Wallacy Freire Severiano
Waniston Coelho Celeri

## 3

Relaciona las siguientes fotos con los sitios donde se han sacado y los respectivos países.

a   b   c   d

- [ ] Machu Picchu
- [ ] Islas Galápagos
- [ ] Isla de Pascua
- [ ] Canal de Panamá
- [ ] Panamá
- [ ] Perú
- [ ] Ecuador
- [ ] Chile

## 4

¿Cómo se llaman las obras a continuación y qué artistas las crearon? Señala las alternativas correctas.

a   b

a ( ) *Familia de Picasso*, de Luisa Fernanda Oriza Pardo
( ) *Las meninas*, de Diego Velázquez
( ) *La familia Soler*, de Pablo Picasso

b ( ) *Una familia*, de Fernando Botero
( ) *Mujeres conversando*, de Francisco de Goya
( ) *Las dos Fridas*, de Frida Kahlo

## 5

Señala V (verdadero) o F (falso) en las siguientes afirmaciones.

a ☐ La selección española de fútbol venció la Eurocopa del 2008, la Copa Mundial del 2010 en Sudáfrica y la Eurocopa del 2012.
b ☐ La banda de *rock* colombiana Babasónicos lanzó el disco *A propósito* en el 2011.
c ☐ Solamente una de las siete maravillas del mundo moderno está en un país hispanohablante: la ciudadela inca de Machu Picchu, en Perú.
d ☐ El salar de Uyuni, en Bolivia, es el desierto de sal más grande del mundo.
e ☐ *Cantos de vida y esperanza* (1905) es una obra del escritor guatemalteco Rubén Darío.
f ☐ Lionel Messi es delantero del equipo de Barcelona y de la selección española.

## Honduras

**Extensión:** 112 090 km².
**Ciudades principales:** Tegucigalpa, Choluteca, La Ceiba, Puerto Cortés y San Pedro Sula.
**Forma de gobierno:** república presidencialista.
**Moneda:** lempira.
**Gentilicio:** hondureño(a).

## Perú

**Extensión:** 1 285 220 km².
**Ciudades principales:** Lima, Arequipa, Chimbote, Trujillo, Chiclayo, Cuzco, Piura, Huancayo, Sullana e Iquitos.
**Forma de gobierno:** república presidencialista.
**Moneda:** nuevo sol.
**Gentilicio:** peruano(a).

## México

**Extensión:** 1 958 200 km².
**Ciudades principales:** México D. F., Ciudad Juárez, Guadalajara, León, Monterrey, Puebla, Tijuana, Toluca y Torreón.
**Forma de gobierno:** república presidencialista.
**Moneda:** peso mexicano.
**Gentilicio:** mexicano(a).

## Puerto Rico

**Extensión:** 9 100 km².
**Ciudades principales:** San Juan, Bayamón, Ponce, Carolina, Caguas, Mayagüez y Guaynabo.
**Forma de gobierno:** democracia representativa.
**Moneda:** dólar estadounidense.
**Gentilicio:** puertorriqueño(a).

## Nicaragua

**Extensión:** 130 000 km².
**Ciudades principales:** Managua, León, Granada, Matagalpa, Masaya y Chinandega.
**Forma de gobierno:** república presidencialista.
**Moneda:** córdoba.
**Gentilicio:** nicaragüense.

## República Dominicana

**Extensión:** 48 730 km².
**Ciudades principales:** Santo Domingo, Duarte, Concepción de la Vega, Puerto Plata, San Cristóbal, San Juan y Santiago de los Caballeros.
**Forma de gobierno:** república presidencialista.
**Moneda:** peso dominicano.
**Gentilicio:** dominicano(a).

## Panamá

**Extensión:** 75 517 km².
**Ciudades principales:** Panamá, Colón y David.
**Forma de gobierno:** república presidencialista.
**Monedas:** balboa (y dólar estadounidense).
**Gentilicio:** panameño(a).

## Uruguay

**Extensión:** 174 810 km².
**Ciudades principales:** Montevideo, Melo, Mercedes, Minas, Paysandú, Punta del Este, Rivera y Salto.
**Forma de gobierno:** república presidencialista.
**Moneda:** peso uruguayo.
**Gentilicio:** uruguayo(a).

## Paraguay

**Extensión:** 406 750 km².
**Ciudades principales:** Asunción, Ciudad del Este, San Lorenzo, Encarnación, Fernando de la Mora y Luque.
**Forma de gobierno:** república presidencialista.
**Moneda:** guaraní.
**Gentilicio:** paraguayo(a).

## Venezuela

**Extensión:** 912 050 km².
**Ciudades principales:** Caracas, Maracaibo, Barquisimeto, Valencia, Maracay, San Cristóbal y Ciudad Guayana.
**Forma de gobierno:** república presidencialista.
**Moneda:** bolívar.
**Gentilicio:** venezolano(a).

Machu Picchu

Castillo San Felipe del Morro

Monumento a Cristóbal Colón

Los Dedos de Punta del Este

Archipiélago de Los Roques

## Ecuador

**Extensión:** 283 561 km².
**Ciudades principales:** Quito, Cuenca, Guayaquil, Ambato, Riobamba, Machala y Santo Domingo.
**Gentilicio:** ecuatoriano(a).
**Forma de gobierno:** república presidencialista.
**Moneda:** dólar estadounidense.

## El Salvador

**Extensión:** 21 040 km².
**Ciudades principales:** San Salvador, San Miguel, Santa Ana, Sonsonate, San Vicente y Soyapango.
**Gentilicio:** salvadoreño(a).
**Forma de gobierno:** república presidencialista.
**Monedas:** colón (y dólar estadounidense).

## España

**Extensión:** 504 780 km².
**Ciudades principales:** Madrid, Barcelona, Valencia, Sevilla, Bilbao y Zaragoza.
**Forma de gobierno:** monarquía parlamentaria.
**Gentilicio:** español(a).
**Moneda:** euro.

## Guatemala

**Extensión:** 108 890 km².
**Ciudades principales:** Guatemala, Antigua, Mazatenango, Puerto Barrios y Quetzaltenango.
**Forma de gobierno:** república presidencialista.
**Moneda:** quetzal.
**Gentilicio:** guatemalteco(a).

## Guinea Ecuatorial

**Extensión:** 28 050 km².
**Ciudades principales:** Malabo y Bata.
**Forma de gobierno:** república presidencialista.
**Moneda:** franco CFA (Comunidad Financiera Africana).
**Gentilicio:** ecuatoguineano(a).

océano Atlántico

Congreso Nacional

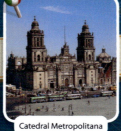
Copán

Catedral Metropolitana

Monumento Poético a Rubén Darío

Canal de Panamá

Panteón Nacional de los Héroes

# ESTRATEGIAS DE LECTURA

A lo largo de esta obra vas a ver recuadros llamados **Estrategia de lectura**. Ellos sirven para ayudarte a proceder a la lectura de los textos de manera eficaz, además de ofrecerte *tips* que te servirán para leer textos de todos los tipos y géneros en tu vida personal, escolar y, en el futuro, en tu vida profesional.

Aquí te presentamos las estrategias más recurrentes y sus significados. Tenlas en cuenta siempre que leas un texto; verás que la lectura te resultará más fácil y provechosa.

- **Diálogo con el texto:** la interpretación depende también de las conexiones que hace el lector del contenido del texto con sus propios conocimientos y experiencias.
- **Diccionarios:** los diccionarios son herramientas útiles para comprender las palabras nuevas del texto y buscar traducciones del portugués al español (y viceversa). Recuerda que también puedes consultar diccionarios monolingües.
- **Género textual:** el contenido, la estructura, la función (informativa, artística, etc.), el lenguaje, el nivel de formalidad y el medio de publicación ayudan a identificar el género del texto (carta, informe, gráfico, reportaje, etc.).
- **Inferencia léxica:** es posible inferir (deducir, adivinar) el significado de una palabra a través del contexto, de la semejanza con el portugués y de las pistas morfológicas.
- **Informaciones visuales:** las imágenes simplifican, aclaran y sintetizan los puntos relevantes del texto, contribuyendo así a la comprensión y a la persuasión del lector.
- **Intertextualidad:** las relaciones entre dos o más textos pueden ser identificadas por el lector dependiendo de sus conocimientos previos y de su comprensión lectora.
- **Intratextualidad:** la coherencia y la cohesión del texto dependen de las relaciones internas entre sus párrafos, partes, ideas, palabras, etc.
- **Lectura de imágenes:** al analizar una imagen se puede identificar el tema, la "historia", la intención del autor, el estilo artístico, las referencias externas, etc.
- **Lectura detallada:** las técnicas de lectura rápida no son suficientes para comprender la totalidad del texto; para ello hace falta leerlo —y releerlo— detenidamente.
- **Objetivo de la lectura:** para prepararse para la lectura, el lector puede definir qué objetivos específicos pretende alcanzar (aprender, entretenerse, informarse, etc.).
- **Palabras claves:** seleccionar los datos más importantes del texto es una buena forma de organizar las ideas, mejorar la comprensión y preparar un "guion" para el resumen.
- **Predicción:** el lector prevé el contenido del texto basándose en las imágenes, en el título, en la forma del texto, etc., y en sus propios conocimientos.
- **Reseña:** además de resumir el texto, el lector lo analiza, explica, hace comentarios, critica la opinión del autor, etc., basándose también en sus conocimientos previos.
- **Resumen/paráfrasis:** una manera eficaz de asimilar y memorizar el contenido de un texto es hacer un resumen y/o una paráfrasis (reescribirlo con tus propias palabras).
- *Scanning*: consiste en (re)leer el texto rápidamente para localizar informaciones específicas.
- *Skimming*: es una técnica de lectura superficial —es decir, ojear "por encima", echar un vistazo— que sirve para captar solamente las ideas más relevantes del texto, sin los detalles.
- **Tipo textual:** la intención del autor —narrar, argumentar, describir, informar, explicar, expresar emociones, etc.— determina el tipo del texto (narrativo, expositivo, etc.).

# ESTRATEGIAS ARGUMENTATIVAS

En prácticamente todos los textos se utilizan estrategias argumentativas para persuadir al lector y/o dar credibilidad al contenido.

- **Analogía:** consiste en comparar elementos que, a pesar de ser diferentes, tienen alguna semejanza.
- **Cita de autoridad:** el autor transcribe o parafrasea las ideas de otros autores (normalmente especialistas) para apoyar sus argumentos.
- **Conectores:** unen oraciones o partes de un texto estableciendo relaciones de oposición, causalidad, explicación, condición, etc.
- **Ejemplificación:** es común, sobre todo en textos expositivos y argumentativos, que el autor utilice ejemplos para dar soporte a lo que está explicando o planteando.
- **Ironía:** el autor la utiliza para hacer una crítica y/o entretener al lector y engancharlo en la lectura.
- **Modelos:** el autor puede incluir en el texto referencias a modelos de conducta, acción, eficiencia, etc., para ejemplificar o reforzar sus argumentos.
- **Preguntas retóricas:** como técnica de argumentación y persuasión, y para estimular al lector a la reflexión, el autor hace preguntas sin necesariamente contestarlas.
- **Sinonimia:** en general, la repetición de una misma palabra no contribuye a la estética del texto y puede tornarlo aburrido; por eso, es importante sustituirla por sinónimos.

| LECCIONES | VOCABULARIO TEMÁTICO | GRAMÁTICA | TEXTOS |
|---|---|---|---|
| **17** No hay que fiarse de las apariencias **201** | Las características físicas **204** | Pretérito Imperfecto de Subjuntivo: verbos regulares **206**<br>Pretérito Imperfecto de Subjuntivo: verbos irregulares **207**<br>Relativos **208**<br>Usos y diferencias de "por qué", "porque", "porqué", "por que" **210** | Correo electrónico **202**<br>Contribución **211** |
| **18** Cuando el verano es invierno y el invierno verano, nunca buen año **213** | El clima y las estaciones del año **216** | Pretérito Perfecto de Subjuntivo **218**<br>Régimen preposicional de los verbos **220**<br>Conjunciones **221** | El Calentamiento Global **214**<br>Tú decides **223** |
| **19** Cada cabeza es un mundo **225** | Comportamiento **228** | Oraciones subordinadas temporales **230**<br>Verbos pronominales y no pronominales **231**<br>• Cambio de significado **231**<br>• Énfasis o intensidad expresiva **232**<br>• Falta de culpa respecto a un hecho o acción **233**<br>Verbos recíprocos **233**<br>Adverbios y locuciones adverbiales de lugar **234** | Riesgos para la salud de los jóvenes **226**<br>*Bullying*: la ley del más fuerte **235** |
| **20** Lo importante es el viaje, no el destino **237** | Turismo **240** | Voz pasiva **242**<br>Voz pasiva con "se" **243**<br>Verbos de cambio: "ponerse", "quedar(se)", "volverse" y "hacerse" **244** | Llegando y recorriendo Madrid **238**<br>La ciudad de la luna de plata: Quetzaltenango **247** |
| **21** No hay boda sin tornaboda **249** | Celebraciones **252** | Oraciones subordinadas concesivas **254**<br>Oraciones subordinadas finales **256**<br>Acentuación: palabras monosílabas **258**<br>• Acento diacrítico **258** | Al ritmo del Caribe **250**<br>El Día de la Hispanidad: ¿motivo de celebración? **259** |
| **22** La experiencia es la madre de la ciencia **261** | La ciencia y la tecnología **264** | Oraciones condicionales **266**<br>Adverbios y locuciones adverbiales de modo **268**<br>Heterosemánticos **270** | Mente al límite **262**<br>Paralíticos controlan un robot con el pensamiento **271** |
| **23** Las palabras vuelan, y lo escrito permanece **273** | Las correspondencias **276** | Pretérito Pluscuamperfecto de Subjuntivo **278**<br>Condicional Compuesto **279**<br>Oraciones condicionales **281**<br>Artículo neutro "lo" con función de intensificador **282** | 10 claves para escribir bien, según Rosa Montero **274**<br>Cómo hacer un buen currículum cuando se tiene poca formación **283** |
| **24** Haz bien y no mires a quién **285** | Sentimiento y emoción **288** | Estilos directo e indirecto **290**<br>• Reproducción de una frase en el mismo momento en que se dice **290**<br>• Reproducción de una frase en un momento posterior al que se dice **292**<br>• Referencias personales, temporales y de lugar **294** | Medicina contra el racismo **286**<br>Victoria Camps: "Los sentimientos nos mueven a actuar, no la razón" **295** |

| APÉNDICES | CUADERNO DE ACTIVIDADES **297** | GLOSARIO **345** |
|---|---|---|

Este icono se refiere a las actividades (A.) que forman parte del Cuaderno de Actividades (CA).

Este icono hace referencia a los contenidos del Glosario Visual que está en el CD-ROM en línea del libro.

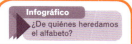

Este icono se refiere a los contenidos del apartado Infográficos que se encuentra en el CD-ROM en línea del libro.

Este icono hace referencia a las cuestiones (C.) de la segunda parte del Cuaderno de Exámenes (CE), que trae simulados (S.) de pruebas de ingreso (*vestibular*).

# Países Hispanohablantes

## Argentina

**Extensión:** 2 766 890 km².
**Ciudades principales:** Buenos Aires, Córdoba, La Plata, Mar del Plata, Mendoza, Rosario y San Carlos de Bariloche.
**Forma de gobierno:** república presidencialista.
**Moneda:** peso argentino.
**Gentilicio:** argentino(a).

## Colombia

**Extensión:** 1 138 910 km².
**Ciudades principales:** Bogotá, Barranquilla, Bucaramanga, Buenaventura, Cali, Cartagena y Medellín.
**Forma de gobierno:** república presidencialista.
**Moneda:** peso colombiano.
**Gentilicio:** colombiano(a).

## Bolivia

**Extensión:** 1 098 581 km².
**Ciudades principales:** La Paz, Sucre, Cochabamba, Alto, Oruro y Santa Cruz de la Sierra.
**Forma de gobierno:** república presidencialista.
**Moneda:** boliviano.
**Gentilicio:** boliviano(a).

## Costa Rica

**Extensión:** 51 100 km².
**Ciudades principales:** San José, Limón, Puntarenas, Cartago, Alajuela y Heredia.
**Forma de gobierno:** república presidencialista.
**Moneda:** colón.
**Gentilicio:** costarricense.

## Chile

**Extensión:** 2 006 096 km² (incluido el Territorio Chileno Antártico).
**Ciudades principales:** Santiago, Concepción, Talcahuano, Valparaíso, Puente Alto y Viña del Mar.
**Forma de gobierno:** república presidencialista.
**Moneda:** peso chileno.
**Gentilicio:** chileno(a).

## Cuba

**Extensión:** 110 860 km².
**Ciudades principales:** La Habana, Camagüey, Guantánamo, Holguín, Santa Clara y Santiago.
**Forma de gobierno:** república socialista.
**Moneda:** peso cubano.
**Gentilicio:** cubano(a).

### Puntos turísticos

Glaciar Perito Moreno

Salar de Uyuni

Isla de Pascua

Plaza de Toros de Santamaría

# ¿Qué sabes sobre el mundo hispánico?

## 1

¿Cuáles de estas personas famosas son de países hispanohablantes? Señala con una X y comenta a qué se dedica cada una y/o cuál es su profesión.

a ☐ Andrés Iniesta
b ☐ Eva Mendes
c ☐ Noelia
d ☐ Cristina Kirchner
e ☐ Laura Pausini
f ☐ Pablo Neruda
g ☐ Cristiano Ronaldo
h ☐ Gael García Bernal

## 2

¿Conoces los platos típicos de las fotos? Escribe los ingredientes a continuación en las columnas correctas y relaciona los platos con sus países de origen.

- tomate
- frijoles
- mondongo
- papas
- falda de ternera
- mantequilla
- arroz (2x)
- ají
- plátanos
- hierbabuena
- chile rojo
- caraotas negras
- pimiento rojo

**a** gallo pinto | **b** caucáu | **c** pabellón criollo

☐ Perú ☐ Costa Rica ☐ Venezuela

# TABLA DE CONTENIDOS

| INTRODUCCIÓN | ¿QUÉ SABES SOBRE EL MUNDO HISPÁNICO? **6** | PAÍSES HISPANOHABLANTES **6** | ESTRATEGIAS DE LECTURA Y ARGUMENTATIVAS **8** |

| LECCIONES | VOCABULARIO TEMÁTICO | GRAMÁTICA | TEXTOS |
|---|---|---|---|
| **1** A nuevos tiempos, nuevas costumbres **9** | Estados de ánimo y sentimientos **12** | Alfabeto **14**<br>Signos ortográficos **15**<br>Pronombres personales sujeto **16**<br>El voseo **16**<br>Presente de Indicativo: verbos "ser" y "estar" **17**<br>Registro formal e informal **18** | El orden alfabético **10**<br>¿Y usted por qué tutea? **19** |
| **2** Más vale prevenir que curar **21** | El cuerpo humano **24** | Artículos definidos e indefinidos **26**<br>Contracciones **27**<br>Presente de Indicativo: verbos regulares **28**<br>Conjunciones Y/E – O/U **29**<br>Numerales cardinales del 0 al 99 **30** | Historieta de Condorito **22**<br>La salud **31** |
| **3** Quien tiene oficio tiene beneficio **33** | Las profesiones **36** | Género de los sustantivos **38**<br>Heterogenéricos **39**<br>Grado de los adjetivos: comparativo y superlativo **40**<br>Numerales cardinales a partir del 100 **41**<br>• Números superiores a un millón **42** | Ellas pueden con la carga **34**<br>Las posibles 20 profesiones del futuro **43** |
| **4** Hijo eres y padre serás; cual hicieres, tal habrás **45** | La familia **48** | Presente de Indicativo: verbos irregulares **50**<br>• Verbos "ir", "dar" y "saber" **50**<br>• Verbos "hacer", "poner", "salir", "tener", "venir" y "decir" **50**<br>Demostrativos **52**<br>Numerales ordinales **54** | Declaración Universal de Derechos Humanos **46**<br>Ley para la Protección de los Derechos de Niñas, Niños y Adolescentes **46**<br>Niña Pastori, 5 Hermanos **55** |
| **5** Casa mía, casa mía, por pequeña que tú seas, me pareces una abadía **57** | La casa **60** | Número de los sustantivos **62**<br>Posesivos **63**<br>Verbo "haber" **64**<br>Adverbios y locuciones adverbiales de cantidad **65**<br>Muy y mucho **66** | Clasificados **58**<br>El hombre imaginario **67** |
| **6** De lo que se come se cría **69** | Los alimentos **72** | Presente de Indicativo: verbos irregulares **74**<br>• E > IE **74**<br>• O > UE **74**<br>• E > I **75**<br>Interrogativos y exclamativos **77**<br>Numerales partitivos o fraccionarios y multiplicativos **78** | Sopa de frijoles salvadoreña **70**<br>Por qué los ratones tienen miedo de las mujeres **79** |
| **7** De músico, poeta y loco, todos tenemos un poco **81** | Las artes **84** | Presente de Indicativo: verbos irregulares **86**<br>• C > ZC **86**<br>• I > Y **86**<br>Los verbos "gustar", "encantar" e "interesar" **89**<br>El verbo "parecer" **89** | Manifiesto de las Siete Artes **82**<br>Doble Mona Lisa, después de Warhol **91** |
| **8** Una buena capa todo lo tapa **93** | Las ropas **96** | Presente de Indicativo: verbos pronominales **98**<br>• Pronombres reflexivos **98**<br>Perífrasis verbal "ir + a + infinitivo" **100**<br>Adverbios y locuciones adverbiales de tiempo **101** | Alternativa textil ecológica: entrevista a María Almazán **94**<br>Alternativa textil en marcha **94**<br>Ecuador quiere que Unesco incluya su *Panama hat* en lista de patrimonio **103**<br>Fabricación del sombrero panamá **103** |

# TABLA DE CONTENIDOS

| LECCIONES | VOCABULARIO TEMÁTICO | GRAMÁTICA | TEXTOS |
|---|---|---|---|
| **9** Una ciudad sin prisas es una ciudad de sonrisas **105** | La ciudad **108** | Participio pasado **110** <br> Pretérito Perfecto Compuesto de Indicativo **110** <br> Perífrasis verbales de participio **112** <br> Adverbios de tiempo **112** <br> Pretérito Imperfecto de Indicativo **113** | La Habana de un vistazo **106** <br> Paisaje de La Habana en rojo **115** |
| **10** No protejas el medio ambiente; protégelo entero **117** | Los meses del año, los días de la semana y la hora **120** | Pretérito Indefinido de Indicativo: verbos regulares **122** <br> Adverbios y locuciones adverbiales de tiempo **124** <br> Indefinidos **124** <br> Pretérito Pluscuamperfecto de Indicativo **125** | Un mundo de usar y tirar **118** <br> Obsolescencia programada **127** |
| **11** Quien mal anda mal acaba **129** | Algunos tipos de adicción **132** | Pretérito Indefinido de Indicativo: verbos irregulares **134** <br> Gerundio **136** <br> Perífrasis verbales de gerundio **136** <br> Interjecciones **138** | Adicciones **130** <br> La labor de la Organización Mundial de la Salud **139** |
| **12** Hombre sin noticias, mundo a oscuras **141** | Los medios de comunicación e información **144** | Futuro Simple **146** <br> Futuro Compuesto **147** <br> Pronombres personales átonos con función de complemento directo **148** <br> Colocación de los pronombres complemento directo **149** <br> Complemento directo de persona **150** | Nativos digitales **142** <br> Los teléfonos móviles **151** |
| **13** Quien canta sus males espanta **153** | Los instrumentos y ritmos musicales **156** | Presente de Subjuntivo: verbos regulares **158** <br> Presente de Subjuntivo: verbos irregulares **159** <br> Pronombres personales átonos con función de complemento indirecto **160** <br> Colocación de los pronombres complemento indirecto **160** <br> Concurrencia de pronombres átonos **161** <br> Leísmo **162** | Latinoamérica **154** <br> El Festival de la Canción de Viña del Mar **163** |
| **14** Quien quisiere vencer, aprenda a padecer **165** | Los deportes **168** | Imperativo en forma afirmativa: verbos regulares **170** <br> Imperativo en forma afirmativa: verbos irregulares **171** <br> Colocación pronominal con los verbos en Imperativo en forma afirmativa **172** <br> Perífrasis verbales de infinitivo **173** <br> Acentuación: palabras agudas **174** | El rostro del triunfo **166** <br> El gol olímpico **175** |
| **15** No hay mejor lotería que el trabajo y la economía **177** | Los establecimientos comerciales **180** | Imperativo en forma negativa: verbos regulares **182** <br> Imperativo en forma negativa: verbos irregulares **182** <br> Verbos impersonales **184** <br> Preposiciones **185** <br> Formas tónicas de los pronombres complemento **186** <br> Acentuación: palabras graves **186** | Consumismo **178** <br> Sociedad marcada **187** |
| **16** Caminante, no hay camino, se hace camino al andar **189** | Los medios de transporte **192** | Artículo neutro "lo" **194** <br> Condicional Simple: verbos regulares **195** <br> Condicional Simple: verbos irregulares **196** <br> Heterotónicos **197** <br> Acentuación: palabras esdrújulas y sobresdrújulas **198** | Proyecto de tren instantáneo entre Santiago y Puerto Montt **190** <br> Hay que demoler las autopistas **199** |

# A NUEVOS TIEMPOS, NUEVAS COSTUMBRES

**LECCIÓN 1**

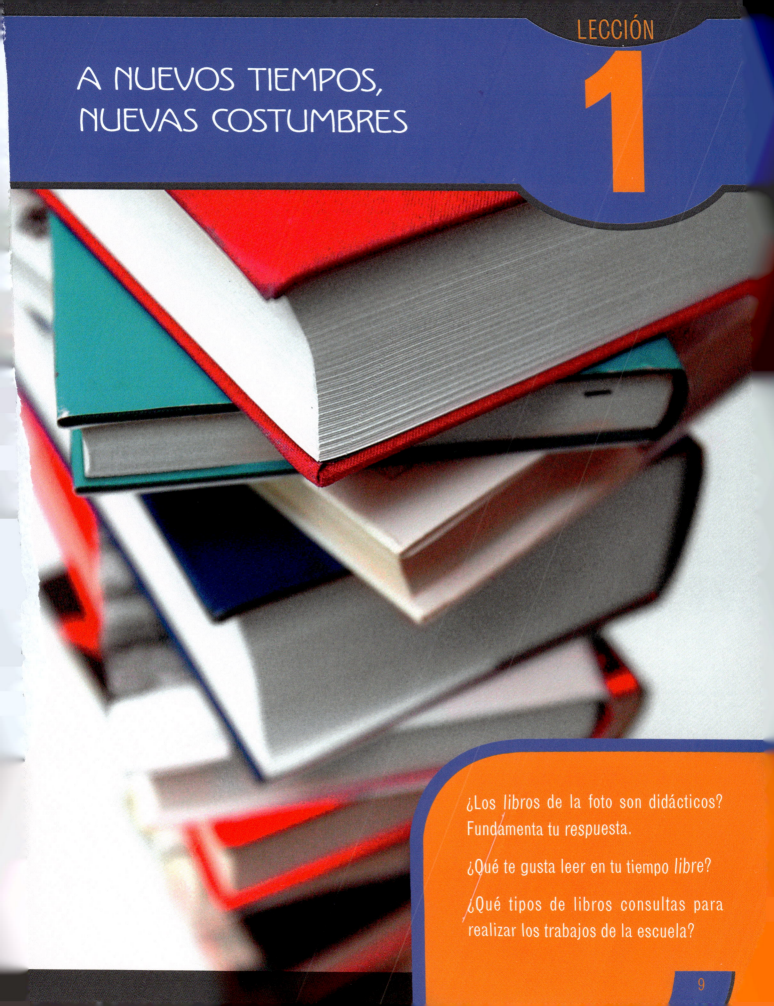

¿Los libros de la foto son didácticos? Fundamenta tu respuesta.

¿Qué te gusta leer en tu tiempo *libre*?

¿Qué tipos de libros consultas para realizar los trabajos de la escuela?

## LECTURA

**PRECALENTAMIENTO**

- Lee solamente el título del texto, observa su entorno y contesta: ¿qué obras o publicaciones presentan palabras en orden alfabético? ¿Por qué utilizan ese sistema?
- ¿Se pueden encontrar definiciones en otro formato además del impreso?

 **1** Lee este fragmento de la obra *El orden alfabético*, de Juan José Millás.

**ESTRATEGIA DE LECTURA**

El visual del texto aporta informaciones sobre su contenido y facilita la comprensión. Además, las preguntas de precalentamiento proporcionan al lector una idea de lo que va a leer. De esta manera, se reúnen aquí dos estrategias de lectura: la observación de las **informaciones visuales** y la **predicción**.

# El orden alfabético

En casa había una enciclopedia de la que mi padre hablaba como de un país remoto, por cuyas páginas te podías perder igual que por entre las calles de una ciudad desconocida. [...]

Mi padre, entre tanto, continuaba utilizando la enciclopedia como un medio de transporte con el que llegaba a lugares que nosotros no podíamos ni imaginar [...]. A veces volvía de aquellos curiosos viajes con barba de tres días y expresión de cansancio, como si hubiera permanecido de verdad en algún país extranjero. Y en vez de regalos, como los demás padres que viajaban, nos traía términos. [...] Pero no entendía bien por qué, siendo la enciclopedia un modelo de organización, la realidad no se ajustaba siempre al orden alfabético. El *uno*, por ejemplo, iba antes del *dos* aunque la *u* era una de las últimas letras del abecedario. Además, *d*esayunábamos antes de *c*omer y *c*omíamos antes de *c*enar, cuando en una progresión alfabética se debería comenzar el día con la *c*ena para continuar con la *c*omida y acabar la jornada con un buen *d*esayuno. Esta falta de acuerdo permanente entre el mundo enciclopédico y la existencia real constituyó una de las preocupaciones más fuertes de mi infancia.

MILLÁS, Juan José. *El orden alfabético*. Madrid: Alfaguara, 2008, p. 11-14.

## 2 Elige la alternativa correcta.

a  La historia se cuenta en:
- ☐ I   tercera persona.
- ☐ II  primera persona.

b  Los hechos de la historia:
- ☐ I   están ocurriendo en la actualidad.
- ☐ II  ocurrieron en el pasado.

c  El texto pertenece al tipo ▬ y se ha extraído de ▬.
- ☐ I   narrativo – una novela
- ☐ II  expositivo – una enciclopedia

### ESTRATEGIA DE LECTURA

Para identificar el **género de un texto**, verifica cuál ha sido la intención del autor al escribirlo: hacer descripciones, narrar acontecimientos, expresar opiniones, informar, etc. La **función** del texto y sus **características** —la forma, la estructura, el tono y la intención estética— ayudan a determinar si es del tipo narrativo, argumentativo, descriptivo o expositivo y, además, como perteneciente al género literario, periodístico, técnico, académico, entre otros.

## 3 Relaciona las columnas según la asociación de elementos que hace el narrador. Debes repetir una de las alternativas.

a  Enciclopedia.
b  Páginas de la enciclopedia.
c  Términos explicados en la enciclopedia.

☐ Calles de un sitio desconocido.
☐ País remoto/extranjero.
☐ Regalos que trae el viajero.
☐ Medio de transporte.

## 4 Contesta las preguntas.

a  ¿En qué se diferencian los diccionarios de las enciclopedias?
_____

b  En la opinión del narrador, ¿qué función tenía la enciclopedia para su padre?
_____

c  ¿Qué intrigaba al narrador respecto del orden alfabético? Fundamenta tu respuesta con un ejemplo extraído del texto.
_____

d  ¿A quién(es) se refiere el escritor con los pronombres "nosotros" y "nos" en el segundo párrafo?
_____

## 5 Señala la única alternativa incorrecta según el texto. Luego, corrígela.

- ☐ a  El aspecto cansado y desaliñado del padre contribuía a aumentar la impresión de que realmente había viajado.
- ☐ b  Para el narrador, la realidad también debería ordenarse alfabéticamente.
- ☐ c  La novela es un género literario escrito en verso.
- ☐ d  El texto narrativo sirve para contar hechos reales o imaginarios.

_____

## 6 Piensa en otras cosas o situaciones cuya secuencia "real" no sigue el orden alfabético de las enciclopedias. Apúntalas y explica cómo se podría ajustar la realidad al "mundo enciclopédico".

_____
_____

# CAJÓN LEXICAL
## ESTADOS DE ÁNIMO Y SENTIMIENTOS

**1** Consulta el glosario del libro o un diccionario y escribe los estados de ánimo que correspondan a los personajes de la escena de arriba. ¡Ojo!: algunos sobran.

| sorprendido(a) | celoso(a) | tranquilo(a) | disgustado(a) | contento(a) | aburrido(a) |
| saciado(a) | enojado(a) | cansado(a) | estresado(a) | nervioso(a) | emocionado(a) |
| alegre | bruto(a) | orgulloso(a) | enfadado(a) | triste | chismoso(a) |

a _____  e _____  i _____
b _____  f _____  j _____
c _____  g _____  k _____
d _____  h _____  l _____

**2** ¿Qué adjetivo usarías para describirte en este momento? ¿Y cuál crees que define mejor tu personalidad? Busca las definiciones en un diccionario monolingüe de español y escríbelas a continuación.

_____
_____

**¿Eres una persona celosa?**

¿Sabías que la palabra "celos" proviene del latín *zēlus* ("ardor", "celo") y este del griego *zêlos* (derivado de *zéō*, "yo hiervo")? La palabra "celosía" proviene del mismo origen y significa "enrejado de madera que se pone en ciertas ventanas para que las personas que están en lo interior vean sin ser vistas". Se llamó así por la causa que determina su uso, ya que la mujer oculta tras una celosía no está a la vista de los viandantes.

COROMINES, Joan. *Breve diccionario etimológico de la lengua castellana.* Madrid: Gredos, 2005, p. 143. (Adaptado).

**3** Completa las frases con estas palabras. Para ello, consulta el glosario del libro y/o un diccionario.

sorprendido(a)   bruto(a)   enojado(a)   deprimido(a)   tranquilo(a)   preocupado(a)
disgustado(a)   agotado(a)   nervioso(a)

a  Estás _____, Luis. Quédate _____; todo va a salir bien.
b  Estoy muy _____; tengo que estudiar pero estoy _____.
c  Me quedé _____ porque la chica fue muy _____; estará _____.
d  La excursión fue aburrida; la gente estaba _____ y _____ con el viaje.

**4** Lee el texto y subraya los beneficios que puede tener el baile para nuestro estado de ánimo. Luego contesta las preguntas.

### ¡Quien baila y canta su pena espanta!

Sí, mover el cuerpo al ritmo de la música es uno de los mejores ejercicios que podemos practicar. No solo nos mantiene en forma, sino que, además, fortalece nuestro organismo, mejora nuestra autoestima y, por si fuera poco, nos entretiene todo el tiempo.

Descubre los beneficios que el baile tiene para ofrecerte:
- fortalece los huesos, el corazón y los pulmones;
- tonifica los músculos;
- ayuda a bajar de peso;
- mejora la flexibilidad, la agilidad y la coordinación del cuerpo;
- mejora la salud mental y el sistema nervioso;
- nos hace sentir más felices y con mejor humor, pues nos libera de las preocupaciones, reduce nuestra ansiedad y, sobre todo, nos divierte.

Disponible en <www.vivirsalud.com/2010/08/30/mejor-si-hoy-bailamos>. Accedido el 28 febr. 2012. (Adaptado).

a  ¿Cómo sueles sentirte cuando bailas y después de bailar?
_____

b  ¿Qué entiendes por el refrán que titula el texto?
_____

# GRAMÁTICA

## ALFABETO

| | | | |
|---|---|---|---|
| A a | H hache | Ñ eñe | U u |
| B be | I i | O o | V uve |
| C ce | J jota | P pe | W uve doble |
| D de | K ka | Q cu | X equis |
| E e | L ele | R erre | Y ye |
| F efe | M eme | S ese | Z zeta |
| G ge | N ene | T te | |

Los dígrafos **ch** y **ll** ya no forman parte del alfabeto y las palabras que comienzan con ellos figuran en los diccionarios dentro de las letras **c** y **l**, respectivamente.

Mi nombre es Zaxichitiquipihuila. Se escribe con zeta...

**¡OJO!**
En español el nombre de las letras es siempre femenino: la a, la be, la ce, etc.

**1** Completa las palabras con las letras que faltan. Luego, escribe sus nombres. Si es necesario, consulta un diccionario.

a Ca___a: _____
b Dia___io: _____
c Hue___o: _____
d Mu___er: _____
e Espa___ol: _____
f ___ueso: _____
g E___presión: _____
h Urugua___o: _____
i ___apato: _____

**2** Escribe el nombre de cada letra de las siguientes palabras.

a República Dominicana: _____
b Bolivia: _____
c Argentina: _____
d España: _____

**3** Identifica las palabras de acuerdo con las letras y escríbelas.

a a – eñe – o: _____
b eme – e – equis – i – ce – o: _____
c e – jota – e – erre – ce – i – ce – i – o: _____
d uve – a – ce – a – ce – i – o – ene – e – ese: _____

# SIGNOS ORTOGRÁFICOS

Los signos ortográficos tienen diferentes funciones: señalar la acentuación de una palabra, la pronunciación de una letra, las pausas en el discurso, la forma en que se lo debe interpretar, la entonación; hacer una aclaración dentro de una frase, una llamada dentro de un texto, etc. Los principales son:

- ´ la tilde / el acento
- ¨ la diéresis
- . el punto
- : los dos puntos
- ... los puntos suspensivos
- , la coma
- ; el punto y coma

- ¡! los signos de exclamación
- ¿? los signos de interrogación
- ( ) los paréntesis
- - el guion
- — la raya
- " " las comillas
- * el asterisco

**¡OJO!**

En español los signos de exclamación e interrogación son dobles: se ponen al comienzo y al cierre de la frase (ejs.: ¿Eres mexicano? / ¡Estás muy guapa!).

**4** Relaciona los signos ortográficos con sus nombres.

a ´   d ;
b :   e ¿?
c ...  f " "

- ☐ El punto y coma.
- ☐ La tilde.
- ☐ Los puntos suspensivos.
- ☐ Los signos de interrogación.
- ☐ Las comillas.
- ☐ Los dos puntos.

**5** Escribe los nombres de los signos ortográficos que se destacan en las siguientes frases.

a ¡Qué contento está el alumno! _____
b Marta**,** ¿cómo está el niño**?** _____
c Un madrileño me dijo**:** "Estoy muy contento de verte". _____

**6** Completa el diálogo con los signos de puntuación necesarios.

— ___ Hola ___ buenos días ___ Soy la profesora de español ___
— ___ Buenos días ___ ___ Cómo te llamas ___
— Me llamo Carmen Rodríguez ___
— Y vosotros ___ cómo os llamáis ___
— Yo me llamo Jorge ___
— Y yo ___ Miguel ___

**7** La coma es un signo importante de la ortografía del español. De esta depende, en gran parte, la correcta expresión y comprensión de lo que se escribe y lee. Teniéndola en cuenta, explica el sentido de las siguientes frases.

a No llegó. _____
b No, llegó. _____
c No, Ana viajó. _____
d Ana no viajó. _____

# GRAMÁTICA

**8** Lee el siguiente texto sobre el uso de los signos ortográficos en los correos electrónicos y señala las respuestas correctas.

### ¡¡¡¡¡¡¡¡¡Signos de exclamación!!!!!!!!!!

Otro signo de puntuación que, al igual que el emoticono, ha recobrado vida es el signo de exclamación. Las reglas tradicionales solo permiten poner un punto de exclamación cuando la frase es una exclamación de verdad [...].

El signo de exclamación es un método perezoso, pero eficaz, de combatir la elemental falta de tono del correo electrónico. "Te veré en la conferencia" es la mera declaración de un hecho. En cambio "¡Te veré en la conferencia!" le dice a tu compañero que...

SHIPLEY, David; SCHWALBE, Will. *Enviar: manual de estilo del correo electrónico.* Madrid: Taurus, 2008, p. 131.

a  El texto se refiere a:
  ☐ I    la importancia de los signos de puntuación.
  ☐ II   las nuevas funciones que desempeñan los signos de puntuación.
  ☐ III  los usos tradicionales de los signos de puntuación.

b  La frase que continúa el texto donde están los puntos suspensivos finales es:
  ☐ I    "... te das prisa para terminar de escribir el correo".
  ☐ II   "... no estás emocionado".
  ☐ III  "... estás emocionado y feliz por el evento".

## PRONOMBRES PERSONALES SUJETO

Los pronombres personales que cumplen función de sujeto son:

| Yo | Tú/Vos | Él/Ella/Usted | Nosotros(as) | Vosotros(as) | Ellos(as)/Ustedes |

## EL VOSEO

En la mayoría de los países hispanohablantes predomina el uso del pronombre "tú" en la segunda persona del singular. En algunos países, sin embargo, se usa "vos" en lugar de "tú"; es el caso de Argentina, Uruguay, Paraguay y de algunos países centroamericanos como Costa Rica, Nicaragua, Honduras, El Salvador y Guatemala. Ese uso recibe el nombre de "voseo".

En algunos tiempos y modos verbales, como Presente de Indicativo e Imperativo, la conjugación del verbo en "vos" es diferente de la conjugación en "tú".

## PRESENTE DE INDICATIVO: VERBOS "SER" Y "ESTAR"

|  | SER | ESTAR |
|---|---|---|
| Yo | soy | estoy |
| Tú/Vos | eres/sos | estás/estás |
| Él/Ella/Usted | es | está |
| Nosotros(as) | somos | estamos |
| Vosotros(as) | sois | estáis |
| Ellos(as)/Ustedes | son | están |

**9** Reemplaza los nombres de las siguientes frases por los pronombres personales que correspondan.
   Ejemplo: Susana y Roberto son costarricenses.
            *Ellos son costarricenses.*

a  Paula está muy feliz con los resultados de los exámenes.
   _____

b  Enrique y yo somos estudiantes.
   _____

c  Juan y Pablo están estudiando en Chile.
   _____

d  Maricarmen y sus amigas están tristes porque no pudieron participar del campeonato.
   _____

**10** Completa las frases con los verbos a continuación.

   están
   es
   eres
   son
   estáis

a  Rita _____ una profesora muy amable.
b  El taco y el nacho _____ platos típicos de México.
c  Las profesoras _____ muy felices con el resultado del grupo.
d  ¿_____ muy cansadas hoy?
e  _____ la más simpática del grupo.

**11** Completa las siguientes frases conjugando los verbos "ser" y "estar", según el caso.

a  ¿_____ (vos) de Chile?           c  ¿_____ (vos) en el colegio?
b  ¡_____ (tú) muy amable!          d  ¿No _____ (tú) norteamericano, verdad?

**12** Completa los diálogos conjugando los verbos "ser" y "estar" en Presente de Indicativo.

a  **Mariana:** Buenas tardes, ¿_____ usted el Sr. Rodríguez?
   **José:** No, no. _____ José Pérez.
   **Mariana:** Perdóneme, me equivoqué.

b  **Mario:** Hola, ¿cómo _____?
   **Jorge:** _____ bien. ¿Y tú, qué tal _____?
   **Mario:** _____ muy contento, pues mañana viajo a Madrid.

# GRAMÁTICA

**13** Completa las frases con la conjugación correcta de los verbos "ser" y "estar" en Presente de Indicativo.

a  Julián _____ argentino. Vive en Buenos Aires y sus hijos se llaman Antonio y Guadalupe. El mayor, Antonio, _____ cursando Medicina y la menor, Guadalupe, tiene solo 4 años y todavía no va a la escuela. _____ todos muy motivados pues pronto estarán de vacaciones.

b  Lucía _____ colombiana. Nació en Bogotá, pero ahora vive en Santiago de Chile. Cursa Artes y _____ muy contenta con su carrera. Estudia todas las mañanas en la Universidad de Chile. ¡Quiere _____ una gran artista!

## REGISTRO FORMAL E INFORMAL

**CA** A.4 y 5   **CE** S.1 C.2

En español existen dos formas de tratamiento: una formal, que implica respeto (por ejemplo, con personas adultas que no pertenecen a la familia), y otra informal, que se usa en el medio familiar, con los amigos, etc.

| Formas de tratamiento | | | |
|---|---|---|---|
| Donde se usa | | Informal | Formal |
| América Latina | Mayoría de los países | tú / ustedes | usted / ustedes |
| | Argentina, Uruguay, Paraguay y países de América Central | vos / ustedes | |
| España | | tú / vosotros(as) | |

En todos los países hispanohablantes se usan los pronombres "usted" y "ustedes" en la forma de tratamiento formal.

En el tratamiento informal varían los pronombres de tratamiento según los países. En América Latina, para dirigirse a varias personas, no existe diferencia entre el tratamiento formal y el informal: siempre se usa "ustedes".

> **¡OJO!**
> En español se usa el verbo "tutear", que significa "tratar de tú".

**14** Señala F si las frases a continuación son formales e I si son informales. Luego indica a qué pronombres corresponden.

- [ ] a  Buenas noches, ¿cómo está, Sr. Benítez? _____
- [ ] b  Marina y Luciana, ¿qué tal estáis? _____
- [ ] c  ¿Estás enferma? _____
- [ ] d  ¿Cómo se siente, Sr. Fernando? _____
- [ ] e  ¿Cómo están, don César y doña Fabiana? _____

**15** Relaciona las columnas para formar frases.  *GLOSARIO VISUAL – Saludos*

a  ¿Qué le pasa,            ☐ Carmen?
b  ¿Cómo estás,             ☐ mi amor?
c  ¿Cómo te sientes,        ☐ Sr. Ramírez?
d  ¿Cómo está,              ☐ Sra. Nancy?
e  ¿A qué te dedicas,       ☐ niña?

# LECTURA

**PRECALENTAMIENTO**

- ¿Cómo tratas a las personas mayores en portugués? ¿Usas *senhor(a)* o *você*? ¿Por qué?
- Y a las personas que encuentras por primera vez, ¿cómo las tratas?
- ¿Crees que la forma de tratamiento *senhor(a)* está cayendo en desuso? ¿Por qué?

**1** Lee este texto de la escritora uruguaya Carmen Posadas sobre el uso de "tú" y "usted".

## ¿Y usted por qué tutea?

A veces la vida nos da ejemplos de coherencia que son como un *uppercut* en plena cara. Es el caso de una señora mayor que, hace unos meses en Barcelona, aguardaba turno para que le firmara un libro. "¿Cómo te llamas?", le pregunté siguiendo la costumbre actual del tuteo, y ella, muy amablemente, respondió: "Preferiría la dedicatoria de usted. No se ofenda, señora, pero yo soy de la generación del usted".

No me ofendí, al contrario, de buena gana me habría dado yo misma el *uppercut* antes mencionado por traicionar una de mis costumbres más antiguas. Es cierto que, en lo que podríamos llamar "mi vida pública", para parecer más simpática de lo que soy, dado que sufro de una timidez excesiva, utilizo el tú con mis lectores, pero, en mi vida normal, pertenezco de pleno al bando de la señora de Barcelona. No tuteo a las personas mayores, tampoco a aquellos que no me pueden tutear a mí, como un conserje de hotel, por ejemplo, y desde luego no tengo la tonta vanidad de creer, como algunas de mis amigas, que si la dependienta quinceañera de una tienda me llama de tú es porque me encuentra "superjoven".

No considero que el tuteo sea un halago y, por tanto, me molesta que lo utilice un señor en la calle al preguntarme la hora, o un policía y mucho más aún los médicos y enfermeras "porque así lo hemos acordado en este centro". En concreto esta frase fue la contestación que un doctor de unos escasos treinta años le dio a mi marido cuando este, con bastante buen humor pese a su enfermedad, le preguntó si no le parecía que, con los casi cuarenta años que los separaban, quedaba un poco fuera de lugar aquello del tuteo. "Te tuteo porque un grupo de nosotros pensamos que es beneficioso y crea un clima de proximidad entre médico y paciente", contestó él un poco molesto. [...]

Créanme, yo no soy de los fanáticos que se horrorizan ante cualquier cambio lingüístico. [...] Encuentro natural que el idioma cambie y se modifique, puesto que es algo vivo; pero creo que algunas pérdidas como la del usted implican algo más que un simple cambio lingüístico. [...] Se trata más bien de un empobrecimiento innecesario.

En el lenguaje, como en la vida, todo es cuestión de matices y, si estos existen, no hay que intentar suprimirlos, sino usarlos con propiedad. Por eso yo, mea culpa, aprovecho estas páginas para disculparme con mi lectora de Barcelona. No sé muy bien cómo haré a partir de ahora con las dedicatorias de libros para que ustedes no piensen que utilizo el usted para marcar distancia. Me gustaría que fueran los lectores quienes me den la pauta, pues para mí son futuros amigos con los que compartiré varias horas de lectura: esa complicidad ya sería suficiente para merecer un tú. Pero se puede ser igual de amigo de alguien a quien se le distingue con un respetuoso usted. [...]

Es difícil ser coherente con estos tiempos de contradicciones.

POSADAS, Carmen. *Por el ojo de la cerradura: una crónica voyeur de la sociedad.* Madrid: Temas de Hoy, 2002, p. 199.

# LECTURA

**2** De las situaciones a continuación, ¿en cuáles usarías "tú" (T)? ¿Y "usted" (U)? Apúntalas.

- [ ] a En situaciones de respeto y cortesía.
- [ ] b Al hablar con una persona mayor o desconocida.
- [ ] c Entre amigos y familiares.
- [ ] d En situaciones informales.
- [ ] e En una situación formal.
- [ ] f Al hablar con niños y jóvenes.

**3** Transcribe a continuación un fragmento del texto que confirme que...

a ... las personas mayores aún prefieren ser tratadas de "usted".

_____

b ... las nuevas generaciones están perdiendo el hábito de usar el "usted".

_____

**4** Pon V (verdadero) o F (falso) según el texto.

- [ ] a La escritora no concordó con lo que dijo la lectora de Barcelona pues siempre ha tuteado a todos e incluso lo considera un halago.
- [ ] b Para disfrazar la timidez y ser simpática, la escritora trata a los lectores de "tú", aunque se considera parte de la "generación del usted".
- [ ] c Algunas personas se sienten más jóvenes al ser tratadas de "tú" (o *você*, en portugués).
- [ ] d El médico era casi cuarenta años mayor que el marido de la escritora, por eso no le pareció necesario tratarlo de "usted".
- [ ] e Para la escritora, los cambios lingüísticos constituyen un empobrecimiento innecesario.

**5** Vuelve al texto y haz un círculo alrededor de los fragmentos en los que la escritora narra lo ocurrido. Luego, subraya aquellos en los que expresa su opinión sobre el hecho.

**6** Sobre el texto, contesta las siguientes preguntas.

a ¿Qué quiere decir la escritora con "tiempos de contradicciones"? Relaciónalo con el título de la lección.

_____

b ¿El narrador del texto "El orden alfabético" también vive una contradicción? Fundamenta tu respuesta.

_____

**7** Señala la alternativa correcta en cuanto al tipo y al género del texto.

- [ ] a Es un texto expositivo cuya finalidad es explicar las reglas gramaticales que determinan el uso de "tú" y "usted".
- [ ] b Es un cuento, o sea, una narración breve de hechos y personajes imaginarios.
- [ ] c Es un texto narrativo en el que la autora expresa sus opiniones; se trata de una crónica.

**ESTRATEGIA DE LECTURA**

Para identificar el tipo textual hace falta determinar la **función del texto** y la intención del autor: informar, narrar o valorar. Se pueden mezclar los tipos textuales.

Para saber más sobre la importancia del idioma español, accede a <www.youtube.com/watch?v=_AP8-p-Pf8U&> (accedido el 10 my. 2012).

**RINCÓN DE ESCRITURA**

En parejas, escriban un texto narrativo en español en el que describan una situación inusitada de uso de los pronombres *você* y *senhor(a)*.

# MÁS VALE PREVENIR QUE CURAR

## LECCIÓN 2

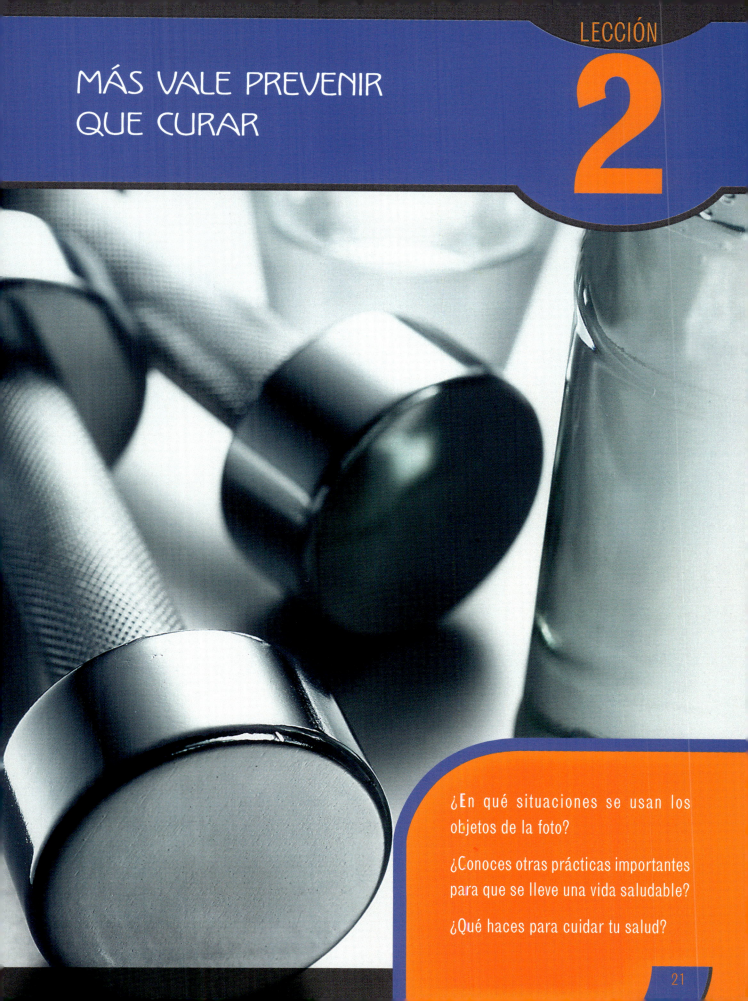

¿En qué situaciones se usan los objetos de la foto?

¿Conoces otras prácticas importantes para que se lleve una vida saludable?

¿Qué haces para cuidar tu salud?

# LECTURA

**PRECALENTAMIENTO**

- ¿Sueles ir con frecuencia al oftalmólogo?
- ¿Crees que es importante cuidar la salud de los ojos? ¿Por qué?
- ¿Llevas gafas oscuras cuando sales al sol? ¿Por qué son recomendadas?

1. Ahora lee esta historieta del personaje Condorito.

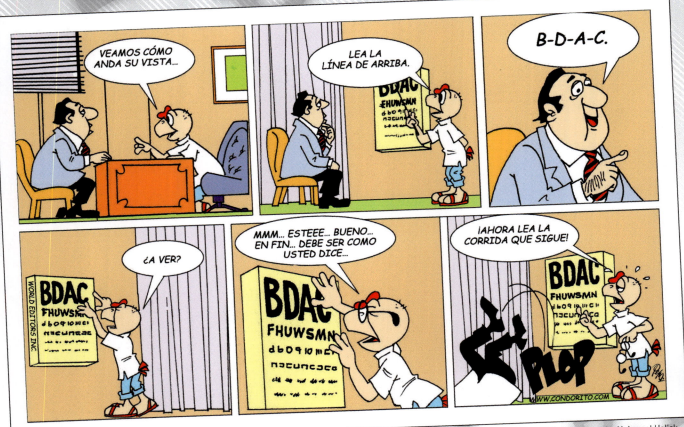

**2** Sobre la historieta, contesta las preguntas a continuación.

a ¿Cómo examina el oftalmólogo la vista del paciente? ¿Cuál es el resultado?

b ¿Cuál es el chiste de la historia?

**3** Señala con una X las características del personaje Condorito; puede ser más de una.
- [ ] a Charlatán.
- [ ] b Engreído.
- [ ] c Honesto.
- [ ] d Astuto.

**4** Señala la alternativa incorrecta respecto del género del texto que leíste.
- [ ] a Las historietas humorísticas también se llaman tiras cómicas.
- [ ] b Los dibujantes siempre utilizan el mismo número de viñetas.
- [ ] c Se usan globos para enmarcar lo que dicen los personajes.
- [ ] d En muchas historietas, personajes que son animales actúan como humanos.

**5** Identifica los elementos que componen una historieta en la de Condorito.

a **Viñeta:** es cada recuadro de una historieta y representa un momento de la historia.

b **Dibujo:** es la representación visual de los personajes y del escenario donde se desarrolla la historia.

c **Globos o bocadillos:** son los espacios donde se escribe lo que dicen o piensan los personajes. Se componen de dos partes: globo y rabillo que indica al personaje que habla.

d **Onomatopeya:** es la representación de un sonido, y puede estar dentro o fuera del globo. Las más usadas son: "plop" (caída), "zzzz" (dormido), "crash" (choque o ruptura de algo), "splash" (algo cae en el agua), entre otros.

**ESTRATEGIA DE LECTURA**

Relaciona las informaciones contenidas en **imágenes, cuadros** y **viñetas del texto**.

**6** Identifica en la tira de Condorito otros recursos gráficos comúnmente empleados en ese género textual...

a ... cuando el personaje está cansado o en una situación difícil: _____

b ... para indicar un movimiento: _____

**7** ¿Qué significa la expresión "esteee" en la penúltima viñeta?
- [ ] a Expresión usada cuando uno tiene dudas o está pensando en lo que va a decir.
- [ ] b Demostrativo que se refiere a lo que está cerca del hablante.
- [ ] c Punto cardinal opuesto al oeste.

**8** ¿Qué le pasa a la "víctima" del chiste al final de la historieta? ¿Qué recurso textual acompaña esa acción?

# CAJÓN LEXICAL

## EL CUERPO HUMANO

**1** Lee este poema de Nicanor Parra y responde: ¿qué partes del cuerpo se ven en la imagen? ¿Y qué partes del rostro se han sustituido por el texto? Consulta el glosario del libro y/o un diccionario para contestar.

**2** Señala la alternativa incorrecta respecto del poema de Nicanor Parra.
- a  El poeta ha modificado un refrán popular sin cambiarle el sentido.
- b  El refrán se emplea en el sentido literal y está ilustrado claramente por el dibujo.
- c  El tamaño desproporcionado de algunos elementos destaca lo más relevante.

**3** Explica con tus palabras la primera alternativa de la actividad anterior y por qué la has considerado correcta o incorrecta.

PARRA, Nicanor. *Parranda larga: antología poética*. Madrid: Alfaguara, 2012, p. 262.

**4** Lee las frases y elige la que tiene un sentido similar al del refrán usado por Nicanor Parra.
- a  A la olla que hierve, ninguna mosca se atreve.
- b  De la mano a la boca, se pierde la sopa.
- c  Más vale buen callar que mal hablar.
- d  Quien no oye consejo no llega a viejo.

**5** Con la ayuda de tus compañeros y del profesor, intenta explicar los significados de los refranes de la actividad anterior.

**6** El libro *Artefactos*, de Nicanor Parra, en el que se publicó originalmente el poema de la actividad 1, es una colección de postales que unen palabra e imagen. Lee nuevamente el poema y contesta:
- a  ¿A quién le enviarías una postal como esa? ¿Por qué?

- b  Pensando en el contenido de la postal, ¿qué adjetivo usarías para describir al destinatario? Si es necesario, consulta el **Cajón lexical** de la lección 1 y/o un diccionario.

**7** Consulta el glosario del libro o un diccionario y escribe los nombres de las partes del cuerpo. Luego lee el texto y contesta las preguntas.

### ¿QUÉ ES PILATES?

Esta técnica fue desarrollada hace más de setenta años por el atleta alemán Joseph Pilates y se trata de un sistema de ejercicios centrado en mejorar la flexibilidad y fuerza para todo el cuerpo sin incrementar su volumen. Más que un entrenamiento físico, el método Pilates utiliza una serie de movimientos controlados atractivos tanto para la mente como para el cuerpo. La técnica Pilates integra teorías occidentales y orientales y relaciona la práctica de ejercicios específicos acoplados con técnicas de respiración.

Disponible en <www.euroresidentes.com/salud/ejercicios/pilates.htm>.
Accedido el 15 mzo. 2012.

a ¿Qué beneficios ofrece la práctica del pilates?
_____

b ¿Qué relación es la base del pilates?
_____

**8** Completa las siguientes expresiones idiomáticas con los nombres de las partes del cuerpo.
   a Hombre, no te rompas la _____ con lo del trabajo. Todo se arreglará.
   b Me fui de la _____ y acabé por revelar el secreto de Fabiana.
   c ¡Mi hermana habla por los _____! Es imposible prestarle atención todo el tiempo.
   d Manuel es mi _____ derecho. No decido nada sin escuchar su opinión.
   e El niño tiene buen _____, come de todo y no rechaza nada.

# GRAMÁTICA

## ARTÍCULOS DEFINIDOS E INDEFINIDOS

En español hay dos tipos de artículos:

- los **definidos**, usados para referirse a objetos concretos y determinados que el interlocutor o el lector puede identificar. Ej.: Soy **el** director de la escuela.
- los **indefinidos**, utilizados para referirse a objetos indeterminados que el interlocutor o lector no puede identificar en su individualidad, pero sí por la especie o el tipo al que pertenecen. Ej.: Estos son **unos** amigos del club.

|  | Artículos definidos | | Artículos indefinidos | |
|---|---|---|---|---|
|  | masculino | femenino | masculino | femenino |
| singular | el | la | un | una |
| plural | los | las | unos | unas |

**¡OJO!**
El artículo masculino singular es "el" y no "lo" (ej.: el libro), y se escribe sin acento para distinguirlo del pronombre personal sujeto, que lleva tilde (ej.: Él es el profesor de español).

Los sustantivos femeninos singulares que comienzan con "a" o "ha" tónicas (ejs.: "agua", "águila", "hada", etc.) van precedidos de los artículos "el" y "un", sin perder el género femenino, para evitar el encuentro sonoro de las dos "a" (ejs.: **el agua, un hada**). Las letras del alfabeto "a" y "h" son una excepción a esta regla. Ejs.: La "a" es la inicial de muchos nombres: Ana, Andrea, etc. / La palabra "alcohol" se escribe con una hache entre las dos letras "o".

**1** Completa con los artículos definidos correspondientes.

a ___ manos.  
b ___ pies.  
c ___ hombro.  
d ___ mentón.  
e ___ brazos.  
f ___ cuello.  
g ___ nariz.  
h ___ tobillo.  
i ___ rodillas.

**2** Señala la alternativa que completa correctamente las frases a continuación.

a Caminar todos los días es ▬ buena actividad para ▬ corazón.
- I  las – un
- II  un – la
- III  una – el

b De tanto cargar la mochila, tengo ▬ dolor terrible en ▬ espalda.
- I  un – la
- II  uno – las
- III  la – las

**3** Completa el diálogo con los siguientes artículos.

| el | la (2x) | las | un | una | unos |

**Ana:** ¿Qué te pasa, Patricia? No te veo muy bien.

**Patricia:** Sí, es que en realidad no me encuentro nada bien; me duelen ___ piernas, ___ cabeza, ___ espalda, o sea, todo ___ cuerpo.

**Ana:** Hace ___ días que te quejas. ¿Por qué no vas a ___ médico?

**Patricia:** Ya lo sé... Hoy tengo ___ consulta. A ver qué me dice el doctor...

## CONTRACCIONES

Las contracciones consisten en la unión de una preposición con un artículo formando una sola palabra. En español se forman únicamente al unir las preposiciones "a" y "de" con el artículo "el".

| Contracciones | Ejemplos |
|---|---|
| a + el = **al** | Hace mucho calor para estar **al** sol. |
| de + el = **del** | El abrigo me protege **del** frío. |

**¡OJO!**
En español el artículo "la" no forma contracciones.
Ejs.: Voy a la farmacia. / El cuidado de la salud es un tema muy importante.

**4** Relaciona las columnas correctamente.

a Pedro se rompió la rodilla, por eso volvió
b Cuando uno tiene dolor de muelas debe ir
c Todos los años el colegio invita
d Como veo las letras borrosas, voy

☐ al
☐ del
☐ a la
☐ a los

☐ clínica dental.
☐ oftalmólogo para un análisis clínico.
☐ bomberos para las clases de primeros auxilios.
☐ hospital con muletas.

**5** Ordena las siguientes palabras para formar frases. ¡Atención a las contracciones!

a  de / el / vengo / médico
_____

b  farmacia / vivo / de / a / lado / la / el
_____

c  el / mis / dejé / encima / medicinas / de / armario
_____

d  a / enfermeros / los / suero / dieron / los / pacientes
_____

e  a / es / dentista / años / todos / los / el / recomendable / ir
_____

**6** Completa las frases a continuación con preposición, artículo o contracción, según el caso.

a  _____ ojos _____ bebé son verdes.
b  Ana tiene pecas _____ lado _____ nariz.
c  _____ corazón _____ hombre está muy sano.
d  Ramón tiene _____ lunar en _____ pierna derecha.
e  _____ niño le dio _____ sonrisa _____ madre.

# GRAMÁTICA

## PRESENTE DE INDICATIVO: VERBOS REGULARES

|  | **CANT**AR | **BEB**ER | **PART**IR |
|---|---|---|---|
| Yo | cant**o** | beb**o** | part**o** |
| Tú/Vos | cant**as**/cant**ás** | beb**es**/beb**és** | part**es**/part**ís** |
| Él/Ella/Usted | cant**a** | beb**e** | part**e** |
| Nosotros(as) | cant**amos** | beb**emos** | part**imos** |
| Vosotros(as) | cant**áis** | beb**éis** | part**ís** |
| Ellos(as)/Ustedes | cant**an** | beb**en** | part**en** |

... hablo dos idiomas, estudio otros dos, escribo un *blog*, canto en un coro, viajo todos los años...

Y no para de hablar...

**7** Completa las frases conjugando, en Presente de Indicativo, los siguientes verbos.

| practicar | caminar | alimentar | comer | beber |

a _____ (yo) todas las mañanas en el parque.
b Mis compañeros _____ mucha agua durante las clases.
c Pedro _____ deportes tres veces a la semana.
d Nos _____ muy bien en el colegio.
e ¿_____ (tú) verduras y legumbres dos veces al día?

**8** Ordena las palabras en frases y conjuga los verbos en Presente de Indicativo.

a ¿ / día / horas / trabajar / muchas / al / (tú) / ? _____
b saludables / (yo) / preparar / siempre / platos _____
c días / correr / madre / todos / mi / los _____
d ¿ / café / tazas / semana / ustedes / a / la / de / cuántas / tomar / ? _____
e alcohol / (nosotros) / de / beber / nada / no _____

**9** ¿A qué personas corresponden los verbos? Agrúpalos en el recuadro a continuación.

| habláis | canto | estudias | caminamos | practican | coméis | leo |
| parte | escribimos | practicás | bebe | realizan |

| Yo | Tú/Vos | Él/Ella/Usted | Nosotros(as) | Vosotros(as) | Ellos(as)/Ustedes |
|---|---|---|---|---|---|
|  |  |  |  |  |  |
|  |  |  |  |  |  |

**10** Utiliza tres de los verbos de la actividad anterior para formar preguntas.

**Ejemplo:** ¿Cuántas veces a la semana ustedes practican deportes?

_____
_____

# CONJUNCIONES Y/E – O/U

Las conjunciones **y/e** adicionan palabras o frases entre sí. Se usa "e" en lugar de "y" cuando la palabra que viene a continuación comienza con "i" o "hi", excepto delante del diptongo "hie" (ej.: Debemos consumir vitaminas **y** hierro).

Las conjunciones **o/u** indican que existe una alternativa. Se usa "u" en lugar de "o" cuando la palabra que viene después comienza con "o" u "ho".

| Función | Conjunciones | Ejemplos |
|---|---|---|
| Adición | y | Martín **y** Guillermo son médicos. |
| | e | Lucía **e** Isabel trabajan como enfermeras. Comemos uvas **e** higos. |
| Alternativa | o | Lucas toma agua con **o** sin gas. |
| | u | Como una **u** otra galletita. Mujeres **u** hombres pueden participar de la campaña contra la mortalidad infantil. |

**11** Lee las frases y haz un círculo en la conjunción que las completa correctamente.

a Este chico es un atleta e / **y** un buen alumno.
b ¡Come verduras y / e legumbres **u** / o no conseguirás mantener una buena salud!
c Javier **e** / y Ramón son los jugadores que tienen más problemas en las rodillas.
d Rosario come manzanas e / **y** higos en su dieta.
e ¿Qué vas a tomar: jugo de frutas **u** / o gaseosa?
f ¿Están cansadas **u** / o prefieren seguir con los ejercicios?
g Bebemos una gaseosa con limón e / **y** hielo.
h No sé si como este **o** / u otro pastel...

**12** Completa las frases con las conjunciones adecuadas. Luego clasifícalas según su función.

a Ana practica deportes los martes ___ jueves.
b ¿Esta parte de la caminata lleva unos minutos ___ horas?
c Ramón participó de las clases de danza ___ invitó a sus amigos.
d ¿Le duele toda la pierna ___ solo la rodilla?
• Unen palabras u oraciones en concepto afirmativo: _____
• Denotan diferencia, separación o alternativa entre dos o más personas, cosas o ideas: _____

**13** Completa las frases siguientes. Utiliza las conjunciones "y", "e", "o" y "u", sin repetirlas.

a ¿Qué actividad física prefieres: andar en bici _____?
b Mis deportes favoritos son el voleibol _____.
c Los fines de semana la dieta permite comer un chocolate _____.
d María va al gimnasio todos los días, por eso no salió con Carlos _____.

# GRAMÁTICA

## NUMERALES CARDINALES DEL 0 AL 99

| 0 | > | cero |
|---|---|---|
| 1 | > | uno |
| 2 | > | dos |
| 3 | > | tres |
| 4 | > | cuatro |
| 5 | > | cinco |
| 6 | > | seis |
| 7 | > | siete |
| 8 | > | ocho |
| 9 | > | nueve |

| 10 | > | diez |
|---|---|---|
| 11 | > | once |
| 12 | > | doce |
| 13 | > | trece |
| 14 | > | catorce |
| 15 | > | quince |
| 16 | > | dieciséis |
| 17 | > | diecisiete |
| 18 | > | dieciocho |
| 19 | > | diecinueve |

| 20 | > | veinte |
|---|---|---|
| 21 | > | veintiuno |
| 22 | > | veintidós |
| 23 | > | veintitrés |
| 24 | > | veinticuatro |
| 25 | > | veinticinco |
| 26 | > | veintiséis |
| 27 | > | veintisiete |
| 28 | > | veintiocho |
| 29 | > | veintinueve |

| 30 | > | treinta |
|---|---|---|
| 31 | > | treinta y uno |
| 32 | > | treinta y dos |
| 33 | > | treinta y tres |
| 40 | > | cuarenta |
| 50 | > | cincuenta |
| 60 | > | sesenta |
| 70 | > | setenta |
| 80 | > | ochenta |
| 90 | > | noventa |

Los numerales cardinales se escriben en una sola palabra hasta el 30 y, a partir de este, se separan colocándose la conjunción "y" entre la decena y la unidad. Ejs.: cincuenta y cinco, setenta y dos, ochenta y cinco.

**¡OJO!**
El "uno" pierde la "o" final delante de un sustantivo masculino singular o de otro numeral. Ejs.: La fiebre es un síntoma de la gripe. / Esa enfermedad afecta a veintiún millones de personas.

**14** Completa las series numéricas.

a  Veintidós, veinticuatro, veintiséis, _____, treinta, _____.

b  _____, ochenta y siete, ochenta y cuatro, _____, setenta y ocho, _____.

c  Trece, catorce, dieciséis, _____, _____, veintiocho, _____, cuarenta y uno, _____.

d  Uno, uno, dos, tres, cinco, ocho, _____, veintiuno, treinta y cuatro, _____.

**15** Lee el siguiente fragmento extraído de un sitio sobre salud.

### Póngase en forma con poco dinero

El acondicionamiento físico debe ser simple, conveniente y no debe costar un ojo de la cara. Hasta la más honesta de las motivaciones para hacer ejercicio se desvanecerá rápidamente si el gimnasio queda muy lejos, si sus cuotas son muy altas, si no tiene el equipo de alta tecnología que usted asegura necesitar o si usted no sabe cómo diseñar un programa de entrenamiento que produzca resultados.

Disponible en <www.aarp.org/espanol/salud/actividad-fisica/info-01-2011/pongase_en_forma_con_poco_dinero.html>. Accedido el 28 mzo. 2012.

a  El tema central del texto son:
- ☐ I  los requisitos técnicos que debe reunir un gimnasio para promover acondicionamiento físico.
- ☐ II  los requisitos que debe reunir un programa de entrenamiento.
- ☐ III  las causas de la desmotivación de quien practica ejercicios.

b  La expresión "el acondicionamiento físico [...] no debe costar un ojo de la cara" significa:
- ☐ I  cualquiera de los ojos puede sufrir las consecuencias de un mal acondicionamiento físico.
- ☐ II  no hace falta pagar una gran cantidad de dinero para ejercitarse.
- ☐ III  hay que cuidar la vista al hacer ejercicio físico.

# LECTURA

**PRECALENTAMIENTO**

- ¿Para ti, qué significa tener buena salud?
- ¿Cómo cuidas tu salud?
- ¿Crees que la gente actualmente está más preocupada por su bienestar? ¿Por qué?

**1** Lee el siguiente texto sobre salud.

**ESTRATEGIA DE LECTURA**

Identifica **para qué** y **para quién** fue escrito el texto, su **intencionalidad** y si el autor se muestra **de acuerdo** o **en desacuerdo** con la situación planteada.

## La salud

### Socorrismo y salud

En un principio, la salud se definió como "La ausencia de enfermedades e invalideces". Esta definición es insuficiente, pues no tiene en cuenta todos los factores que influyen en el estado de salud y además es un concepto negativo al suponer "la ausencia de..." en lugar de hablar de "la presencia de...".

#### Concepto de salud

La Organización Mundial de la Salud (OMS) trató de llegar a otro enunciado, definiendo en 1946 la salud como "El estado de completo bienestar físico, psíquico y social, y no solamente la ausencia de afecciones o enfermedades".

Esta definición es más completa que la anterior, pues aparece por primera vez el factor bienestar, pero lo que expresa es un concepto subjetivo, pues para cada persona, el "completo bienestar" es una cosa distinta y dependiente asimismo de factores distintos.

Así llegamos a un concepto más completo, objetivo y dinámico sobre la salud en el año 1980: "Estado de bienestar físico, mental y social, con capacidad de funcionamiento y no solamente la ausencia de enfermedades y afecciones". (Terris)

Pero es evidente que este estado no es igual ni significa lo mismo para todas las culturas; es por esto que se llegó a un nuevo concepto en 1985: "El logro al más alto nivel de bienestar físico, mental y social, y de capacidad de funcionamiento que permitan los factores sociales en los que vive inmerso el individuo y la colectividad". (Salleras)

La salud es responsabilidad individual y de toda la comunidad; el primer responsable de la salud es uno mismo. No se trata de un concepto estático, hay que velar por la salud a lo largo de nuestra vida.

La educación sanitaria es un proceso de información y de adquisición de compromiso para lograr los conocimientos, actitudes y hábitos básicos para preservar la salud.

CRUZ ROJA. *Manual de primeros auxilios.* Madrid: El País-Aguilar, 2007, p. 22-23.

# LECTURA

**2** Ese texto es informativo, es decir, tiene como objetivo dar a conocer a su receptor algún hecho, situación o circunstancia de forma neutra, sin que aparezcan sus emociones ni deseos. Extrae del texto un fragmento que ejemplifique esa definición.

_____

**3** El texto se ha extraído de un manual de primeros auxilios de la Cruz Roja, que es una entidad de socorro voluntario. ¿Se puede inferir que el manual fue escrito con cuáles objetivos? Señala las respuestas correctas.

- [ ] a  Divulgar la Cruz Roja ante la OMS.
- [ ] b  Mostrar medidas elementales de prevención de accidentes.
- [ ] c  Ofrecer orientaciones prácticas sobre los fundamentos y técnicas de los primeros auxilios.

**4** ¿Por qué el autor utiliza el término "insuficiente" para definir el concepto de salud presentado al inicio del texto?

_____

**5** Compara la definición de salud de la OMS (1946) y el concepto presentado por un diccionario.

> **salud.** s.f. Cualidad del ser vivo que presenta un buen funcionamiento de su organismo. **2.** Conjunto de condiciones físicas de un organismo en un determinado momento. **3.** Estado en que se encuentra una cosa. ◆ interj. Expresión que se usa para saludar a alguien. **2.** Expresión que se usa al brindar para desear a alguien un bien. ◊ **Curarse en salud** Prevenirse por anticipado contra algo generalmente negativo.

*El pequeño Larousse ilustrado.* Larousse: México D. F., 2005, p. 907.

a  ¿Cuál de las acepciones del diccionario más se acerca al sentido de la definición de la OMS?

_____

b  ¿Cuál(es) definición(es) no tiene(n) relación con el uso del término "salud" en el texto?

_____

**6** En el texto se afirma: "La salud es responsabilidad individual y de toda la comunidad; el primer responsable de la salud es uno mismo". ¿El personaje Condorito, de la historieta de esta lección, asume la responsabilidad por su salud? Fundamenta tu respuesta.

> **ESTRATEGIA DE LECTURA**
>
> La **intertextualidad** es la estrategia que permite establecer una relación entre informaciones de diferentes textos.

**7** Decir que la salud es responsabilidad de toda la comunidad incluye a las familias y a los médicos. En la historieta de Condorito, la responsabilidad de los profesionales de la salud fue:

- [ ] a  divulgada por la OMS.
- [ ] b  criticada por el paciente.
- [ ] c  distorsionada por el humor.

> Para conocer los beneficios de la risa para la salud, accede a <www.youtube.com/watch?v=l5h7_eUIHNE> (accedido el 20 abr. 2012).

> **RINCÓN DE ESCRITURA**
>
> En parejas, creen una historieta cuyo tema sea la salud. Cuiden el visual y el texto, sin olvidarse del humor.

# QUIEN TIENE OFICIO TIENE BENEFICIO

## LECCIÓN 3

¿Qué está haciendo la muñeca de la foto?

¿Dónde está caminando?

¿Piensas que ella camina hacia el futuro? ¿Por qué?

# LECTURA

**PRECALENTAMIENTO**

- ¿Crees que las mujeres de Latinoamérica viven realidades semejantes a las de los países desarrollados? Fundamenta tu respuesta.
- ¿Te parece que la situación de las mujeres es la misma en todos los países latinoamericanos? Coméntalo.

**1** Lee este texto de la escritora argentina Claudia Piñeiro.

## ELLAS PUEDEN CON LA CARGA

Mujer guatemalteca con su bebé.

Ellas cargan sobre sus espaldas atados de leña. Y niños en las kepinas. Cargan frutos para llevar al mercado, canastas de mimbre, o ropa para lavar en el río. Cueros y pieles, lana para ovillar, barro para hacer vasijas. Cargan semillas en los aguayos. Tizas, cuadernos, trabajos y exámenes para corregir. Cargan libros y apuntes. Mamaderas y pañales. Leches en sus pechos. Escobas para barrer, baldes y trapos. Estetoscopios, espéculos, termómetros, medicinas. Cintas métricas, tableros, planos. Cargan tijeras, agujas, hilos, telas. Expedientes, legajos, oficios y sentencias. Cargan guitarras, partituras, teclados y zapatos de baile. Hachas, picos y palas. Banderas, estandartes y carteles que piden lo que no quieren darles. Cargan fusiles. Y machetes. Cargan a sus muertos. Cargan óleos, caballetes y pinceles. La comida para alimentar a los suyos. Y el dolor por cada uno de los hijos muertos que no pudieron cargar porque les negaron sus cuerpos y sus tumbas. Cargan el dolor por los nietos que les robaron. Fotos, nombres, olores, memoria. Cargan flores, caramelos, chocolates. No importa el peso que deban llevar sobre sus espaldas, tampoco su delgadez o su fragilidad. Ellas pueden con la carga.

Policía femenina en California, EE. UU.

DÍEZ POLANCO, Carlos; AGUILAR LARRUCEA, Teresa. *Mujeres fuertes: Iberoamérica*. Madrid: Santillana, 2008, p. 207.

**2** Relaciona las siguientes palabras que aparecen en el texto con sus respectivos significados.

a Mimbre.  b Kepina.  c Aguayo.

☐ Ramilla larga, delgada y flexible, muy usada en cestería.
☐ Pieza de lana de colores que las mujeres utilizan para cargar algunas cosas.
☐ Trozo de tela anudado en un extremo que se cuelga en el hombro para llevar al bebé.

Definiciones disponibles en <www.smdiccionarios.com>, <www.rae.es> y <www.bebesymas.com/otros/la-kepina>. Accedidos el 11 abr. 2012. (Adaptado).

> **ESTRATEGIA DE LECTURA**
> Antes de buscar las palabras que no conoces en un diccionario, intenta deducir su significado fijándote en el contexto, aprovechando los conocimientos que ya tienes y la semejanza de algunos términos con el portugués. Esa estrategia se llama **inferencia léxica**.

**3** ¿A qué profesiones corresponden los siguientes fragmentos del texto? Consulta el glosario del libro y/o un diccionario y escríbelas en femenino.

a "Cueros y pieles, lana para ovillar, barro para hacer vasijas": _____
b "Tizas, cuadernos, trabajos y exámenes para corregir. Cargan libros y apuntes": _____
c "Estetoscopios, espéculos, termómetros, medicinas": _____
d "Cargan tijeras, agujas, hilos, telas": _____
e "Cargan guitarras, partituras, teclados y zapatos de baile": _____
f "Expedientes, legajos, oficios y sentencias": _____
g "Hachas, picos y palas": _____
h "Cargan fusiles. Y machetes": _____

**4** Transcribe un fragmento del texto que muestre que las mujeres...

a ... realizan actividades domésticas y/o maternales: _____
b ... reivindican mejores condiciones de vida: _____
c ... son fuertes a pesar de frágiles: _____

**5** ¿Por qué la autora dice que las mujeres latinoamericanas "cargan el dolor por los nietos que les robaron" y "por cada uno de los hijos muertos que no pudieron cargar"? Investígalo.

_____

**6** ¿Estás de acuerdo con la descripción de las mujeres presentada en el texto? Si el texto fuera escrito por un varón, ¿la descripción sería diferente? ¿Por qué?

_____

**7** Señala la alternativa correcta en cada caso.

a El texto de Claudia Piñeiro está escrito en:
☐ I prosa.   ☐ II verso.

b El principal objetivo de la autora es:
☐ I narrar hechos.   ☐ II transmitir impresiones.

c El género al que pertenece el texto es:
☐ I cuento.   ☐ II poesía.   ☐ III prosa poética.

# CAJÓN LEXICAL — LAS PROFESIONES

1. Consulta el glosario del libro y/o un diccionario y, de acuerdo con las imágenes y las informaciones dadas, escribe los nombres de los profesionales. Fíjate en el género (masculino o femenino) y en el número (singular o plural).

2. Elige la herramienta o el instrumento adecuado para el trabajo de cada profesional.

| pintaúñas | ladrillo | pizarra | diccionario | escoba | jeringa | casco | sartén |
| --- | --- | --- | --- | --- | --- | --- | --- |

a Cocinero: _____
b Albañil: _____
c Repartidor: _____
d Barrendero: _____
e Profesor: _____
f Manicura: _____
g Enfermera: _____
h Traductor: _____

3 Identifica el intruso en cada secuencia. Luego fundamenta por qué la palabra no pertenece al grupo.
   a  faena – labor – vacaciones – curro _____
   b  día libre – tarea – ocio – descanso _____
   c  tijeras – aguja – peine – hilo _____
   d  abogada – medicina – repartidor – chef _____

4 De los refranes a continuación, ¿cuál crees que mejor representa el acto de trabajar, de ejercer una profesión? Fundamenta tu respuesta.
   a  De tal palo, tal astilla.
   b  A quien madruga, Dios le ayuda.
   c  No hay atajo sin trabajo.
   d  Poco a poco se anda lejos.

# GRAMÁTICA

## GÉNERO DE LOS SUSTANTIVOS

Los sustantivos pertenecen al género **masculino** o al **femenino**.

| Sustantivos masculinos terminados en: | | Para formar el femenino: | |
|---|---|---|---|
| -o | el abogad**o** | se sustituye -o por -a | la abogad**a** |
| **consonante** | el profeso**r** | añaden -a | la profeso**ra** |
| -e | el intérpret**e** <br> el estudiant**e** | no cambian* | la intérpret**e** <br> la estudiant**e** |
| -ista | el period**ista** | no cambian | la period**ista** |

\* Hay excepciones: el presidente/la presidenta, el jefe/la jefa.

| Formas especiales | | | |
|---|---|---|---|
| **Sustantivos masculinos** | | **Sustantivos femeninos** | |
| el ac**tor** | el hér**oe** | la ac**triz** | la hero**ína** |
| el empera**dor** | el prínc**ipe** | la empera**triz** | la princ**esa** |
| el re**y** | el alcald**e** | la re**ina** | la alcald**esa** |
| **Formas con palabras diferentes** | | | |
| **Sustantivos masculinos** | | **Sustantivos femeninos** | |
| el hombre | el padrino | la mujer | la madrina |
| el caballero | el yerno | la dama | la nuera |
| el padre | el caballo | la madre | la yegua |
| el papá | el toro | la mamá | la vaca |

### ¡OJO!
Los sustantivos terminados en "-umbre" son femeninos: la costumbre, la legumbre, la cumbre.

*Cuando sea grande, voy a ser un héroe, voy a ser tratado como un príncipe...*

*Y yo una heroína, tratada como una princesa...*

*... voy a ser bravo como un león, fuerte como un toro...*

*... y yo, brava como una leona, ¿y fuerte como una vaca?*

# HETEROGENÉRICOS

Algunas palabras tienen géneros diferentes en español y en portugués: son los heterogenéricos.

| | | | | | | | |
|---|---|---|---|---|---|---|---|
| el árbol | a árvore | la alarma | o alarme | el equipo | a equipe | la nariz | o nariz |
| el análisis | a análise | la cárcel | o cárcere | el puente | a ponte | la sangre | o sangue |
| el arte | a arte | la crema | o creme | el vals | a valsa | la sal | o sal |
| el color | a cor | la leche | o leite | la miel | o mel | el orden | a ordem |

*Me voy de viaje, tengo el equipaje, pero no encuentro el pasaje...*

¿?

### ¡OJO!

Los sustantivos que en portugués terminan en *-agem* y son femeninos en español terminan en "-aje" y son masculinos. Ejs.: el paisaje – *a paisagem* / el mensaje – *a mensagem* / el lenguaje – *a linguagem*. Excepciones: la ventaja – *a vantagem* / la imagen – *a imagem*.

---

**1** Reescribe las siguientes frases cambiando el género de las palabras en relieve como en el modelo.

Ejemplo: **El médico** trabaja muchas horas al día.
**La médica** trabaja muchas horas al día.

a **El presidente** discursó esta tarde en la televisión.

b **El juez** anunció su decisión sobre el caso.

c **El actor** ensaya todos los sábados por la noche.

**2** Señala la alternativa en la que todas las palabras pertenecen al mismo género. Luego explica cuál es el género y qué característica en común tienen las palabras.

☐ a computadora – calor – dolor – flor
☐ b mensaje – paisaje – viaje – pasaje
☐ c pasaje – actitud – eternidad – actor
☐ d árbol – análisis – sangre – leche
☐ e a arma – aterrizaje – arte – agua
☐ f sal – orden – agenda – lenguaje

**3** Haz un círculo alrededor de las formas que completan adecuadamente el texto.

El / La presidenta del / de la empresa anunció que el / la cafecito y el / la leche de los intervalos serán cobrados de los empleados porque subió mucho el / la precio del / de la crema desnatado / desnatada que los compone. Algunos / Algunas trabajadores sonaron el / la alto / alta alarma de incendio como forma de protesta. Cuando llegó el / la policía, los / las revoltosos fueron llevados al / a la cárcel.

# GRAMÁTICA

## GRADO DE LOS ADJETIVOS: COMPARATIVO Y SUPERLATIVO

La mayoría de los adjetivos, a diferencia de los sustantivos, pueden tener grado: comparativo —cuando hacen referencia a otro(s) estableciendo una comparación— y superlativo —cuando expresan la medida máxima—.

### COMPARATIVO

| Grado | Estructura | Ejemplo |
|---|---|---|
| de superioridad | más + adjetivo + que | La actriz principal es más famosa que la actriz secundaria. |
| de inferioridad | menos + adjetivo + que | La actriz secundaria es menos famosa que la actriz principal. |
| de igualdad | tan + adjetivo + como | La actriz principal es tan famosa como la actriz secundaria. |

**¡OJO!**
En español las formas "más grande" y "más pequeña" son correctas y se usan para indicar tanto tamaño como edad. Ejs.: Este escenario es más pequeño que el otro; tiene 20 m² menos. / El cantante del dúo es más grande que el músico; tiene diez años más.

### SUPERLATIVO

| Tipo | Característica | Estructura | Ejemplo |
|---|---|---|---|
| absoluto | expresa el grado más alto | adjetivo + ísimo | La enfermera es atentísima. |
| | | muy + adjetivo | Ese veterinario es muy capaz. |
| relativo | expresa el grado más alto dentro de un grupo | el/la/los/las + más/menos + adjetivo | Roberto, como constructor, es el más creativo. |
| | | el/la/los/las + más/menos + adjetivo + de... | Juan es el abogado más capacitado del bufete. |

**4** Indica si la relación establecida en las frases es de superioridad (S), inferioridad (In) o igualdad (Ig).

- ☐ a  Marcos es mejor albañil que su compañero de trabajo.
- ☐ b  La profesora de Matemáticas es tan inteligente como la de Inglés.
- ☐ c  Este médico es mucho más dedicado que el otro.
- ☐ d  La pasante tiene menos experiencia profesional que la arquitecta.
- ☐ e  La jueza es tan competente como el abogado del caso.
- ☐ f  El cajero trabaja menos horas que el gerente.
- ☐ g  El repartidor es tan rápido como el taxista.

**5** Construye frases comparativas respecto a Pablo y Ramón con base en las informaciones que siguen.

¡Hola! Me llamo Pablo, tengo 22 años y soy profesor. Trabajo 6 horas al día en una escuela cerca de mi casa pero mi trabajo es bastante cansador porque los niños tienen demasiada energía.

**Pablo**

Buenos días. Soy Ramón, tengo 38 años y soy abogado. Trabajo de las nueve de la mañana a las ocho de la noche en un bufete que está bastante lejos de mi casa. Me siento agotado por la cantidad de horas de trabajo y por el tráfico de la ciudad.

**Ramón**

**6** Reescribe las frases pasando las palabras en relieve de un superlativo absoluto a otro.

Ejemplo: Aquellos periodistas trabajan en revistas **muy conocidas**.
Aquellos periodistas trabajan en revistas **conocidísimas**.

a Todo vendedor tiene que ser **muy agradable** para conseguir buenas ventas.
_____

b Los panaderos deben estar **muy atentos** porque es **demasiado peligroso** trabajar con hornos industriales.
_____

c Generalmente las modelos son **muy delgadas** para que las ropas les queden bien.
_____

d A veces se consideran populistas los presidentes que son **muy amables**.
_____

e Los padres deben estar **muy preocupados** con el hijo que es piloto de pruebas.
_____

**7** Completa las frases a continuación usando superlativos.
a Para llegar a ser un buen arquitecto hay que... _____
b Para ser un buen policía es necesario... _____
c Para hacerse médico es fundamental... _____
d Para ser un buen fontanero es imprescindible... _____
e Para llegar a ser profesor es conveniente... _____

## NUMERALES CARDINALES A PARTIR DEL 100

| | | |
|---|---|---|
| 100 | > | cien |
| 101 | > | ciento uno |
| 102 | > | ciento dos |
| 110 | > | ciento diez |
| 121 | > | ciento veintiuno |
| 131 | > | ciento treinta y uno |
| 200 | > | doscientos |
| 300 | > | trescientos |
| 400 | > | cuatrocientos |
| 500 | > | quinientos |
| 600 | > | seiscientos |

| | | |
|---|---|---|
| 700 | > | setecientos |
| 800 | > | ochocientos |
| 900 | > | novecientos |
| 1000 | > | mil |
| 1001 | > | mil uno |
| 1010 | > | mil diez |
| 1125 | > | mil ciento veinticinco |
| 1135 | > | mil ciento treinta y cinco |
| 10 145 | > | diez mil ciento cuarenta y cinco |
| 120 165 | > | ciento veinte mil ciento sesenta y cinco |
| 147 258 | > | ciento cuarenta y siete mil doscientos cincuenta y ocho |

El numeral "cien" se usa únicamente cuando es un número redondo; por ejemplo: cien hombres, cien mujeres, cien años. Cuando el número tiene también decenas y/o unidades, se usa la forma "ciento"; por ejemplo: 161 = ciento sesenta y uno.

En español usamos la "y" solamente entre las decenas y unidades. Ejs.: 151 = ciento cincuenta y uno; 1894 = mil ochocientos noventa y cuatro.

**¡OJO!**
Los numerales del doscientos al novecientos tienen forma femenina también.
Ejs.: doscientas, trescientas, etc.

# GRAMÁTICA

## NÚMEROS SUPERIORES A UN MILLÓN

| Número | En español | En portugués |
|---|---|---|
| 1 000 000 | un millón | *um milhão* |
| 10 000 000 | diez millones | *dez milhões* |
| 100 000 000 | cien millones | *cem milhões* |
| 1 000 000 000 | **mil millones** | ***um bilhão*** |
| 10 000 000 000 | diez mil millones | *dez bilhões* |
| 100 000 000 000 | cien mil millones | *cem bilhões* |
| 1 000 000 000 000 | **un billón** | ***um trilhão*** |

**8** Escribe en letras los siguientes números.

a 132 416 981: _____

b 680 000 752 000: _____

c 168 925 100 053: _____

d 104 368 455 362 827: _____

**9** Los números 190 743 528 y 1 970 003 corresponden, en letras, respectivamente a:

☐ a ciento nueventa millones setecientos cuarenta y tres mil quinientos veinte y ocho; un millón nuevecientos setenta mil y tres.

☐ b ciento noventa millones sietecientos cuarenta tres mil quinientos veintiocho; un millón novecientos sietenta mil tres.

☐ c ciento noventa millones setecientos cuarenta y tres mil quinientos veintiocho; un millón novecientos setenta mil tres.

**10** Lee el siguiente fragmento de la autobiografía de la famosa actriz cómica argentina Niní Marshall (1903-1996). Luego señala la alternativa correcta en cada frase.

> Recorrimos los cien barrios porteños y además salas del Gran Buenos Aires y muchas veces reprisábamos, ante el interés del público. Conocí muchos cines y teatros. Vi el final de algunas películas, esperando nuestra presentación. Por lo general, a falta de camarines, ya que la mayoría eran salas cinematográficas, me cambiaba detrás del telón y alguna vez en ese apuro, no era difícil que olvidara algún detalle de mi pintoresca indumentaria.

MARSHALL, Niní; D'ANNA, Salvador de. *Niní Marshall: mis memorias.* Buenos Aires: Moreno, 1985, p. 80.

a La artista actuaba:

☐ I en los camarines.   ☐ III después de la proyección de una película.

☐ II exclusivamente en salas de teatro.

b Dentro del contexto de la frase, la expresión "recorrimos los cien barrios porteños" quiere decir que:

☐ I la ciudad de Buenos Aires tiene exactamente cien barrios.

☐ II los artistas se presentaron en toda la ciudad.

☐ III los artistas hicieron un recorrido turístico por todo Buenos Aires.

# LECTURA

**PRECALENTAMIENTO**

- ¿Qué áreas profesionales crees que serán las más demandadas en el futuro? ¿Por qué?
- ¿Piensas trabajar en alguna de estas áreas? ¿En qué carrera y por qué?

**1** Lee el texto y descubre qué profesiones deben de surgir en el futuro.

## Las posibles 20 profesiones del futuro

Según un estudio realizado por *Fast Future*, 20 nuevas profesiones aparecerán en los próximos años y serán las más demandadas

Miguel Soto Vidal, 11/07/11

Recuerdo cuando, no hace muchos años, muchos films mostraban y grandes tendencias indicaban que para el año 2000, en el inicio del nuevo milenio, íbamos a ver cómo todos los automóviles pasaban por encima de nuestras cabezas, sin embargo, hoy [...] ningún coche vuela todavía.

Me pregunto si con la predicción que indica el estudio realizado por *Fast Future*, una consultora especializada en tendencias del futuro, a pedido del Gobierno de Inglaterra, sucederá lo mismo.

El informe se basa en las siguientes preguntas: ¿Cómo será el mercado laboral dentro de veinte años? ¿Qué nuevas necesidades habrá y quiénes se encargarán de cubrirlas?

Sin duda que esas son preguntas que muchos nos hacemos, sobre todo aquellos que están a punto de iniciar una carrera universitaria [...].

Me imagino que estarás ansioso por conocer los resultados. Verás a continuación las 20 profesiones que serían las más demandadas en los próximos años, y los estudios que necesitaríamos para poder ejercerlas:

### Nuevas profesiones demandadas en el año

**2015**

- **Pharmer** (mezcla de granjero y farmacéutico): ingeniería agrónoma, farmacia, ingeniería genética.
- **Experto en ética científica:** filosofía, toda clase de carreras científicas.
- **Pilotos, arquitectos y guías turísticos espaciales:** arquitectura, ingeniería aeronáutica, turismo.
- **Granjero vertical:** ingeniería agrónoma.

**2020**

- **Especialista en reversión del cambio climático:** ingeniería medioambiental.
- **Profesor virtual:** ciencias de la educación.
- **Organizador virtual:** biblioteconomía y documentación, administración de empresas.
- **Ayudante de *networking* en redes sociales:** educación social, trabajo social, relaciones públicas [...].

**2025**

- **Body part maker** (Fabricante de partes del cuerpo): ingeniería genética, biomedicina, biotecnología.
- **Policía del clima:** ingeniería medioambiental, meteorología.

- **Nanomédico:** medicina, biomedicina, biotecnología, ingeniería robótica.

**2030**

- **Cirujano de aumento de memoria:** medicina, ingeniería informática, biomedicina, biotecnología.
- **Ejecutor de cuarentenas:** medicina, biomedicina, epidemiología.

Disponible en <http://redie.uc.cl/profiles/blogs/las-posibles-20-profesiones>.
Accedido el 9 abr. 2012.

# LECTURA

**2** Contesta las preguntas a continuación.

a ¿Qué áreas profesionales se repiten más en el estudio?

b ¿En qué se basa ese tipo de estudio para prever las profesiones del futuro?

**3** ¿En qué género se clasifica el texto que leíste? Señala la alternativa correcta y fundamenta tu respuesta.

- [ ] a Carta de lector.
- [ ] b Noticia comentada.
- [ ] c Editorial.
- [ ] d Crónica.

> **ESTRATEGIA DE LECTURA**
>
> Observa la función y el contenido del texto e intenta determinar el **objetivo** del autor al escribirlo. Así podrás identificar el **género textual** más fácilmente.

**4** Pon V (verdadero) o F (falso) en las siguientes afirmaciones. Luego, corrige las falsas.

- [ ] a El autor no cree que las profesiones mencionadas en el estudio lleguen a existir.
- [ ] b Los estudiantes de secundaria están entre los principales interesados en ese tipo de estudio.
- [ ] c El estudio considera que hacia el 2030 las epidemias serán menos frecuentes.
- [ ] d Algunos avances científicos pueden generar problemas asociados con la moral y las responsabilidades de cada profesión.
- [ ] e Los viajes espaciales para el gran público se tornarán realidad en un futuro próximo.

**5** El mismo estudio preveía para el 2010 las siguientes profesiones. ¿Crees que la predicción estaba correcta? ¿Estas carreras ya existen?

**2010**

| **Especialista en bienestar de la tercera edad:** geriatría, gerontología, medicina, psicología, ciencias del deporte. | **Abogado virtual:** derecho.<br><br>**Ingeniero de vehículos alternativos:** ingeniería industrial. | ***Narrowcaster:*** publicidad, relaciones públicas, comunicación audiovisual. | **Controlador de datos personales:** ingeniería informática. | **Banquero/inversor de tiempo:** administración de empresas. | ***Personal branders*** (gestores personales de marca): publicidad, relaciones públicas. |

**6** En tu opinión, ¿cuál es la diferencia fundamental entre las profesiones previstas para el futuro y los trabajos retratados en el texto "Ellas pueden con la carga"?

Para ampliar el tema de las profesiones y pensar en qué carrera seguir, ve el siguiente vídeo sobre orientación vocacional: <www.youtube.com/watch?v=1MbgVZu7DFw&> (accedido el 15 abr. 2012).

> **RINCÓN DE ESCRITURA**
>
> Escribe una prosa poética como la de "Ellas pueden con la carga", pero teniendo en cuenta las profesiones ejercidas tanto por hombres como por mujeres.

44

# LECCIÓN 4

## HIJO ERES Y PADRE SERÁS; CUAL HICIERES, TAL HABRÁS

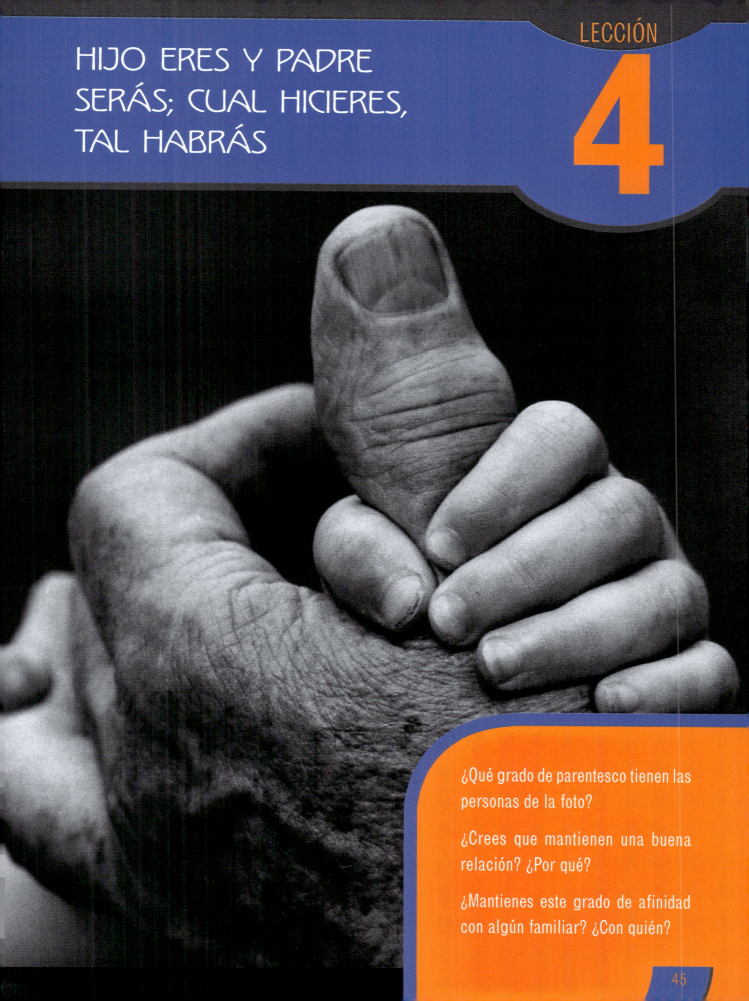

¿Qué grado de parentesco tienen las personas de la foto?

¿Crees que mantienen una buena relación? ¿Por qué?

¿Mantienes este grado de afinidad con algún familiar? ¿Con quién?

## LECTURA

**PRECALENTAMIENTO**

- ¿Cuál crees que es la base de la sociedad: ¿la familia o el Estado? ¿Por qué?
- ¿Qué miembros de la sociedad deben tener asegurado por el Estado el derecho a vivir en familia?

**1** Lee un fragmento de la Declaración Universal de Derechos Humanos y otro de una ley de México para la protección de los derechos de niñas, niños y adolescentes.

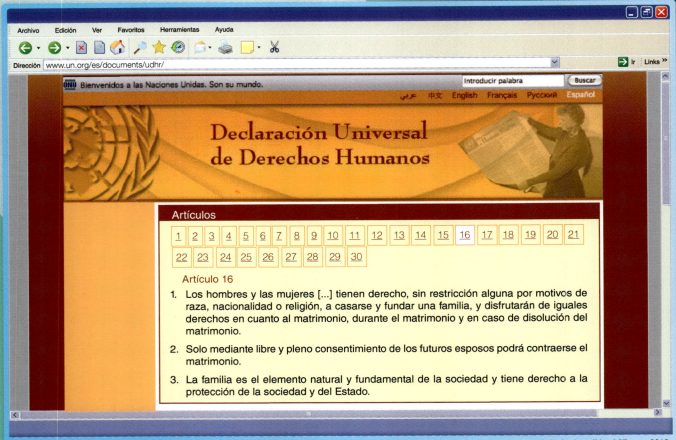

### Declaración Universal de Derechos Humanos

**Artículo 16**

1. Los hombres y las mujeres [...] tienen derecho, sin restricción alguna por motivos de raza, nacionalidad o religión, a casarse y fundar una familia, y disfrutarán de iguales derechos en cuanto al matrimonio, durante el matrimonio y en caso de disolución del matrimonio.
2. Solo mediante libre y pleno consentimiento de los futuros esposos podrá contraerse el matrimonio.
3. La familia es el elemento natural y fundamental de la sociedad y tiene derecho a la protección de la sociedad y del Estado.

Declaración Universal de Derechos Humanos – Naciones Unidas. Disponible en <www.un.org/es/documents/udhr/>. Accedido el 27 mzo. 2012.

### LEY PARA LA PROTECCIÓN DE LOS DERECHOS DE NIÑAS, NIÑOS Y ADOLESCENTES
#### Capítulo Séptimo
#### Del Derecho a vivir en Familia

**Artículo 23.** Niñas, niños y adolescentes tienen derecho a vivir en familia. La falta de recursos no podrá considerarse motivo suficiente para separarlos de sus padres o de los familiares con los que convivan [...].

**Artículo 24.** Las autoridades establecerán las normas y los mecanismos necesarios a fin de que, siempre que una niña, un niño, una o un adolescente se vean privados de su familia de origen, se procure su reencuentro con ella. Asimismo, se tendrá como prioritaria la necesidad de que niñas, niños y adolescentes, cuyos padres estén separados, tengan derecho a convivir o mantener relaciones personales y trato directo con ambos, salvo que, de conformidad con la ley, la autoridad determine que ello es contrario al interés superior del niño.

**Artículo 25.** Cuando una niña, un niño, un o una adolescente se vean privados de su familia, tendrán derecho a recibir la protección del Estado, quien se encargará de procurarles una familia sustituta y mientras se encuentre bajo la tutela de este se les brinden los cuidados especiales que requieran por su situación de desamparo familiar. [...]

Ley para la Protección de los Derechos de Niñas, Niños y Adolescentes – México. Disponible en <www.unicef.org/mexico/spanish/mx_resources_ley_nacional.pdf>. Accedido el 27 mzo. 2012.

**2** ¿A qué género textual pertenecen los textos de la página anterior? Elígelo y apunta dos características que te hayan ayudado a identificarlo.

☐ a Instrucción. ☐ b Reportaje. ☐ c Legislación.

___

**3** Sobre los textos, contesta las siguientes preguntas.

a ¿Qué fragmento es específico de un país y cuál se refiere a todas las personas del mundo?
___

b ¿Qué organización cuida de las necesidades de todas las personas del mundo? ¿Cuáles son sus propósitos?
___

c ¿Por qué la familia "es el elemento natural y fundamental de la sociedad y tiene derecho a la protección de la sociedad y del Estado"?
___

**4** Lee las afirmaciones y señala la alternativa correcta según los textos que leíste.

I No se puede separar a un niño de sus padres solamente a causa de la pobreza de la familia.

II El matrimonio puede realizarse solo con el consentimiento de uno de los futuros esposos, siempre que ambos disfruten de iguales derechos.

III El Estado debe asegurar el derecho de los niños a vivir con su familia de origen o, si eso no es posible, con una familia sustituta.

IV Aun cuando la convivencia del niño con los padres puede afectarlo negativamente, es un deber del Estado garantizarla.

☐ a Están correctas las afirmaciones I y III. ☐ c Están correctas las afirmaciones I, III y IV.
☐ b Están correctas las afirmaciones II y IV. ☐ d Están correctas las afirmaciones I y II.

**5** En la ley mexicana se mencionan "niñas, niños y adolescentes". ¿Por qué se refuerza esta distinción de sexos?
___

**6** Elige la palabra o expresión que sustituye los términos en relieve sin cambiar el sentido de la frase.

a "**Asimismo**, se tendrá como prioritaria la necesidad de que [...] niños [...] cuyos padres estén separados, tengan derecho a convivir [...] con ambos".

☐ I También. ☐ II Aun así. ☐ III Si no.

b "... se encargará de procurarles una familia sustituta y **mientras** se encuentre bajo la tutela de este se les brinden los cuidados especiales que requieran...".

☐ I Aunque. ☐ II Entretanto. ☐ III Todavía.

> **ESTRATEGIA DE LECTURA**
> No siempre necesitas recurrir al diccionario; **infiere el significado** de una palabra o expresión por el contexto y por tus conocimientos previos.

**7** ¿Qué sabes sobre la legislación brasileña referente a los derechos de la familia? ¿Hay leyes específicas para los niños y adolescentes? Investígalo, apunta lo más relevante y coméntalo.
___

# CAJÓN LEXICAL

## LA FAMILIA

**1** Relaciona las siguientes definiciones con los miembros de la familia a que correspondan.

a  Respecto de una persona, marido de su hija.  ☐ Suegro.
b  Persona que con respecto a otra tiene el mismo padre y la misma madre.  ☐ Yerno.
c  Respecto de una persona, hermano o hermana de su padre o madre.  ☐ Abuela.
d  Padre del marido respecto de la mujer; o de la mujer respecto del marido.  ☐ Tío(a).
e  Respecto de una persona, madre de su padre o madre.  ☐ Hermano(a).

Definiciones disponibles en <www.rae.es>. Accedido el 3 abr. 2012. (Adaptado).

**2** Lee la historieta y haz lo que se te pide a continuación.

*MIENTRAS UNO ES CHICO, PUEDE SER HIJO, SOBRINO, PRIMO O NIETO, QUE SON PALABRAS LINDAS.*

*PERO CUANDO UNO ES GRANDE... ¡PUEDE SER COSAS ESPANTOSAS!*

*¡TE JURO: SI UN DÍA YO LLEGO A SER EL CONCUÑADO DE LA NUERA DE ALGUIEN, ME SUICIDO DE ASCO!*

a  ¿Qué miembros de la familia nombra Miguelito?
_____

b  Escribe definiciones como las de la actividad anterior para los miembros de la familia que se mencionan en la primera viñeta.

**3** Señala la alternativa incorrecta respecto al significado de la palabra "concuñado".

☐ a  Cónyuge de una persona respecto del cónyuge de otra persona hermana de aquella.
☐ b  Hermano de una de dos personas unidas en matrimonio respecto de los hermanos de la otra.
☐ c  Respecto de una persona, primo de su padre o madre, según el grado de parentesco.

Definiciones disponibles en <www.rae.es>. Accedido el 3 abr. 2012. (Adaptado).

**4** Con base en la historieta, contesta las siguientes preguntas.

a  ¿Cuál es el cambio que le preocupa a Miguelito?
_____
_____

b  ¿Estás de acuerdo con el personaje? ¿Cuando uno crece los grados de parentesco cambian? ¿Por qué?
_____
_____

48

**5** Relaciona los refranes con otros cuyos significados sean similares.

a  A padre guardador, hijo gastador.
b  Amor de padre, que todo lo demás es aire.
c  La buena vida padre y madre olvida.
d  Cual es la madre, así las hijas salen.

☐ Padre comerciante, hijo caballero, nieto pordiosero.
☐ De tal palo, tal astilla.
☐ Con las glorias se olvidan las memorias.
☐ Un padre para cien hijos y no cien hijos para un padre.

**6** Descubre una expresión en portugués que equivale al refrán: "Entre padres y hermanos, no metas las manos". Luego, explícalo.

_____

**7** Ordena las palabras para formar expresiones y relaciónalas con sus respectivos significados.

a  mejores / en las / pasa / familias _____
b  ni madre / que le ladre / ni perro / sin padre _____
c  tu / a / tía / cuéntaselo _____

☐ Estar solo en el mundo.
☐ Se usa para quitarle importancia a un hecho negativo ponderando lo común que es.
☐ Se usa para expresar incredulidad burlona ante algo dicho por otro.

**8** Lee el texto y contesta las preguntas a continuación.

### EL SISTEMA ESPAÑOL DE LOS DOS APELLIDOS

Es frecuente que los españoles —y los hispanoamericanos, cuyos países heredaron el sistema español de apellidos— tengamos problemas en otros países, donde no siempre se entiende que nuestro apellido no es solamente el **último** que aparece en la lista; que no existe entre nosotros el llamado "*middle name*" ni que existe nada parecido a un "nombre de soltera" para las mujeres casadas...

■ **La mujer casada**
En el sistema español (y esto fue así desde la Alta Edad Media, hace casi mil años), la mujer, casada o soltera, nunca cambia su apellido por el de su esposo. Tanto hombres como mujeres conservan siempre sus propios apellidos.

■ **Los dos apellidos**
Cada persona tiene dos apellidos: el primer apellido es el primero del padre; el segundo apellido es el primero de la madre. Por ejemplo, si yo me llamo Julio Rancel Villamandos y mi mujer se llama Beatrix Seral Aranda, nuestro hijo se llama Mayec Rancel Seral. Evidentemente, mis apellidos proceden de mi padre (Julio Rancel Martín) y de mi madre (Margarita Villamandos Cabrera). Los de mi mujer procedían de sus padres: Tomás Seral Casas y Gloria Aranda Laguna.

Disponible en <www.enplenitud.com/los-apellidos-espanoles.html#ixzz1kUIIZBzH>. Accedido el 9 abr. 2012. (Adaptado).

a  ¿Cómo se apellidaría un niño llamado Juan Luis, hijo de Pedro Ruiz Villalba con Luisa Clavel Méndez?

_____

b  ¿Cuál es el grado de parentesco de estas personas con Juan Luis?
   I    Julia Villalba Arándano: _____
   II   Joaquín Clavel Usera: _____
   III  Mercedes Méndez del Castillo: _____
   IV   Pedro Ruiz Fuente-Mayor: _____

# GRAMÁTICA

## PRESENTE DE INDICATIVO: VERBOS IRREGULARES

### VERBOS "IR", "DAR" Y "SABER"

|  | IR | DAR | SABER |
|---|---|---|---|
| Yo | voy | doy | sé |
| Tú/Vos | vas/vas | das/das | sabes/sabés |
| Él/Ella/Usted | va | da | sabe |
| Nosotros(as) | vamos | damos | sabemos |
| Vosotros(as) | vais | dais | sabéis |
| Ellos(as)/Ustedes | van | dan | saben |

**¡OJO!** Las conjugaciones de "ir" y "dar" son iguales excepto por la letra inicial de la raíz  ir – v / dar – d.

Soy Lucas.

Voy al colegio.

Estoy en primer año.

Hoy tengo un examen...

... y creo que no sé nada...

### VERBOS "HACER", "PONER", "SALIR", "TENER", "VENIR" Y "DECIR"

|  | HACER | PONER | SALIR | TENER | VENIR | DECIR |
|---|---|---|---|---|---|---|
| Yo | hago | pongo | salgo | tengo | vengo | digo |
| Tú/Vos | haces/hacés | pones/ponés | sales/salís | tienes/tenés | vienes/venís | dices/decís |
| Él/Ella/Usted | hace | pone | sale | tiene | viene | dice |
| Nosotros(as) | hacemos | ponemos | salimos | tenemos | venimos | decimos |
| Vosotros(as) | hacéis | ponéis | salís | tenéis | venís | decís |
| Ellos(as)/Ustedes | hacen | ponen | salen | tienen | vienen | dicen |

**¡OJO!** Todos estos verbos incorporan una "g" en la primera persona del singular.

## 4

**1** Agrupa los siguientes verbos conjugados en Presente de Indicativo bajo las personas a las que correspondan.

| van | salimos | voy | dais | ponemos | tienes | dan |
| sé | vienes | sale | hago | ponés | tienen | dice |
| haces | viene | tenéis | salís (2x) | venimos | decís |

| Yo | Tú | Vos | Él/Ella/Usted | Nosotros(as) | Vosotros(as) | Ellos(as)/Ustedes |
|---|---|---|---|---|---|---|
| | | | | | | |
| | | | | | | |
| | | | | | | |

**2** Arma las frases conjugando los verbos en Presente de Indicativo.

a  Ana y su hermana / siempre / hacer / sus tareas del colegio en la casa de su madrastra
_____

b  mi nuera / a veces / tener / que trabajar los fines de semana
_____

c  mis tíos / venir / del pueblo a visitarnos cada quince días
_____

d  ir / al cine / con mis primos siempre que estrenan películas de aventura
_____

**3** Relaciona las tres columnas para formar frases. Conjuga los verbos en Presente de Indicativo.

| a | Mis abuelos me | saber | todos los domingos a su casa. |
| b | El yerno de mi vecina | hacer | la comida, ¿lo crees? |
| c | El cuñado de mi amiga | venir | muy temprano con su hija. |
| d | La nueva pareja de mi tía nos | decir | que quiere viajar a Japón. |
| e | Tus hermanastras | dar | preparar dulces riquísimos. |

_____
_____
_____
_____

**4** Contesta las preguntas a continuación utilizando en las respuestas los verbos de las preguntas.

a  ¿Tienes hermanos? _____
b  ¿Sales con tus familiares los fines de semana? _____
c  ¿Qué haces en tu tiempo libre? _____
d  ¿Con quién vienes al colegio? _____

# GRAMÁTICA

## DEMOSTRATIVOS

Los demostrativos sirven para indicar la distancia en el tiempo o en el espacio que separa al hablante de algo o de alguien.

> **¡OJO!**
> Los demostrativos pueden aparecer con un sustantivo (ej.: Esta Constitución es nueva) o sin él (ej.: La primera Constitución reconocía varios derechos; sin embargo, aquellos eran insuficientes).

|  | Proximidad en el espacio y en el tiempo | Media distancia en el espacio y pasado próximo o futuro en el tiempo | Lejanía en el espacio y pasado lejano en el tiempo |
|---|---|---|---|
| masculino | este — estos | ese — esos | aquel — aquellos |
| femenino | esta — estas | esa — esas | aquella — aquellas |
| neutro | esto | eso | aquello |
| Ejemplos | Esta semana se sanciona el reglamento. | Esa ley que se discute en el Congreso protege a los menores de edad. | En aquella época no se respetaban los derechos de las minorías. |

**5** Completa las frases a continuación con los demostrativos adecuados de acuerdo con la proximidad o el tiempo indicados.

a _____ es la sobrina de Luisa. (cerca del hablante)

b _____ días vi a tu hermana mayor. (presente)

c ¿_____ niños son tus primos? (lejos de los hablantes)

d _____ ahí es el auto de mi tío. (cerca del oyente)

e _____ que me cuentas sobre tu cuñada no me convence. (presente)

f _____ fin de semana iré a la playa con mis hermanos. (futuro)

g Todo _____ que te comenté era apenas una versión de los hechos. (pasado lejano)

**6** Reformula las frases para que se altere la proximidad según la leyenda a continuación.

I   Cerca del hablante o presente.
II  Cerca del oyente o futuro.
III Lejos del hablante y del oyente o pasado.

**Ejemplo:** Estas llaves son las de mi papá. (II)
Esas llaves son las de mi papá.

a Toma esos papeles; entrégaselos a mi mamá. (III)
_____

b Estas son mis nenas; ¡mira lo grandes que están! (II)
_____

c Recuerdo que me encontré aquella mañana con tu abuela. (I)
_____

d Aquel hombre está casado con mi hermanastra. (I)
_____

e Esas que están sentadas a la derecha son mis nueras. (III)
_____

f ¿De quiénes son aquellos libros que me prestaste? (II)
_____

## 4

**7** Arma frases e indica la proximidad o lejanía de los demostrativos.

a jóvenes / ya / están / casados / esos

b aquella / esposa / mi / que lleva / es / vestido

c nietos / son / Antonio / los / estos / de

**8** Reescribe las frases corrigiendo los demostrativos, cuando sea necesario.

a Este es el hermano de Jorge, aquellos que vivía en La Ceiba, Honduras. Llegó anoche de sorpresa en aquello auto que está aparcado más adelante. Eso que están a su lado son sus dos hijos y aquella de allí, su esposa. Jorge se ha puesto muy contento y dice que ahora está toda la familia.

b Esa a la derecha es el tío de Pablo, que vive en aquellas pequeña ciudad de Panamá. Esto chicos que están a su lado son sus hermanos. Esa a la izquierda es su hermana Ana y eso a la derecha es su hermano Rubén.

**9** Lee el texto extraído de una novela. Luego realiza la actividad propuesta.

> Vestidas en distintos tonos de azul, casi celeste para la blusa de Ana, que hacía juego con el color de sus ojos, y rabiosamente fuerte para el vestido, de corte sencillo pero muy elegante, de Isabel, las hermanas le parecieron sorprendentemente atractivas y llamativamente diferentes. Saludaron a Ignacio con un gesto impecable y una sonrisa. La de Isabel franca y directa, la de Ana, tímida y curiosa.
> —Hola, Ignacio, soy Isabel. Hace años que no nos vemos —dijo esta con soltura y seguridad al tiempo que le estrechaba la mano con firmeza, como un hombre, y después se ponía de puntillas para besarle ambas mejillas—, pero todavía te recuerdo de aquella tarde en nuestro jardín.

ALDECOA, Josefina: *Hermanas*. Madrid: Alfaguara, 2008, p. 44.

a La finalidad del primer párrafo del texto es:
- ☐ I describir la vestimenta de las hermanas.
- ☐ II describir físicamente a las hermanas.
- ☐ III describir comparativamente a las hermanas.

b El uso del demostrativo "esta" en el segundo párrafo:
- ☐ I se refiere a Isabel y está fundamentado en la proximidad con el nombre.
- ☐ II se refiere a la mano y está fundamentado en que el demostrativo "esta" antecede al sustantivo "mano".
- ☐ III se refiere a Ana y está fundamentado en que es Ana la que habla.

# GRAMÁTICA

## NUMERALES ORDINALES

Los numerales ordinales sirven para indicar el orden en que se presentan los elementos.

| | | |
|---|---|---|
| 1.º/1.ª/1.er | > | primero(a)/primer |
| 2.º/2.ª | > | segundo(a) |
| 3.º/3.ª/3.er | > | tercero(a)/tercer |
| 4.º/4.ª | > | cuarto(a) |
| 5.º/5.ª | > | quinto(a) |
| 6.º/6.ª | > | sexto(a) |
| 7.º/7.ª | > | séptimo(a) |

| | | |
|---|---|---|
| 8.º/8.ª | > | octavo(a) |
| 9.º/9.ª | > | noveno(a) |
| 10.º/10.ª | > | décimo(a) |
| 11.º/11.ª | > | undécimo(a)/decimoprimero(a) o décimo(a) primero(a)/decimoprimer o décimo primer |
| 12.º/12.ª | > | duodécimo(a)/decimosegundo(a) o décimo(a) segundo(a) |

**¡OJO!**
Las formas "primero" y "tercero" pierden la "o" final delante de un sustantivo masculino singular.
Ej.: Este es el primer artículo de la declaración y ese, el tercero.

Los numerales ordinales del duodécimo(a) en adelante son comúnmente sustituidos por los respectivos cardinales. Ej.: Vivo en el piso trece.

**10** Escribe los numerales ordinales en letras.

a  1.º: _____    c  7.º: _____    e  4.º: _____
b  3.º: _____    d  2.º: _____    f  5.º: _____

**11** Completa las frases escribiendo los numerales ordinales entre paréntesis en letras.

a  Jorge es mi _____ (2.º) marido; me casé dos veces.
b  El piso de mi hermana está en la _____ (11.ª) planta de este edificio.
c  Mi hija fue la _____ (7.ª) colocada en el concurso de redacción de la escuela.
d  Mi familia fue la _____ (1.ª) en llegar al cumpleaños de mi suegro.
e  Mi primo fue el _____ (3.er) alumno del colegio en conquistar una medalla.

**12** Haz un círculo alrededor de la opción que completa correctamente las frases. Luego, fundamenta tu elección.

a  Viajamos en primera / primer clase a Puerto Rico el año pasado.
_____

b  Mi yerno llegó en primer / primero lugar en la competición de natación.
_____

c  Sus hermanos pasaron al tercero / tercer año de la facultad.
_____

d  Compré la tercer / tercera edición de la revista en la tienda de mi tío.
_____

**13** Rita y sus familiares participaron de una competición este fin de semana. Ella llegó en tercer lugar. Su hermana fue la primera. Su hermano José ha podido llegar entre los cuatro primeros. El primo de Rita llegó en cuarto y su prima en quinto. ¿En qué posición ha llegado José?

_____

# LECTURA

**PRECALENTAMIENTO**

- ¿Oíste hablar de Niña Pastori? ¿A qué crees que se dedica?
- ¿Te parece que el tema central del texto será su profesión? ¿Por qué?

**1** Lee el siguiente texto del 2008.

**ESTRATEGIA DE LECTURA**

Antes de leer un texto, podemos hacer **predicciones** acerca de su contenido observando su título, las imágenes que lo acompañan, la estructura de los párrafos, la presencia de elementos gráficos como fotos y cuadros, etc.

## Niña Pastori
### 5 Hermanos

> "En casa estaban prohibidas las palabrotas."

- Nació en Cádiz y vive en San Fernando.
- Tiene 29 años.
- Es cantante de flamenco pop.
- Es la pequeña y la única niña de 5 hermanos: Paco, Pepe, Lala, Güito y María. Se lleva 9 años con el mayor.
- Está casada con el músico Chaboli, quien compone la mayoría de sus canciones y produce sus discos. Están esperando su primer hijo.

*Niña Pastori, cantante española.*

> "Mi madre no se cansaba de repetirnos que no anduviéramos descalzos, y en invierno que nos pusiéramos el abrigo; lo podía repetir hasta siete veces antes de salir a la calle."

**¿Lo mejor de ser tantos hermanos?** He tenido una infancia rodeada de cariño. Por ser la única chica mis hermanos han sido siempre muy protectores.

**¿Y lo peor?** Me tomaban el pelo constantemente, era ¡tan inocente! Nunca había estado en Madrid y me decían: "María, ¿te acuerdas cuando estuvimos en la playa de Madrid?". Y yo contestaba emocionada: "Sí, ¡fue guay, cómo molaba!".

**En casa nunca había:** Coca-Cola, se acababa enseguida, como el suavizante de la ropa. Mi madre cuando veía el cesto de la ropa decía: "Pero niños, ¿qué hacéis?, ¿os bebéis el suavizante?".

**Un momento divertido:** La hora de la comida, cuando teníamos la edad del pavo y nos entraban ataques de risa por cualquier tontería.

**Una bronca sonada:** Cada vez que mi hermano Lala, el más rebelde, contestaba a mi madre. [...] No sé cómo la pobre podía con tanto bicho.

**Quién bregaba en casa con nosotros era...** mi madre, que acababa con la cabeza como un bombo. Ella gritaba y amenazaba pero mi padre con decir un solo nombre nos hacía temblar.

**¿Encargos?** Mis hermanos no movían un dedo, yo me rebelaba y le decía a mi madre: ¿Por qué los chicos no hacen nada?, y ella me hacía chantaje emocional con un: "No pienses en eso, tú hazlo por mí".

**Los mejores días en casa eran:** Los sábados y domingos cuando llegaba el buen tiempo y nos íbamos a la playa a pasar el día. Mi madre se levantaba temprano para hacer las tortillas de patata, los filetes empanados...

**Estaba prohibido:** Decir palabrotas. Mi padre no dejaba que las dijéramos, nunca le han gustado.

**Hora de comer: ¿organización o caos?** Era una locura. Todos querían comer los primeros. Los pequeños nos enfadábamos porque mi madre siempre servía antes a los mayores.

**Recuerdo entrañable:** El Día de Reyes. Nos despertábamos a las 5 de la mañana. Un año trajeron una *Vespino* a mi hermano Pepe y ahí nos ves a todos arrancando el motor en el salón. ¡Fue genial!

**¿Mascotas?** Mi casa estaba llena. Uno de mis hermanos cogía a todos los perros que le ofrecían sus amigos. Después compró una pareja de *husky* y tuvieron siete crías. Como en casa no había jardín... ¡todos al balcón!

**El ojito derecho:** De mi padre soy yo, pero mi madre tiene debilidad por Pepe.

Revista *Telva*. España: 2008, n.º 828, p. 122.

# LECTURA

**2** Contesta las preguntas a continuación según el texto que leíste.

a ¿Cómo se sentía María (Niña Pastori) con relación a las tareas que tenía de niña? ¿Por qué?

b ¿Te parece que hombres y mujeres aún tienen responsabilidades y papeles diferentes? ¿Cuáles son?

c ¿Cómo actuaba la madre de María en la educación de los niños? ¿Y el padre? ¿Crees que hoy día la educación sigue siendo de esa forma? Fundamenta tu respuesta.

d Para María, ¿cuáles eran las ventajas y las desventajas de tener una familia numerosa?

**3** Señala la única alternativa incorrecta con relación al texto y corrígela.
- a El padre tenía un afecto especial por María, y la madre, por Pepe.
- b La madre le echaba broncas a Lala por traer tantos perros a casa.
- c María nació nueve años después de su hermano mayor.
- d Los hermanos se burlaban de María recordando una visita imaginaria a una "playa de Madrid".

**4** Divide el texto de la página anterior en las tres partes señaladas a continuación. Luego relaciónalas con las funciones que desempeñan y contesta: ¿a qué género textual pertenece el texto?
- a Síntesis inicial.
- b Cuerpo.
- c Titular.

- ☐ Reproducción de las preguntas y respuestas.
- ☐ Descripción y perfil del "personaje".
- ☐ Resumen del tema central y/o de una declaración del "personaje".

**5** ¿Qué palabras y expresiones del texto de la página anterior no se encontrarían en una legislación como la del inicio de la lección? ¿Por qué? ¿Cómo se clasifica este tipo de vocabulario?

**6** Busca en Internet informaciones sobre Niña Pastori y contesta: ¿cómo es su familia actualmente? ¿Sigue casada? ¿Tiene tan solo un hijo?

Para ver un vídeo sobre la interacción en las relaciones familiares, accede a <www.youtube.com/watch?v=-zxojjqF6us> (accedido el 11 my, 2012).

### RINCÓN DE ESCRITURA

Elige a un adulto y entrevístalo para saber cómo era/es su relación con su familia. Puedes partir de las preguntas hechas a Niña Pastori y agregar otras. Pregunta a tu entrevistado(a) si conoce los derechos de los niños, si cree que se respetan y por qué.

# CASA MÍA, CASA MÍA, POR PEQUEÑA QUE TÚ SEAS, ME PARECES UNA ABADÍA

LECCIÓN 5

¿En qué lugar podría estar ubicada la casa de la foto?

¿Cómo imaginas su interior?

¿Vivirías en esta casa? ¿Por qué?

# LECTURA

### PRECALENTAMIENTO

- Si quisieras alquilar o comprar una casa, ¿dónde la buscarías?
- ¿Qué tipo de casa o piso buscarías?
- ¿La ubicación de la vivienda sería importante? ¿Por qué?

**1** Lee los textos a continuación.

## » CLASIFICADOS
*20 de abril de 2012*

### DPTOS. ALQUILER

**SOPOCACHI** Departamento 2 dormitorios, *living* comedor, cocina, baño, lavandería y patio, cable e Internet, Bs 1500.

**EDIFICIO** Alameda El Prado. 3 dormitorios, *living* comedor, cocina, 3 baños, lavandería, depósito, dependencias empleada, garaje, con o sin amoblar.

### DPTOS. COMPRA – VENTA

**ARCE** 1 suite, 3 dormitorios, demás dependencias. Excelente vista, soleado.

**OBRAJES** 126 m², 3 dormitorios, garaje baulera, hidromasaje, patio, jardín, parrillero. Inmediaciones UCB.

### CASAS COMPRA – VENTA

**VENDO** Casa urbanización Mercurio Alto, 300 m². Dos dormitorios, *living* comedor, baño, cocina, gas, alcantarillado, luz, agua, US$31 000, 72507580.

**BUSCO** Casa en venta en la avenida 6 de Marzo, carretera a Oruro. Comunicarse con W. Pablo.

**VENDO** Una casa en El Alto con dos dormitorios, cocina, baño y ducha. Ubicada en la zona Comp. Natividad, a dos lotes de la av. Cochabamba.

**ALTO OBRAJES** 365 m², 279 m² construidos, 4 dormitorios, chimenea, garaje, jardín, gas. Inmediaciones Piscina Olímpica. Japebu.

**HERMOSAS** Casas gemelas, zona Bajo Llojeta, acabados de lujo, todas las dependencias.

**VENDO** Hermosa casa de 3 plantas. Consta *living*, 2 comedores, cocina, 2 baños. C/ roperos empotrados, *hall*, una terraza, 2 lavanderías. Z/Cruce, V/Copacabana. Entrega inmediata, US$110 000.

Periódico *El Diario*. Bolivia, 2012, n.° 38779.

### INMUEBLES VENTA

**VENDO CASA** En Ciudadela San Jorge, 3 cuartos, sala, comedor, cocina. Acepto vehículo.

**VENDO CASA QUINTA** $75 000, terreno 1276 m², cerramiento, 2 cuartos, sala, comedor, cocina, garaje. Portoviejo.

**VENDO HERMOSA CASA** San Clemente, 5 cuartos con baño, al lado de la playa, garaje, cisterna, cerramiento, amoblada, $50 000. Acepto vehículo.

**VENDO FINCA** Pedernales. 50 hectáreas, $48 000. Financiamiento.

**VENDO TERRENO** Para cultivar. 20 x 280 m. Sitio Tierras Amarillas, al lado de la capilla.

### INMUEBLES ALQUILER

**ALQUILO DEPARTAMENTO** Los Mangos, 3 dormitorios, planta baja.

**ARRIENDO DEPARTAMENTO** 3 dormitorios con garaje y dormitorio independiente.

**SE ALQUILAN SUITES** Amobladas para estudiantes en la ciudad de Guayaquil (Ciudadela Guayacanes).

Periódico *El Diario*. Ecuador. 2012, n.° 39, p. 14B-15B.

**2** Encuentra en los textos las palabras correspondientes a estas definiciones.

a Casa de recreo en el campo: _____

b Cuarto trastero en el sótano de un edificio: _____

c Construcción para el asado de carnes: _____

d Cañería subterránea que recoge las aguas llovedizas o residuales: _____

Definiciones disponibles en <www.rae.es>. Accedido el 23 abr. 2012. (Adaptado).

> **ESTRATEGIA DE LECTURA**
>
> Cuando el contexto no ofrece pistas suficientes para que puedas inferir el significado de las palabras que no conoces, consulta un **diccionario** bilingüe o monolingüe.

**3** Sobre los textos, contesta las preguntas a continuación.

a ¿Cuál es el género de los textos de la página anterior? Y el tipo textual, ¿es narrativo, expositivo, descriptivo o argumentativo?
_____

b ¿Qué suelen incluir los autores en sus textos?
_____

c ¿En qué medio(s) de comunicación se publican esos textos? ¿Hay una sección específica?
_____

d ¿Cuál es la función de esta sección en el medio de publicación?
_____

**4** Escribe qué se menciona en los anuncios según las categorías a continuación.

| | | |
|---|---|---|
| a | Muebles | |
| b | Formas de pago | |
| c | Instalaciones | |
| d | Contactos | |
| e | Partes de la vivienda | |

**5** Escribe un anuncio describiendo la casa o el piso de tus sueños. Incluye informaciones sobre las habitaciones, la ubicación, el precio, la forma de contacto, las instalaciones, la vista, los sitios cercanos (centros comerciales, escuelas, etc.) y otras que te parezcan relevantes.

# CAJÓN LEXICAL

## LA CASA

**GLOSARIO VISUAL** — Los muebles y las partes de la casa

**Infográfico** — ¿Cuándo surgieron los electrodomésticos?

- Los niños duermen en una _____ porque su _____ es más pequeño. Tienen un _____ con una _____ para estudiar y una _____ grande para guardar sus ropas. Pablo, el mayor, está haciendo la tarea de casa.

- La _____ de los padres tiene una _____, una _____ con una _____ a la derecha de la _____ y un _____ a la izquierda.

- Marta está terminando la limpieza en el _____. Ya ha aspirado el _____ y el _____ y ahora está quitando el polvo de la _____ y de la _____.

- Este es el único _____ de la casa. Tiene una _____ grande, una _____ de cristal, un _____, una _____ con _____ y un _____.

- Roberto ha cogido los platos, cubiertos y vasos en el _____ y está poniendo la _____ para el almuerzo. Después va a ordenar las _____ que su madre ha movido para barrer el suelo.

- A Pedro le encanta cocinar, sobre todo los fines de semana. Está preparando la salsa mientras descongela la carne en el _____. La _____ es grande y tiene todo lo necesario: armarios _____, una _____, una _____ con _____, una _____ y un _____.

- El _____ es pequeño, pero caben una _____, un _____, una _____ y un _____.

- Pablo y Roberto movieron los muebles y el florero porque estaban jugando al fútbol, pero se olvidaron de ordenarlos. La mesa con el parasol quedó cerca de la pared y la hamaca encima de la mesa. ¡Dejaron la pelota sucia sobre el asiento acolchado de la silla!

- Las bicis están colgadas en el _____ para no estorbar el camino, ya que el coche ocupa gran parte del espacio.

60

① Completa los textos de la imagen anterior con los números correspondientes.

| 1 estantería | 2 horno | 3 cama | 4 escritorio | 5 tendedero | 6 baño | 7 lámpara | 8 pila | 9 pila | 10 espejo |
| 11 microondas | 12 cocina | 13 cocina | 14 sillón | 15 ropero | 16 empotrados | 17 habitación | 18 computadora |
| 19 lavavajillas | 20 aparador | 21 litera | 22 mesita de noche | 23 mesa | 24 inodoro | 25 sillas | 26 lavadero |
| 27 lavadero | 28 heladera | 29 garaje | 30 lavadora | 31 ducha | 32 dormitorio | 33 tabla de planchar |
| 34 salón | 35 armario | 36 sofá | 37 mampara | 38 cama de matrimonio | 39 cómoda | 40 televisión |

② Haz un círculo alrededor de las palabras que son sinónimos de "casa/hogar".

| vivienda | acera | domicilio | pasillo | casero | escritorio | portal |
| residencia | planta baja | piso | hipoteca | grifo | balcón | habitación |

③ Completa las frases con las siguientes expresiones idiomáticas y haz las adaptaciones necesarias.

empezar la casa por el tejado    quedar todo en casa    levantar la casa    echar la casa por la ventana    ser como una casa

a   El coche de mi vecino _____, tiene de todo: ropas, alimentos, papeles, CD, etc.

b   Pedro siempre _____: pone primero las maletas pequeñas en el maletero y después tiene que sacar todo para arreglarlo.

c   Creo que Martín _____ para celebrar su cumple en aquel club: ¡gastó todos sus ahorros!

d   Loli hace las tartas y su hermana las vende en su pastelería; _____.

e   Chicos, ¡estamos en la playa desde las 10:00 h! ¡Vamos a _____ ahora!

④ Tu familia y tú van a comprar un piso antiguo que ya está en parte amueblado. Observa la planta y apunta las adaptaciones necesarias en la estructura para que convenga a tu familia. Además, elijan qué muebles van a mantener.

# GRAMÁTICA

## NÚMERO DE LOS SUSTANTIVOS

Los sustantivos pueden usarse en **singular** o en **plural**.

| Sustantivos terminados en: | | Para formar el plural: | |
|---|---|---|---|
| vocales | el sof**á**<br>el chal**é** | añaden -s | los sof**ás**<br>los chal**és** |
| -i/-u tónicas | el man**í**<br>el bamb**ú** | añaden -s o -es | los man**ís**/man**íes**<br>los bamb**ús**/bamb**úes** |
| consonante | el sal**ó**n<br>el comedo**r** | añaden -es | los salo**nes**<br>los comedo**res** |
| -s/-x cuando la sílaba tónica es la penúltima | el microonda**s**<br>el duple**x** | no cambian | los microonda**s**<br>los duple**x** |
| -z | la lu**z**<br>el lápi**z** | la sustituyen por -ces | las lu**ces**<br>los lápi**ces** |

**¡OJO!**
Los sustantivos que terminan en consonante y llevan acento en la última sílaba lo pierden en el plural. Ejs.: el francés/los franceses, el autobús/los autobuses.

**1** Escribe el plural de las siguientes palabras.

a Pared: _____   c Oasis: _____   e Iglú: _____
b Chafariz: _____   d Papá: _____   f Papel: _____

**2** Señala la opción cuyos sustantivos son invariables en cuanto al número.

☐ a  escocés – martes – virus       ☐ d  cumpleaños – jueves – portugués
☐ b  paraguas – tesis – tórax       ☐ e  marqués – atlas – crisis
☐ c  análisis – cortés – campus     ☐ f  lunes – local – fijo

**3** Pasa las frases a continuación para el plural.

a  El champú está en el baño.
_____

b  La sala está adornada con tapiz.
_____

c  El rey vive en el grandioso palacio con balcón.
_____

## POSESIVOS

Los posesivos indican una relación de pertenencia.

| Pronombres personales | Posesivos que se usan antes del sustantivo | Posesivos que se usan después del sustantivo o sin este |
|---|---|---|
| Yo | mi/mis | mío(a)/míos(as) |
| Tú/Vos | tu/tus | tuyo(a)/tuyos(as) |
| Él/Ella/Usted | su/sus | suyo(a)/suyos(as) |
| Nosotros(as) | nuestro(a)/nuestros(as) | nuestro(a)/nuestros(as) |
| Vosotros(as) | vuestro(a)/vuestros(as) | vuestro(a)/vuestros(as) |
| Ellos(as)/Ustedes | su/sus | suyo(a)/suyos(as) |
| Ejemplos | Esta es mi casa. Aquellas son sus habitaciones. | ¡Esta casa mía es muy difícil de limpiar! Este escritorio es nuestro. |

El posesivo que se usa delante del sustantivo no va precedido de artículo (ej.: Esta es mi cama y esa es tu mesa de luz). En cambio, cuando se quiere hacer una contraposición, el posesivo que sustituye al sustantivo lleva antes el artículo (ej.: Este cuarto es el mío y aquel, el tuyo).

**4** Relaciona los elementos de las dos columnas para formar frases.
   a  Toni y José guardan      ☐ vuestros juguetes en el patio.
   b  Almuerzo en              ☐ tu merienda en la cocina.
   c  Preparas                 ☐ sus ropas en el dormitorio.
   d  Ponéis                   ☐ mi casa todos los días.

**5** Completa las frases con el posesivo correspondiente.
   a  Juan vive en una casa grande. Esa es _____ casa.
   b  Nosotros dormimos en el mismo dormitorio. Ese es _____ dormitorio.
   c  Tienes una casa preciosa. Esa es _____ casa.
   d  Yo vivo en el segundo piso. Ese es _____ piso.
   e  Paco y Roberta son los amigos de vosotros. Esos son _____ amigos.

**6** Contesta las preguntas adecuando los posesivos.
   a  ¿Inés es la nueva vecina de Ramón? (Sí)
   _____

   b  ¿Esos cuadros son de vosotros? (Sí)
   _____

   c  ¿Estos son los dormitorios de Marco y Pablo? (No)
   _____

   d  ¿Cómo se llaman mis nuevos profesores? (Ignacio y Antonio)
   _____

# GRAMÁTICA

## VERBO "HABER"

El verbo "haber" en su forma impersonal se usa para indicar la existencia o la presencia de cosas o personas.

| Hay | + indefinido + sustantivo | Hay un comedor diario al lado de la cocina.<br>Hay unos terrenos baldíos atrás de la casa. |
|---|---|---|
| | + adverbio de cantidad | Hay muchas casas en este barrio.<br>Hay mucha gente en ese jardín.<br>Hay poco ruido en esta sala.<br>Hay pocos muebles en el chalé. |
| | + numeral + sustantivo | Hay tres dormitorios en este apartamento.<br>Hay dos televisores en la vivienda. |
| | + sustantivo singular | Hay dinero en el cajón. |
| | + sustantivo plural | Hay libros en los estantes. |

En español el verbo "tener" no se usa para indicar existencia o presencia, sino posesión o pertenencia. Ejs.: El apartamento tiene tres ambientes. / En casa tenemos un patio amplio.

**7** Forma frases impersonales con los elementos dados.

a  baño / espejo grande
_____

b  lavadero / casa de mi hermanastro
_____

c  jardín / muchas flores
_____

d  calle / dos edificios con balcón
_____

e  niños / patio
_____

**8** Escribe las siguientes frases en español.

a  *Sua casa tem piscina?*
_____

b  *Na minha sala tem duas janelas.*
_____

c  *Tem pratos na mesa da cozinha.*
_____

d  *Dizem que tem uma planta exótica no seu jardim.*
_____

e  *Tem fotografias da família no corredor.*
_____

64

**9** Lee el siguiente texto respecto a la estimación realizada por la Secretaría de Estado de Vivienda de España sobre las viviendas en ese país y señala la opción correcta en cada caso.

> - En España **hay** 1,83 persona de media por cada vivienda.
> - La Comunidad Autónoma con más viviendas **es** Andalucía, con 4 480 787.
> - Castilla-León es la Comunidad Autónoma que más viviendas por personas **tiene**: una vivienda por cada 1,48 personas.
> - Ceuta y Melilla es la región donde menos viviendas **existen** por persona: una vivienda por cada 2,96 personas.

Disponible en <www.especialistasurbanos.com/Noticia/ver/168>. Accedido el 5 abr. 2012.

a El texto se refiere principalmente a:
- I la cantidad media de viviendas.
- II la cantidad total de personas.
- III la cantidad de personas por vivienda.
- IV la cantidad de habitantes de España.

b De los verbos en relieve en las frases del texto, dos se pueden intercambiar sin que las respectivas frases cambien de sentido. Son ellos:
- I "hay" y "tiene".
- II "hay" y "existen".
- III "tiene" y "es".
- IV "tiene" y "existen".

## ADVERBIOS Y LOCUCIONES ADVERBIALES DE CANTIDAD

Los principales adverbios que indican cantidad son:

| Adverbios de cantidad | Ejemplos |
|---|---|
| bastante | El jardín es **bastante** grande. Hay una piscina. |
| casi | La obra del departamento está **casi** lista. |
| demasiado | El dormitorio es **demasiado** pequeño; solo entran la cama y la mesa de luz. |
| menos/más | El departamento tiene **menos/más** luz que la casa. |
| mucho | Esa constructora tarda **mucho** en entregar los apartamentos. |
| muy | La terraza tiene **muy** linda vista. |
| nada | No me gusta **nada** este sillón. |
| poco | La casa cuesta **poco**; es antigua y necesita una reforma. |
| tan | ¡Ese edificio es **tan** alto! Tiene más de cuarenta pisos. |
| tanto | ¡Tardamos **tanto** en amueblar la casa! No teníamos dinero suficiente. |

**¡OJO!** El adverbio "bastante" significa "en cantidad suficiente", pero no más que eso; por lo tanto, no es sinónimo de "mucho".

Las locuciones adverbiales son conjuntos de palabras que desempeñan la misma función que los adverbios. Algunas locuciones adverbiales que expresan cantidad son:

| Locuciones adverbiales de cantidad | Ejemplos |
|---|---|
| de menos | Este apartamento tiene espacio **de menos**. Como mínimo, necesito tres dormitorios. |
| de más | No está **de más** tener una casa con dos baños. |
| poco a poco | **Poco a poco** vamos comprando los muebles. |
| a lo sumo | Esa heladera cuesta **a lo sumo** unos $800. |
| al por mayor | Esa tienda vende electrodomésticos **al por mayor**: no menos de cinco por compra. |
| al por menor | Por Internet venden artefactos para el hogar **al por menor**: puedo comprar uno solo. |

# GRAMÁTICA

## MUY Y MUCHO

El uso de "muy" o de "mucho" depende de las palabras que los acompañen.

| mucho(s)/mucha(s) | + sustantivo | En el balcón hay **muchas** plantas. |
|---|---|---|
| mucho | + verbos | Esa inmobiliaria vende **mucho** en este barrio. |
| muy | + adjetivos | El color de la pintura quedó **muy** lindo. |
| | + adverbios | Tu casa está **muy** cerca del centro. |

**¡OJO!**
"Mucho" seguido de un sustantivo concuerda con él en género y número. Ejs.: muchos sillones / muchas casas.

Como excepción, se usa "mucho" en lugar de "muy" en los siguientes casos:
- mucho + antes/después: El edificio quedó listo **mucho después** de la fecha prevista.
- mucho + mejor/peor: Esta vecindad es **mucho mejor** que la otra.
- mucho(s)/mucha(s) + más/menos: En el suburbio viven **muchas más** familias que en el centro.

**10** Haz un círculo alrededor de la forma que completa correctamente las frases.
   a  En mi edificio vive muchas / mucha gente.
   b  Mi habitación es muy / mucho silenciosa.
   c  Esta silla es mucho / muy peor que la otra.
   d  En esta época las inmobiliarias venden mucho / muy.

**11** Completa las frases con "muy" o "mucho(a/s)".
   a  Estoy trabajando _____ en la reforma del baño.
   b  La cocina de este piso es _____ más grande que la del otro.
   c  Las habitaciones están _____ bien distribuidas en aquel piso.
   d  Hay _____ botellas de agua mineral en la despensa.
   e  Tengo que limpiar el garaje; hay _____ basura allá.

**12** Completa las frases con los adverbios del recuadro.

más
bastante
casi
tantos
poco

   a  No sabía que tenías _____ cuadros en la sala.
   b  Este baño es _____ pequeño, ¿no?
   c  ¡Qué lástima! Tenemos _____ tiempo para arreglar la casa.
   d  La habitación de mi hermana es _____ grande que la mía.
   e  El jardín de Ana es enorme; tiene _____ veinte tipos de plantas.

**13** Relaciona las locuciones adverbiales con su significado.
   a  A lo sumo.        ☐ Como mucho, como máximo.
   b  Al por menor.     ☐ Superfluo, innecesario.
   c  De más.           ☐ En pequeña cantidad (de artículos, productos).

**14** Forma frases con los siguientes adverbios o locuciones adverbiales de cantidad.
   a  De menos: _____
   b  Nada: _____
   c  Al por mayor: _____

# LECTURA

**PRECALENTAMIENTO**

- ¿Cómo se llama el conjunto de palabras que forman una línea de un poema?
- ¿Y un conjunto de esas líneas?
- A tu juicio, ¿cuál es el tema que más inspira a los poetas?

**1** Lee este poema de Nicanor Parra.

**ESTRATEGIA DE LECTURA**

La **forma del texto** contribuye a identificar el **género textual** al que pertenece. La estructura de un poema, por ejemplo, lo distingue de otros subgéneros literarios, como la novela o el teatro.

## EL HOMBRE IMAGINARIO

El hombre imaginario
vive en una mansión imaginaria
rodeada de árboles imaginarios
a la orilla de un río imaginario

De los muros que son imaginarios
penden antiguos cuadros imaginarios
irreparables grietas imaginarias
que representan hechos imaginarios
ocurridos en mundos imaginarios
en lugares y tiempos imaginarios

Todas las tardes tardes imaginarias
sube las escaleras imaginarias
y se asoma al balcón imaginario
a mirar el paisaje imaginario
que consiste en un valle imaginario
circundado de cerros imaginarios

Sombras imaginarias
vienen por el camino imaginario
entonando canciones imaginarias
a la muerte del sol imaginario

Y en las noches de luna imaginaria
sueña con la mujer imaginaria
que le brindó su amor imaginario
vuelve a sentir ese mismo dolor
ese mismo placer imaginario
y vuelve a palpitar
el corazón del hombre imaginario

PARRA, N canor. *Parranda larga: antología poética.*
Madrid: Alfaguara, 2012, p. 340-341.

# LECTURA

**2** Contesta las siguientes preguntas.

a ¿Cuál es el escenario del poema? Descríbelo.
_____
_____

b ¿Qué función cumple la palabra "imaginario" en el poema?
_____

c Entre todas las cosas imaginarias del poema, ¿hay algún elemento real? ¿Cuál? ¿Cómo lo notaste?
_____
_____

d ¿Por qué crees que restó una única realidad en ese mundo imaginario?
_____
_____
_____

**3** ¿Qué metáfora usada en el poema simboliza las marcas dejadas por el dolor en el corazón del poeta? Fundamenta tu respuesta.
_____
_____

**4** ¿A qué se refiere el poeta con "la muerte del sol imaginario"? Elige la opción más adecuada.
☐ a  Al anochecer.     ☐ b  A la ausencia de la mujer amada.     ☐ c  A su dolor.

**5** Señala los adverbios o locuciones adverbiales que representan el dolor del poeta.
☐ a  Poco/Nada.      ☐ c  Al por mayor.   ☐ e  A lo sumo.   ☐ g  Demasiado.
☐ b  Muy/Mucho.     ☐ d  De más.         ☐ f  Bastante.

**6** Estas son algunas de las principales características del género literario poesía. ¿Cuáles de ellas identificas en el poema "El hombre imaginario"? Márcalas con una X.
☐ a  Falta de puntuación.            ☐ d  Preocupación con la estética y el lenguaje.
☐ b  Sílabas métricas.               ☐ e  Uso de figuras retóricas y simbolismos.
☐ c  Rimas.                          ☐ f  Expresión de sentimientos y emociones.

**7** Vuelve a los clasificados del inicio de esta lección y compara: ¿qué características del poema se pueden encontrar en los anuncios?
_____

**8** Escribe dos características que señalan diferencias entre los anuncios y el poema de esta lección.
_____

 Para ver un vídeo sobre un edificio inteligente y sustentable en Chile, consulta <www.youtube.com/watch?v=bVhS1bfKI0c&> (accedido el 22 abr. 2012).

**RINCÓN DE ESCRITURA**
Anuncia la casa descrita en el poema en un clasificado, resaltando sus características.

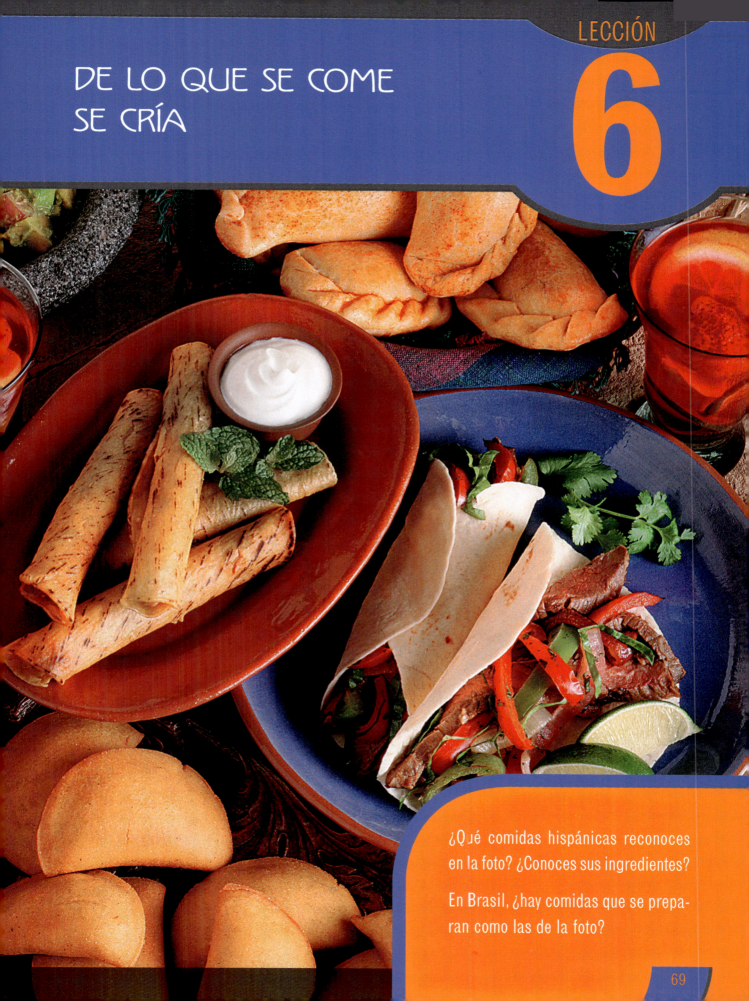

## LECCIÓN 6

# DE LO QUE SE COME SE CRÍA

¿Qué comidas hispánicas reconoces en la foto? ¿Conoces sus ingredientes?

En Brasil, ¿hay comidas que se preparan como las de la foto?

# LECTURA

## PRECALENTAMIENTO

- ¿Sabes cocinar? ¿Qué platos ya preparaste o te gustaría aprender?
- ¿Cuál es tu comida favorita?
- ¿Quién(es) cocina(n) en tu casa? ¿Tienen un libro de recetas o las buscan en Internet?

**1** Lee esta receta de sopa de frijoles de El Salvador.

### ESTRATEGIA DE LECTURA

El **género textual** puede identificarse de inmediato cuando el texto tiene una **estructura fija** y **características fácilmente reconocibles**; por ejemplo: nombre del plato en el título, lista de ingredientes, instrucciones de preparación, etc.

## Sopa de frijoles salvadoreña

### Ingredientes

- 450 g de frijoles rojos
- 450 g de costilla de cerdo
- 2 güisquiles (calabaza blanca)
- 2 tazas de masa de maíz
- 5 trozos de pipián
- 1 yuca
- ½ repollo
- 3 tazas de chirimol
- 2 chiles verdes
- 1 cabeza de ajo
- 5 plátanos
- 5 aguacates
- queso rallado duro al gusto
- cilantro
- apio

### Cómo hacer paso a paso

*1* La noche anterior poner en remojo los frijoles; al día siguiente cocer en agua hirviendo junto a la cabeza de ajo, salar y dejar hasta que estén blandos.

*2* En otra olla poner a cocer el cerdo con abundante agua; la carne se agrega antes que rompa el hervor y las verduras (menos el aguacate y el plátano) más adelante para que no se cuezan demasiado. Sazonar con el cilantro y el apio, salpimentar.

*3* Hacer bolitas con la masa de maíz (en caso de que no encuentre masa preparada, puede hacerla de la siguiente manera: en otra olla se cuece el maíz durante más o menos 45 minutos con el fuego medio o hasta que esté blando, luego se muele en una batidora hasta dejar la masa). Las bolitas de maíz se cuecen en la sopa. Antes de meterlas en el caldo se les hace un hueco en el centro.

*4* Agregar los frijoles cocidos, dejar unos minutos hasta que se calienten y servir en plato hondo con trozos de carne, el chirimol y el queso rallado; antes de servir agregar trozos de aguacate y de plátano.

### Consejos y trucos

Algunos sirven las verduras en otro plato.

Disponible en <www.mis-recetas.org/recetas/show/4345-sopa-de-frijoles-salvadorena>. Accedido el 12 abr. 2012.

**2** Contesta las preguntas.

a ¿En qué partes se divide la receta de la sopa de frijoles? ¿Cuál es la función de cada una?
_____

b ¿Qué otra(s) parte(s) ya viste en recetas de cocina? ¿Para qué sirven?
_____

c ¿En qué forma están los verbos de la sección "Cómo hacer" en la receta de la sopa de frijoles salvadoreña? ¿En qué otro(s) modo(s)/forma(s)/tiempo(s) suelen aparecer?
_____

**3** ¿Cuáles son las medidas utilizadas en la receta?
_____

**4** Encuentra en los ingredientes de la receta lo que se te pide a continuación.

a Dos frutas: _____ b Un tipo de salsa: _____ c Un condimento: _____

**5** Señala la alternativa correcta en cuanto a la preparación de la sopa. Luego, corrige las demás.
☐ a Los güisquiles, el pipián, la yuca, el repollo y los chiles verdes se cuecen junto con los frijoles.
☐ b La masa de maíz puede comprarse lista o prepararse como parte de la receta.
☐ c La receta de chirimol lleva trozos de aguacate y de plátano.
_____
_____

**6** Relaciona las imágenes con los ingredientes de la receta.

☐ Chile verde.      ☐ Güisquil.      ☐ Chirimol.
☐ Yuca.             ☐ Apio.          ☐ Pipián.

**7** ¿La receta salvadoreña de la sopa de frijoles es parecida a la brasileña? Apunta las principales diferencias respecto a los ingredientes y al modo de preparación.
_____

# CAJÓN LEXICAL

## LOS ALIMENTOS

**GLOSARIO VISUAL**
Bocadillos, aperitivos y dulces + El desayuno + La comida y la cena

**Infográfico**
¿Cuál es el origen del chocolate?

**1** Observa la lista de compras y los productos disponibles en el sitio de un supermercado. Luego, busca los alimentos y señálalos.

- 1 pollo entero limpio
- filetes de merluza
- 2 latas de maíz
- berenjenas
- zanahorias
- bolsas de lechuga
- manzanas
- 2 paquetes de fideos
- 1 pan de molde
- 2 paquetes de galletas
- 1 trozo de sandía
- 3 docenas de huevos
- 200 g de jamón
- queso en lonchas
- 1 envase de aceite
- 4 cajas de leche
- 1 botella de refresco

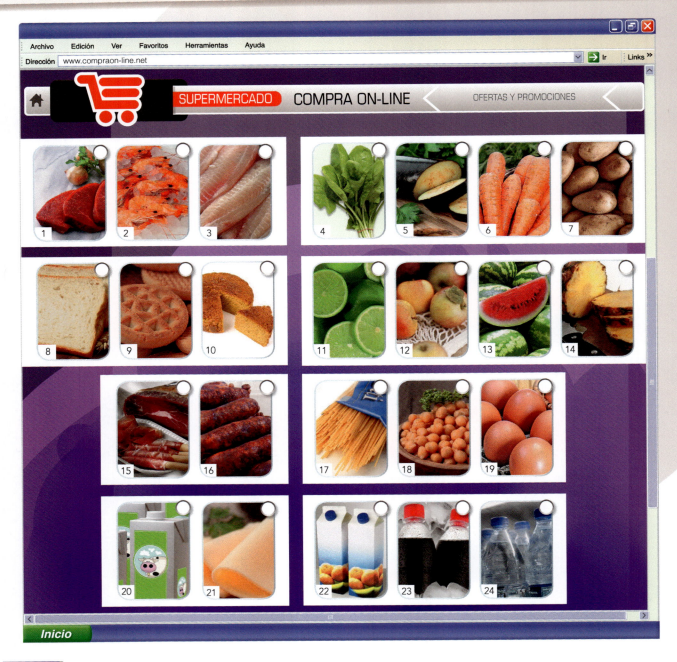

72

**2** Contesta las siguientes preguntas.

a ¿Todos los alimentos están disponibles para compra *on-line*?

_____

b ¿Crees que el dueño de la lista consume alimentos sanos? Fundamenta tu respuesta.

_____

**3** Busca en un diccionario los nombres de los alimentos que aparecen en el sitio del supermercado pero que no figuran en la lista de compras. Sepáralos en las siguientes secciones.

a carnicería y pescadería: _____   d frutas: _____

b verduras y legumbres: _____   e conservas y cocina: _____

c pan y bollería: _____   f bebidas: _____

**4** ¿Qué alimentos sueles tomar en cada comida? Escríbelos a continuación.

a desayuno: _____

b almuerzo o comida: _____

c bocadillo (refrigerio/merienda): _____

d cena: _____

**5** Completa las frases con las locuciones y expresiones a continuación. Escribe solo el respectivo número romano.

I   manzana de Adán
II  se parecen como un huevo a una castaña
III es pan comido
IV  importa un pepino
V   está como un tomate
VI  está de mala leche
VII llamar al pan, pan y al vino, vino

a Cuando hablan, los hombres suelen tener la ___ muy aparente.

b Hay que ___, y decirles de qué se trata en realidad.

c Esos dos hermanos son muy diferentes, ___.

d Ese trabajo es muy fácil; ___.

e No quiero saberlo, me ___.

f Ella no ha dormido bien, ___; es mejor ni hablarle.

g La compañera de clase le dio un beso, ___.

**6** Lee las definiciones y relaciónalas con las expresiones y locuciones de la actividad anterior.

☐ a Interesa muy poco o nada.   ☐ e Resulta muy fácil de hacer o de lograr.

☐ b En América, nuez de la garganta.   ☐ f Se diferencian mucho.

☐ c Está de mal humor.   ☐ g Está rojo de vergüenza.

☐ d Hablar claramente y sin rodeos.

# GRAMÁTICA

## PRESENTE DE INDICATIVO: VERBOS IRREGULARES

### ■ E > IE

|  | **PENSAR** | **VERTER** | **SENTIR** |
|---|---|---|---|
| Yo | p**ie**nso | v**ie**rto | s**ie**nto |
| Tú/Vos | p**ie**nsas/pensás | v**ie**rtes/vertés | s**ie**ntes/sentís |
| Él/Ella/Usted | p**ie**nsa | v**ie**rte | s**ie**nte |
| Nosotros(as) | pensamos | vertemos | sentimos |
| Vosotros(as) | pensáis | vertéis | sentís |
| Ellos(as)/Ustedes | p**ie**nsan | v**ie**rten | s**ie**nten |

Esos verbos, así como "empezar", "comenzar", "entender", "querer", "perder", "mentir", "preferir" y otros, cambian la letra "e" de la raíz por el diptongo "ie" en las tres personas del singular y en la tercera del plural.

### ■ O > UE

|  | **ALMORZAR** | **PODER** | **DORMIR** |
|---|---|---|---|
| Yo | alm**ue**rzo | p**ue**do | d**ue**rmo |
| Tú/Vos | alm**ue**rzas/almorzás | p**ue**des/podés | d**ue**rmes/dormís |
| Él/Ella/Usted | alm**ue**rza | p**ue**de | d**ue**rme |
| Nosotros(as) | almorzamos | podemos | dormimos |
| Vosotros(as) | almorzáis | podéis | dormís |
| Ellos(as)/Ustedes | alm**ue**rzan | p**ue**den | d**ue**rmen |

Esos verbos, así como "contar", "colar", "encontrar", "volcar", "volver", "morir" y otros, cambian la letra "o" de la raíz por el diptongo "ue" en las tres personas del singular y en la tercera del plural.

**¡OJO!**
En Presente de Indicativo las formas de la primera y de la segunda persona del plural nunca tienen diptongo.
Ejs.: pensamos, podemos, dormimos.

## E > I

|  | PEDIR | SEGUIR | SERVIR |
|---|---|---|---|
| Yo | pido | sigo | sirvo |
| Tú/Vos | pides/pedís | sigues/seguís | sirves/servís |
| Él/Ella/Usted | pide | sigue | sirve |
| Nosotros(as) | pedimos | seguimos | servimos |
| Vosotros(as) | pedís | seguís | servís |
| Ellos(as)/Ustedes | piden | siguen | sirven |

Esos verbos, así como "reír", "repetir", "vestir" y otros, cambian la "e" de la raíz por la "i" en las tres personas del singular y en la tercera del plural.

**¡OJO!**
En Presente de Indicativo la vocal de la primera y de la segunda persona del plural nunca cambia.

**1** Agrupa los siguientes verbos conjugados de acuerdo con las irregularidades a las que correspondan.

| E > IE | O > UE | E > I |
|---|---|---|
|  |  |  |

**2** Arma frases conjugando los verbos en Presente de Indicativo.
   a  ellos ya / más frutas y hortalizas / comenzar / a comer
   
   b  sentirme / menos / muy bien / más / cuando como / grasa / fibra / y
   
   c  el cocinero / verter / en la masa / leche descremada / y agua tibia
   
   d  si siempre / repetir (tú) / adelgazar? / ¿cómo querer / tres veces la comida
   

**3** Haz un círculo alrededor de la forma verbal que completa correctamente las frases.
   a  El pollo asado con hierbas y patatas <u>hole / ole / huele</u> riquísimo.
   b  Lola se <u>río / reí / ríe</u> cuando su hijo le <u>pede / pide / pedís</u> para tomar sopita.
   c  Me <u>moro / muero / morimos</u> de hambre cuando no puedo comer a causa del trabajo.
   d  ¿(tú) <u>Sueles / Soles / Suelen</u> comer pescado, verduras y aceite de oliva?
   e  ¿Cuánta comida le <u>siervo / sirvo / servís</u> a mi hijo que tiene 2 años?

# GRAMÁTICA

**4** Completa las frases con los verbos a continuación conjugándolos en Presente de Indicativo.

| empezar | almorzar | servir | pensar | pedir | preferir | mentir | volver |

a  Cuando _____ (yo) con mis amigos, _____ (yo) comer algo ligero.
b  Mi madre _____ que mi hermana le _____ cuando dice que no le gusta el chocolate.
c  ¡Le _____ (yo) un bocadillo de jamón con queso al camarero y él me _____ uno de atún!
d  La vecina _____ de la calle a las ocho y pronto _____ a cocinar las zanahorias.

**5** Reescribe el texto corrigiendo las formas verbales que presentan errores.

Yo medo 1,70 m y peso 90 kilos. Me dicen que tengo que cambiar mis hábitos alimentarios si quero mejorar mi forma física y estar más bien dispuesto. No me movo para nada, no jugo al fútbol, no puedo correr más que 30 segundos... A mi médico le costa entender cómo llegué a ganar este peso en tan poco tiempo. Minto a mí mismo y pirdo la oportunidad de llevar una vida más saludable y equilibrada.

**6** Lee el comienzo del siguiente cuento y señala las respuestas correctas.

### Después del almuerzo — Julio Cortázar

Después del almuerzo yo hubiera querido quedarme en mi cuarto leyendo, pero papá y mamá vinieron casi en seguida a decirme que esa tarde tenía que llevarlo de paseo. Lo primero que contesté fue que no, que lo llevara otro, que por favor me dejaran estudiar en mi cuarto. Iba a decirles otras cosas, explicarles por qué no me gustaba tener que salir con él, pero papá dio un paso adelante y se puso a mirarme en esa forma que no puedo resistir, me clava los ojos y yo siento que se me van entrando cada vez más hondo en la cara, hasta que estoy a punto de gritar y tengo que darme vuelta y contestar que sí, que claro, en seguida. Mamá en esos casos no dice nada y no me mira, pero se queda un poco atrás con las dos manos juntas, y yo le veo el pelo gris que le cae sobre la frente y tengo que darme vuelta y contestar que sí, que claro, en seguida. Entonces se fueron sin decir nada más y yo empecé a vestirme, con el único consuelo de que iba a estrenar unos zapatos amarillos que brillaban y brillaban. [...]

Disponible en <www.ciudadseva.com/textos/cuentos/esp/cortazar/despues.htm>. Accedido el 9 abr. 2012.

a  En la escena:
   ☐ I   el padre y la madre tienen el mismo comportamiento frente al hijo.
   ☐ II  el hijo hace lo que piden los padres.
   ☐ III el hijo no hace lo que piden los padres.
b  La palabra "almuerzo" aparece en el título del cuento y en el primer párrafo. En ese contexto:
   ☐ I   es un sustantivo referido a una de las comidas del día.
   ☐ II  es la conjugación del verbo "almorzar" en Presente de Indicativo.
   ☐ III es un adverbio.

**7** Encuentra en el texto por lo menos cuatro verbos irregulares en Presente de Indicativo.

# INTERROGATIVOS Y EXCLAMATIVOS

Los interrogativos se usan para formular preguntas. Hay algunos que son invariables y otros que flexionan en género y/o número.

| Interrogativos | | | Ejemplos |
|---|---|---|---|
| invariables | | qué<br>cómo<br>dónde<br>adónde<br>cuándo<br>por qué | ¿Qué recetas sabes hacer?<br>¿Cómo es el nombre del chef?<br>¿Dónde trabajas?<br>¿Adónde vas? ¿Al curso de culinaria?<br>¿Cuándo preparas la comida?<br>¿Por qué cocinas? |
| variables que flexionan | solamente en número | cuál(es)<br>quién(es) | ¿Cuál(es) fruta(s) prefieres?<br>¿Quién(es) prepara(n) la cena? |
| | en género y número | cuánto(s)/<br>cuánta(s) | ¿Cuántos alumnos hacen el curso de culinaria?<br>¿Cuántas mujeres hay entre ellos? |

Estas palabras se utilizan también como **exclamativos**. Ejs.: ¡**Qué** rica la comida! / ¡**Cuánta** gente participa del curso de cocina!

Los interrogativos y exclamativos siempre llevan tilde, incluso en los casos en que no van acompañados de los respectivos signos, pues corresponden a preguntas o exclamaciones indirectas. Ejs.: Los comensales preguntan **cuándo** sirven la comida. / No sé **qué** responderles.

> **¡OJO!**
> Fíjate en que "quién" tiene forma en plural: "quiénes". Ejs.: ¿Quién cocina hoy? (Si se supone que es uno solo entre varios). / ¿Quiénes cocinan hoy? (Si se supone que son varios).

**8** Completa las preguntas con el interrogativo adecuado.

a ¿_____ quieres los huevos: fritos o duros?
b ¿_____ puede ayudarme a cocinar hoy? ¿Juan? ¿Su hermano?
c ¿_____ vas a cenar esta noche: en el chino, en el mexicano o en el vegetariano?
d ¿_____ son las opciones de ensaladas? ¿Habrá ensaladilla?
e ¿_____ van a venir a desayunar: solo los chavales o sus padres también?
f ¿_____ alimentos forman parte de una dieta sana?

**9** Relaciona las tres columnas para formar frases. Luego, escríbelas.

| a | ¡Qué! | come el chiquillo / Se nota | que tiene hambre. |
| b | ¡Cómo! | recetas tienes / Eres | los pescados a la plancha. |
| c | ¡Cuánto! | mala suerte / Hoy no sirven | muy buena cocinera. |
| d | ¡Cuántas! | cocinan bien / Me encantan | lomo al horno con espinacas. |

_____
_____
_____
_____

# GRAMÁTICA

**10** Elabora preguntas para las siguientes respuestas.

a _____
Luis come muy deprisa porque solo tiene 15 minutos de intervalo.

b _____
Como muchas frutas y verduras al vapor en el almuerzo.

c _____
Tenemos tres opciones de menú.

d _____
Jorge, Pepe y Carolina van a cenar.

## NUMERALES PARTITIVOS O FRACCIONARIOS Y MULTIPLICATIVOS

Los numerales partitivos o fraccionarios son los que indican las partes iguales de una unidad y los multiplicativos se refieren a los múltiplos de la unidad.

| Numerales partitivos o fraccionarios | | | | Numerales multiplicativos | |
|---|---|---|---|---|---|
| ½ | medio(a) | ⅐ | un séptimo | 2x | doble |
| ⅓ | un tercio | ⅛ | un octavo | 3x | triple |
| ¼ | un cuarto | ⅑ | un noveno | 4x | cuádruple |
| ⅕ | un quinto | ⅒ | un décimo | 5x | quíntuple |
| ⅙ | un sexto | | | 6x | séxtuple |

**¡OJO!**
A partir de ¹⁄₁₁ los números fraccionarios adoptan la terminación "-avo(s)" (ejs.: un onceavo, un doceavo), excepto los correspondientes a los números terminados en cero (ejs.: un centésimo, un milésimo, etc.).

**11** Completa las frases con los numerales fraccionarios o multiplicativos que correspondan.

a  El _____ de 2 es 4.
b  El _____ de 3 es 9.
c  La _____ parte de 5 es 1.
d  _____ docena equivale a 6.
e  _____ de 1 kg corresponde a 250 g.
f  Onceavo, doceavo, _____ y catorceavo.

**12** Escribe con letras los números fraccionarios y multiplicativos del texto a continuación.

¡Voy a preparar una comida especial hoy! A ver... tengo aquí un libro de recetas de la abuela... ¿Qué necesito para esta receta? ⅓ de un litro de caldo de verduras, ½ cebolla picada, ⅔ de una taza de aceite de oliva extra virgen, agua caliente, el 3x de la cantidad de aceite, arroz, el 6x de la cantidad de aceite, ⅕ de un kilo de queso curado, ⅑ de una cuchara de nuez moscada, zanahorias, el 4x de la cantidad de cebolla, ⅛ de una cuchara de pimienta, ½ kilo de carne de cerdo, carne de vacuno, el 2x de esa cantidad y pollo, el 5x de la cantidad de carne de cerdo. ¡Ah! Y tomates, ⅐ de dos kilos. ¡Vaya! ¿Era matemática la abuela?

# LECTURA

**PRECALENTAMIENTO**

- ¿Te gustan las leyendas y fábulas? ¿Sueles leerlas?
- Crea hipótesis para explicar el título de la leyenda, o sea, ¿por qué los ratones tienen miedo de las mujeres?
- ¿Tienes miedo de algún animal? Explica el motivo.

**1** Lee la siguiente leyenda guatemalteca.

**ESTRATEGIA DE LECTURA**

Crea hipótesis, **predicciones sobre el texto** (qué se escribe, quién lo hace y a quién, cuándo, cómo, dónde y por qué), así diriges tu lectura.

## Por qué los ratones tienen miedo de las mujeres

Las mujeres que habitan la región del lago Atitlán, en Guatemala, además de cuidar de la casa y de los hijos, son las encargadas de vigilar los sacos llenos de granos de maíz, almacenados después de las cosechas, de los ataques de los ratones.

Por eso, cuando una de las mujeres de la aldea está a punto de dar a luz, los ratones, preocupados, se meten debajo de la cama de la embarazada y se preguntan unos a otros:

—¿Qué será lo que va a nacer, un niño o una niña?

Si es un niño, los ratones organizan una gran fiesta, con muchos cantos y danzas, toque de tambores, y hacen rituales de agradecimiento a los pies de los volcanes.

En el caso de que nazca una niña, se quedan preocupados, ya que los listos roedores consideran a la recién nacida como una futura enemiga de su raza. Además de que, cuando crezca, no dudará en expulsarlos de sus casas a escobazos.

Los hombres, debido a su trabajo al aire libre y, principalmente, a sus gestos descuidados, son vistos con cierta simpatía por los ratones.

Durante la época de la cosecha, los campesinos siempre dejan algunos granos del precioso maíz caer al suelo, que son rápidamente devorados por los insaciables roedores.

Y, a la hora del almuerzo, cuando los trabajadores se sientan en el suelo para saborear las comidas, que fueron preparadas con ternura y delicadeza por sus madres y esposas, los ratones se quedan a la espera de las migajas de pan y restos de comida, que dejan, displicentemente, por el campo.

De ahí la admiración que los ratones tienen por los hombres y el miedo que sienten de las mujeres, guardianas del alimento sagrado, el maíz.

BARBOSA, Rogério Andrade. *Leyendas y fábulas de los animales de nuestra América.* São Paulo: Melhoramentos, 2003, p. 23.

# LECTURA

**2** Señala las afirmaciones que reflejan algunas características del género leyenda.
- a  Son transmitidas de generación en generación a través del lenguaje oral.
- b  No es función de la tradición oral conservar los conocimientos ancestrales a través de los tiempos.
- c  Por lo general no presentan registros escritos.
- d  No presentan secuencia lógica ni cohesión.

**3** De acuerdo con la leyenda, ¿cuál era el papel de las mujeres en el lago Atitlán, en Guatemala? Actualmente, ¿el papel de la mujer en la sociedad sigue siendo como en la leyenda?

**ESTRATEGIA DE LECTURA**
Haz una **lectura detallada** del texto para encontrar informaciones más específicas.

**4** ¿Por qué los ratones no desean que nazca una niña en la aldea?

**5** ¿Por qué los ratones creen que los hombres son descuidados?

**6** La leyenda es una narración de un suceso con realidad y fantasía, forma parte de la cultura y de las creencias de un pueblo. Identifica en el texto dos fragmentos que denotan realidad y dos que indican fantasía.

| Realidad | Fantasía |
|---|---|
|  |  |

**7** El maíz es un alimento esencial en la dieta guatemalteca. En Brasil también solemos preparar muchos platos con ese grano. Registra el nombre de algunos platos hechos con el maíz. Luego, busca informaciones sobre su preparo con tus familiares y escribe la receta en español, en el cuaderno.

Accede a <www.youtube.com/watch?v=vPneAPHnYPE> (accedido el 25 abr. 2012) para ver una serie de animaciones divertidas sobre alimentación y salud.

**RINCÓN DE ESCRITURA**
Escribe la receta de sopa de frijoles de tu familia. Presenta los ingredientes, el modo de preparación y da al menos un consejo o truco.

## LECCIÓN 7

# DE MÚSICO, POETA Y LOCO, TODOS TENEMOS UN POCO

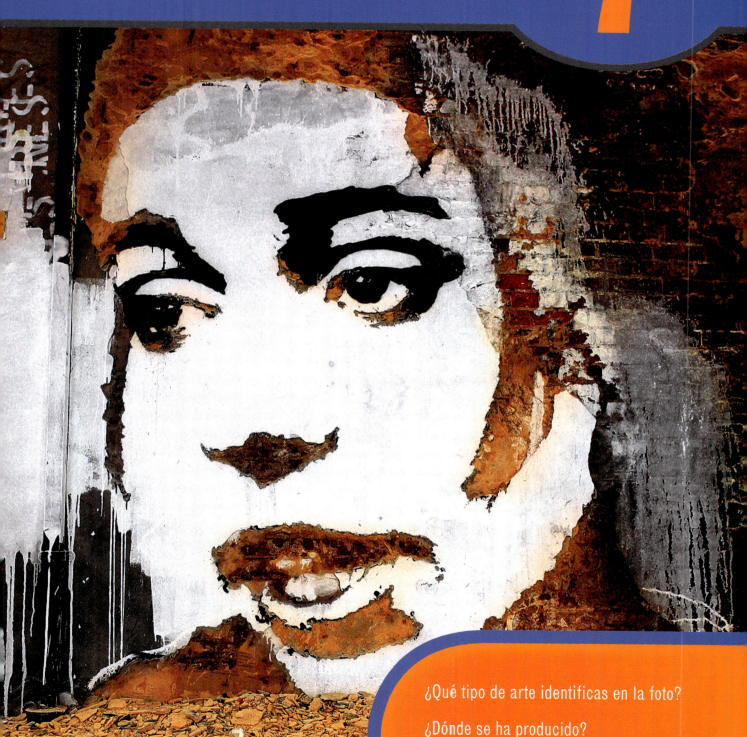

¿Qué tipo de arte identificas en la foto?

¿Dónde se ha producido?

¿Qué otros tipos de arte popular conoces?

# LECTURA

**PRECALENTAMIENTO**

- ¿Cuántos tipos de arte conoces? ¿Cuál admiras más y por qué?
- ¿A qué artes se refieren las imágenes de esta página?
- Si fueras un(a) artista, ¿a qué arte te dedicarías? ¿Por qué?

1. Lee este fragmento del "Manifiesto de las Siete Artes", escrito por Ricciotto Canudo, en 1911.

**ESTRATEGIA DE LECTURA**

El título del texto y las informaciones visuales nos ayudan a hacer conjeturas a partir de nuestros conocimientos previos, es decir, hacemos **predicciones**.

# Manifiesto de las Siete Artes

**I.** La Teoría de las Siete Artes ha ganado rápidamente terreno, extendiéndose por todo el mundo. Ha aportado una clarificación a la total confusión de géneros e ideas, como una fuente de nuevo reencontrada. No voy a hacer alarde de dicho descubrimiento, porque toda teoría implica el descubrimiento de un principio fundamental. Me limito a comprobar su difusión; de la misma forma que, al enunciarla, hacía constar su necesidad. [...]

**II.** La fuente que hemos encontrado nos la revela en toda su claridad. Descubrimos que, en realidad, dos de estas artes surgieron originariamente del cerebro humano para permitirle fijar todo lo efímero de la vida, en lucha contra la muerte de las apariencias y de las formas, enriqueciendo a las generaciones con la experiencia estética. [...]

Ya señalé que la Arquitectura y la Música habían expresado inmediatamente esta necesidad ineluctable del hombre primitivo, que intentaba "retener" para sí mismo todas las fuerzas plásticas y rítmicas de su existencia sentimental. Al construir la primera cabaña, al bailar la primera danza con el mero acompañamiento de la voz como pauta para mover los pies sobre el suelo, ya había descubierto la Arquitectura y la Música. Más tarde embelleció a la primera con la representación de los seres y de las cosas cuyo recuerdo deseaba perpetuar, mientras añadía a la danza la expresión articulada de sus movimientos: la palabra. De esta forma había inventado la Escultura, la Pintura y la Poesía; había concretado su sueño de inmortalidad en el espacio y en el tiempo. [...]

**III.** Querría señalar ya ahora que si bien la Arquitectura, surgida de la necesidad material de protegerse, se afirmó netamente individualizada frente a sus complementarias, la Escultura y la Pintura, la Música, en cambio, ha seguido a través de los siglos un proceso completamente inverso. [...] Primero se manifestó en sus complementarias, la Danza y la Poesía, hasta llegar miles de años después a la liberación individual, a la Música sin danza y sin canto, a la Sinfonía. Como entidad determinante de toda la coreografía del lirismo, existía ya antes de convertirse en lo que nosotros llamamos Música pura, precediendo a la Danza y a la Poesía.

Así como las formas en el Espacio son fundamentalmente Arquitectura, ¿los ritmos en el Tiempo no son sobre todo Música?

Finalmente el "círculo en movimiento" de la estética se cierra hoy triunfalmente en esta fusión total de las artes que se llama "Cinematógrafo". [...]

Hemos casado a la Ciencia con el Arte, quiero decir, los descubrimientos y las incógnitas de la Ciencia con el ideal del Arte, aplicando la primera al último para captar y fijar los ritmos de la luz. Es el Cine.

El Séptimo Arte concilia de esta forma a todos los demás. Cuadros en movimiento. Arte Plástica que se desarrolla según las leyes del Arte Rítmica. [...]

Disponible en <www.cinefagos.net/index.php?option=com_content&view=article&id=436:manifiesto-de-las-siete-artes&catid=30:documentos&Itemid=60>. Accedido el 3 abr. 2012.

**2** Contesta las siguientes preguntas.

a Según el autor, ¿por qué era necesaria la Teoría de las Siete Artes?

b ¿Qué circunstancias determinaron el surgimiento de la arquitectura y de la música?

c ¿Cómo evolucionaron la arquitectura y la música?

d ¿Qué es "música pura"?

**3** Relaciona las columnas.

a Música.
b Arquitectura.
c Escultura y pintura.
d Cine.
e Danza.
f Poesía.

☐ Movimiento del cuerpo; expresión rítmica de sentimientos.
☐ Fusión de las artes; unión de ciencia y arte.
☐ Ritmos en el tiempo; acompaña la danza y el canto.
☐ Formas en el espacio; necesidad de protegerse.
☐ Palabra; expresión articulada de los movimientos.
☐ Artes plásticas; representación de seres y cosas.

**4** Explica esta afirmación del autor con relación al cine: "Hemos casado a la Ciencia con el Arte".

**5** Señala la alternativa adecuada en cada cuestión.

a ¿Qué propósito tienen los manifiestos en cuanto al arte?
   ☐ I Exponer los hechos más relevantes de la historia del arte y de sus movimientos.
   ☐ II Divulgar un nuevo movimiento artístico definiendo sus características y principios.

b ¿Cuál de estos tipos textuales se reconoce en la redacción de un manifiesto?
   ☐ I Argumentativo.
   ☐ II Narrativo.

**6** Lee nuevamente el manifiesto e intenta resumirlo con tus propias palabras.

### ESTRATEGIA DE LECTURA

Al hacer un **resumen** de un texto con nuestras propias palabras se asimila y se fija con más facilidad el contenido de la lectura.

# CAJÓN LEXICAL

## LAS ARTES

**1** Relaciona las siguientes artes con las definiciones e imágenes correspondientes.

I   Escultura
II  Poesía
III Música
IV  Arquitectura
V   Danza
VI  Cinematografía
VII Pintura

- a  Arte de proyectar y construir edificios.
- b  Arte de combinar los sonidos de la voz humana o de los instrumentos, o de unos y otros a la vez, de suerte que produzcan deleite, conmoviendo la sensibilidad, ya sea alegre, ya tristemente.
- c  Representar o figurar un objeto en una superficie, con las líneas y los colores convenientes.
- d  Baile. Dicho de una persona: bailar (ejecutar movimientos acompasados).
- e  Manifestación de la belleza o del sentimiento estético por medio de la palabra, en verso o en prosa.
- f  Captación y proyección sobre una pantalla de imágenes fotográficas en movimiento.
- g  Arte de modelar, tallar o esculpir en barro, piedra, madera, etc., figuras de bulto.

Definiciones disponibles en <www.rae.es> y <http://clave.librosvivos.net>. Accedidos el 23 abr. 2012. (Adaptado).

**2** Teniendo en cuenta las definiciones de la actividad anterior, haz un círculo alrededor de la palabra intrusa en cada secuencia. Luego relaciona los grupos de palabras con el arte que les corresponde.

- a  construir – edificar – fabricar – destruir – crear – armar – erigir _____
- b  componer – crear – concebir – descomponer – tocar – tañer – interpretar _____
- c  pintar – dibujar – colorear – teñir – manchar – pincelar – destrozar _____
- d  danzar – bailar – zapatear – bailotear – moverse – saltar – arruinar _____
- e  escribir – componer – edificar – redactar – publicar – expresar – editar _____
- f  filmar – cinematografiar – deshacer – rodar – dirigir – proyectar – exhibir _____
- g  esculpir – estropear – modelar – tallar – crear – entallar – cincelar _____

84

3. Escribe cada palabra en el recuadro correspondiente. ¡Ojo! Algunas pertenecen a más de un arte.

escena   rima   ladrillo   soneto   columna   acuarela   estribillo   bóveda   pincel   castillo   carboncillo   tela   tubo
guion   ángulo   banda sonora   claqueta   decorado   cuarteto   arco   paleta   doblaje   viga   cerámica   lienzo   plano
ruinas   palacio   barniz   metáfora   personaje   cámara   épica   desván   estrofa   trama   métrica   óleo   jirafa

4. Relaciona las columnas a continuación. ¿Qué hay en cada sitio?

I   Galería de arte.
II  Museo.
III Teatro.
IV  Pinacoteca.
V   Cine.
VI  Casa de espectáculos.
VII Casco antiguo de una ciudad.

- a  Taquilla, butacas, pantalla, películas.
- b  Taquilla, fotografías, exposiciones de arte.
- c  Conciertos de música, ópera, danza, musicales.
- d  Monumentos, edificios históricos, iglesias, construcciones antiguas.
- e  Pinturas, esculturas, exposiciones.
- f  Obras de teatro, platea, escenario, actores, camerino.
- g  Imágenes de cera, cuadros, objetos antiguos.

5. Completa las oraciones siguientes con la locución o expresión idiomática que convenga, haciendo las flexiones que correspondan. Luego elige dos de ellas y elabora una frase con cada una.

venir con buena música   dar música a un sordo   llevar la música por dentro   no tener arte ni parte
malas artes   de película   pintar como querer   el arte por el arte

a  El cantante demostró sus _____; copió la letra de la música de un compañero.
b  Mari se compró una casa _____. Es lujosa y bien ubicada.
c  El chico sigue con los ensayos de batería y les molesta a sus vecinos, pero ellos _____.
d  Ellas no están contando la verdad; _____ lo que les ha pasado.
e  No me gustan los textos sin sentido; eso es hacer _____.
f  Es pura tontería lo que dicen del cantante en la tele; _____.
g  Llevar a mi primo al museo es _____, pues nada le interesa.
h  Cuando necesita dinero el chaval, vuelve a ser simpático y _____.

# GRAMÁTICA

## PRESENTE DE INDICATIVO: VERBOS IRREGULARES

### C > ZC

|  | **RENACER** | **PERTENECER** | **CONOCER** | **LUCIR** |
|---|---|---|---|---|
| Yo | rena**zc**o | perten**ezc**o | con**ozc**o | lu**zc**o |
| Tú/Vos | renaces/renacés | perteneces/pertenecés | conoces/conocés | luces/lucís |
| Él/Ella/Usted | renace | pertenece | conoce | luce |
| Nosotros(as) | renacemos | pertenecemos | conocemos | lucimos |
| Vosotros(as) | renacéis | pertenecéis | conocéis | lucís |
| Ellos(as)/Ustedes | renacen | pertenecen | conocen | lucen |

¡Ay! No reconozco el retrato… ¿Cuál es?

Vas a reconocer enseguida el retrato: es un hombre sentado, con las manos juntas; tiene bigotes y es el único que sonríe…

### ¡OJO!

Esos verbos, así como todos los verbos terminados en "-acer" (ejs.: "yacer", "complacer"), "-ecer" (ejs.: "aparecer", "agradecer"), "-ocer" (ejs.: "reconocer", "desconocer") y "-ucir" (ejs.: "traducir", "reducir"), incorporan una "z" solo en la primera persona del singular en Presente de Indicativo.

### I > Y

|  | **CONTRIBUIR** | **INCLUIR** | **DISTRIBUIR** |
|---|---|---|---|
| Yo | contribu**y**o | inclu**y**o | distribu**y**o |
| Tú/Vos | contribu**y**es/contribuís | inclu**y**es/incluís | distribu**y**es/distribuís |
| Él/Ella/Usted | contribu**y**e | inclu**y**e | distribu**y**e |
| Nosotros(as) | contribuimos | incluimos | distribuimos |
| Vosotros(as) | contribuís | incluís | distribuís |
| Ellos(as)/Ustedes | contribu**y**en | inclu**y**en | distribu**y**en |

### ¡OJO!

Esos verbos, así como todos los verbos terminados en "-uir" (ejs.: "concluir", "destruir", "excluir"), incorporan una "y" en las tres personas del singular y en la tercera del plural.

# 7

**1** Agrupa los siguientes verbos conjugados en cuanto a la irregularidad de la respectiva primera persona.

| C > ZC | I > Y |
|---|---|
|  |  |

**2** Lee los fragmentos del texto "Manifiesto de las Siete Artes". Luego, conjuga las formas verbales destacadas en todas las personas en Presente de Indicativo.

a "... de las apariencias y de las formas, **enriqueciendo** a las generaciones con la experiencia estética".
_____

b "Al **construir** la primera cabaña, al bailar la primera danza...".
_____

c "Más tarde **embelleció** a la primera con la representación de los seres...".
_____

**3** Completa las frases con los verbos a continuación conjugados en Presente de Indicativo. Repítelos cuando sea necesario.

pertenecer   construir   influir   establecer   conocer   sustituir   retribuir

a ¿Será que los aspectos sociopolíticos _____ en las obras de arquitectura?
b El público _____ con aplausos la dedicación de los bailarines.
c _____ (yo) a muchos actores de cine famosos. ¿Y tú, _____ a alguno?
d Mi profesor de música _____ una rutina de ensayos, y yo _____ los instrumentos que vamos a tocar.
e La chica de gafas _____ a la principal actriz del reparto y yo _____ a su compañera en la escena inicial.
f "¿A qué escuela de arte _____?", le preguntó el crítico de arte al joven escultor. "Yo no _____ a ninguna escuela", le contestó el joven artista.
g Los arquitectos modernos _____ edificios teniendo en cuenta no solo la estética, sino también su impacto ambiental.

# GRAMÁTICA

**4** Responde a las preguntas a continuación utilizando en las respuestas los verbos destacados.

a ¿**Perteneces** a algún grupo de teatro?
_____

b ¿**Contribuyes** a alguna asociación cultural de niños y adolescentes?
_____

c ¿**Traduces** a tu idioma las canciones que más te gustan?
_____

d ¿**Aborreces** cuando te cuentan cómo termina una película?
_____

**5** Identifica los errores en las frases y reescríbelas corrigiéndolos.

a Ella desconozco el origen de la mayoría de los cuadros de la galería.
_____

b El pintor conduces a sus alumnos de una manera genial.
_____

c La acción del tiempo destruie la mayoría de las grandes obras arquitectónicas.
_____

d Las nuevas tendencias de danza influís en la música y en las obras de teatro.
_____

**6** Lee el siguiente texto divulgado en un periódico digital de la ciudad española de Zaragoza. Luego señala las respuestas correctas.

> Los ocho locales para artistas de la calle de San Agustín comienzan a cobrar vida. La mayoría de ellos están abiertos al público o piensan hacerlo en los próximos días. El alcalde Juan Alberto Belloch los ha visitado y ha destacado la originalidad de la iniciativa. El Ayuntamiento extenderá este proyecto a otras vías del casco histórico.
>
> Zaragoza – La calle de San Agustín comienza a ver cómo sus locales relacionados con diseño, moda, restauración, juegos y trabajos en madera, papel y cerámica abren sus puertas al público. La mayoría de los ocho talleres artísticos están ya en marcha y tienen como objetivo convertirse en el motor de la reactivación económica y social del casco histórico.

Disponible en <www.aragondigital.es/noticia.asp?notid=91243>. Accedido el 12 abr. 2012.

a La finalidad principal del texto es:
- ☐ I informar sobre la visita del alcalde a la calle de San Agustín.
- ☐ II opinar sobre la originalidad de la iniciativa.
- ☐ III informar sobre la concretización de la iniciativa que beneficia a los artistas de la calle.

b De acuerdo con el contenido, el título del texto es:
- ☐ I "La tradicional presencia del arte en las calles del casco histórico".
- ☐ II "El arte florece en las tiendas de San Agustín".
- ☐ III "Los locales de San Agustín incluyen nuevas ofertas de servicios".

## LOS VERBOS "GUSTAR", "ENCANTAR" E "INTERESAR"

Estos verbos se utilizan para expresar la reacción que nos produce una determinada persona, cosa o acción.

| Uso de los verbos "gustar", "encantar" e "interesar" ||||
|---|---|---|---|
| [A mí] | me | gusta/encanta/interesa (con sustantivo singular y verbo en infinitivo) | A mí me interesa **el arte abstracto**. |
| [A ti/vos] | te | ~ | A ti te gustan **las nuevas expresiones artísticas**. |
| [A él/ella/usted] | le | ~ | A usted le encanta **hacer grafitis** por la calle. |
| [A nosotros(as)] | nos | gustan/encantan/interesan (con sustantivo plural) | A mis hermanos y a mí nos gusta **la intervención urbana**. |
| [A vosotros(as)] | os | ~ | A vosotras os encantan **las estatuas vivas** que hay en los parques. |
| [A ellos(as)/ustedes] | les | ~ | A mis primos les interesa **estudiar arquitectura**. |

Los verbos "gustar", "encantar" e "interesar" se conjugan en tercera persona y concuerdan en singular con el sustantivo singular y el verbo en infinitivo, y en plural con el sustantivo plural.

Los verbos "gustar" e "interesar" permiten expresar en qué grado algo nos gusta o nos interesa. El verbo "encantar" indica el grado máximo del gusto y, por eso, no admite gradación. De mayor a menor intensidad, tenemos:

| | | |
|---|---|---|
| ★★★★★ | Me encanta(n). | |
| ★★★★ | Me gusta(n) muchísimo. | Me interesa(n) muchísimo. |
| ★★★ | Me gusta(n) mucho. | Me interesa(n) mucho. |
| ★★ | Me gusta(n) bastante. | Me interesa(n) bastante. |
| ★ | No me gusta(n) mucho. | No me interesa(n) mucho. |
| | No me gusta(n) nada. | No me interesa(n) nada. |

**¡OJO!**
Recuerda que en español "bastante" significa "en medida suficiente" y no tiene el mismo significado que "mucho".

**Los mismos grados de intensidad sirven para todas las otras personas.** Ejs.: Te gustan mucho los arquitectos modernistas españoles. / Nos interesa bastante el arte del siglo XX.

## EL VERBO "PARECER"

El verbo "parecer" se usa muy a menudo para expresar opiniones.

| Uso del verbo "parecer" |||||
|---|---|---|---|---|
| [A mí] | me | parece (con sustantivo singular y verbo en infinitivo) | adjetivo | A mí me parecen lindos **los grafitis**. |
| [A ti/vos] | te | ~ | ~ | ¿A ti te parece interesante **la escultura**? |
| [A él/ella/usted] | le | ~ | ~ | A mi profesor le parece importante **conocer diferentes ramas del arte**. |
| [A nosotros(as)] | nos | parecen (con sustantivo plural) | ~ | A ti y a mí nos parece muy colorido **este cuadro pop**. |
| [A vosotros(as)] | os | ~ | ~ | A vosotros os parecen novedosas **las calcomanías como forma de arte**. |
| [A ellos(as)/ustedes] | les | ~ | ~ | A los alumnos les parece divertido **ir a la feria de arte**. |

Para expresar opiniones, el verbo "parecer" se usa en tercera persona igual que "gustar". El adjetivo concuerda en género y número con el sustantivo; con el verbo en infinitivo se usa en la forma masculina singular.

# GRAMÁTICA

**7** Relaciona las columnas para formar frases.

a Me gusta ◯ las obras de teatro de Federico García Lorca, un famoso escritor español.

b Le gustan ◯ mucho ir a exposiciones de cuadros y esculturas clásicas.

c Les encanta ◯ la ópera italiana que van a estrenar en el Teatro Municipal.

**8** Formula preguntas utilizando el verbo "interesar" conjugado en Presente de Indicativo para las situaciones a continuación.

a (tú) ir a un concierto de música flamenca en el teatro La Zarzuela.
_____

b (Juan) visitar una exposición de moda antigua en el centro cultural del barrio.
_____

c (ellos) ver de nuevo la película que ganó el Óscar y el premio Goya.
_____

d (vosotros) las nuevas colecciones de libros medievales de la Biblioteca Nacional.
_____

**9** Expresa tu opinión respecto a las siguientes acciones utilizando los verbos "gustar", "interesar" o "encantar".

a Pintar al aire libre.
_____

b Dibujar objetos o personas.
_____

c Tocar la guitarra.
_____

d Ir a un concierto de música folclórica.
_____

e Los poemas y letras de música de aquel artista.
_____

f Las visitas guiadas para conocer la arquitectura y la historia de una ciudad.
_____

**10** Completa las frases con el verbo "parecer" conjugado adecuadamente en Presente de Indicativo.

a ¿Qué _____ (a ti) si empezamos las clases de canto?

b _____ (a mí) que estás preparada para danzar en el musical.

c ¿No _____ (a ti) raras las fotografías de la exposición?

d _____ (a nosotros) que el escritor no va a autografiar todos los libros de la gente que está en la fila.

e ¿_____ (a ustedes) importantes las nuevas adquisiciones de aquel museo?

# LECTURA

**PRECALENTAMIENTO**

- Si tuvieras que señalar las tres pinturas más famosas de la historia del arte, ¿cuáles elegirías?
- ¿Conoces alguna obra de arte basada en la de otro artista? ¿Cuál?
- ¿Qué materiales usan los pintores en sus obras?

**1** Observa esta obra del artista brasileño Vik Muniz.

**ESTRATEGIA DE LECTURA**

Al acercarnos a un texto, una obra de arte, una canción o una película, activamos nuestros **conocimientos previos** y establecemos relaciones de **intertextualidad** con otras obras y sus características.

MUNIZ, Vik. *Doble Mona Lisa, después de Warhol*, 1999.

**2** Contesta las siguientes preguntas.

a ¿Cómo explicarías qué es una "pintura"?

b ¿Reconoces al "personaje" del cuadro de Vik Muniz? ¿Quién es?

c ¿Qué diferencias hay entre la obra original y la de Vik Muniz?

91

# LECTURA

**3** Observa estos dos cuadros y señala los nombres de sus pintores. Luego contesta: ¿a cuál de las dos obras se asemeja más la de Vik Muniz? ¿Por qué?

a

*La Gioconda*

b

*Doble Mona Lisa*

- ☐ I   Miguel Ángel.
- ☐ II  Leonardo da Vinci.
- ☐ III Pablo Picasso.

- ☐ I   Andy Warhol.
- ☐ II  Vik Muniz.
- ☐ III Salvador Dalí.

_____
_____

**4** A continuación vas a enterarte de dos informaciones sobre el cuadro de Vik Muniz. Léelas y elige la opción que te parezca correcta en cada caso.

a  Vik Muniz no ha utilizado tintas en su cuadro. ¿Qué materiales crees que ha usado?
- ☐ I   Lápices de color negro, rojo, amarillo y marrón.
- ☐ II  Arcilla, tierra y arena.
- ☐ III Mermelada y manteca de maní.
- ☐ IV  Pegamento y purpurina.

b  ¿De qué forma el artista ha registrado el cuadro para poder exponerlo y perpetuarlo?
- ☐ I   Lo grabó en vídeo.
- ☐ II  Lo fotografió.
- ☐ III Lo plastificó.
- ☐ IV  Lo barnizó.

**5** ¿Cuál habrá sido la intención de Vik Muniz al recrear la Mona Lisa utilizando esos materiales?

_____

**6** Ahora que sabes un poco acerca de Vik Muniz y su estilo artístico, contesta: ¿añadirías algo al "Manifiesto de las Siete Artes", que leíste al inicio de esta lección? ¿Con qué tipos de arte trabaja?

_____
_____

 Consulta <www.youtube.com/watch?v=IVTtKVBYr1o> (accedido el 14 my. 2012) para conocer el taller del artista plástico argentino Guillermo Roux y su proceso de creación.

### RINCÓN DE ESCRITURA
Escribe un manifiesto en el que expliques y defiendas un tipo de arte contemporáneo, como el grafitis, la moda, la artesanía, etc.

# UNA BUENA CAPA TODO LO TAPA

## LECCIÓN 8

¿Cuáles son la ropa y el accesorio en la foto?

¿Son típicos de alguna región? ¿Se usan en la tuya?

# LECTURA

**PRECALENTAMIENTO**

- ¿Ya has oído hablar de la "moda ecológica"? ¿Qué sabes al respecto?
- ¿Qué daños crees que la industria textil puede causar al medioambiente?
- ¿Cómo piensas que se fabrican ropas de marcas famosas a gran escala?

**1** Lee el texto a continuación para conocer más sobre la "moda ecológica".

## Alternativa textil ecológica: entrevista a María Almazán

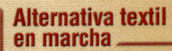

Con palabras como injusto y arrasador, define María Almazán el mundo de la confección textil. A diferencia de otros, ella no se ha quedado solo en críticas, ella ha creado su "Alternativa Textil Ecológica".

**¿Por qué decidiste embarcarte en un proyecto como este?**
Estuve trabajando en una multinacional y me pareció que había que dar una alternativa al mundo, a mi modo de ver, injusto y arrasador, en el que se mueve gran parte de los proyectos de moda.

**¿Qué criterios sigues para elegir los materiales con los que vas a trabajar?**
Para los tejidos, criterios muy estrictos sobre normativa textil ecológica y de comercio justo. Para materiales relacionados, botones, cremallera, etc., procuro apostar por la reutilización.

**Una vez conseguidos los materiales, ¿qué procesos sigues para el diseño y confección de las prendas?**
En los dos años que llevo, cada vez se van perfilando más las líneas de organización. La próxima temporada habrá dos *looks* (hombre y mujer). Diseño, patronaje y confección se realizan en mi taller, cada prenda de una en una y con mucho cuidado.

**¿Cómo te has dado a conocer entre tus clientes?**
Gran parte del proyecto se basa en la concienciación sobre la situación del mundo textil y la información sobre los tejidos y la moda ecológica. He procurado desde el principio dar conferencias y charlas informativas al respecto. Los medios de comunicación también han ayudado y el *blog* y la web han hecho el resto.

**¿Qué opinión te merecen los códigos de conducta de proveedores, que regulan los derechos laborales, y las iniciativas en favor del medioambiente de las grandes empresas textiles?**
Muy bonitos y poco realistas.

Lo único que podemos decirte de corazón es que ojalá te equivoques en esto último y estas normas empiecen a cumplirse cada vez más. ¡Enhorabuena por tu proyecto!

@ María Almazán. Disponible en <www.backstageladies.com/WordPress/2011/10/11/entrevista-maria-almazan-revisar-titulo>. Accedido el 23 abr. 2012.

### Alternativa textil en marcha

Trabajé en una multinacional del sector textil y vi ropa de todas las marcas en fábricas de Asia entera, vi niños chinos que bebían agua del río del color de moda de la temporada, vi naves industriales llenas de niñas cosiendo horas y horas con flores en el pelo, fui a reuniones en las que se especulaba con el porcentaje de productos químicos perjudiciales que llevaba una prenda con la prevención puesta en no recibir una sanción. Discutí y discutí por temas de etiquetado con grandes firmas. [...]

La "pronto-moda" exige que la calidad de las prendas sea cuasicalidad ya que debe romperse para comprar más la temporada siguiente y aumentar por ambas partes el margen de beneficio.

Me indigné, pataleé cien mil veces y me sentí sola otras cien mil.

A la pregunta de: ¿dónde compramos la ropa entonces?

Respondí: la haré yo. [...]

@ María Almazán. Disponible en <http://tejidosecologicos.blogspot.com.br/2010/01/alternativa-textil-en-marcha.html>. Accedido el 23 abr. 2012.

94

**2** Contesta las siguientes preguntas sobre los textos.

a ¿A qué género pertenece el texto "Alternativa textil ecológica"? ¿Cuáles son los principales rasgos de ese género?

> **ESTRATEGIA DE LECTURA**
> Las características de un **género textual** pueden variar de acuerdo con el **medio** en el que se vehiculan los textos y el **público** al que están dirigidos.

b Y el texto "Alternativa textil en marcha", ¿cómo lo clasificarías? ¿Por qué?

c Observa las fuentes de los textos. ¿En qué medio de comunicación se publicaron? ¿Qué características suelen tener esas publicaciones?

**3** Pon V (verdadero) o F (falso) en las siguientes afirmaciones. Luego, corrige las falsas.

☐ a María Almazán ha creado su propia confección porque encontraba injusto el salario que le pagaban en la multinacional.

☐ b Para que los clientes conocieran su proyecto, María creó un *blog* y empezó a dar conferencias sobre moda ecológica.

☐ c María siempre había admirado los proyectos ambientales de las grandes empresas textiles, por eso ha decidido seguir su ejemplo.

☐ d Además de respetar la naturaleza, María quiere crear buenas condiciones de trabajo y un comercio más justo.

**4** Ahora contesta las preguntas sobre la iniciativa de María Almazán.

a ¿A qué se refiere María al usar los adjetivos "injusto" y "arrasador"?

b ¿Cómo procura María tornar su confección más "ecológica"?

c ¿Cuál es la principal diferencia entre las líneas de producción de las multinacionales y de la confección de María?

d Según María, ¿qué es la "pronto-moda"?

e ¿Qué piensas que puede hacer el consumidor para apoyar iniciativas como esta?

**5** Marca con una X las prácticas que te parezcan contrarias a la visión de María Almazán.

☐ a Consumismo.
☐ b Talleres de capacitación.
☐ c Uso de pesticidas.
☐ d Compra directa del productor.
☐ e Vigilancia del gobierno.
☐ f Largas jornadas de trabajo.
☐ g Reciclaje de materiales.
☐ h Fabricación a gran escala.

# CAJÓN LEXICAL

## LAS ROPAS

Ropas, accesorios y calzados

## 1
Busca en el glosario y/o en un diccionario el nombre de las prendas y de los accesorios del folleto y apúntalos en la sección que les corresponde.

| | |
|---|---|
| Moda femenina | |
| Moda masculina | |
| Moda unisex | |
| Moda deportiva | |
| Moda playa y ropa interior | |
| Accesorios | |
| Calzados | |

## 2
Completa las expresiones y locuciones con las palabras que te damos; luego relaciónalas con su significado.

**sombrero · pantalones · bragas · camisa · gorra · gorro · calzones · chaqueta**

I   Ponerse alguien los _____.
II  Vender alguien hasta la _____.
III Cambiar de _____.
IV  Estar en _____.
V   Ponerse una mujer los _____.
VI  Quitarse (o sacarse) el _____.
VII Pasar la _____.
VIII Llenársele a alguien el _____.

☐ a  Vender todo lo que se tiene por necesidad.
☐ b  Se usa para expresar admiración por algo o alguien.
☐ c  Perder la paciencia.
☐ d  Mandar o dominar en la casa, supeditando al marido.
☐ e  Chaquetear (cambiar de bando o partido).
☐ f  Recaudar dinero entre el público de una actuación callejera.
☐ g  Afrontar una situación de improviso y sin preparación.
☐ h  Imponer su autoridad.

Disponible en <www.rae.es>. Accedido el 15 abr. 2012. (Adaptado).

## 3
Busca la palabra intrusa en cada una de las secuencias a continuación.

a  pequeño(a) – apretado(a) – ceñido(a) – estrecho(a) – ajustado(a) – amplio(a)
b  planchar – lavar – doblar – tender – colgar – arrugar – coser
c  rebajas – probadores – talla – escaparates – mostradores – expositores
d  contable – sastre – diseñador(a) – estilista – escaparatista – consultor(a) de moda

## 4
¿Qué sueles llevar puesto cuando vas...

a  ... a una boda? _____
b  ... al colegio? _____
c  ... a una comida con la familia? _____
d  ... a la playa? _____

97

# GRAMÁTICA

## PRESENTE DE INDICATIVO: VERBOS PRONOMINALES

### PRONOMBRES REFLEXIVOS

Los verbos pronominales son los que van acompañados de los llamados pronombres reflexivos, que concuerdan con el sujeto. Esos pronombres se colocan delante del verbo conjugado.

|  | **LLAMARSE** |  | **PEINARSE** |  | **VESTIRSE** |  |
|---|---|---|---|---|---|---|
|  | Pronombre reflexivo | Verbo conjugado | Pronombre reflexivo | Verbo conjugado | Pronombre reflexivo | Verbo conjugado |
| Yo | me | llamo | me | peino | me | visto |
| Tú/Vos | te | llamas/llamás | te | peinas/peinás | te | vistes/vestís |
| Él/Ella/Usted | se | llama | se | peina | se | viste |
| Nosotros(as) | nos | llamamos | nos | peinamos | nos | vestimos |
| Vosotros(as) | os | llamáis | os | peináis | os | vestís |
| Ellos(as)/Ustedes | se | llaman | se | peinan | se | visten |

> **¡OJO!**
> Cuando el verbo está en infinitivo, el pronombre se coloca detrás de este. Ej.: Ella siempre se viste antes de peinarse.

**1** Completa las frases con el verbo entre paréntesis conjugado en Presente de Indicativo.

a ¿Vosotras _____ (calzarse) con botas acolchadas en invierno?

b Mientras los chicos visitan las tiendas de artículos deportivos, las chicas _____ (divertirse) mirando las ropas en los escaparates.

c ¿_____ (maquillarse) tú misma cuando vas a una fiesta?

d A mi madre no le gusta si voy a la cama sin _____ (secarse) el pelo.

e ¿Cómo _____ (llamarse) aquel hombre de impermeable negro?

f Yo _____ (levantarse) y _____ (ducharse) siempre a la misma hora.

## 2. Forma frases conjugando en Presente de Indicativo los verbos que están en infinitivo.

a   Juan José **afeitarse** después de la ducha con el agua caliente porque los poros quedan bien abiertos.

b   Los jugadores **quitarse** el uniforme cuando termina el partido y **ducharse**.

c   Cuando hace mucho frío **ponerse** bufanda, gorro y guantes porque soy muy friolero.

d   Guadalupe **teñirse** el pelo de negro para combinar con su piel clara.

e   Antes de ir a la escuela yo **vestirse** y luego **peinarse**.

## 3. Señala la opción en que la colocación pronominal sigue la misma regla que en la frase: "Voy a probarme la falda roja".

- [ ] a ¿Cómo te vistes tan rápidamente?
- [ ] b A María no le gusta pintarse las uñas de rojo.
- [ ] c Pedro no se pone su traje a rayas para ir al trabajo.
- [ ] d Antes de salir de casa Magda se mira al espejo para ver si la ropa le queda bien.
- [ ] e Cuando voy a eventos casuales me pongo una chaqueta de terciopelo y vaquero.

## 4. Lee el siguiente texto extraído de una novela cuya acción principal transcurre en el desierto del Sahara. Luego señala la respuesta correcta relativa a las afirmaciones a continuación.

> "¡Siñorita, siñorita! ¡Cuida, siñorita!"* Ha oído tantas veces esa voz en sus sueños, que ya le resulta familiar. "¡Cuida, siñorita!", pero no supo a qué venían aquellos gritos hasta que no vio el escorpión prendido en el forro del albornoz. Y enseguida comprendió que le había picado. Se contagió de los gritos de las otras mujeres, que se tapaban la cara y se lamentaban como si hubiera ocurrido una terrible desgracia. [...]

LEANTE, Luis. *Mira si yo te querré*. Madrid: Santillana, 2009, p. 12.

a   El fragmento del texto describe la reacción de un grupo de mujeres al ver a un escorpión:
- [ ] I en la ropa de la protagonista.
- [ ] II en la piel de la protagonista.
- [ ] III en el piso.

b   La frase del texto que dice "se tapaban la cara" significa que:
- [ ] I una cubría el rostro de la otra.
- [ ] II cada una cubría su propio rostro.
- [ ] III cubrían el rostro de la protagonista.

* La frase reproduce el acento y el uso equivocado de la forma verbal con que los saharauis —habitantes del antiguo territorio español del Sahara— hablan el idioma español.

# GRAMÁTICA

## PERÍFRASIS VERBAL "IR + A + INFINITIVO"

Para hablar del futuro, sea próximo o lejano, en español se usa comúnmente la perífrasis "ir + a + infinitivo". Ejs.: Hoy voy a usar una ropa liviana porque hace calor. / Vamos a comprar unas zapatillas nuevas porque las que tenemos están gastadas.

|  | Verbo "ir" | Preposición | Verbo que indica la acción que se va a realizar |
|---|---|---|---|
| Yo | voy | | |
| Tú/Vos | vas/vas | | |
| Él/Ella/Usted | va | + a | + infinitivo |
| Nosotros(as) | vamos | | |
| Vosotros(as) | vais | | |
| Ellos(as)/Ustedes | van | | |

**¡OJO!**
En español, para hablar del futuro también se puede usar el Presente de Indicativo. Ej.: Mañana conversamos sobre la nueva colección de invierno; el mes que viene pensamos en la colección de verano.

En el caso de los verbos pronominales, el pronombre puede colocarse antes del verbo "ir" o después del verbo en infinitivo, pero nunca entre ambos. Ejs.: Me voy a poner un vestido nuevo. = Voy a ponerme un vestido nuevo.

**5** Reescribe las frases.

Ejemplo: Miguel usa botas de caña alta para andar a caballo.
*Miguel va a usar botas de caña alta para andar a caballo.*

a  Mis amigas y yo usamos bañador para ir a la piscina.
___

b  En verano, Marco vende muchas chancletas en su zapatería.
___

c  Julia, ¿te pruebas los sujetadores antes de comprarlos?
___

d  Juan y Santiago reciben muchas gafas de sol de su tío que es modisto.
___

e  Si caminas muy rápidamente, te duelen los pies debido a los tacones.
___

f  Compramos vestidos nuevos para la fiesta de Carmen.
___

**6** En todas las frases siguientes hay una perífrasis verbal de futuro, excepto en:
- [ ] a  Voy a cambiar la cremallera de mi cazadora estampada.
- [ ] b  En la fiesta de Ana voy a usar mi vestido florido.
- [ ] c  Como están más delgados, van a usar tallas menores.
- [ ] d  Mi hermana y yo vamos a donar abrigos para niños huérfanos.
- [ ] e  Mañana voy a la tienda de ropas de invierno a comprar un chándal térmico.

# ADVERBIOS Y LOCUCIONES ADVERBIALES DE TIEMPO

Los adverbios y locuciones adverbiales de tiempo sirven para indicar el momento en que transcurre una acción o tiene lugar un hecho.

| Función | Adverbios de tiempo | Ejemplos |
|---|---|---|
| Para indicar frecuencia | siempre | En la escuela **siempre** usamos uniforme. |
| | nunca = jamás | **Nunca** nos ponemos abrigo en verano. |
| | habitualmente | **Habitualmente** me pongo zapatos de taco alto. |
| | frecuentemente | **Frecuentemente** compro ropa en las liquidaciones. |
| Para indicar un momento comparado con otro | antes | Voy al centro comercial; pero **antes** paso por la modista. |
| | después | Voy a la modista y **después** al centro comercial. |
| | temprano | Cuando hay liquidaciones, me gusta llegar **temprano**. |
| | tarde | Cuando hay liquidaciones, no me gusta llegar **tarde**. |
| | previamente | La modista me va a hacer el vestido; **previamente** debe tomarme las medidas. |
| | posteriormente | La modista hoy me toma las medidas; **posteriormente** voy a hacer la primera prueba. |
| Para referirse al presente | hoy | **Hoy** el sombrero panamá constituye un ícono ecuatoriano. |
| | ahora | **Ahora** prefiero los zapatos sin tacón. |
| | actualmente | **Actualmente** se usan las faldas a la rodilla. |
| Para referirse al futuro | mañana | **Mañana** elegimos los vestidos para el casamiento. |
| | ya = enseguida | **Ya** vuelvo. |
| | pronto | **Pronto** vamos a ver el vestido de novia. |
| | luego | Me visto y **luego** salimos. |

| Función | Locuciones adverbiales de tiempo | Ejemplos |
|---|---|---|
| Para indicar frecuencia | a veces | **A veces** recorro varias tiendas antes de comprar ropa. |
| | de cuando en cuando = de vez en cuando | **De cuando en cuando** voy a desfiles de modas. |
| | a menudo | **A menudo** te vistes de fiesta. |
| | a diario | Uso vaqueros **a diario**. |
| Para referirse al presente | por ahora | **Por ahora** no uso anteojos; más adelante, no sé. |
| | en la actualidad | **En la actualidad** se usan zapatos con plataforma. |
| Para referirse al futuro | de ahora en adelante = de ahora en más | **De ahora en adelante** voy a usar anteojos permanentes. |

**7** Haz un círculo alrededor del adverbio o de la locución adverbial de tiempo en estas frases.
  a  Esta tarde ella llegó temprano al centro comercial porque las tiendas estaban en rebajas.
  b  Me gusta leer la columna de moda que siempre se publica en el diario.
  c  La zapatería abre a las nueve de la mañana, pero a menudo cierra después de las diez de la noche.
  d  Como hoy ha hecho mucho calor, me he cambiado de ropa tres veces.
  e  Luego me entero de las actualidades de la moda internacional.
  f  A veces compro ropas y no las uso.

# GRAMÁTICA

**8** Sustituye la palabra o la expresión destacada por un sinónimo, sin cambiarle el significado.

a **De vez en cuando** Pilar usa faldas largas para ir al trabajo.
___

b **Enseguida** vamos al centro comercial para comprar zapatos más cómodos.
___

c Como mi madre y yo usamos la misma talla **frecuentemente** ella me presta sus ropas.
___

d He sufrido una lesión en el tobillo y **provisionalmente** no puedo usar tacones.
___

e Almuerzo **en este momento** y **después** voy a comprar un vestido para usar en la boda.
___

**9** Lee el texto a continuación. Luego, haz lo que se te pide.

Javier trabaja en una tienda de ropas ecológicas en el centro comercial. Todos los días se levanta muy temprano y enseguida corre por la playa. Los días de semana trabaja hasta las seis, pero a veces el fin de semana el centro comercial está muy movido, y él se queda en el trabajo hasta las nueve. Los martes por la noche juega al baloncesto con sus amigos. A Javier le gusta muchísimo ir al cine, pero no tiene tiempo para hacerlo. Casi siempre tiene vacaciones en junio y aprovecha para viajar a otros países: Javier va a conocer El Salvador el mes que viene.

a Extrae del texto:
  I   dos verbos reflexivos: ___
  II  una perífrasis verbal de futuro: ___
  III un adverbio que represente un tiempo inmediatamente posterior a la acción: ___

b Forma frases de acuerdo con el texto usando:
  I   nunca
  ___

  II  a diario
  ___

  III habitualmente
  ___

  IV  por ahora
  ___

  V   luego
  ___

# LECTURA

**PRECALENTAMIENTO**

- ¿Has oído hablar de la lista del patrimonio cultural de la Unesco? ¿Qué elementos crees que forman parte de la lista?
- ¿Te parece que una prenda de vestir puede incluirse en esa lista? Fundaméntalo con un ejemplo.

1. Lee este texto sobre la propuesta de inclusión del "sombrero panamá" en la lista del patrimonio cultural de la Unesco.

## Ecuador quiere que Unesco incluya su *Panama hat* en lista de patrimonio
QUITO, AFP 16:04 Viernes 26/08/2011

Autoridades ecuatorianas propondrán que el sombrero de paja toquilla —considerado el más fino del mundo en su estilo— sea incluido en la lista de patrimonio cultural inmaterial de la Unesco, dijo el jueves una funcionaria.

"Creemos que un reconocimiento a nivel internacional va a contribuir, y en mucho, a que se conozca que el sombrero fino de paja toquilla se hace en Ecuador", dijo la directora del Instituto de Patrimonio de la región del Austro, Gabriela Eljuri, al canal Ecuavisa.

Por su parte Santiago Ordóñez, del Instituto de Patrimonio Cultural, señaló que una distinción del Fondo de la ONU para la Educación, la Ciencia y la Cultura (Unesco) impulsará las ventas del accesorio y el turismo en Ecuador, que proyecta convertir este rubro en uno de los pilares de la economía.

El sombrero de paja toquilla es conocido mundialmente como *Panama hat* ("sombrero panamá") debido a que miles fueron importados desde Ecuador para los obreros que construyeron el Canal de Panamá a comienzos del siglo XX.

Pese a que los de mejor calidad se confeccionan en Montecristi y otras localidades vecinas en la provincia costera de Manabí (suroeste), las principales firmas exportadoras se ubican en las ciudades de Cuenca y Guayaquil, más al sur.

Los principales mercados de estos accesorios son Estados Unidos, Brasil, México, la Unión Europea y Japón, según la privada Corporación de Promoción de Exportaciones e Inversiones (Corpei).

Sin embargo, comercializadores como Brent Black aseguran tener clientes en medio centenar de países donde se pagan miles de dólares por un Montecristi.

El año pasado las exportaciones ecuatorianas de sombreros alcanzaron los 10,2 millones de dólares, mientras que entre enero y junio último sumaban 7,7 millones de dólares, según el Banco Central.

Disponible en <www.elcomercio.com/cultura/Ecuador-Unesco-Panama-hat-lista-patrimonio_0_542345852.html>. Accedido el 13 abr. 2012.

### Fabricación del sombrero panamá

Para elaborar un sombrero panamá se utiliza una fibra resistente y flexible de una palmera conocida como "toquilla". Esta materia prima se encuentra en las zonas costeras de Ecuador. Los tejedores comienzan su trabajo en las primeras horas de la mañana o al caer la tarde para que el calor ecuatorial no merme la flexibilidad de las fibras y para que no lleguen a romperse. Un sombrero de gran calidad puede tardar hasta ocho meses en elaborarse y tiene las fibras tan apretadas que ni siquiera dejan pasar el agua.

Disponible en <www.lafavoritacb.com>. Accedido el 5 mzo. 2012. (Adaptado).

# LECTURA

**2** Pasa los ojos rápidamente por el texto y contesta:

> **ESTRATEGIA DE LECTURA**
> La **lectura rápida o superficial**, también llamada *skimming*, permite conocer el contenido fundamental del texto sin leerlo integralmente.

a ¿Qué país quiere incluir un producto suyo en la lista de la Unesco? ¿Cuál es ese producto? _____

b ¿Qué importancia tiene ese producto para el país? _____

**3** Ahora lee el texto con atención, señala la alternativa incorrecta y corrígela.
- a El sombrero de paja toquilla considerado el mejor del mundo se conoce por "panamá".
- b Los mejores sombreros de paja toquilla se confeccionan en Montecristi, en Panamá.
- c El título de patrimonio cultural puede contribuir a aumentar las ventas del sombrero panamá.

**4** ¿Sabes cuál de estos es el "sombrero panamá"? Señala la alternativa correcta.
- a
- b
- c
- d

**5** Contesta las preguntas según el texto.

a ¿Cuáles son los principales importadores del sombrero panamá?

b ¿Cuánto puede llegar a costar un sombrero confeccionado en Montecristi?

c ¿Cuánto ganó Ecuador en el 2010 con las exportaciones del sombrero panamá?

**6** ¿A qué género pertenece el texto de la página anterior? Señala la alternativa correcta.
- a Editorial, porque da a conocer un hecho y el discurso es argumentativo.
- b Crónica, porque el periodista no solo narra la noticia, sino también que la interpreta, opina y utiliza el lenguaje de forma creativa.
- c Reportaje objetivo, porque aunque no expresa su opinión personal, el periodista incluye datos complementarios y no se limita al objetivo de informar.

**7** ¿Te acuerdas de la alternativa ecológica que conociste al inicio de la lección? ¿Qué crees que diría María Almazán sobre la fabricación del sombrero panamá?

Accede a <www.youtube.com/watch?v=0rKraIItqT0> (accedido el 22 abr. 2012) para saber más sobre el uso de sombreros por hombres y mujeres.

**RINCÓN DE ESCRITURA**

Escribe un reportaje sobre una prenda de vestir típica de Brasil o de algún país hispanohablante.

# UNA CIUDAD SIN PRISAS ES UNA CIUDAD DE SONRISAS

## LECCIÓN 9

¿Dónde está la persona de la imagen? ¿Cómo te parece que es? Fundamenta tus respuestas.

¿Cómo es la ciudad en que vive?

# LECTURA

**PRECALENTAMIENTO**

- Si estás en una ciudad desconocida y no tienes un guía turístico, ¿qué puedes usar para orientarte?
- ¿Qué informaciones suelen tener las publicaciones utilizadas por viajeros?

**1** Observa esta infografía y lee los textos.

## La Habana de un vistazo

La alegre capital de Cuba es una ciudad rebosante de actividad con espléndidos edificios coloniales y de épocas posteriores, además de otros muchos lugares de interés. La ciudad merece por sí misma un viaje a la isla. Muchos de sus monumentos se agrupan en tres barrios: La Habana Vieja, el Centro y Vedado. [...]

La **catedral de San Cristóbal** posee una fachada barroca de líneas onduladas y superficies convexas con un rosetón de vivos colores enmarcado por columnas. La iglesia domina la plaza de la catedral, rodeada por espléndidos edificios coloniales de los siglos XVII y XVIII.

El **Museo de la Revolución** ocupa el antiguo palacio presidencial. Delante se halla el tanque utilizado por Fidel Castro en la batalla de Bahía Cochinos (1961).

El **Memorial Martí**, monumento de la plaza de la Revolución, es un símbolo de Cuba. En torno a la estatua de mármol del patriota tienen lugar celebraciones nacionales.

**Vedado y La Plaza**

**El Centro y El Prado**

**La Habana Vieja**

El **Capitolio** es una imitación del Capitolio de Washington. Las dos esculturas de bronce que flanquean la entrada son obra del escultor italiano Angelo Zanelli.

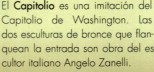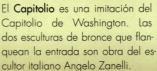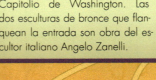

La **necrópolis de Colón** es a la vez el cementerio de La Habana y un monumento nacional. Varios personajes ilustres están enterrados aquí, algunos en impresionantes tumbas.

El **palacio de los Capitanes Generales** es uno de los edificios más bellos del siglo XVIII de La Habana. El pórtico de mármol, profusamente decorado, fue añadido por los escultores italianos Gaggini y Tagliafichi en 1835.

*Cuba.* Madrid: El País/Aguilar, 2010, p. 56-57.

2 Señala la(s) alternativa(s) correcta(s).
   a En "La Habana de un vistazo" se puede ver:
      ☐ I    puntos turísticos y su ubicación.
      ☐ II   estaciones de tren y metro.
      ☐ III  fotos, datos y curiosidades.
      ☐ IV   contorno de algunos barrios.
      ☐ V    ubicación de la ciudad en el país.
      ☐ VI   información de cómo llegar.
   b "La Habana de un vistazo" es:
      ☐ I    una guía de viaje.
      ☐ II   un diario de viaje.
      ☐ III  un mapa de una guía de viaje.

**ESTRATEGIA DE LECTURA**

Fíjate en las partes que componen el texto (o la infografía, como la de la página anterior) y en sus respectivas funciones para **identificar el género textual** y entender cuáles son sus principales características.

3 Investiga y explica a qué o quién se refieren las palabras en relieve en los siguientes fragmentos.
   a "En torno a la estatua de mármol del **patriota**…": _____
   b "… edificios **coloniales** y de épocas posteriores…": _____
   c "… merece por sí misma un viaje a la **isla**": _____

4 Pon V (verdadero) o F (falso) en las siguientes afirmaciones de acuerdo con lo que leíste. Luego, corrige las falsas.
   ☐ a  La Habana es una isla separada del restante del país.
   ☐ b  En la plaza de la Revolución hay un monumento en homenaje a José Martí, que luchó por la independencia de Cuba.
   ☐ c  El palacio de los Capitanes Generales está ubicado en el centro de La Habana, cerca del Museo de la Revolución.
   ☐ d  A cada lado de la entrada del Capitolio hay una escultura de bronce de Angelo Zanelli.
   ☐ e  El pórtico de mármol del palacio de los Capitanes Generales se construyó en el siglo XVIII.

5 Contesta las preguntas.
   a ¿Cuáles son las principales atracciones turísticas de La Habana? ¿Dónde están ubicadas?

   b ¿En qué barrio está la catedral de San Cristóbal? ¿Cuál es el estilo arquitectónico de su fachada?

   c ¿Qué puntos turísticos hay en el barrio de Vedado?

6 ¿Por qué el título del mapa es "La Habana de un vistazo"? Fundamenta tu respuesta.

# CAJÓN LEXICAL

## LA CIUDAD

### Casa y trabajo

**1** Lee el texto a continuación y haz lo que se te pide.

"La idea de vivir y trabajar en el mismo lugar es muy atractiva. Tenemos que pensar en ciudades como una mezcla de lugares en el que trabajar y vivir", ha explicado Chin [investigador del Instituto Tecnológico de Massachusetts (MIT), Ryan Chin], quien ya piensa en interiores de viviendas transformables que pueden ser oficinas de día, gimnasio por la tarde y salón con cocina por la noche. Bloques de apartamentos con "dispensadores de 'city cars' en vertical, de modo que se salga del apartamento y se coja el vehículo que sale igual como si estuviera en una máquina de caramelos".

IBM, según ha explicado Zufilia, trabaja ya en 200 proyectos de ciudades inteligentes. En Río de Janeiro, por ejemplo, se ha creado un centro de operaciones integral para luchar contra las riadas que recoge todo lo que sucede en la ciudad, de modo que es posible prever el impacto que va a tener una riada en cada kilómetro de la ciudad.

Además, en Estocolmo, Londres o Singapur esta empresa trata de construir sistemas de gestión de tráfico inteligente, de modo que monitorizando los vehículos se pueda actuar sobre los peajes o sobre los semáforos para agilizar el tráfico cuando sea necesario y para prever y evitar atascos. "En Estocolmo ya está en marcha y hemos reducido un 20% los atascos, lo que implica que hay un 12% menos de emisiones de $CO_2$, se pierden menos horas de trabajo y hasta el precio de los seguros de los coches ha bajado", ha detallado.

En Singapur es posible predecir con una hora de antelación y con el 85% de precisión el estado del tráfico y se puede determinar con una hora de antelación cuándo llegará un autobús.

Disponible en <www.elmundo.es/elmundo/2011/10/26/andalucia_malaga/1319630991.html>. Accedido el 24 abr. 2012.

a Según el texto, ¿qué son las ciudades inteligentes?

b ¿Cuáles son los problemas que enfrentan las ciudades actualmente? ¿Y las soluciones para esos problemas? ¿Ya las conocemos? A partir de la lectura del texto escribe cada ítem que está a continuación en la columna correspondiente.

- carriles de bicicleta
- vehículos privados eléctricos
- agotamiento de los recursos naturales
- riadas
- estacionamiento de bicis
- contaminación del aire
- espacios verdes urbanos comestibles
- atascos
- utilización de contenedores de reciclaje
- aumento de las emisiones de $CO_2$

| PROBLEMAS | POSIBLES SOLUCIONES |
|---|---|
| » | |
| » | |
| » | |
| » | |
| » | |

**2** Basado en el recuadro de la actividad anterior, contesta: en tu ciudad, ¿cuáles son los principales problemas existentes? ¿Ya se aplica alguna de esas posibles soluciones? ¿Cuál crees que sería la solución más adecuada a tu entorno?

_____
_____

**3** ¿Qué sabes de las ciudades mencionadas en el texto? Relaciónalas con las respectivas descripciones.

I Massachusetts

II Río de Janeiro

III Estocolmo

IV Londres

V Singapur

☐ a  Es una isla y ciudad-estado situada en la península de Malasia. Es el país más pequeño del sudeste de Asia y está entre los cinco primeros centros financieros del mundo.

☐ b  Es conocida como la Venecia del Norte, pues cuenta con más de 50 puentes que comunican todo su territorio. Es la capital y la ciudad más grande de Suecia.

☐ c  Su población está formada por un amplio número de etnias, culturas, religiones y lenguas. La primera red de metro del mundo se construyó en esa ciudad.

☐ d  Es la primera ciudad olímpica de Sudamérica, además de albergar otros importantes eventos, como el Mundial de Fútbol del 2014.

☐ e  Es un estado conocido internacionalmente por sus universidades (Harvard y MIT). Está ubicado en el noreste de Estados Unidos y Boston es su capital.

**4** Completa las frases con las palabras a continuación. Luego escribe las expresiones y explica qué significan.

| calle | plaza | peaje | barrio |
|---|---|---|---|

a  El asesino amenazó mandar a otro _____ a los familiares de la víctima.

_____

b  Con los nuevos recortes, de esta vez le echaron a Juan a la _____.

_____

c  Los hijos de Pilar atacan bien la _____; han comido todo lo que he puesto en la mesa.

_____

d  He tenido que vivir lejos de mi familia y trabajar duro; pagué _____ para llegar hasta aquí.

_____

# GRAMÁTICA

## PARTICIPIO PASADO

Los participios de los verbos regulares se forman de la siguiente manera:

| Verbos terminados en "-ar" | Verbos terminados en "-er" | Verbos terminados en "-ir" |
|---|---|---|
| -ado | -ido | -ido |

Fíjate en que los verbos terminados en "-er" y en "-ir" tienen la misma terminación. Algunos verbos tienen participio irregular:

| Infinitivo | Participio irregular | Infinitivo | Participio irregular |
|---|---|---|---|
| abrir | abierto | morir | muerto |
| cubrir | cubierto | poner | puesto |
| decir | dicho | romper | roto |
| escribir | escrito | ver | visto |
| hacer | hecho | volver | vuelto |

## PRETÉRITO PERFECTO COMPUESTO DE INDICATIVO

El Pretérito Perfecto Compuesto es uno de los tiempos que se usan para referirse a hechos pasados.

|  | Verbo auxiliar "haber" | VISITAR | CONOCER | PARTIR |
|---|---|---|---|---|
| Yo | he | | | |
| Tú/Vos | has/has | | | |
| Él/Ella/Usted | ha | visit**ado** | conoc**ido** | part**ido** |
| Nosotros(as) | hemos | | | |
| Vosotros(as) | habéis | | | |
| Ellos(as)/Ustedes | han | | | |

El Pretérito Perfecto Compuesto se forma con el verbo auxiliar "haber" conjugado en Presente de Indicativo más el participio pasado del verbo principal. Se utiliza para referirse a hechos pasados que tienen relación o efectos con el presente y sucedidos en:
- períodos de tiempo no terminados.
  Ejemplos: Hoy **hemos tomado** el avión a Lima. / Este año **he conocido** Cartagena de Indias.
- cualquier período de tiempo cuando se hace un balance de él o de sus consecuencias hasta el momento presente.
  Ejemplos: En tres ocasiones **he estado** en Córdoba. / Hasta ahora los hoteles de la región **han tenido** muchos turistas.

**¡OJO!** En español se utiliza un único verbo como auxiliar en los tiempos compuestos: "haber".

# 1 Haz un círculo alrededor de la forma verbal que completa correctamente las frases.

a Los ciudadanos ha hecho / **han hecho** / has hecho muchas reclamaciones a causa de la subida de impuestos.

b Los cines, teatros y casas de espectáculos habéis puesto / **han puesto** / has puesto muchos carteles con la programación de la semana cultural.

c El periodista has escrito / han escrito / **ha escrito** una crítica muy favorable sobre la nueva área de restauración del más antiguo centro comercial del barrio.

d La contaminación del aire en los grandes centros **ha vuelto** / has vuelto / han vuelto preocupar las autoridades del país.

e El ayuntamiento hemos abierto / **ha abierto** / han abierto una decena de centros de Informática en la periferia de la ciudad.

# 2 Ordena y reescribe las frases conjugando los verbos que están en infinitivo en Pretérito Perfecto Compuesto de Indicativo.

a (yo) no poder visitar / de la ciudad / de interés turístico / los principales sitios

b de los comercios locales / el alcalde / recibir / a los representantes

c de la ciudad / y ya cuentan / ser reformadas / con nueva iluminación / las fuentes y plazas

d en las calles / pedir más / los peatones / del centro / señalización

e las entradas / el partido / en el estadio de fútbol / ya se agotar / para ver

# 3 Contesta las siguientes preguntas utilizando los verbos en relieve en la forma adecuada.

Ejemplo: ¿Te **he contado** que he comprado una bici nueva?
No, no me lo *has contado*.

a ¿**Has puesto** la carta en los correos?
Sí, las _____.

b ¿**Habéis visto** la nueva exposición en el Museo de Arte Moderno?
No, aún no la _____.

c ¿Ya **han visitado** la antigua universidad?
Sí, ya la _____.

d ¿Qué iglesia Catalina **ha elegido** para casarse?
Ella _____ la iglesia más antigua de la ciudad.

e ¿Te **he dicho** lo que **han resuelto** sobre el tema de las viviendas de alquiler?
No, no me _____ nada sobre lo que _____.

f ¿Por qué **habéis vuelto / han vuelto** más temprano del paseo?
_____ más temprano para no pillar ningún atasco en la carretera del norte donde están construyendo un nuevo puente.

# GRAMÁTICA

## PERÍFRASIS VERBALES DE PARTICIPIO

Las perífrasis verbales de participio se forman con un verbo que cumple la función de auxiliar y un verbo principal que se presenta bajo la forma del participio.

| Perífrasis de participio | Función | Ejemplos |
|---|---|---|
| tener + participio | Indicar la parte realizada de una acción o tarea. | **Tengo leídas** cincuenta páginas de la guía de Costa Rica. |
| llevar + participio | | **Llevo visitados** tres de los cinco mejores museos de la ciudad. |

**¡OJO!** En las perífrasis de participio este concuerda en género y número con el sustantivo al que se refiere.

Ambas perífrasis indican que se ha cumplido en parte una tarea o acción; "tener + participio" puede indicar también que se la ha cumplido en su totalidad.

Ejemplos: **Tengo leído** todo el libro para la prueba. / Ya **tengo hechos** todos los ejercicios.

**4** Reorganiza las frases utilizando las perífrasis de participio a continuación.

a el gobierno / resolver / en el aeropuerto / los problemas de retraso (tener + participio)
_____

b apuntar / la recepcionista / de los turistas extranjeros / las solicitudes (llevar + participio)
_____

c las nuevas tarjetas de transporte / los usuarios / ya encargar (tener + participio)
_____

d de acceso / los formularios / rellenar / nosotros / a la biblioteca (llevar + participio)
_____

## ADVERBIOS DE TIEMPO

| Función | Adverbios de tiempo | Ejemplos |
|---|---|---|
| Para referirse al pasado | ya | **Ya** hemos visitado el centro de la ciudad. |
| | todavía = aún | **Todavía** no hemos estado en el Malecón. |
| | | **Aún** están en Puerto Rico; regresan la semana que viene. |

El adverbio "ya" en este caso sirve para referirse a algo ya realizado o cumplido en el pasado.

El adverbio "todavía", por un lado, se utiliza para indicar una acción no realizada o no cumplida hasta el momento y, por el otro, para indicar una acción que comenzó en el pasado y continúa en el presente.

**¡OJO!** No se debe confundir "aún" (con acento), sinónimo de "todavía", con "aun" (sin acento), sinónimo de "hasta, incluso". Ejs.: Aún no has comprado la guía de la ciudad. / Han visitado todos los principales puntos turísticos, aun los menos conocidos.

**5** Completa las oraciones con "ya" o "todavía"/"aún".

a ¿_____ has comprado los mapas de carretera? Mañana los necesitaremos.

b _____ no hemos podido comprar los nuevos billetes de metro.

c ¡Enhorabuena! _____ tienes las llaves de la casa de veraneo.

d ¿_____ has ido a las discos del centro? No, _____ no.

# PRETÉRITO IMPERFECTO DE INDICATIVO

El Pretérito Imperfecto de Indicativo es otro de los tiempos que se usan para referirse a hechos pasados.

**Verbos regulares**

|  | PASEAR | RECORRER | VIVIR |
|---|---|---|---|
| Yo | pase**aba** | recorr**ía** | viv**ía** |
| Tú/Vos | pase**abas**/pase**abas** | recorr**ías**/recorr**ías** | viv**ías**/viv**ías** |
| Él/Ella/Usted | pase**aba** | recorr**ía** | viv**ía** |
| Nosotros(as) | pase**ábamos** | recorr**íamos** | viv**íamos** |
| Vosotros(as) | pase**abais** | recorr**íais** | viv**íais** |
| Ellos(as)/Ustedes | pase**aban** | recorr**ían** | viv**ían** |

El Pretérito Imperfecto de Indicativo se usa:
- para hablar de acciones pasadas que se repetían o duraban en el tiempo.
  Ejemplo: Cuando **era** chica, **viajaba** mucho con mis padres.
- para describir situaciones de otras épocas.
  Ejemplo: Cuando Cuba **dependía** de la Unión Soviética, **recibía** divisas a cambio del azúcar que producía.
- para pedir cosas cortésmente.
  Ejemplo: **Quería** dos entradas para el museo, por favor.

Ahora observa los verbos irregulares en Pretérito Imperfecto de Indicativo:

**Verbos irregulares**

|  | VER | SER | IR |
|---|---|---|---|
| Yo | veía | era | iba |
| Tú/Vos | veías | eras | ibas |
| Él/Ella/Usted | veía | era | iba |
| Nosotros(as) | veíamos | éramos | íbamos |
| Vosotros(as) | veíais | erais | ibais |
| Ellos(as)/Ustedes | veían | eran | iban |

**¡OJO!**
Los verbos terminados en "-ar" en Pretérito Imperfecto de Indicativo adoptan una "b" en la desinencia y los terminados en "-er" y en "-ir" llevan acento en la "i".

Los verbos "ver" e "ir" incorporan en la conjugación una "e" y una "b", respectivamente (la "e" del infinitivo de "ver" corresponde a la terminación y no a la raíz). El verbo "ser", a su vez, cambia su raíz por "er-".

# GRAMÁTICA

**6** Completa las oraciones conjugando en Pretérito Imperfecto de Indicativo los verbos entre paréntesis.

a En los pueblos, la gente _____ tener menos coches y más bicis. Y también se _____ más en la calle con los vecinos. (soler – charlar)

b Las vacaciones escolares _____ el acontecimiento más esperado del año. Todos _____ a visitar nuestra playa. (ser – venir)

c Ella _____ todas las placas y aún así no _____ encontrar el nombre de la calle. (leer – poder)

d Cuando él _____ de compras al Rastro, nadie _____ que vendría antes de la cena. (ir – garantizar)

**7** Lee el siguiente texto extraído de una novela. Luego señala la respuesta correcta en cada caso.

[…] Recorrieron Barcelona en una mañana pegajosa de julio. Con el paso de las horas, el sol iba quemando el color de las calles y de los edificios. Santiago no tenía prisa; conducía igual que si estuviera sentado en la barra de un bar. Ese día era Montse la que hablaba. Se sentía eufórica. Todo le llamaba la atención: la sirena de una ambulancia, un mendigo cruzando un paso de cebra, una pareja de novios, un hombre que se parecía a su tío. Santiago la escuchaba y sonreía sin interrumpirla. Cruzaron la ciudad de sur a norte y de norte a sur. Almorzaron en una terraza para turistas. Cuando Santiago le propuso subir al parque de atracciones, Montse no pudo contener su entusiasmo. […]

Comieron nubes de azúcar en el parque de atracciones. Dispararon en las casetas de tiro. Montaron en los coches de choque. Caminaron como una pareja de novios entre las atracciones. Santiago iba proponiendo cosas, y Montse se dejaba llevar. Cuando subieron a la montaña rusa se abrazaron tan fuerte que después estuvieron con los brazos agarrotados. Se confundieron con la gente, tratando de pasar desapercibidos entre los escasos turistas. Montse hablaba y hablaba. […]

LEANTE, Luis. *Mira si yo te querré*. Madrid: Santillana, 2009, p. 12.

a El fragmento del texto tiene por finalidad:
- ☐ I contar sobre un paseo al parque de atracciones.
- ☐ II describir el día de paseo de los novios.
- ☐ III hacer una descripción turística de la ciudad de Barcelona.

b La repetición de la forma verbal "hablaba" en la frase final sirve para:
- ☐ I describir a la protagonista, Montse.
- ☐ II hablar en una forma cortés.
- ☐ III reforzar la duración de la acción.

c En el primer párrafo del texto, los verbos "iba", "tenía", "conducía", "era", "sentía", "llamaba", "escuchaba" y "sonreía" sirven para:
- ☐ I indicar acciones que duraban en el pasado.
- ☐ II describir situaciones ocurridas en otras épocas.
- ☐ III pedir cosas de manera cortés.

114

# LECTURA

**PRECALENTAMIENTO**

- ¿Conoces alguna pintura que represente o retrate una ciudad?
- Si fueras a representar tu ciudad en un cuadro, ¿qué lugares pintarías? ¿Por qué?
- ¿Qué color(es) usarías? ¿Por qué?

**ESTRATEGIA DE LECTURA**

Las **imágenes** pueden leerse e interpretarse pues también son **textos** y contienen informaciones.

① Observa este cuadro del artista cubano René Portocarrero.

PORTOCARRERO, René. *Paisaje de La Habana en rojo*, 1972.

# LECTURA

**2** Observa las siguientes imágenes de la ciudad de La Habana y haz lo que se te pide.

Vista panorámica de la ciudad de La Habana, Cuba.

Capitolio y Gran Teatro, La Habana, Cuba.

a  Escribe qué monumento o edificio puedes reconocer con más nitidez en el cuadro y en las dos imágenes.
_____

b  Busca en el cuadro algún elemento que, en tu opinión, aluda al Gran Teatro de La Habana, destacado en la segunda imagen. Apúntalo a continuación.
_____

**3** Mira otra vez la infografía "La Habana de un vistazo". Luego identifica en el cuadro y/o en las imágenes de la actividad anterior alguno(s) de los puntos señalados en el mapa.
_____
_____

**4** Señala las alternativas con informaciones incorrectas sobre el cuadro.
- a  Los colores usados por el artista hacen que la pintura parezca más real.
- b  El pintor acercó los edificios y monumentos y los puso todos en el plano central.
- c  Los elementos, ángulos y detalles del cuadro son propios del estilo realista.
- d  Gracias a la "licencia poética", el artista pudo representar el paisaje de la ciudad según su punto de vista personal.

**5** Relaciona las columnas según las impresiones que produce el cuadro.

a  Profundidad.          ☐ Percepción personal.
b  Tema.                 ☐ Paisaje.
c  Protagonista.         ☐ Poética.
d  Detalles.             ☐ Exageración.
e  Realidad.             ☐ Tridimensional.
f  Perspectiva.          ☐ Color.

Accede a <www.youtube.com/watch?v=KkN_tFLvSZU> (accedido el 28 abr. 2012) para ver un vídeo sobre los planes que tiene el gobierno de la Ciudad de México para que la gente vuelva a vivir en la zona central de la capital.

### RINCÓN DE ESCRITURA

Elabora una infografía en la que consten los principales puntos turísticos de la ciudad donde vives. Haz un resumen sobre la historia de los museos, monumentos, iglesias, etc., que hay en ella.

# LECCIÓN 10

## NO PROTEJAS EL MEDIO AMBIENTE; PROTÉGELO ENTERO

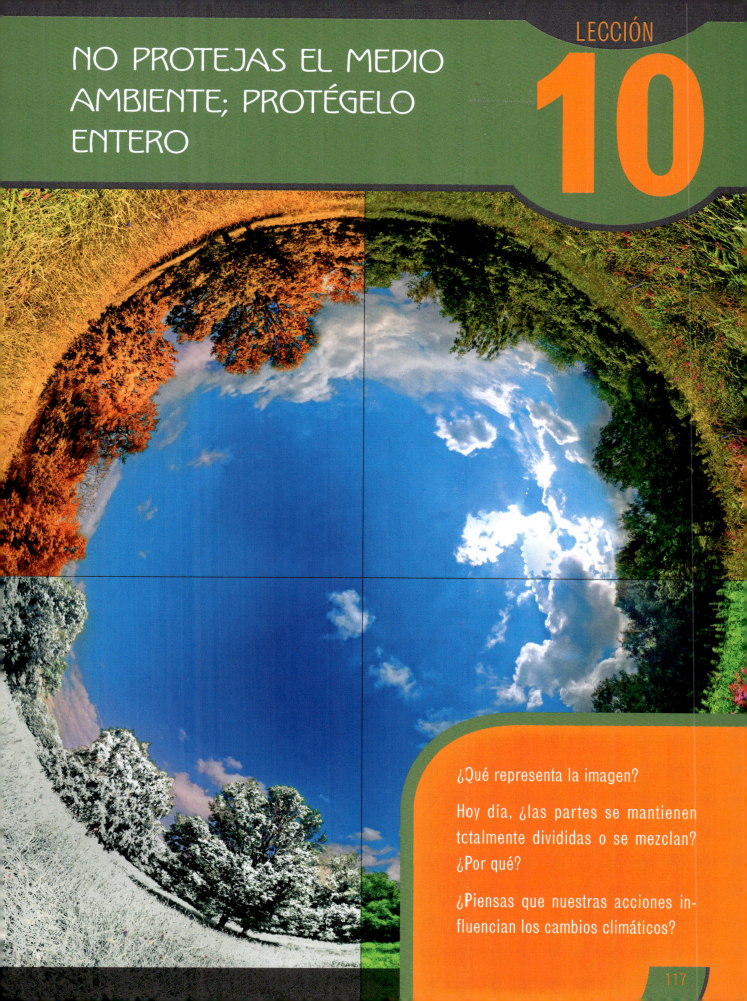

¿Qué representa la imagen?

Hoy día, ¿las partes se mantienen totalmente divididas o se mezclan? ¿Por qué?

¿Piensas que nuestras acciones influencian los cambios climáticos?

117

# LECTURA

## PRECALENTAMIENTO

- ¿Te acuerdas de algunos productos que se usan solo una vez y luego se tiran a la basura? ¿Por qué son desechables?
- Y ¿qué productos suelen usarse durante años?
- ¿Crees que antes los productos duraban más tiempo? ¿Por qué?

**1** Lee el siguiente texto acerca de la tendencia a lo "desechable".

GLOSARIO VISUAL
El reciclaje + ¿Qué se puede reciclar o reutilizar?

## Un mundo de usar y tirar

Desde hace pocos años son muchos los productos de usar y tirar. Si bien este tipo de objetos han favorecido el crecimiento económico, su utilización se ha extendido a otros dominios de la vida, instaurándose una verdadera cultura de esta práctica que está acabando con valores como cuidar, mimar o reparar.

Fernando Trías De Bes

[...] Cuando surgieron los pañales desechables fueron muchas las madres que dieron las gracias al cielo y a los ingenieros. Quizá fue con el pañal desechable con lo que comenzó la revolución del "usar y tirar". Desde entonces, la proliferación de estos productos ha sido fulgurante, imparable. Entre algunos de los detonantes de esta vorágine se halla la revolución industrial, cuya eficiencia productiva, superior a la de la mano de obra, ha provocado algo tan paradójico como lo siguiente: ¡adquirir un producto nuevo es más barato que reparar el estropeado! Pongamos el ejemplo de una maquinilla eléctrica de afeitar. En caso de avería, uno se pone en contacto con el teléfono de servicio al cliente que el fabricante señala en sus prospectos. [...]

Las empresas han diseñado todos los mecanismos para que la venta sea sencilla, rápida e inmediata. Sistemas de pago a crédito, tiendas bien situadas, venta por Internet, rapidez de entrega. Sin embargo, cuando uno desea darse de baja de un servicio o reparar un producto, cuando va a actuar contra la rentabilidad de una empresa, todo son dificultades.

[...] Al llegar al taller lo habitual es que le pidan una cantidad de dinero solo por diagnosticar lo que le sucede y calcular el presupuesto de la reparación. La explicación del técnico tiene su lógica: "Es que la mitad de la gente, cuando les decimos lo que va a costar ya no vuelven nunca más, así que exigimos algo de dinero para costear esas horas". Y la respuesta del usuario también: acudir a comprarse una maquinilla nueva.

[...] Las cámaras de fotografiar solían durar años, hoy día existen ya las cámaras de usar y tirar. Los ordenadores, por poner otro ejemplo, quedan obsoletos a una velocidad increíble. La interconexión a través de Internet obliga a no quedarse atrás en las versiones de los *softwares* que adquirimos. [...] Los ciclos de vida de los productos que compramos se han acortado: un automóvil solía durar el doble de lo que dura ahora; los vídeos domésticos se sustituyen por otros nuevos en ciclos de cuatro años; los televisores, en cinco. [...]

[...] No hay nada malo en que los precios de los productos bajen ni en redecorarse la vida cada tres años, ni mucho menos en poder ahorrarse el trabajo que suponía limpiar pañales tres veces al día. Por otro lado, usar y tirar es fantástico para la economía, ya que dispara el consumo, motor de crecimiento económico.

Pero ¿cuáles son las otras consecuencias del usar y tirar? Una de ellas es el inmenso basurero en que estamos convirtiendo el mundo: crecientes toneladas de vertidos que dañan el mar y el medioambiente, la contaminación industrial, la deforestación. En este usar y tirar se precisa tanta materia prima que estamos literalmente devorando el planeta del mismo modo que las termitas acaban con un mueble. Es algo parecido a un cáncer. Si las células cancerígenas supieran que en su reiterada reproducción acabarán por matar el cuerpo que las mantiene vivas, dejarían de reproducirse de forma ilimitada. No nos damos cuenta de que nuestro mundo no es de usar y tirar, y a este paso, el hombre se convertirá en el cáncer del planeta Tierra.

Periódico *El País*, 29 en. 2006. (Adaptado).

**2** Lee las afirmaciones y señala la alternativa correcta según lo que dice el autor.

I   Comprar es rápido y fácil, pero no se puede decir lo mismo del servicio posventa.
II  La mayoría de los clientes acaba por comprarse productos nuevos porque los fabricantes no indican servicios de reparación.
III Aunque es buena para la economía, la reducción del ciclo de vida de los productos contribuye al daño ambiental.

- [ ] a  Están correctas las afirmaciones I y III.
- [ ] b  Están correctas las afirmaciones I y II.
- [ ] c  Están correctas las afirmaciones II y III.
- [ ] d  Ninguna de las afirmaciones está correcta.

**3** ¿En qué género(s) clasificarías el texto de la página anterior? Señálalo(s) y fundamenta tu elección.

- [ ] a  Noticia.
- [ ] b  Reportaje interpretativo.
- [ ] c  Editorial.
- [ ] d  Artículo de opinión.

_____
_____

**4** Apunta qué ejemplo(s) usa el autor para ilustrar los siguientes argumentos:

a  Los productos desechables han facilitado nuestra vida:
_____

b  Es difícil o más caro reparar el aparato averiado:
_____

> **ESTRATEGIA ARGUMENTATIVA**
> La **ejemplificación** es usada con frecuencia por los autores para apoyar, reforzar e ilustrar sus argumentos y explicaciones.

**5** Contesta las preguntas.

a  ¿Qué significa decir que "los ordenadores quedan obsoletos" rápidamente?
_____

b  ¿De qué forma(s) el consumo ilimitado daña el medioambiente?
_____

c  ¿Qué comparación(ones) hace el autor en el último párrafo para explicar que el hombre está destruyendo el planeta? ¿Cómo se llama ese tipo de comparación?
_____
_____

> **ESTRATEGIA ARGUMENTATIVA**
> La **analogía**, una comparación entre cosas distintas que comparten una o más semejanzas, es una estrategia comúnmente empleada en los textos.

**6** Observa el gráfico y contesta: ¿los porcentajes reflejan lo que afirma el texto? ¿Qué representan esos datos para el medioambiente? ¿Qué producto creció más en las ventas? ¿Por qué?

_____
_____
_____
_____

**Aumento en la venta de aparatos electrónicos en Brasil en el 2011**

| Producto | % |
|---|---|
| cámaras digitales | 18,6% |
| televisores de pantalla plana | 22,5% |
| aire acondicionado | 22,5% |
| notebooks | 23,7% |
| aspiradoras | 32,7% |
| videoconsolas | 33,8% |
| tabletas | 815,3% |

Basado en <www.oficinascomerciales.es>. Accedido el 4 my. 2012.

# CAJÓN LEXICAL

## LOS MESES DEL AÑO, LOS DÍAS DE LA SEMANA Y LA HORA

**1** En el texto a continuación faltan los nombres de los meses del año y sus definiciones se encuentran desordenadas. Léelo, complétalo con los meses y escríbelos en la secuencia del calendario.

**MAYO   SEPTIEMBRE   JULIO   MARZO   OCTUBRE   FEBRERO   JUNIO   ENERO   AGOSTO   DICIEMBRE   ABRIL   NOVIEMBRE**

### ¿De dónde procede el nombre de los meses del año? ¿Por qué son doce?

Originariamente, el calendario primitivo de Roma se dividía solamente en 10 meses. Fue Numa Pompilio, el segundo rey de Roma (715-672 a. de C.), quien adaptó el calendario al año solar y le agregó los 2 meses restantes.

_____ Es un homenaje a los ancianos o protectores del pueblo, ya que deriva de la palabra latina *majorum*, que significa mayores. Otros atribuyen su nombre a la diosa Maya, la esposa de Vulcano.

_____ Mientras que su denominación ha perdurado desde que ocupaba el noveno lugar (*november*), sus días sufrieron cambios hasta llegar Augusto, quien los dejó en 30.

_____ Representado como un segador de heno, supone un homenaje a los jóvenes, ya que proviene del término latino *junior*.

_____ A pesar de estar en el último puesto, sigue conociéndose por la posición décima originaria.

_____ Incorporado en segundo lugar por Numa Pompilio, lo dedicó a Plutón o *Februo*, para que este aplacara sus iras.

_____ Proviene de Marte, dios de la guerra, porque en este mes se iniciaban las campañas bélicas.

_____ Julio César le dio su nombre, ya que él nació en este mes. Debido a que era la época en que se llevaba a cabo la recolección del trigo, se representaba con un segador practicando esta faena agrícola.

_____ En este caso, ha conservado también su nombre original de la época de Rómulo, del término latino *october*: octavo. Tanto la vendimia como la siembra, tareas de la época que marca, servían para simbolizarlo.

_____ Procede del término griego *afros*, que significa espuma, de la que surgió Venus. Se dedicó a la fertilidad.

_____ Rinde homenaje al emperador Augusto. Inicialmente constaba de 30 días y se llamaba *Sextilis*; Numa Pompilio le quitó 1 día y Julio César le añadió 2 más.

_____ Como al principio ocupaba el séptimo lugar (*septem*, en latín), conservó su originaria denominación a pesar de ser el noveno. Diferentes escenas de vendimia representan este mes, dedicado al dios Vulcano.

_____ Este fue el primer mes añadido. Su nombre antiguo era *Ianuro*, en honor al dios Iano, que era el protector de puertas y entradas. A esta divinidad se la representaba con una vara y una llave.

Disponible en <www.muyinteresante.es/ide-donde-procede-el-nombre-de-los-meses-del-ano>. Accedido el 22 abr. 2012.

_____

**2** Contesta las siguientes preguntas.

a ¿En qué mes cumples años?

_____

b ¿En qué mes(es) son tus vacaciones?

_____

## ¿QUÉ HORA ES?

Para informar la hora se dice "Son las..." (de las dos horas en adelante) o "Es la una". Si el reloj marca 2:00 h, "son las dos en punto"; si marca 2:30 h, "son las dos y media". El quince equivale a "cuarto", así que cuando son las 2:15 h se dice "son las dos y cuarto" y las 2:45 h, que "son las tres menos cuarto". Si ha pasado de media hora, usamos el "menos", o sea, si son 2:40 h, decimos "son las tres menos veinte". Para 12:00 h se dice "son las doce" o "es mediodía" y para 24:00 h se dice "es medianoche". Como complemento se puede usar la hora y añadirle las expresiones "de la mañana", "de la tarde" o "de la noche".

**3** Escribe la hora que marcan los siguientes relojes.

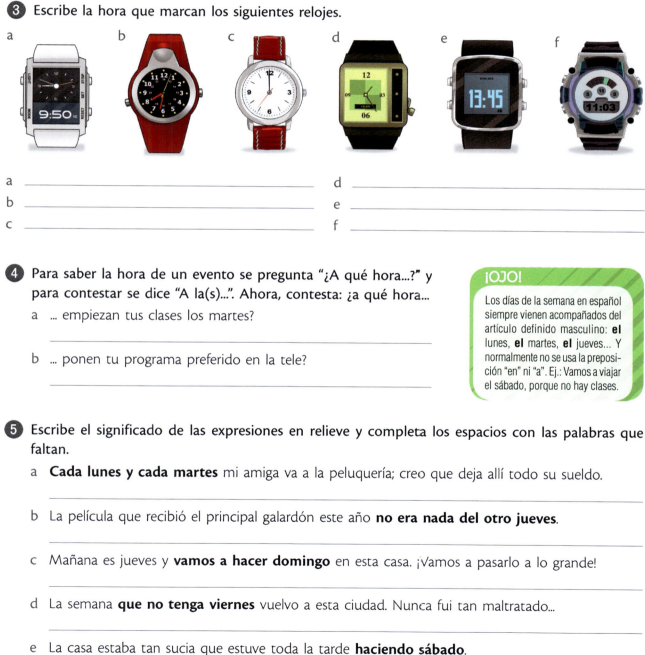

a _____      d _____
b _____      e _____
c _____      f _____

**4** Para saber la hora de un evento se pregunta "¿A qué hora...?" y para contestar se dice "A la(s)...". Ahora, contesta: ¿a qué hora...

a ... empiezan tus clases los martes?
_____

b ... ponen tu programa preferido en la tele?
_____

**¡OJO!**
Los días de la semana en español siempre vienen acompañados del artículo definido masculino: **el** lunes, **el** martes, **el** jueves... Y normalmente no se usa la preposición "en" ni "a". Ej.: Vamos a viajar el sábado, porque no hay clases.

**5** Escribe el significado de las expresiones en relieve y completa los espacios con las palabras que faltan.

a **Cada lunes y cada martes** mi amiga va a la peluquería; creo que deja allí todo su sueldo.
_____

b La película que recibió el principal galardón este año **no era nada del otro jueves**.
_____

c Mañana es jueves y **vamos a hacer domingo** en esta casa. ¡Vamos a pasarlo a lo grande!
_____

d La semana **que no tenga viernes** vuelvo a esta ciudad. Nunca fui tan maltratado...
_____

e La casa estaba tan sucia que estuve toda la tarde **haciendo sábado**.
_____

**Días de la semana:** _____, _____, miércoles, _____, _____, _____, _____.

# GRAMÁTICA

## PRETÉRITO INDEFINIDO DE INDICATIVO: VERBOS REGULARES

Para referirse al pasado el tiempo que más se utiliza en español es el Pretérito Indefinido de Indicativo.

| Verbos regulares | CUIDAR | DEFENDER | VIVIR |
|---|---|---|---|
| Yo | cuid**é** | defend**í** | viv**í** |
| Tú/Vos | cuid**aste**/cuid**aste** | defend**iste**/defend**iste** | viv**iste**/viv**iste** |
| Él/Ella/Usted | cuid**ó** | defend**ió** | viv**ió** |
| Nosotros(as) | cuid**amos** | defend**imos** | viv**imos** |
| Vosotros(as) | cuid**asteis** | defend**isteis** | viv**isteis** |
| Ellos(as)/Ustedes | cuid**aron** | defend**ieron** | viv**ieron** |

El Pretérito Indefinido o Pretérito Perfecto Simple de Indicativo se usa para hablar de hechos pasados concluidos en períodos de tiempo terminados y que no guardan relación con el presente. En la mayor parte de Hispanoamérica se usa también en lugar del Pretérito Perfecto Compuesto de Indicativo.

¿Qué te ha pasado?

¡OJO!
Los verbos terminados en "-er" y en "-ir" tienen las mismas terminaciones en Pretérito Indefinido de Indicativo.

Nada, nada, iba andando en bici por la calle y se me chocó la acera...

**1** Completa las siguientes preguntas con verbos conjugados en Pretérito Indefinido de Indicativo.
   a  ¿A quién _____? Conocí a Juan Pablo, el secretario de Medioambiente.
   b  ¿A qué hora _____? Me desperté a las cinco de la mañana.
   c  ¿A qué hora _____ del curso? Salimos a las 4:00 h del curso.
   d  ¿Dónde _____ mucho en enero del año pasado? En la costa del país.
   e  ¿Dónde _____ dos años? Viví dos años en Costa Rica.

**2** Reordena las frases conjugando los verbos en Pretérito Indefinido de Indicativo cuando necesario.
   a  lo que era / la vegetación / de la ciudad / no volver a ser / de las afueras
   
   b  en Sudamérica / ellos / en diciembre / más cálido / a causa del clima / decidir viajar
   
   c  (yo) levantarse temprano / la lluvia / perder el tren / pero a causa de / me atrasar y

③ Lee el siguiente texto y señala las respuestas correctas.

## El Impenetrable en peligro:
## Greenpeace denuncia que Chaco viola la Ley de Bosques

[...] La organización ambientalista realizó un relevamiento por tierra y aire en "El Impenetrable" y constató el severo impacto ambiental de desmontes selectivos para ganadería intensiva que fueron autorizados en zonas protegidas por la normativa nacional.

"El gobierno del Chaco está autorizando en El Impenetrable desmontes encubiertos que violan la Ley de Bosques. Las topadoras dejan muy pocos árboles en pie y eliminan todo el bosque bajo, lo que no garantiza su regeneración y es el sustento de la mayoría de la fauna chaqueña", señaló Hernán Giardini, coordinador de la Campaña de Bosques de Greenpeace. [...]

"El avance de la ganadería intensiva puede implicar, en el mediano plazo, la fragmentación y desaparición de gran parte de El Impenetrable, un valiosísimo ecosistema forestal que abarca cerca de 4 millones de hectáreas de la región chaqueña semiárida y que alberga especies seriamente amenazadas como el yaguareté, el tatú carreta, y el oso hormiguero", afirmó Giardini. [...]

Desmontes en el **Gran Chaco**.

Disponible en <www.greenpeace.org/argentina/es/noticias/Greenpeace-denuncia-que-Chaco-viola-la-Ley-de-Bosques>. Accedido el 24 abr. 2012.

a  La finalidad del texto elaborado por Greenpeace es:
- ☐ I  denunciar el desmonte ilegal.
- ☐ II  alertar sobre las consecuencias de la política gubernamental.
- ☐ III  promover la modificación de la Ley de Bosques.

b  El texto se refiere a varios hechos. De ellos, los que ya están concluidos son:
- ☐ I  la tala total del bosque bajo y la desaparición de las especies allí albergadas.
- ☐ II  la expansión de la ganadería intensiva.
- ☐ III  la autorización del desmonte selectivo y la constatación de su impacto en el medioambiente.

④ Completa el texto con los siguientes adverbios de tiempo.

| ayer | anteayer | anoche | anteanoche | antaño |

Hoy es lunes, mi primer día en México. Siempre he vivido en Argentina, pero con los cambios en la empresa de mi padre, tuvimos que mudarnos a México. _____ (domingo a las once de la noche) estábamos en el aeropuerto esperando nuestro vuelo y ahora estamos aquí. _____ (sábado) terminábamos de hacer las últimas maletas. Es increíble cómo pasa el tiempo. _____, el sábado a las diez, tuvimos una cena de despedida, todos lloraron mucho... Comimos y bebimos mucho más para intentar contener las lágrimas. Los de _____, mis bisabuelos, tampoco vivieron toda la vida donde nacieron. Y nosotros ahora, los mismos de _____, domingo, vamos a empezar una nueva vida.

# GRAMÁTICA

## ADVERBIOS Y LOCUCIONES ADVERBIALES DE TIEMPO

| Función | Adverbios de tiempo | Ejemplos |
|---|---|---|
| Para referirse al pasado | ayer | **Ayer** presenté en la escuela un trabajo sobre medioambiente. |
| | anoche | **Anoche** me dormí a las diez y hoy me he despertado temprano. |
| | anteayer | **Anteayer** el Congreso aprobó la nueva ley ambiental. |
| | anteanoche | **Anteanoche** preparé el trabajo sobre medioambiente que presenté ayer. |
| | entonces | En aquella época hacía mucho frío en la ciudad; **entonces** yo era chico y recuerdo que me abrigaba mucho. |
| | antaño = antiguamente | **Antaño** había más bosques en la naturaleza. |

| Función | Locuciones adverbiales de tiempo | Ejemplos |
|---|---|---|
| Para referirse al pasado | antes de ayer | **Antes de ayer** busqué en Internet imágenes de contaminación ambiental para la presentación. |
| | antes de anoche | **Antes de anoche** terminé de redactar las conclusiones del trabajo. |
| | en aquel entonces | En los años cuarenta y cincuenta llovía mucho; **en aquel entonces** usábamos impermeable. |

**¡OJO!**
En español "anoche" es la noche de ayer y "anteanoche", la noche de antes de ayer.

**5** Escribe cada locución adverbial de tiempo en el espacio correspondiente.

| Antes de anoche | Antes de ayer | En aquel entonces |
|---|---|---|

a En las primeras décadas del siglo pasado no ocurrían muchos de los problemas ambientales que tenemos hoy; _____ el calentamiento global todavía era un tema de ciencia ficción.

b _____ salimos a dar un paseo. Nos encanta salir por la noche y con el buen tiempo que hacía lo pasamos estupendo.

c _____ entregaron el informe de la campaña de reciclado de basura, y ayer tuvo lugar en la plaza del ayuntamiento una recogida selectiva.

## INDEFINIDOS

Los indefinidos se utilizan para hablar sin referirse a algo o a alguien de modo específico.

| Uso | Indefinidos | Ejemplos |
|---|---|---|
| sin sustantivo | nadie | **Nadie** sabe exactamente cuántos árboles han talado. |
| | nada | **Nada** quedó en el terreno. Talaron todos los árboles. |
| | alguien | **Alguien** denunció el hecho ante Greenpeace. No sabemos quién fue. |
| | algo | **Algo** ha pasado: ha entrado en el bosque la policía forestal y ha detenido la tala. |
| | alguno | En la región viven campesinos; seguramente **alguno** llamó a la policía forestal. |
| | ninguno | **Ninguno** vio nada, pero la región fue desmontada. |
| | todo | **Todo** ha cambiado; no hay más bosques en la región. |
| | cualquiera | **Cualquiera** sabe que desmontar está prohibido. |

124

| Uso | Indefinidos | Ejemplos |
|---|---|---|
| seguidos de sustantivo | algún(una)/algunos(as) | **Algún** campesino llamó a Greenpeace. |
| | ningún(una) | **Ninguna** especie se salvó de la tala. |
| | todo(a/os/as) | **Todos** los tractores fueron aprehendidos por las autoridades. |
| | mucho(a/os/as) | **Muchas** cabezas de ganado pastan hoy donde antes había bosques. |
| | poco(a/os/as) | **Pocas** especies se salvaron. |
| | cualquier | **Cualquier** ciudadano puede asociarse a Greenpeace. |
| | cada | **Cada** árbol que se tala es una pérdida enorme. |

Los indefinidos, ya sea que acompañen a un sustantivo, ya sea que no, sirven para expresar indeterminación, es decir, indican que no se habla de alguien o de algo específico. Cuando acompañan al sustantivo, concuerdan con él en género y número.

"Alguno" y "ninguno" se apocopan, es decir, pierden la "o" final delante de los sustantivos masculinos. "Cualquiera" se apocopa delante de sustantivos masculinos y femeninos, pero no si va pospuesto: cualquier hombre / un hombre cualquiera; su forma plural es "cualesquiera". "Cada" es invariable.

**¡OJO!**
Cuando el indefinido "nadie" va después del verbo, se añade el adverbio de negación "no" en la oración. Ej.: Nadie pasó por aquí. = Por aquí no pasó nadie.

**6** Relaciona cada palabra con el opuesto correspondiente.

a Alguien.   c Alguno.   e Alguna.     ☐ Ninguna.   ☐ Nada.   ☐ Ninguno.
b Algo.      d Mucho.                  ☐ Poco.      ☐ Nadie.

**7** Haz un círculo alrededor del indefinido que completa correctamente cada frase.
a Lunes, martes, miércoles... cualquier / cualesquiera / cualquiera día de la semana me gusta.
b Sabes que preferí venir pronto para no tener que conversar con alguno / nadie / nada.
c Nadie / Alguno / Todo el mundo sabe que hay que ahorrar agua. Si alguno / cada / muchos ciudadano contribuye, la naturaleza le agradecerá.
d Cualesquieras / Cualquier / Cualesquiera que sean las medidas de contención de tráfico, el aire seguirá muy contaminado.
e Ningún / Ninguno / Ningunos de los votantes quiso declararse a favor del nuevo impuesto forestal. Algunos / Alguno / Algún de ellos tendrá que posicionarse ante la población.

## PRETÉRITO PLUSCUAMPERFECTO DE INDICATIVO

El Pretérito Pluscuamperfecto es otro de los tiempos que se usan para referirse a hechos pasados.

| | Verbo auxiliar "haber" | CONTAMINAR | PROTEGER | PARTIR |
|---|---|---|---|---|
| Yo | había | | | |
| Tú/Vos | habías/habías | | | |
| Él/Ella/Usted | había | contam**inado** | proteg**ido** | part**ido** |
| Nosotros(as) | habíamos | | | |
| Vosotros(as) | habíais | | | |
| Ellos(as)/Ustedes | habían | | | |

## GRAMÁTICA

Este tiempo verbal se forma con el verbo auxiliar "haber" conjugado en Pretérito Imperfecto de Indicativo y el participio del verbo principal.

Se utiliza para hablar de hechos o acciones pasados anteriores a otros hechos o acciones pasados.

Ej.: Cuando cerraron la fábrica, ya **había contaminado** todo el río.

**8** Completa las frases conjugando los verbos entre paréntesis en Pretérito Pluscuamperfecto de Indicativo.

a  Ya era mediodía y Julia aún no _____ de casa. (salir)

b  Cuando el gobierno aprobó las leyes de protección del medioambiente el fuego ya _____ más de la mitad de la reserva indígena. (destruir)

c  Nunca _____ de grupos de educación ambiental, hasta que me asocié a uno. (enterarse)

d  Cuando Javi y su hermano llegaron al pueblo todavía no _____ los árboles del vecindario. (talar)

e  Ningún amigo me dijo que _____ de vacaciones en medio de la selva Amazónica, tú eres el primero. (estar)

f  Jorge y Luis _____ en el campamento de verano el año pasado. (conocerse)

**9** Transforma las frases.

Ejemplo: Ya he visto playas preservadas.
Nunca había visto playas preservadas.

a  Fuimos al centro de la ciudad a medianoche.
_____

b  Ya aprendimos los meses del año en español.
_____

c  Las fuentes de energía renovables ya han sido investigadas.
_____

d  El ayuntamiento permitió el uso de parilla en el parque municipal.
_____

**10** Relaciona las partes de manera a formar frases conjugando los verbos en Pretérito Pluscuamperfecto.

a  El viernes me acosté temprano...

b  Salí corriendo para protegerme y tropecé en el tronco del árbol...

c  Me asocié al grupo de Ecología en el cole...

... empezó a llover.

... formé parte del proyecto "defensores de la naturaleza".

... fui al curso de prácticas ambientales en la montaña.

_____
_____
_____

# LECTURA

## PRECALENTAMIENTO

- ¿Con qué frecuencia la gente suele cambiar sus móviles y ordenadores por otros más nuevos?
- ¿Qué razones nos hacen cambiar nuestros aparatos eléctricos y electrónicos?
- ¿Qué destino crees que tienen los aparatos viejos?

**1** Lee el siguiente texto sobre consumo y sostenibilidad.

## EL PAÍS OPINIÓN

EDITORIALES   TRIBUNAS   COLUMNAS   ANÁLISIS   *BLOGS*   VIÑETAS   DEFENSOR DEL LECTOR   NUESTRAS FIRMAS

### *Obsolescencia programada*

*EVA VALENCIA ALARCÓN | Valencia | 28 abr. 2012 |*

Las empresas cada vez acortan más la vida de sus productos, es lo que llamamos obsolescencia programada.

Se han fabricado bombillas con una duración de 100 000 horas, actualmente la mayoría están restringidas a 1000 asegurándose así una venta regular de bombillas. Otro ejemplo son las impresoras que poseen un chip con recuento de impresiones, cuando llega a determinado número deja de funcionar siendo más rentable comprar una nueva que repararla; y lo mismo ocurre con otros mecanismos electrónicos.

Se crean productos casi de usar y tirar, lo que no solo afecta a los consumidores sino al planeta, con un consumo de recursos y generando desechos innecesarios. Esto va totalmente en contra del tratado internacional que prohíbe enviar residuos electrónicos a los países en vías de desarrollo. Se alega que son productos de segunda mano, cuando el 80% son irreparables. Estamos convirtiendo a estos países en el basurero del mundo.

Mientras los mercados nos manipulan, nuestra huella ecológica se agranda. Más vale que empecemos a practicar un consumo sostenible si no queremos destruir nuestro mundo.

Disponible en <http://elpais.com/elpais/2012/04/27/opinion/1335548013_883098.html>.
Accedido el 3 my. 2012.

## LECTURA

**2** Encuentra en el texto los términos correspondientes a las siguientes definiciones.

a Rastro, seña, vestigio que deja alguien o algo: _____
b Cualidad de lo que se está volviendo anticuado: _____
c Sitio en donde se arrojan y amontonan residuos: _____
d Globo de cristal que sirve para alumbrar: _____

> **ESTRATEGIA DE LECTURA**
>
> El contexto y la composición de algunas palabras pueden ayudarte a deducir su significado sin que necesites consultar un diccionario. Esa estrategia de lectura se llama **inferencia léxica**.

**3** Señala las alternativas correctas. Luego contesta la pregunta sobre el género del texto.

a El objetivo de la autora es:
  ☐ I noticiar un hecho.  ☐ II expresar su opinión.  ☐ III narrar un cuento.
b El medio de publicación es un(a):
  ☐ I antología literaria.  ☐ II periódico.  ☐ III revista.
c El texto trata de un(a):
  ☐ I tema de actualidad.  ☐ II artículo del diario.  ☐ III historia.
d ¿Cuál es el género del texto? ¿Qué otras características te parecen relevantes para identificarlo?
_____

**4** De acuerdo con los argumentos y la estructura del texto, clasifica estos elementos como problemas (P), ejemplos (E) o soluciones (S).

☐ a Impresoras con número programado de impresiones.
☐ b Consumo sostenible.
☐ c Obsolescencia programada de los productos.
☐ d Aumento de la basura electrónica.
☐ e Bombillas con duración limitada.
☐ f Contaminación del medioambiente.

**5** Sobre el texto, contesta las siguientes preguntas.

a ¿Qué significa "obsolescencia programada"?
_____

b ¿Qué objetivo tienen las empresas que adoptan esa conducta?
_____

c ¿De qué formas la obsolescencia programada afecta el planeta?
_____

**6** ¿Cuál es, en suma, el argumento básico de los textos de esta lección? ¿A qué problema(s) quieren llamarnos la atención sus autores?
_____
_____

Accede a <www.youtube.com/watch?v=qCdDPCZfDoE&> (accedido el 7 my. 2012) para ver la animación "Cambia tu mundo", que muestra algunas de las acciones que el hombre puede realizar para preservar el medioambiente.

> **RINCÓN DE ESCRITURA**
>
> Escribe una carta al director de un periódico en la que manifiestes tu opinión acerca de las consecuencias del "usar y tirar".

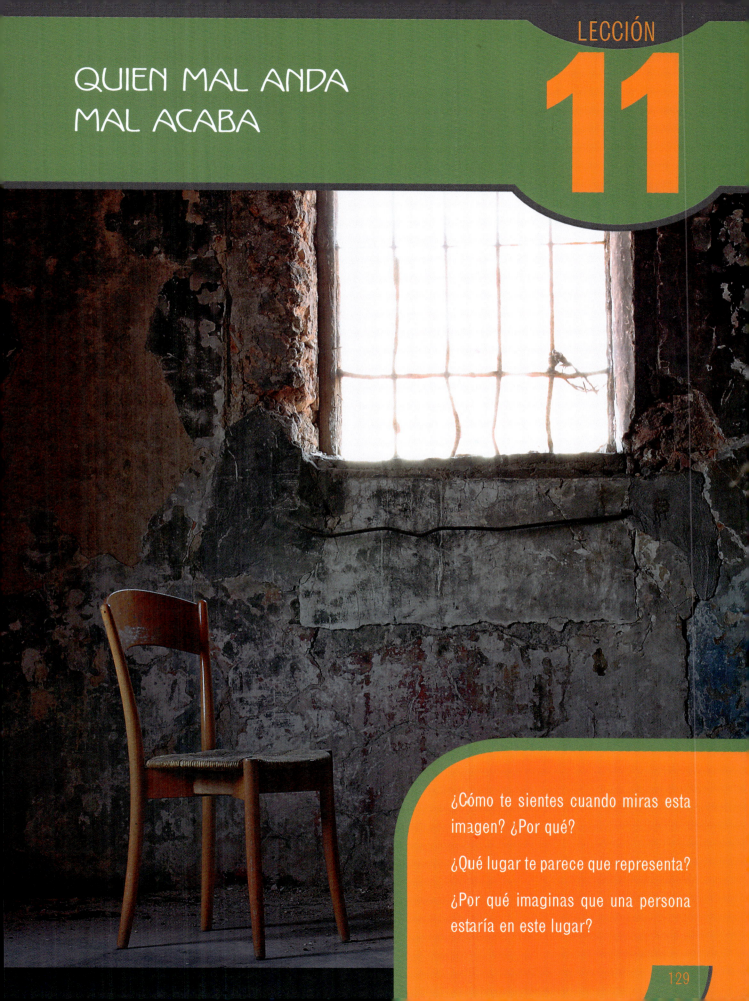

# LECTURA

**PRECALENTAMIENTO**

- ¿Qué significa "adicción"?
- ¿Qué tipos de adicciones existen?
- La dependencia física o psíquica causada por las adicciones ¿es perjudicial solo a los adictos? ¿Quiénes sufren las consecuencias?

**1** Lee las siguientes preguntas y respuestas que se hicieron en un programa de televisión y que luego fueron compiladas en un libro.

## Adicciones

Hablamos de **adicción** cuando una persona realiza una actividad específica de forma irrefrenable y excesiva, que condiciona su vida cotidiana. Es una necesidad apremiante, física y psicológica de una sustancia química. También es cualquier tipo de conducta que se realiza de manera compulsiva. La persona que la sufre en ningún momento recapacita y piensa en las consecuencias destructivas que este hábito puede provocar en su cuerpo, vida o entorno.

### ADICCIÓN A LAS DROGAS

*El otro día, viendo un programa en la tele que hablaba sobre drogas de diseño, entablamos un debate en casa porque mi marido y yo no sabíamos nada de estas nuevas sustancias. Nuestra hija, que tiene 17 años, nos dijo que no eran perjudiciales para el organismo, que solo "levantan el ánimo y ayudan a aguantar una noche de fiesta" y el chico, de 20, nos dijo que él sabía de gente que se había muerto por consumirlas. ¿Qué influencia pueden tener las drogas de diseño en una persona?*

Lo primero de todo, desde aquí queremos animaros a tu marido y a ti a que sigáis teniendo este tipo de conversaciones con vuestros hijos. El diálogo en familia es una de las mejores maneras de prevenir cualquier tipo de adicción [...].

Que os quede muy claro: cualquier tipo de droga es perjudicial para el organismo. No existen drogas blandas o duras, sino simplemente drogas.

Las drogas de síntesis (o de diseño) perjudican muy seriamente a las personas que las consumen. Su corazón se dispara a velocidades vertiginosas, la tensión arterial se eleva a cifras insospechadas, se pierden líquidos de forma muy rápida y las neuronas sufren sobremanera. Vuestro hijo tiene razón: estos efectos pueden acabar con la vida de quienes dependen de estas sustancias; desgraciadamente, muchos han sido los ejemplos que hemos conocido en los últimos meses.

### ¿EXISTE LA ADICCIÓN A LA COMIDA?

*Estoy todo el día comiendo y lo paso fatal cuando no tengo nada a mi alcance. No sé vivir sin comer. ¿Soy adicto a la comida?*

Lo mejor es que acudas a un especialista porque esos síntomas pueden indicar que hay un problema médico, como diabetes, hipertiroidismo o, incluso, un problema de tipo psíquico: una crisis de ansiedad o una depresión.

Sí es cierto que algunas personas tienen especial predilección por determinados alimentos debido a su sabor o al atractivo de un plato exquisitamente preparado [...], pero no dejes de consultar a tu médico para descartar las enfermedades que hemos citado anteriormente o para saber si se trata de algún tipo de patología psíquica.

### ADICCIÓN A INTERNET

*Le hemos comprado un ordenador a mi hijo, de 23 años, y desde entonces está todo el día colgado de Internet; no sale de su habitación ni para comer; [...] lo que más nos preocupa es que se aísle. El límite entre la normalidad en el uso de Internet y la adicción a las nuevas tecnologías, ¿se mide en tiempo?*

Debes tener claro que toda adicción genera una dependencia de tipo físico o psíquico que altera la actividad diaria normal en el ámbito sociolaboral. Una vez dicho esto, tú misma deberías deducir que tu hijo es un adicto y que, por lo tanto, debe ponerse en manos, primero, de su médico de familia y, muy posiblemente, en las de un psicólogo, para sacarle de esta situación que le tiene absorbida su personalidad.

En ocasiones no es fácil hacer comprender a la persona que padece este tipo de adicciones que necesita ayuda especializada. Habla muy sinceramente y sin prisa con él; sería conveniente que en esa charla estuviera presente tu marido o alguno de tus otros hijos (si lo tienes), e incluso su mejor amigo, y así entre todos hacerle comprender que la situación que está viviendo no es buena para su salud física y psíquica.

TORREIGLESIAS, Manuel. *Gran guía de la salud*. Madrid: TVE, 2003, tomo I, p. 31-45.

**2** Basándote en las orientaciones que leíste, contesta: ¿quiénes fueron los autores de las preguntas y de las respuestas compiladas en el libro *Gran guía de la salud*?

_____

_____

> **ESTRATEGIA DE LECTURA**
> Identifica y analiza **la fuente del texto**. Conocerla te ayuda a saber el nivel del lenguaje, la intencionalidad del autor, el soporte, las condiciones de producción, etc.

**3** Identifica en el texto y escribe...

a ... el concepto de adicción.

_____

b ... dos ejemplos de conducta de la persona adicta.

_____

**4** ¿Qué son las drogas de diseño? ¿Qué efectos pueden causar?

_____

_____

**5** Contesta las siguientes preguntas sobre el adicto a la comida.

a ¿Cuándo siente placer?

_____

b ¿Cuándo se siente angustiado?

_____

c ¿Qué problemas de salud puede tener?

_____

d ¿Qué debe hacer?

_____

**6** ¿Cuál fue la sugerencia presentada por los especialistas a la madre para identificar si su hijo es adicto a Internet?

_____

**7** Explica con tus palabras el sentido de los términos en relieve en las siguientes expresiones.

a "... está todo el día **colgado** de Internet...": _____

b "... lo que más nos preocupa es que se **aísle**...": _____

c "... **entablamos** un debate...": _____

d "Su corazón se dispara a velocidades **vertiginosas**...": _____

> **ESTRATEGIA DE LECTURA**
> **Reformula** con tus propias palabras lo que lees en un texto. Eso hace que lo comprendas mejor.

**8** ¿Cuáles son las consecuencias de las adicciones para los adictos, su familia y la sociedad?

_____

_____

# CAJÓN LEXICAL

## ALGUNOS TIPOS DE ADICCIÓN

1. Observa las imágenes y relaciónalas con el tipo de adicción a la que se refieren.

I   Adicción al videojuego.
II  Adicción a Internet.
III Adicción al alcohol.
IV  Adicción al tabaco.

2. Como ya viste, adicta es la persona dependiente física o psicológicamente de algo. Separa las palabras conforme la tabla a continuación.

drogadicción · bebidas alcohólicas · juego · trabajoadicto(a) · tabaco
alcoholismo · ludopatía · drogadicto(a) · teléfono · teleadicto(a)
televisión · toxicómano(a) · tabaquismo · trabajo · comida

| Objeto de adicción | Enfermedades | Se dice de la persona adicta a algo |
|---|---|---|
|  |  |  |

3. Relaciona las columnas.

a  Comedor compulsivo.
b  Borrachera.
c  Oniomanía.
d  Máquinas tragaperras.
e  Engancharse.

☐ Resultado de beber alcohol en exceso.
☐ Aficionarse o hacerse adicto a algo.
☐ Máquinas de juegos de azar.
☐ Es el que consume cantidad excesiva de comida.
☐ Síndrome de la que sufren los adictos a las compras.

4. Lee los siguientes anuncios publicitarios y contesta las preguntas.

a ¿A qué público va dirigido cada uno de los anuncios? Fundamenta tu respuesta.

Anuncio I: _____

Anuncio II: _____

Anuncio III: _____

b ¿Qué estrategias utilizan los tres anuncios para convencer al lector?

_____
_____

5. Lee el siguiente texto. Luego contesta las preguntas.

### ADICTOS A LAS REDES SOCIALES

[...] En 2009, se reportó un incremento del 82% en el tiempo destinado al uso de redes sociales tales como Facebook, MySpace y Twitter, hecho que disparó alerta por los efectos nocivos que estas redes ocasionan en los seres humanos. [...]

Además de la adicción y las distracciones que causan en los centros de trabajo, las redes sociales tienen un impacto negativo en las habilidades cognitivas y en la salud de los individuos, y representan graves riesgos para la seguridad de los datos privados de las personas, reconoció el grupo de especialistas reunidos en Davos. [...]

Algunas de las señales a las que los padres deben poner atención y que pueden hablar de que ya hay una adicción a Internet y a las redes sociales son: los jóvenes empiezan a dejar de hacer sus trabajos escolares, se ponen ansiosos si pasan muchas horas alejados de la computadora o presentan desvelo, fatiga y cansancio por su uso.

Disponible en <http://noticias.universia.edu.uy/tiempo-libre/noticia/2011/01/31/785656/adictos-redes-sociales.html>. Accedido el 24 abr. 2012. (Adaptado).

a ¿Estás inscrito(a) en alguna red social? ¿Cuál?

_____

b ¿Cuánto tiempo dedicas a las redes sociales o a Internet en general? ¿Te consideras adicto(a)?

_____

# GRAMÁTICA

## PRETÉRITO INDEFINIDO DE INDICATIVO: VERBOS IRREGULARES

|  | SER | IR |
|---|---|---|
| Yo | fui | fui |
| Tú/Vos | fuiste/fuiste | fuiste/fuiste |
| Él/Ella/Usted | fue | fue |
| Nosotros(as) | fuimos | fuimos |
| Vosotros(as) | fuisteis | fuisteis |
| Ellos(as)/Ustedes | fueron | fueron |

**¡OJO!**
En Pretérito Indefinido de Indicativo los verbos "ser" e "ir" se conjugan de la misma forma.

|  | HACER | QUERER | SABER | TENER | ESTAR |
|---|---|---|---|---|---|
| Yo | hice | quise | supe | tuve | estuve |
| Tú/Vos | hiciste/hiciste | quisiste/quisiste | supiste/supiste | tuviste/tuviste | estuviste/estuviste |
| Él/Ella/Usted | hizo | quiso | supo | tuvo | estuvo |
| Nosotros(as) | hicimos | quisimos | supimos | tuvimos | estuvimos |
| Vosotros(as) | hicisteis | quisisteis | supisteis | tuvisteis | estuvisteis |
| Ellos(as)/Ustedes | hicieron | quisieron | supieron | tuvieron | estuvieron |

|  | PODER | PONER | TRAER | DECIR | VENIR |
|---|---|---|---|---|---|
| Yo | pude | puse | traje | dije | vine |
| Tú/Vos | pudiste/pudiste | pusiste/pusiste | trajiste/trajiste | dijiste/dijiste | viniste/viniste |
| Él/Ella/Usted | pudo | puso | trajo | dijo | vino |
| Nosotros(as) | pudimos | pusimos | trajimos | dijimos | vinimos |
| Vosotros(as) | pudisteis | pusisteis | trajisteis | dijisteis | vinisteis |
| Ellos(as)/Ustedes | pudieron | pusieron | trajeron | dijeron | vinieron |

|  | PEDIR | SEGUIR | SERVIR |
|---|---|---|---|
| Yo | pedí | seguí | serví |
| Tú/Vos | pediste/pediste | seguiste/seguiste | serviste/serviste |
| Él/Ella/Usted | pidió | siguió | sirvió |
| Nosotros(as) | pedimos | seguimos | servimos |
| Vosotros(as) | pedisteis | seguisteis | servisteis |
| Ellos(as)/Ustedes | pidieron | siguieron | sirvieron |

**¡OJO!**
En todos los verbos del cuadro arriba la primera persona del singular termina en "-e" y la tercera en "-o".
Al incorporar la "j", los verbos "traer" y "decir" pierden la "i" característica de la terminación de la tercera persona del plural.

## ¡OJO!

Los verbos de la última tabla, así como "reír", "vestir", "corregir" y otros, en Pretérito Indefinido de Indicativo cambian la letra "e" de la raíz por "i" en las terceras personas del singular y del plural.

En este grupo de verbos, las terminaciones en Pretérito Indefinido de Indicativo son iguales a las de los verbos regulares.

**1** Completa las frases con el verbo entre paréntesis conjugado en Pretérito Indefinido de Indicativo.

a Nunca _____ probar ninguna droga porque sé de los riesgos de dependencia psíquica o física. (querer)

b El camarero no _____ la cerveza porque está prohibida la venta de bebidas alcohólicas a los menores de 18 años. (servir)

c Qué bueno que vosotros no _____ los pasos de vuestros padres y no tomáis bebidas alcohólicas. (seguir)

d Pilar, ¿por qué no _____ a mi casa ayer para realizar el trabajo sobre los efectos nocivos del cigarrillo? (venir)

**2** En todas las siguientes frases hay verbos que presentan irregularidad en Pretérito Indefinido de Indicativo, excepto en:

☐ a Ya pedimos que no fumen delante de los niños.
☐ b Ellos trajeron un libro sobre ludopatía, la adicción a los juegos.
☐ c Paola no pudo controlarse porque sufre de cleptomanía.
☐ d Ella no cantó bien porque bebió demasiado antes de la presentación.
☐ e ¿Estuviste todo el día en casa viendo la tele? ¡Eres una teleadicta!

**3** Completa la tabla con las formas verbales adecuadas en Pretérito Indefinido de Indicativo.

|  | Yo | Él/Ella/Usted |
|---|---|---|
| saber |  |  |
| traer |  |  |
| decir |  |  |
| querer |  |  |
| venir |  |  |

# GRAMÁTICA

## GERUNDIO

El gerundio sirve para mostrar una acción en su transcurso.

> **¡OJO!**
> El gerundio del verbo "ir" es "yendo".

### Formación de los gerundios regulares

| Verbos terminados en | -ar | -er | -ir |
|---|---|---|---|
| Gerundios terminados en | -ando | -iendo | -iendo |
| Ejemplos | compr**ando** | beb**iendo** | viv**iendo** |

### Formación de los gerundios irregulares

| Irregularidad en la raíz | cambian la vocal "e" del infinitivo por una "i" | cambian la vocal "o" del infinitivo por una "u" | incorporan una "y" |
|---|---|---|---|
| Gerundios terminados en | -iendo | -iendo | -yendo |
| Ejemplos | pedir – p**i**diendo<br>sentir – s**i**ntiendo<br>seguir – s**i**guiendo<br>venir – v**i**niendo<br>decir – d**i**ciendo<br>vestir - v**i**stiendo | dormir – d**u**rmiendo<br>morir – m**u**riendo<br>poder – p**u**diendo | leer – le**y**endo<br>creer – cre**y**endo<br>huir – hu**y**endo<br>construir – constru**y**endo<br>sustituir – sustitu**y**endo |

## PERÍFRASIS VERBALES DE GERUNDIO

> **¡OJO!**
> Con la perífrasis "llevar + gerundio" siempre se indica la cantidad de tiempo que dura la acción a la que se refiere.

Las perífrasis verbales de gerundio se forman con un verbo que cumple la función de auxiliar y un verbo principal que se presenta con la forma del gerundio.

| Perífrasis de gerundio | Función | Ejemplos |
|---|---|---|
| estar + gerundio | Indicar el transcurso de la acción. | Actualmente **estoy leyendo** un libro sobre las adicciones en la adolescencia. |
| andar + gerundio | Además del transcurso de la acción, indicar su frecuencia. | Por televisión siempre **andan combatiendo** el consumo de alcohol antes de conducir. |
| seguir + gerundio | Indicar la continuación de una acción. | Las asociaciones de consumidores **siguen haciendo** campañas contra el consumo desmedido. |
| llevar + gerundio | Especificar la duración de la acción. | **Llevamos** dos semanas **planeando** los carteles para la campaña de la escuela contra el tabaquismo. |

**4** Forma perífrasis verbales de gerundio con los verbos a continuación.

| seguir – decir | estar – morirse | llevar – leer | estar – dormir |
|---|---|---|---|

a  Paco _____ por consumir mucha cocaína.

b  Ellos _____ tres días _____ un libro sobre cómo evitar las adicciones.

c  Los médicos _____ que descubrieron un buen tratamiento para la adicción al tabaco.

d  ¡Despiértate, Ana! Hace tiempo que _____ .

**5** Marca R si el verbo presenta gerundio regular e I si el verbo presenta gerundio irregular. Luego escribe los gerundios correspondientes.

☐ a Sustituir.   ☐ c Huir.   ☐ e Combatir.
☐ b Viciar.      ☐ d Sentir. ☐ f Dormir.

a _____   c _____   e _____
b _____   d _____   f _____

**6** Forma frases con los elementos que te damos. Usa las perífrasis de gerundio.

a  en este momento / pedir / ayuda a las personas que vencieron sus adicciones
_____

b  es inaceptable que las personas / creer / que algunas drogas no son peligrosas
_____

c  seis meses / construir / un nuevo centro de rehabilitación para alcohólicos
_____

d  yo / siempre / huir / de las oportunidades para probar drogas
_____

**7** Hoy en día hacer cirugías estéticas está de moda y, para algunos, se ha convertido en una adicción. Lee el siguiente cómic de Gaturro, personaje creado por el humorista argentino Nik. Luego señala la alternativa correcta que completa la frase: Las opciones de cirugía estética en que Gaturro piensa indican…

☐ a … que es adicto a las intervenciones quirúrgicas.
☐ b … que quiere parecerse a otro animal.
☐ c … que desea estar más guapo.

# GRAMÁTICA

**8** En el cómic de la página anterior, la frase de Gaturro "Estuve pensando opciones" significa que:
- a la acción de pensar está terminada pero duró un cierto tiempo.
- b la acción de pensar está terminada pero fue muy rápida.
- c la acción de pensar no está terminada y Gaturro todavía sigue pensando.

## INTERJECCIONES

Las interjecciones son exclamaciones formadas por una o varias palabras que sirven para expresar sentimientos o reacciones o para influenciar el comportamiento de otra persona.

**¡OJO!**
La interjección "¡Vale!" se utiliza sobre todo en España.

| Interjecciones | Significado | Ejemplos |
|---|---|---|
| ¡Ah! | admiración, sorpresa | **¡Ah!** ¡Te has hecho otra cirugía estética! |
|  | alegría | **¡Ah!** ¡Cuánto me alegro con la noticia! |
| ¡Ay! = ¡Huy! | susto, dolor, pesar | **¡Huy!** No sabía que estabas con problemas. |
| ¡Bravo! | admiración, felicitación | **¡Bravo!** ¡Dejaste de fumar! |
| ¡Viva! | alegría | **¡Viva!** He conseguido lo que quería. |
| ¡Caramba! | contrariedad | **¡Caramba!** Esperaba otro resultado. |
| ¡Oh! | sorpresa | **¡Oh!** Estás tan diferente que no te había reconocido. |
| ¡Eh! | llamar la atención | **¡Eh**, María! ¿Puedes ayudarme? |
| ¡Cuidado! = ¡Ojo! = ¡Atención! | advertir sobre algún peligro o riesgo | **¡Cuidado!** No debes empezar a fumar. |
| ¡Vale! | prestar conformidad | **¡Vale!** Entonces vamos a participar de la campaña. |
| ¡Qué va! | incredulidad | **¡Qué va!** No puede ser verdad. |
| ¡Ojalá! | deseo | Se ha propuesto dejar el cigarrillo. **¡Ojalá!** |
| ¡Bah! | despreocupación, indiferencia | **¡Bah!** ¡No me importa nada/un bledo! |

**9** Haz un círculo alrededor de la interjección que mejor completa cada frase.
- a ¡Qué va / ¡Ojalá mis amigos se mantengan lejos de las adicciones!
- b ¡Ah! / ¡Eh! Carla, no fumes en lugares cerrados.
- c ¡Oh! / ¡Bah! Estás tan satisfecho después que has dejado de beber.
- d ¡Qué va! / ¡Vale! Quedamos a las 6:00 h de la tarde en frente al cine.
- e ¡Ay! / ¡Bah! Qué triste que tu padre padezca de enfisema pulmonar.

**10** Busca en libros, diccionarios o en Internet el significado de las siguientes interjecciones.
- a ¡Dios mío! _____
- b ¡Olé! _____
- c ¡Hurra! _____
- d ¡Ufa! _____
- e ¡Vaya! _____

## LECTURA

**PRECALENTAMIENTO**

- ¿Sabes cuáles son los daños causados por el consumo de cigarrillo?
- ¿Crees que el combate al tabaco es responsabilidad de la Organización Mundial de la Salud (OMS), de los gobernantes de los países o de la comunidad en general?
- Y la publicidad, ¿crees que es responsable de aumentar el consumo de tabaco? ¿Por qué?

**1** Lee el siguiente texto acerca de la labor de la Organización Mundial de la Salud.

Infográfico
¿Cómo fue cambiando la publicidad?

### LA LABOR DE LA ORGANIZACIÓN MUNDIAL DE LA SALUD

[...] El 21 de mayo de 2003, la OMS se reunió en Ginebra (Suiza), para firmar un convenio internacional para el control del tabaco (Convenio Marco para el Control del Tabaco). En él se prohíbe la publicidad, promoción y patrocinio del tabaco, con el objetivo de adoptar medidas que repercutan en fumadores y tabacaleras.

**Este convenio exigirá a los países:**

- restringir la publicidad, el patrocinio y la promoción del tabaco.
- que se establezcan nuevas regulaciones para el etiquetado y para la limpieza del aire en espacios cerrados. [...]
- la prohibición de inscripciones como suave o *light*, que hacen referencia a una menor proporción de nicotina o alquitrán, y engañan al consumidor al inducirlo a creer que de esa forma el hábito de fumar perjudica menos.
- la intervención en las marquillas de cigarrillos de entre un 30 y un 70% de superficie, para indicar con frases visibles o imágenes de manera explícita el daño que el cigarrillo provoca.
- promover el concepto de responsabilidad legal de los productores por los daños provocados por el cigarrillo.
- establecer la necesidad de aumentar impuestos y precios para disuadir a los fumadores.
- prohibir que, en los países miembros de la OMS, se vendan cigarrillos a menores de edad. [...]

Además, el documento fija medidas para el cumplimiento de la prohibición de fumar en lugares públicos y respetar espacios libres de humo en bares y restaurantes. "Los no fumadores serán protegidos del humo del tabaco ambiental en sus lugares de trabajo, en los transportes públicos y en los lugares públicos cerrados". [...]

#### Consumir más y más

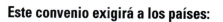

La publicidad es, por definición, cualquier comunicación comercial que, a través de los medios masivos, busca la promoción de un producto o marca.

La publicidad del tabaco, concretamente, fue estudiada y definida en la alianza del convenio marco de la lucha antitabáquica. Allí se determinó, entre otras cosas, que:

- La publicidad del tabaco aumenta el consumo (la mayoría de los fumadores comienza antes de los 18 años), y por eso se dirige a los jóvenes, de manera directa o indirecta, subliminal o no.
- A través de mensajes sugestivos busca que los adictos jóvenes no dejen de fumar, para asegurarse un mercado futuro.

Para convencer al público de las bondades del tabaco se vale de todo tipo de recursos.

ROTHMANN, Carlos F. *Cómo dejar de fumar*. Buenos Aires: Grupo Imaginador de Ediciones, 2004, p. 69-71.

# LECTURA

**2** Contesta las preguntas a continuación.

a ¿Dónde fue publicado el texto?
_____

b ¿Quiénes son sus posibles lectores?
_____

c ¿El texto cumple su objetivo?
_____

**3** ¿En qué consiste el Convenio Marco para el Control del Tabaco firmado el 21 de mayo de 2003 por la OMS en Ginebra?
_____

**4** Pon V (verdadero) o F (falso) en las siguientes afirmaciones. Luego corrige las falsas.

☐ a La publicidad de tabaco no favorece el consumo de este producto.

☐ b Un importante elemento en la lucha antitabáquica es la restricción de la publicidad.

☐ c El Convenio Marco para el Control del Tabaco no discute sobre la prohibición de fumar en lugares públicos y cerrados.
_____
_____

**5** Deduce el significado de las palabras en relieve. Luego verifica tus hipótesis en un diccionario y/o en el glosario del libro.

> **ESTRATEGIA DE LECTURA**
> Asocia lo que plantea el texto con tus **conocimientos previos**.

a "**La labor** de la Organización Mundial de la Salud":
_____

b "... adoptar medidas que repercutan en fumadores y **tabacaleras**": _____

c "... para **disuadir** a los fumadores": _____

**6** En el texto se afirma que los términos "suave" y "*light*" aluden a una menor proporción de nicotina o alquitrán en los cigarrillos. La intencionalidad de esta afirmación es:

☐ a engañar al fumador induciéndolo a creer que, de esa forma, el hábito de fumar es menos perjudicial.

☐ b inducir al fumador a creer que el hábito de fumar no perjudica la salud.

**7** Si en el texto "Adicciones" hubiese una pregunta de un adicto al tabaco, ¿qué respuesta crees que le darían los expertos en adicción para que dejase de fumar?
_____

Accede a <www.youtube.com/watch?v=EU8NhioCp6c&> (accedido el 3 my. 2012) para ver el vídeo de una campaña televisiva contra las drogas.

**RINCÓN DE ESCRITURA**

Elabora un cartel antiadicción en el que alertes a los demás compañeros sobre los peligros de la dependencia física o química. Utiliza imágenes y frases de impacto para llamarles la atención.

# HOMBRE SIN NOTICIAS, MUNDO A OSCURAS

## LECCIÓN 12

¿Qué está tocando el niño de la imagen?

¿Qué características de este objeto permiten determinarlo?

¿Consideras que esta escena es común en la actualidad? ¿Por qué?

# LECTURA

**PRECALENTAMIENTO**
- ¿Sabes qué significa ser un "nativo digital"?
- ¿Crees que eres un "nativo digital"? ¿Por qué?

**1** Lee el siguiente texto acerca de los llamados "nativos digitales".

**ESTRATEGIA DE LECTURA**
Activa tus **conocimientos del mundo** acerca del tema que estás leyendo y relaciónalo con alguna vivencia.

## Nativos digitales

**Ya no podemos oponer el mundo real al virtual como lo hacíamos antaño.** Lo virtual es parte de nuestra vida real. Emociones y acciones reales afectan nuestro quehacer virtual. Pasamos tanto tiempo en uno como en otro y resulta cada vez más difícil separarlos.

No son mundos opuestos. Son capas de una misma realidad —la nuestra— vivida en múltiples niveles, tanto simultánea como alternativa.

Es más, lo que realmente cuenta en nuestras vidas se hace *on-line* o pasa por momentos, datos, conexiones que se establecen electrónicamente. Lo determinante y lo estratégico se trasladan poco a poco a la capa virtual y conectada. […]

Capas diferentes, pues, de una misma realidad que, por falta de comprensión, algunos quieren oponer como si existieran brechas entre ellas. No las hay. O no son como las suelen pintar. No se ven de la misma manera según la generación en la cual uno se encuentra […].

Pues sí, hay diferencias entre jóvenes y viejos. Quienes más experiencia tienen, entienden menos el mundo en el cual estamos entrando, mientras que quienes han vivido menos sienten y hasta saben con mayor naturalidad de qué está hecho. Sería tan lindo si los chicos, además de sentirse a sus anchas, tuvieran cultura. Sería tan fácil si la experiencia adquirida ayer por los grandes, les pudiera servir hoy y mañana. […]

Un reto para todos. A los chicos les toca "pensar como grandes", entender lo que son las redes sociales y cómo funcionan, sus múltiples complejidades. También tienen que descubrir cómo se relaciona la capa física con la digital. Los grandes, por su parte, se ven obligados a descubrir las sutilezas de las narrativas transmedias, a multiplicar las preguntas, a suspender su creencia en los conceptos y conocimientos dentro de los que se formaron y que tanto les ha costado dominar. Tienen, sobre todo, que "enseñar lo viejo con los ojos nuevos", entender que el contenido que quieren transmitir cuenta menos hoy que la experiencia vivida que solo se puede compartir. […]

Difícil. Pero no tenemos por qué desesperar. Me gusta la imagen escogida por Alejandro*, según la cual para nosotros equivale a una segunda lengua aprendida algo tarde, mientras que para ellos es una lengua materna aprendida desde la cuna. Por lo menos hay esperanza de una lengua común. Es cuestión de aprender, de practicar.

\* Alejandro Piscitelli, autor del libro del cual se extrajo el texto. El texto es su prólogo, escrito por Francis Pisani, un experto del área.

PISCITELLI, Alejandro. *Nativos digitales: dieta cognitiva, inteligencia colectiva y arquitecturas de la participación.* Buenos Aires: Santillana, 2009, p. 15-17. (Serie Aula XXI).

**2** El texto es un(a):
- ☐ a artículo de Francis Pisani sobre el libro *Nativos digitales*.
- ☐ b reportaje de Alejandro Piscitelli sobre el libro *Nativos digitales*.
- ☐ c prólogo del libro *Nativos digitales*.
- ☐ d noticia sobre el prólogo del libro *Nativos digitales*.

**3** Sobre el texto leído, completa los datos.
- a Título y subtítulo del libro: _____
- b Autor del texto: _____
- c Autor del libro: _____
- d Ciudad y fecha de publicación: _____

**4** ¿Qué quiere decir la frase "Lo virtual es parte de nuestra vida real", extraída del texto?
_____
_____

**5** ¿Qué analogía hace el autor en el último párrafo para explicar el concepto de nativos digitales?
_____
_____

**6** Señala el significado más adecuado para las palabras en relieve de las frases.
- a "Son **capas** de una misma realidad".
  - ☐ I nivel, ámbito
  - ☐ II colores
  - ☐ III secuencias
- b "Un **reto** para todos".
  - ☐ I momento importante
  - ☐ II desafío
  - ☐ III elogio
- c "... es una lengua materna aprendida desde la **cuna**".
  - ☐ I mayoridad
  - ☐ II familia
  - ☐ III cama que usan los bebés

**7** En los 5.º y 6.º párrafos, el autor comenta las diferentes visiones y retos del mundo digital para jóvenes y viejos. Relaciona los argumentos sacados del texto.
- a Los jóvenes...
- b Los viejos...
- ☐ I ... se sienten a sus anchas.
- ☐ II ... entienden menos el mundo en el cual estamos entrando.
- ☐ III ... están obligados a suspender los conceptos dentro de los que se formaron.
- ☐ IV ... tienen que enseñar "lo viejo con los ojos nuevos".
- ☐ V ... saben con mayor naturalidad de qué está hecho el mundo en que vivimos.

**8** Señala la opción que mejor define el sentido de la expresión en relieve en la siguiente frase: "Sería tan lindo si los chicos, además de sentirse **a sus anchas**, tuvieran cultura".
- ☐ a Sentirse con vergüenza.
- ☐ b Sentirse a gusto.
- ☐ c Sentirse asustados.
- ☐ d Sentirse gordos.

# CAJÓN LEXICAL

## LOS MEDIOS DE COMUNICACIÓN E INFORMACIÓN

GLOSARIO VISUAL — La comunicación

Infográfico — ¿Por qué llega la radio a nuestras casas?

**1** Relaciona las siguientes palabras con el medio de comunicación o información correspondiente. ¡Ojo! Algunos términos pueden aplicarse a más de un medio.

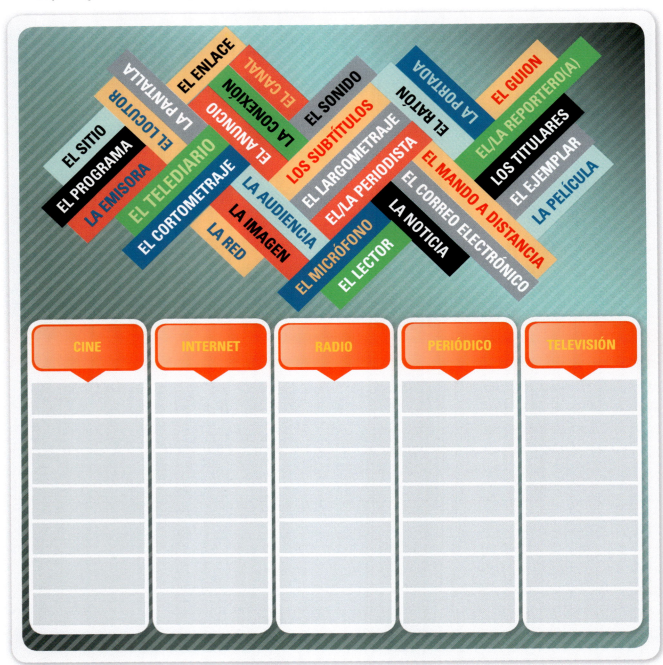

**2** En cada secuencia de palabras hay dos intrusas. Haz un círculo alrededor de ellas.

a  correo electrónico – audiencia – internautas – ordenador – pantalla – arroba – Internet
b  película – guion – género – vestuario – crítica – banda ancha – obra – enlace
c  cinéfilo – conexión – efectos especiales – personajes – séptimo arte – canal – galardón
d  opinión – corresponsal – guion – portada – película – periodista – editorial

**3** Lee el siguiente texto.

## La auténtica historia de la

[...] Los árabes ya lo usaban hace siglos, y los marineros lo empleaban habitualmente al detallar el contenido de las bodegas de sus barcos. [...]

Si estás leyendo este artículo en un ordenador conectado a Internet, seguramente tienes una dirección de correo electrónico y utilizas varias veces al día el símbolo @ (arroba) como parte de las direcciones de *e-mail* de tus amigos o clientes. Sin embargo, la mayor parte de los internautas desconocen el origen —y a veces hasta el significado— de este raro pero ubicuo carácter. Dado su utilización actual, casi siempre ligada al ámbito de los ordenadores o del correo electrónico, se podría pensar que se trata de un símbolo especialmente concebido para ese uso, con una antigüedad no mayor a un par de décadas. Pero lo cierto es que se trata de un símbolo antiguo, conocido y utilizado en la Edad Media, hace más de 500 años.

[...] Pero la relación de la @ con el correo electrónico es muy posterior a todo esto. Cuando el ingeniero Ray Tomlinson, que creó el *e-mail* en 1971, estaba buscando un símbolo que sirviese para identificar las direcciones de correo, uno de los pocos disponibles en los teclados era justamente la arroba. [...] De esa manera, un carácter inventado por los copistas medievales como una forma de simplificar su trabajo se convirtió en el símbolo del correo electrónico. ¿No es increíble?

Disponible en <www.madrimasd.org/informacionidi/noticias/noticia.asp?id=43582>. Accedido el 22 abr. 2012.

**4** Pon V (verdadero) o F (falso) en las siguientes afirmaciones. Luego corrige las falsas.
- ☐ a  Los árabes ya conocían Internet desde hace siglos.
- ☐ b  La @ es un símbolo imprescindible en todos los medios de comunicación.
- ☐ c  Los internautas están muy al tanto de la historia de los caracteres empleados en la Informática.
- ☐ d  La @ se utiliza en el envío de mensajes por correo electrónico.

_____
_____
_____

**5** En las siguientes frases aparecen algunas expresiones y locuciones que contienen palabras relacionadas con los medios de comunicación e información. Identifícalas y haz un círculo alrededor de ellas. Enseguida, relaciónalas con la definición correspondiente.

a  Se actualizan a diario todas las informaciones del *blog*.
b  Nunca se entera de lo que habla la gente porque está siempre atrasado de noticias.
c  Le prestó todo el dinero que tenía ahorrado en el banco y terminó cayendo en la red.
d  Dejé todo para viajar por el mundo. Por mí, allá películas.
e  Cuando lo vio delante de sí, desmayó. ¡Era la viva imagen de su madre!

- ☐ I  Todos los días, cada día.
- ☐ II  Ser engañado con un ardid artificioso.
- ☐ III  Parecerse mucho a ella.
- ☐ IV  Para indicar que alguien se desentiende de cualquier responsabilidad.
- ☐ V  Que ignora lo que saben todos o lo que es muy común.

Definiciones disponibles en <www.rae.es>. Accedido el 4 my. 2012.

# GRAMÁTICA

## FUTURO SIMPLE

Este tiempo verbal también recibe el nombre de Futuro Imperfecto de Indicativo.

### Verbos regulares

|  | LLAMAR | ACCEDER | COMPARTIR |
|---|---|---|---|
| Yo | llamaré | accederé | compartiré |
| Tú/Vos | llamarás/llamarás | accederás/accederás | compartirás/compartirás |
| Él/Ella/Usted | llamará | accederá | compartirá |
| Nosotros(as) | llamaremos | accederemos | compartiremos |
| Vosotros(as) | llamaréis | accederéis | compartiréis |
| Ellos(as)/Ustedes | llamarán | accederán | compartirán |

El Futuro Simple de Indicativo se utiliza para:
- referirse a acciones futuras. En el caso de estar seguro con respecto a un hecho o proyecto futuro, comúnmente se usa la perífrasis "ir + a + infinitivo".
  Ejemplos: La empresa de telefonía móvil afirmó que **lanzará** nuevos planes para los usuarios. / Mañana **voy a comprar** un celular.
- para expresar dudas o hacer hipótesis sobre hechos presentes o futuros.
  Ejemplos: ¿En qué frecuencia del dial **quedará** esa emisora? No la encuentro. / No sabemos cuál **será** el futuro de los medios de comunicación.

> **¡OJO!**
> La raíz de los verbos regulares en Futuro Simple de Indicativo es igual al infinitivo del verbo. Las terminaciones son iguales en las tres conjugaciones.

### Verbos irregulares

|  | PONER | TENER | VENIR | SALIR |
|---|---|---|---|---|
| Yo | pondré | tendré | vendré | saldré |
| Tú/Vos | pondrás | tendrás | vendrás | saldrás |
| Él/Ella/Usted | pondrá | tendrá | vendrá | saldrá |
| Nosotros(as) | pondremos | tendremos | vendremos | saldremos |
| Vosotros(as) | pondréis | tendréis | vendréis | saldréis |
| Ellos(as)/Ustedes | pondrán | tendrán | vendrán | saldrán |

> **¡OJO!**
> Las irregularidades en todos estos verbos aparecen solamente en la raíz.

|  | PODER | SABER | QUERER | HACER | DECIR | HABER |
|---|---|---|---|---|---|---|
| Yo | podré | sabré | querré | haré | diré | habré |
| Tú/Vos | podrás | sabrás | querrás | harás | dirás | habrás |
| Él/Ella/Usted | podrá | sabrá | querrá | hará | dirá | habrá (forma impersonal) |
| Nosotros(as) | podremos | sabremos | querremos | haremos | diremos | habremos |
| Vosotros(as) | podréis | sabréis | querréis | haréis | diréis | habréis |
| Ellos(as)/Ustedes | podrán | sabrán | querrán | harán | dirán | habrán |

**1** Completa los huecos con los verbos entre paréntesis conjugados en Futuro Simple de Indicativo.

a El cine _____ sus instalaciones y _____ sus pantallas. Nosotras _____ a la reapertura y seguro que _____ satisfechas de allí. (reformar – ampliar – ir – salir)

b Te _____ en adjunto los archivos de la presentación y _____ los cuadernillos para los invitados. Me imagino que _____ todo bien. (enviar/yo – hacer – salir)

c Seguro que durante la función _____ el celular de algún despistado que _____ de apagarlo antes de acomodarse. ¡Ya _____ ! (sonar – olvidarse – ver/tú)

d En algún momento un usuario _____ un *pen drive* en este ordenador y _____ en peligro la seguridad de la red. (pinchar – poner)

**2** Arma frases conjugando los verbos que están en infinitivo para el Futuro Simple de Indicativo.

a creo que Mari / empezar / un curso de redes / y / trabajar / como informática
_____

b estoy segura de que Rique / subir / las nuevas fotos / y / actualizar su página en Internet
_____

c me imagino que la gente / ya no saber / vivir / sin móvil
_____

d supongo que las pantallas táctiles / ser cada vez / más comunes / y todos / tener / que adaptarse
_____

e posiblemente los niños / leer / más textos digitales / que impresos / y saber manejar / un ordenador desde temprana edad
_____

# FUTURO COMPUESTO

Este tiempo verbal también recibe el nombre de Futuro Perfecto de Indicativo.

| Verbo auxiliar "haber" | | |
|---|---|---|
| Yo | habré | |
| Tú/Vos | habrás/habrás | |
| Él/Ella/Usted | habrá | + participio del verbo principal |
| Nosotros(as) | habremos | |
| Vosotros(as) | habréis | |
| Ellos(as)/Ustedes | habrán | |

El Futuro Compuesto de Indicativo se forma con el auxiliar "haber" conjugado en Futuro Simple de Indicativo y el participio del verbo principal. Se usa para:
- hablar de hechos futuros anteriores a otros hechos futuros.
  Ejemplo: El programa empieza a las ocho. A esa hora ya **habré llegado** a casa.
- hacer hipótesis sobre hechos pasados.
  Ejemplo: No transmitieron el partido ayer. ¿Qué **habrá pasado**?

# GRAMÁTICA

**3** Haz un círculo alrededor de la forma verbal que completa correctamente cada frase.

a ¿Vosotros ya habrán / habréis / habrá visto el documental sobre los medios de comunicación?

b Al atardecer, nosotros ya habré / habrán / habremos llegado al extremo norte, donde está ubicada la principal emisora de televisión del país.

c No sé cómo habrán / habremos / habrás reaccionado los políticos ante el titular del periódico.

d Si ella no ha leído el libro es porque no lo habrá / habré / habrás encontrado en la librería.

**4** Utiliza las estructuras que te damos para formular preguntas. Conjuga los verbos en Futuro Compuesto de Indicativo.

a qué / decir / los concursantes: _____

b consultar (tú) / a los televidentes: _____

c cómo / romperse / la pantalla del móvil: _____

d los chicos / poner / la tele: _____

## PRONOMBRES PERSONALES ÁTONOS CON FUNCIÓN DE COMPLEMENTO DIRECTO

Para referirse al complemento directo sin repetirlo, se usan los pronombres personales átonos.

| Pronombre personal sujeto al que se hace referencia | Pronombres personales complemento directo | Ejemplos |
|---|---|---|
| Yo | me | Todos los martes por la noche **me** encuentras en casa. |
| Tú/Vos | te | **Te** saluda tu locutor de todas las tardes, Ramón Ayeres. |
| Él/Ella/Usted | lo/la | Me gusta mucho ese *blog* de viajes. **Lo** leo siempre. |
| Nosotros(as) | nos | **Nos** llamó por teléfono la producción del programa. |
| Vosotros(as) | os | **Os** vi en la televisión vía web. |
| Ellos(as)/Ustedes | los/las | Estoy buscando en Internet los sitios oficiales de los periódicos, pero no **los** encuentro. |

¿Me seguirán muchos amigos en Twitter?

### ¡OJO!

Los pronombres complemento directo siempre concuerdan en género y número con las personas o cosas a las que hacen referencia.

# COLOCACIÓN DE LOS PRONOMBRES COMPLEMENTO DIRECTO

| con el verbo conjugado | con el verbo en infinitivo | con el verbo en gerundio | con perífrasis verbales de infinitivo o de gerundio |
|---|---|---|---|
| antes | después | después | antes o después |
| Conozco al locutor Ramón Ayeres. **Lo escucho** todas las tardes. | **Escucharlo** es un placer. Ramón es muy inteligente. | **Escuchándolo** me entero de las noticias del día. | Hoy, como todas las tardes, **lo** voy a **escuchar** / voy a **escucharlo**. |

**5** Sustituye el fragmento en relieve por el pronombre complemento directo adecuado.

a  Leo **dos periódicos** todos los días. ____ leo todos los días.
b  Escucho **las noticias** en mi coche. ____ escucho en mi coche.
c  Llaman por teléfono **a mi mamá y a mí**. ____ llaman por teléfono.
d  ¿Sabrá sellar **la carta**? ¿____ sabrá sellar? / ¿Sabrá sellar ____?
e  Ellos escribirán **un correo aclaratorio**. Ellos ____ escribirán.

**6** Lee el siguiente texto y contesta las cuestiones.

*noticias cine*

Sitges se ha convertido, definitivamente, en el festival de cine más divertido, interesante e innovador del panorama internacional. Este año, además, con la agradable sorpresa del aluvión de confirmaciones y nombres estelares en el último momento. [...] La sorpresa la ha dado Juan Martín Moreno con la divertidísima *Lobos de Arga*. Una comedia terrorífica sobre hombres lobo ambientada en Galicia y protagonizada por dos actores emergentes, Carlos Areces (*Balada triste de trompeta*) y Gorka Otxoa (*Pagafantas*).

Revista *Punto y Coma*, n.º 33, 2012, p. 18.

a  El texto destaca:
  ☐ I  a los nuevos directores que van al festival de Sitges.
  ☐ II  la originalidad del festival.
  ☐ III  la presencia de estrellas confirmada con antelación.

b  En la frase "La sorpresa **la** ha dado Juan Martín Moreno con la divertidísima *Lobos de Arga*", el pronombre en relieve se refiere a:
  ☐ I  la sorpresa.
  ☐ II  la divertidísima *Lobos de Arga*.
  ☐ III  Juan Martín Moreno.

# GRAMÁTICA

## COMPLEMENTO DIRECTO DE PERSONA

Los verbos transitivos son aquellos que siempre llevan un complemento directo.

Ejemplo: En este canal **veo un programa de entrevistas muy interesante**.

verbo transitivo — complemento directo

Cuando ese complemento se refiere a una persona o a un animal, siempre va precedido de la preposición "a".

| Complemento directo = cosa | Complemento directo = persona o animal |
|---|---|
| Me gusta ver los programas de culinaria. | En la tele siempre veo **a** los nuevos chefs de cocina. |
| Habitualmente no dejo enchufado el cargador del ordenador portátil. Prefiero usar la batería. | Cuando dejo **a** mi perrita en casa, veo lo que hace por la cámara que instalé. |
| Sigo las novedades de la tele en los sitios web de los canales. | Siempre sigo **a** mis amigos en Twitter. |

**7** Completa las frases con la preposición "a", si es necesario.

a Bajar __ unos archivos.
b Bajar __ mi perra que está encima de la silla.
c Interrumpir __ mi amigo.
d Interrumpir __ la proyección.
e Escuchar __ (el) locutor de la nueva radio.
f Escuchar __ el partido de fútbol en la radio.
g Buscar __ tu amigo periodista.
h Buscar __ nuevas amistades en el foro de discusión del curso.

**8** Arma frases utilizando el complemento directo de persona de la forma adecuada. Conjuga los verbos en Presente de Indicativo.

a Loli / llamar / Claudio / por teléfono
_____

b yo / no ver / tu hermano / en Facebook
_____

c ¿ / sabías que / Sandra / no ver / Luis / desde la semana pasada / ?
_____

d siempre / dejar / mi mascota / en el patio
_____

e ¿ / conocer (tú) / la presentadora / del programa de salud / ?
_____

f mi hermana / encontrar / María / tres veces a la semana
_____

g Roberto / fotografiar / su hijo / en todos los viajes
_____

# LECTURA

**PRECALENTAMIENTO**
- ¿En qué situaciones el uso del móvil puede ser inconveniente?
- ¿Crees que la tecnología nos ayuda a vivir mejor?

**1** Lee el siguiente texto, que muestra un punto de vista inusitado acerca de algunos aparatos tecnológicos.

## Los teléfonos móviles

La tecnología va hacia atrás.

Para el ojo legañoso es difícil de ver, pero es como si hubiera una serie de científicos inteligentísimos trabajando muy duramente en empeorar las cosas, aunque solo sea un poquitín.

Por ejemplo, antes, las películas se veían en el cine, y se veían bastante bien. Entonces dijeron: "Esto se ve muy bien, ¿cómo podemos hacer para que se vea un poquito peor?". Y se inventó la tele, que sirve para que cada uno pueda ver en su casa una peli un poquito peor que en el cine.

Años después dijo otro: "Yo creo que se puede hacer que se vea un poco peor". E inventó el vídeo VHS. Que sirve para que, en cualquier momento, puedas ver una película un poco peor que en la tele y bastante peor que en el cine.

Y, claro, se crecieron.

Siguieron investigando y dijo uno:

—Chicos, se me acaba de ocurrir el DVD.

—Pero eso no vale, porque el DVD se ve mejor que el vídeo VHS, ¿no?

Pero él dijo:

—Tranquilos. Ya veréis cuando la gente empiece a bajarse las pelis de Internet y las vendan en la manta... ¡Esto se va a ver peor que el VHS!

En estos momentos hay una serie de técnicos trabajando en que podamos ver una peli por la pantallita del móvil. Eso es lo más. En cualquier momento y en cualquier parte del mundo podremos ver una peli muchísimo peor que el peor DVD comprado en la peor manta.

El móvil fue un gran invento en este aspecto. Al principio solo servía para poder hablar peor que por un fijo. Tenía lo de la cobertura, lo de la batería... Ahora los móviles también sirven como cámaras de fotos. Se han roto mucho los cuernos para poner una cámara en los móviles con la que no se ve absolutamente nada, pero con lo mínimo para que se pueda seguir llamando cámara. [...]

Otra cosa que tienen los móviles es Internet. Otro invento que demuestra que la tecnología va rara. Antes tenías que hacer un trabajo sobre Rómulo y Remo, te ibas a la enciclopedia y te salía un trabajo la mar de chulo sobre los fundadores de Roma. Ahora tienes que hacer un trabajo, pones "Rómulo y Remo" en Internet... y te sale un trabajo la mar de chulo sobre saunas [...] en Madrid.

El móvil ha cambiado mucho nuestros comportamientos. Nos ha hecho bajar el listón de la calidad. Nos conformamos con menos. La gente ya no necesita linternas, uno llega tarde al cine y busca la butaca con la luz del móvil. Eso no es digno. Tú miras a un tío que usa el móvil como linterna y dices: "A ese le va a sonar". Y no falla. En medio de la peli "tirirí, tirirí, tirirí". Lo terrible es que sabes que eso va a ir a peor. En ese momento está sonando poco porque está en el bolsillo del abrigo, pero cuando lo saca... "Tirirí, tirirí". ¡Y el tío contesta!

—Oye, que no puedo hablar que estoy en el cine... ¡En el cine! Una de Bruce Willis. [...] ¡No digas que al final el tío está muerto!

Los móviles han cambiado nuestros comportamientos. La gente ya no lleva reloj: lo lleva el móvil. La gente ya no usa despertador: se despierta con el móvil. [...]

La tecnología nos permitirá ir a cualquier parte cuando ya no tengamos sitios a los que ir. Cierto. [...]

PIEDRAHITA, Luis. *Un cacahuete flotando en una piscina... ¿sigue siendo un fruto seco?* Madrid: Punto de Lectura, 2009, p. 91-94.

## LECTURA

**2** El texto anterior es una crónica. Ese género se caracteriza por:
- ☐ a presentar un lenguaje técnico y formal y tratar de temas del cotidiano.
- ☐ b presentar un lenguaje subjetivo, lleno de metáforas y dobles interpretaciones, además de tratar de temas ficcionales.
- ☐ c presentar un lenguaje directo y sencillo, con estilo más bien personal, y que trata de temas del cotidiano.

**3** ¿Qué mensaje quiere transmitir el autor de la crónica?

**4** Saca del texto dos argumentos empleados por el autor que fundamentan la afirmación "La tecnología va hacia atrás".

**5** Acerca de las características de los móviles en la crónica, escribe:
- a los problemas iniciales: _____
- b la situación actualmente: _____
- c los cambios en los hábitos de los usuarios: _____

**6** En el último párrafo ¿qué expresa la palabra "cierto"? Señala la opción correcta y extrae del texto un ejemplo que fundamente tu respuesta.
- ☐ a Afirmación.
- ☐ b Ironía.
- ☐ c Contraposición.

> **ESTRATEGIA ARGUMENTATIVA**
> Para entretener al lector y/o hacer críticas se utiliza el **humor**.

**7** Escribe el significado de las siguientes expresiones presentes en el texto.
- a "Se han **roto mucho los cuernos**...": _____
- b "... un trabajo **la mar de chulo**...": _____
- c "... bajar las pelis de Internet y las **vendan en la manta**...": _____

**8** Con base en el texto "Nativos digitales", ¿se puede afirmar que el autor de esta crónica es un nativo digital? Fundamenta tu respuesta.

Accede a <www.youtube.com/watch?v=yHs14YSSAm0> (accedido el 7 my. 2012) para ver un vídeo sobre lo que piensan algunos jóvenes acerca de las redes sociales.

**RINCÓN DE ESCRITURA**
Teniendo en cuenta lo que leíste acerca del impacto de la tecnología en los medios de comunicación e información, toma una posición y escribe una crónica argumentando a favor o en contra de tal impacto.

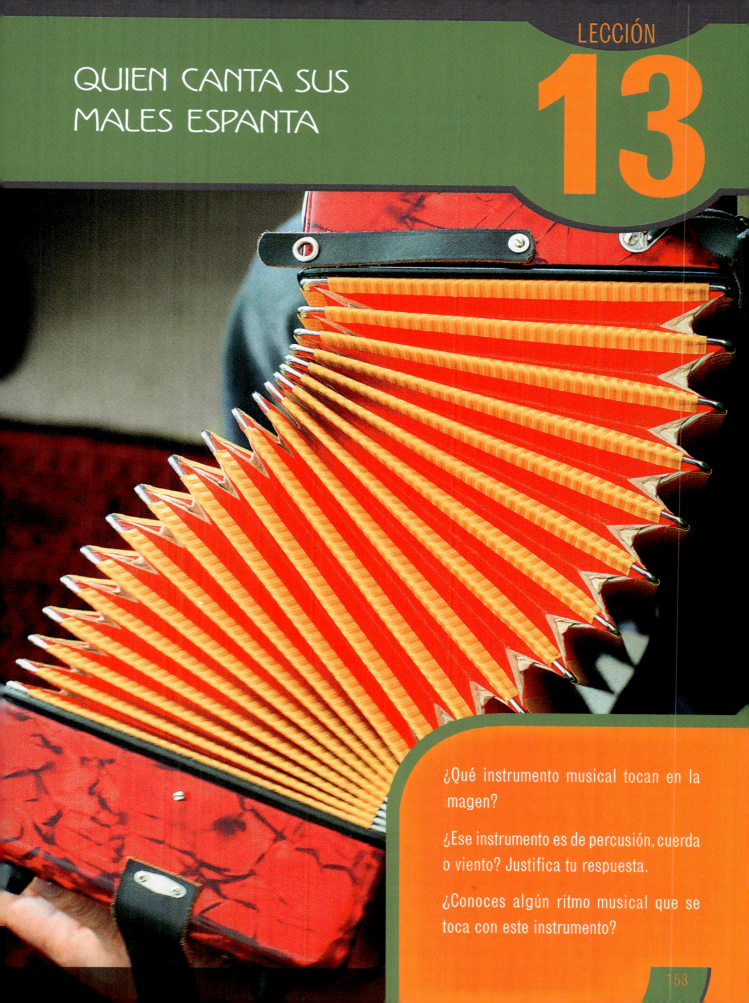

LECCIÓN 13

# QUIEN CANTA SUS MALES ESPANTA

¿Qué instrumento musical tocan en la magen?

¿Ese instrumento es de percusión, cuerda o viento? Justifica tu respuesta.

¿Conoces algún ritmo musical que se toca con este instrumento?

# LECTURA

**PRECALENTAMIENTO**

- ¿Quiénes habitaban América antes de la llegada de Cristóbal Colón?
- ¿Qué países colonizaron los territorios del continente americano a partir del siglo XV?
- De esos territorios, ¿cuáles forman parte de América Latina?

**1** Lee la letra de la siguiente canción.

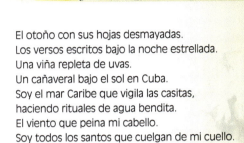

## LATINOAMÉRICA
### Calle 13

Soy... Soy lo que dejaron,
soy toda la sobra de lo que te robaron.
Un pueblo escondido en la cima,
mi piel es de cuero por eso aguanta cualquier clima.
Soy una fábrica de humo,
mano de obra campesina para tu consumo.
Frente de frío en el medio del verano,
el amor en los tiempos del cólera, mi hermano.
El sol que nace y el día que muere,
con los mejores atardeceres.
Soy el desarrollo en carne viva,
un discurso político sin saliva.
Las caras más bonitas que he conocido,
soy la fotografía de un desaparecido.
La sangre dentro de tus venas,
soy un pedazo de tierra que vale la pena.
Una canasta con frijoles,
soy Maradona contra Inglaterra anotándote dos goles.
Soy lo que sostiene mi bandera,
la espina dorsal del planeta es mi cordillera.
Soy lo que me enseñó mi padre,
el que no quiere a su patria no quiere a su madre.
Soy América Latina,
un pueblo sin piernas pero que camina. ¡Oye!

CORO (2x)
Tú no puedes comprar el viento, tú no puedes comprar el sol.
Tú no puedes comprar la lluvia, tú no puedes comprar el calor.
Tú no puedes comprar las nubes, tú no puedes comprar los colores.
Tú no puedes comprar mi alegría, tú no puedes comprar mis dolores.

Tengo los lagos, tengo los ríos.
Tengo mis dientes pa' cuando me sonrío.
La nieve que maquilla mis montañas.
Tengo el sol que me seca y la lluvia que me baña.
Un desierto embriagado con peyote.
Un trago de pulque para cantar con los coyotes.
Todo lo que necesito.
Tengo a mis pulmones respirando azul clarito.
La altura que sofoca.
Soy las muelas de mi boca mascando coca.

El otoño con sus hojas desmayadas.
Los versos escritos bajo la noche estrellada.
Una viña repleta de uvas.
Un cañaveral bajo el sol en Cuba.
Soy el mar Caribe que vigila las casitas,
haciendo rituales de agua bendita.
El viento que peina mi cabello.
Soy todos los santos que cuelgan de mi cuello.
El jugo de mi lucha no es artificial,
porque el abono de mi tierra es natural.

CORO
Tú no puedes comprar el viento, tú no puedes comprar el sol...

*Não se pode comprar o vento, não se pode comprar o sol.*
*Não se pode comprar a chuva, não se pode comprar o calor.*
*Não se pode comprar as nuvens, não se pode comprar as cores.*
*Não se pode comprar minha alegria, não se pode comprar minhas dores.*

No puedes comprar el sol, no puedes comprar la lluvia.
(Vamos caminando). *No riso e no amor.*
(Vamos caminando). *No pranto e na dor.*
(Vamos dibujando el camino). El sol. (Vamos caminando).
No puedes comprar mi vida, mi tierra no se vende.

Trabajo bruto pero con orgullo,
aquí se comparte, lo mío es tuyo.
Este pueblo no se ahoga con marullos,
y si se derrumba, yo lo reconstruyo.
Tampoco pestañeo cuando te miro,
para que te recuerdes de mi apellido.
La Operación Cóndor invadiendo mi nido,
¡perdono pero nunca olvido! ¡Oye!

(Vamos caminando).
Aquí se respira lucha.
(Vamos caminando).
Yo canto porque se escucha.
(Vamos dibujando el camino).
*Vozes de um só coração.*
(Vamos caminando)
Aquí estamos de pie.
¡Que viva la América!
No puedes comprar mi vida.

CALLE 13. Disco *Entren los que quieran*, 2011. Pista 7.

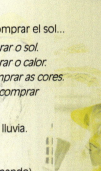

**2** Contesta las preguntas.

a ¿Cuál crees que es el sujeto de los verbos "dejaron" y "robaron" en los dos primeros versos? ¿Qué entendiste de esos versos?
_____

b ¿Cómo ve el autor la colonización de América? ¿Qué riquezas no pueden llevarse ni comprar?
_____

c ¿Te parece que Brasil también está representado en el texto? ¿Cómo?
_____

**3** El texto alude a características y elementos propios de Latinoamérica. Encuéntralos y relaciona las columnas.

a Novela de Gabriel García Márquez.         ☐ "... el amor en los tiempos del cólera, mi hermano".
b Regiones de altitud elevada.               ☐ "... un pueblo sin piernas pero que camina".
c Variedad de climas.                         ☐ "Frente de frío en el medio del verano".
d Sufrimiento.                                ☐ "Soy el desarrollo en carne viva".
e Perseverancia.                              ☐ "Un pueblo escondido en la cima".

**4** Fíjate en la primera letra antes de cada hueco para completar las afirmaciones y contesta las preguntas al final.

a El texto "Latinoamérica" se divide en v_____ que, agrupados, forman una e_____.

b La e_____ que se repite más veces se llama c_____ o e_____.

c Ese tipo de texto se escribe para ser c_____ y acompañado por una m_____.

d La coincidencia de s_____ entre dos o más palabras al final de los v_____ se llama r_____.

e ¿Cómo se llama ese tipo de composición? _____

f ¿A qué arte pertenece? _____

g ¿En qué tipo textual crees que se clasifica? _____

> **ESTRATEGIA DE LECTURA**
> Usa el **diccionario** no solo cuando aparezcan en un texto palabras que no conozcas, sino también cuando quieras escribir algo que todavía no has aprendido.

**5** Señala qué figura retórica se ha usado en los siguientes versos.

a "La Operación Cóndor invadiendo mi nido".
  ☐ I Metáfora.        ☐ II Hipérbole.

b "Tengo a mis pulmones respirando azul clarito".
  ☐ I Antítesis.        ☐ II Sinestesia.

c "Soy el mar Caribe que vigila las casitas".
  ☐ I Eufemismo.      ☐ II Personificación.

**6** Lee nuevamente la letra de la canción y contesta: ¿cómo describirías al pueblo latinoamericano?
_____
_____

# CAJÓN LEXICAL

## LOS INSTRUMENTOS Y RITMOS MUSICALES

GLOSARIO VISUAL
Instrumentos musicales + Algunos estilos e intérpretes

Infográfico
¿Cuáles son los instrumentos electrónicos?

**1** Relaciona los nombres de los instrumentos musicales con sus respectivas imágenes.

**Aliento o viento**
1. la trompeta
2. la flauta
3. el saxofón
4. la zampoña

**Cuerda**
5. el acordeón
6. la guitarra
7. la guitarra eléctrica
8. el violín
9. el contrabajo

**Teclado**
10. el piano
11. el teclado
12. el órgano

**Percusión**
13. la batería
14. la pandereta
15. el tambor
16. la castañuela

 a
 b
 c
 d
 e
 f
 g
 h
 i
 j
 k
 l
 m
 n
 ñ
 o

❷ ¿Qué instrumentos de viento, cuerda, teclado y percusión te gustaría tocar? Puedes basarte en los que te presentamos en la actividad anterior.

❸ Escribe el nombre de los ritmos musicales al lado de las respectivas imágenes. Ayúdate con las palabras a continuación.

**ROCK   TANGO   CUECA   SAMBA   RAP   SALSA**

Género de música popular con influencia afrocubana que utiliza instrumentos tradicionales del Caribe.
a _____

Género musical gestado en los suburbios de Buenos Aires y de raíces africanas, europeas y criollas.
b _____

De origen incierto, es un ritmo cuya forma coreográfica y musical varía según la zona geográfica en que se interprete.
c _____

Originado de diversos estilos del folclore estadounidense, este género musical se tornó popular en la década de 1950.
d _____

Este ritmo musical se originó en África y llegó a Brasil con los esclavos africanos.
e _____

Género musical que se originó en EE. UU. en la década de 1970. Posee recitación rítmica de rimas y juegos de palabras.
f _____

❹ ¿Qué ritmo musical te gusta más? ¿Por qué?

❺ Relaciona las columnas para descubrir el significado de las expresiones.
a   Sonar la flauta por casualidad.
b   Como unas castañuelas.
c   No estar bien templada la guitarra.
d   Meter en canción.
e   No entender la música.

☐ Se dice de un acierto casual.
☐ Cuando alguien no quiere escuchar algo que no le conviene y se hace el desentendido.
☐ Se dice de la persona que está de malhumor.
☐ Estar muy feliz.
☐ Hacer que alguien desee algo innecesario o inoportuno.

# GRAMÁTICA

## PRESENTE DE SUBJUNTIVO: VERBOS REGULARES

En términos generales, el modo Subjuntivo se utiliza para hablar de lo irreal o subjetivo, o sea, tanto para expresar deseos o probabilidades como para formular hipótesis.

|  |  | **CANTAR** "-ar" ➔ "e" | **APRENDER** "-er" ➔ "a" | **VIVIR** "-ir" ➔ "a" |
|---|---|---|---|---|
| (… que) | Yo | cante | aprenda | viva |
|  | Tú/Vos | cantes/cantes | aprendas/aprendas | vivas/vivas |
|  | Él/Ella/Usted | cante | aprenda | viva |
|  | Nosotros(as) | cantemos | aprendamos | vivamos |
|  | Vosotros(as) | cantéis | aprendáis | viváis |
|  | Ellos(as)/Ustedes | canten | aprendan | vivan |

En muchos casos el verbo en Subjuntivo se utiliza después de la conjunción "que". Por eso, esta aparece antes de las formas conjugadas, para facilitar su aprendizaje; sin embargo, no siempre es así.

### Usos de Presente de Subjuntivo

| Para expresar deseos | Quiero que **cantes** una canción.<br>¡Ojalá (que) **aprendamos** rápido a tocar la guitarra! |
|---|---|
| Para expresar probabilidades | Es probable que la banda **toque** su música más conocida.<br>Posiblemente el recital **comience** a la hora programada. |
| Para formular hipótesis | Tal vez hoy el recital **termine** tarde.<br>Quizá(s) el intérprete **cante** esa canción que me gusta tanto. |

¡Ojalá que aprendan rápido!

### ¡OJO!

"Quizá(s)" tiene dos formas: con o sin la "s" final.
"Tal vez" se escribe en dos palabras.

**1** Transforma las siguientes frases en expresiones de deseo. Conjuga los verbos en Presente de Subjuntivo.

a  La banda tocará en el aniversario de la ciudad este año.
   Ojalá _____.

b  Ellos han interpretado muy bien las canciones. ¿Van a ganar el concurso?
   Espero que _____, pues _____.

c  Los músicos repitieron varias veces la canción que más me gusta.
   Ojalá _____.

d  Los instrumentos musicales llegaron al estudio.
   Quiero que _____.

# PRESENTE DE SUBJUNTIVO: VERBOS IRREGULARES

El Presente de Subjuntivo se obtiene a partir de la forma del verbo en primera persona de Presente de Indicativo. Por lo tanto, si el verbo es irregular en esa persona, esa irregularidad aparece en todas las personas de Presente de Subjuntivo.

|  |  | OÍR | SENTIR | PEDIR |
|---|---|---|---|---|
| **Presente de Indicativo** | Yo | o**ig**o ↓ | s**ie**nto ↓ | p**id**o ↓ |
| (... que) | Yo | o**ig**a | s**ie**nta | p**id**a |
|  | Tú/Vos | o**ig**as/o**ig**as | s**ie**ntas/s**ie**ntas | p**id**as/p**id**as |
|  | Él/Ella/Usted | o**ig**a | s**ie**nta | p**id**a |
|  | Nosotros(as) | o**ig**amos | s**i**ntamos | p**id**amos |
|  | Vosotros(as) | o**ig**áis | s**i**ntáis | p**id**áis |
|  | Ellos(as)/Ustedes | o**ig**an | s**ie**ntan | p**id**an |

Algunos tienen una irregularidad propia:

|  |  | SER | VER | ESTAR | SABER | IR | HABER |
|---|---|---|---|---|---|---|---|
| (... que) | Yo | sea | vea | esté | sepa | vaya | haya (impersonal) |
|  | Tú/Vos | seas/seas | veas/veas | estés/estés | sepas/sepas | vayas/vayas |  |
|  | Él/Ella/Usted | sea | vea | esté | sepa | vaya |  |
|  | Nosotros(as) | seamos | veamos | estemos | sepamos | vayamos |  |
|  | Vosotros(as) | seáis | veáis | estéis | sepáis | vayáis |  |
|  | Ellos(as)/Ustedes | sean | vean | estén | sepan | vayan |  |

**2** Completa las respuestas expresando una probabilidad para cada pregunta.

a Mamá, ¿dónde está mi guitarra eléctrica? Quizás _____ en tu habitación, ¿no?

b ¿Saben Pablo y Ana tocar el acordeón? Es posible que lo _____.

c ¿Tienes las entradas del concierto de música pop? Probablemente las _____.

d ¿Iréis a la presentación de percusionistas andinos? Quizás _____.

**3** Une las dos frases utilizando la conjunción "que". Conjuga los verbos en Presente de Subjuntivo.

Ejemplo: Quiero tocar por lo menos un instrumento de percusión. Me parece bien. (tú)
Me parece bien **que quieras** tocar por lo menos un instrumento de percusión.

a El concierto de flamenco tiene castañuelas. Es natural.

_____

b Quiero aprender las músicas más fáciles primero. Me parece lógico. (tú)

_____

c Antonio siempre se duerme en los conciertos de música clásica. Me parece mal.

_____

# GRAMÁTICA

## PRONOMBRES PERSONALES ÁTONOS CON FUNCIÓN DE COMPLEMENTO INDIRECTO

Los pronombres complemento indirecto se utilizan para referirse a cosas, a personas o a animales.

| Pronombres sujeto | Pronombres complemento indirecto | Ejemplos |
|---|---|---|
| Yo | me | Papá **me** regaló dos entradas para el recital. |
| Tú/Vos | te | **Te** presto mi reproductor de música. |
| Él/Ella/Usted | le | **Le** envié a María el programa del concierto. |
| Nosotros(as) | nos | Ya **nos** entregaron las nuevas guitarras. |
| Vosotros(as) | os | ¿**Os** informaron la fecha del *show*? |
| Ellos(as)/Ustedes | les | A Ana y a Luis **les** gusta tocar el piano. |

Cuando se hace referencia a una persona, a un animal o a una cosa en tercera persona, si por el contexto no está claro de quién o de qué se trata, además de poner el pronombre complemento indirecto se hace mención expresa a aquella, precedida por la preposición "a". Ej.: **Le** he llevado al perro **al veterinario**.

Cuando se quiere ser enfático respecto a cualquier persona, también se repite el complemento indirecto. Ej.: **A mí me** encanta la música étnica.

## COLOCACIÓN DE LOS PRONOMBRES COMPLEMENTO INDIRECTO

| con el verbo conjugado | con el verbo en infinitivo | con el verbo en gerundio | con perífrasis verbales de infinitivo o de gerundio |
|---|---|---|---|
| antes | después | | antes o después |
| El cantor **me dio** un autógrafo. | Voy a **darle** a Ana el autógrafo. | **Cantándole** al niño, recuerdo mi infancia. | La música **me** va a **gustar** / va a **gustarme**. Te están **entregando** / Están **entregándote** el piano. |

**4** Sustituye las palabras destacadas en las siguientes frases por el pronombre complemento indirecto correspondiente.

a Voy a componer una canción para la boda de **Alberto y Carolina**.
_____

b Invito **a vosotros** a la presentación de nuevos talentos.
_____

c Comunicaré **a mi madre** que voy a tocar en el festival del cole.
_____

**5** Completa las frases con el pronombre complemento indirecto que corresponda.

a A mí _____ gustan los instrumentos musicales de cuerda. ¿Y a ti? ¿_____ gustan?

b A Ángelo y a ti no _____ gustan los escenarios pequeños.

c Ojalá a nosotros _____ digan que seremos los que van a elegir los ritmos.

d A ti, ¿ya _____ han consultado sobre las fechas de la gira nacional?

**6** Lee el siguiente texto y señala la respuesta correcta.

## Chabuca Granda

A Chabuca Granda le pasó lo mejor que puede pasarle a una artista: el mundo que inventó en sus canciones sustituyó al Perú real y es a través de aquel que se imaginan o sueñan con la realidad peruana millones de personas en el mundo que no han puesto los pies en nuestro país y que solo han sabido del Perú a través de las composiciones de esa fabuladora sentimental que fue la autora de *La flor de la canela*. También a los peruanos nos sedujo tanto con su música y las imágenes de su recreación fervorosa del pasado reciente y remoto de nuestro país, que ha llegado a contagiarnos su idea de ese hermoso país de tapadas que se paseaban por el Paseo de Aguas, de familias que subían al monte el día de la fiesta de Amancaes, de chalanes que hacían tejer a los cascos de sus caballos y de parejas enamoradas que desde el puente de piedra de la Lima colonial escuchaban los murmullos del río hablador. [...]

VARGAS LLOSA, Mario. *Diccionario del amante de América Latina*. Barcelona: Paidós Ibérica, 2006, p. 104.

a  El autor Mario Vargas Llosa deja patente en el texto su nacionalidad peruana:
   ☐ I   por el conocimiento que tiene de la realidad de Perú.
   ☐ II  en el uso de los posesivos y de los pronombres complemento.

b  En la frase "A Chabuca Granda **le** pasó lo mejor que puede pasar**le** a una artista", aparecen dos pronombres "le" respecto a los cuales podemos afirmar que:
   ☐ I   el primero se refiere a "Chabuca Granda" y el segundo, a "una artista".
   ☐ II  se refieren a "Chabuca Granda".

## CONCURRENCIA DE PRONOMBRES ÁTONOS

Cuando en una frase hay complemento directo e indirecto, para hacer referencia a ellos usamos los respectivos pronombres en el siguiente orden: primero se coloca el indirecto y luego el directo.

| Pronombre complemento indirecto + complemento directo |||
|---|---|---|
| Me |  | ¿Sabes aquella guitarra eléctrica? ¿**Me la** compras? |
| Te |  | Aquí están las partituras. **Te las** he traído. |
| Se | + lo/la | El pianista encargó un piano. Ya **se lo** entregaron. |
| Nos | los/las | El piano está perfecto. **Nos lo** afinaron ayer. |
| Os |  | Las partituras están listas. ¿**Os las** han mostrado? |
| Se |  | Esta canción es linda. ¿**Se la** enseñamos a Claudia? |

**¡OJO!** Delante de los pronombres complemento directo, los pronombres "le" y "les" deben sustituirse por "se".

**7** Transforma los siguientes versos de la canción "Latinoamérica".
Ejemplo:  Tú no puedes comprar el viento. (a mí)
          Tú no me lo puedes comprar. / Tú no puedes comprármelo.

a  Tú no puedes comprar el sol. (a ti)

b  Tú no puedes comprar la lluvia. (a él)

c  Tú no puedes comprar las nubes. (a nosotros)

d  Tú no puedes comprar los colores. (a vosotros)

# GRAMÁTICA

**8** Haz un círculo alrededor de la opción que completa correctamente las frases. Luego, informa si el pronombre es un complemento directo o indirecto.

a  Le / La / Se dije a mi amiga que no me gusta la ópera y ella se enfadó.
_____

b  A Catalina la / le / se vi en el ensayo el lunes pasado.
_____

c  ¿Le / La / Te ayudo, señora? ¿Y a usted, señor? ¿Se / Le / Lo enseño las castañuelas?
_____

d  A Juan lo / la / se conocí cuando se compraba su primera guitarra.
_____

e  Ayer le / se / lo compré un libro a mi hermano. Le / Se / La lo regalaré el día de su cumpleaños.
_____

## LEÍSMO

Se le llama "leísmo" al uso del pronombre "le" en lugar del pronombre complemento directo "lo". Es un regionalismo característico de algunas zonas de España. En general, el uso del pronombre "le" en lugar de "la" no se acepta.

| Oración con complemento directo | Oración con pronombre complemento directo | Leísmo |
|---|---|---|
| Nunca más vi **a Carlos** tocando la guitarra. | Nunca más **lo** vi tocando la guitarra. | Nunca más **le** vi tocando la guitarra. |
| Nunca más vi **a Inés** tocando la guitarra. | Nunca más **la** vi tocando la guitarra. | *Nunca más **le** vi tocando la guitarra. |

*Uso no aceptado.

**9** Completa las frases con los pronombres "lo", "la" o "le".

a  ¿Has visto a Clara en la platea? No, no _____ he visto.
b  ¿Ya podemos escuchar a Jaime tocando? Sí, claro, ya pueden escuchar _____.
c  ¿Hemos prestado nuestro acordeón a Laura? No, no _____ hemos prestado nada.
d  Tal vez ustedes puedan ver a Pablito tocando la flauta. ¿Quieren ver _____?
e  ¡Ojalá Carolina llame a Marta! Pues, ella _____ verá actuando esta noche.

**10** Arma frases juntando los complementos directo e indirecto.

a  traduzco / la / te / ahora mismo (la canción)
_____

b  compraré / lo / me / para tener más opciones (el tambor)
_____

c  ¿ / puedo / os / pedir / las / ? (unas invitaciones)
_____

d  es bueno que / presentes / se / a los jurados / la (la letra de la canción)
_____

162

# LECTURA

**PRECALENTAMIENTO**

- ¿Qué es un festival de música? ¿Cuál(es) conoces?
- ¿Ya fuiste a algún festival de música? ¿Dónde y cómo fue?
- ¿Qué importancia crees que tienen esos festivales para las ciudades que los realizan?

**1** Lee el siguiente texto acerca del Festival de la Canción de Viña del Mar, en Chile.

52.º Festival de la Canción de Viña del Mar, Chile.

# El Festival de la Canción de Viña del Mar

Por César Lozano Díaz

[...] En 1960, gracias a la iniciativa de Carlos Ansaldo, director del Departamento de Turismo y Relaciones Públicas de la Municipalidad de Viña del Mar, se citó a un grupo de músicos para amenizar una feria de la Escuela de Bellas Artes en los jardines de la Quinta Vergara, convirtiéndose en lo que sería el modesto origen del Festival Internacional de la Canción de Viña del Mar.

El éxito fue tal que en 1964 se construyó un sencillo anfiteatro al aire libre, el público se sentaba en sillas de madera sobre el piso de tierra y muchos espectadores se ubicaban en las copas de los árboles de los cerros colindantes a la Quinta. En 2002 se construyó un impresionante edificio de cinco pisos con una capacidad de más de 15 000 espectadores.

Con el tiempo, el Festival se fue transformando en el evento musical más importante de Hispanoamérica hasta nuestros días [...]. El Festival de Viña se transmite en vivo por radio y televisión, y alcanza récords de audiencia moviendo millones de dólares en publicidad, auspicios y turismo.

La Lira de Oro fue el primer trofeo entregado en 1960, además de una pequeña suma de dinero. Los participantes debían competir con una canción original cuyo motivo fuera la ciudad de Viña del Mar. Al año siguiente se incorporó una competencia folclórica. En 1969, la Gaviota de Plata sustituyó a la Lira.

Varios artistas son invitados para amenizar el evento centrado en las competencias musicales. Con el paso de los años, estos han ganado un creciente protagonismo hasta convertirse en lo más importante del festival. Por otro lado, el Festival ha servido como plataforma para diversos artistas emergentes.

[...] Al público del Festival se le conoce como "El Monstruo", pues así como puede aplaudir y ovacionar a los cantantes, también los ignora, abuchea y "devora" cuando no son de su agrado, lo que lo convierte en un reto para cualquiera que se presenta en ese foro.

En la más reciente edición del Festival, en 2011, participaron artistas de la talla de Alejandro Sanz, el grupo de bachata Aventura y Marco Antonio Solís, además de Yuri y Noel Schajris, exintegrante del grupo Sin Bandera, quienes también formaron parte de los miembros del jurado.

Si visitas Viña del Mar en el mes de febrero, no pierdas la oportunidad de formar parte de la experiencia de este evento. Sin duda alguna, una fiesta de música, *glamour* y diversión, enmarcada por uno de los más bellos destinos turísticos chilenos.

Disponible en <www.bestday.cl/Editorial/Festival-Festival-Cancion-Vina-Mar>. Accedido el 8 my. 2012. (Adaptado).

# LECTURA

**2** Teniendo en cuenta lo que leíste, escribe las informaciones que se te piden. Enseguida utilízalas como base para redactar un pequeño resumen del texto.

> **ESTRATEGIA DE LECTURA**
> Para comprender y memorizar con más facilidad las informaciones relevantes del texto, selecciona algunas palabras claves y elabora un **resumen**.

a Año de inicio del festival: _____
b Dónde se realiza: _____
c Ciudad: _____
d País: _____
e Cuándo ocurre: _____
f Cómo se llama al público: _____
g Capacidad del edificio: _____
h Atracciones del festival: _____

_____
_____
_____
_____
_____
_____
_____
_____

**3** Identifica el género del texto señalando las alternativas que te parezcan adecuadas. Luego fundamenta tu respuesta.

El texto es un(a) ▬ de carácter ▬.

☐ a noticia ☐ c reportaje ☐ e turístico
☐ b columna ☐ d literario ☐ f científico

_____
_____

**4** Contesta las siguientes preguntas sobre el texto.

a ¿Cómo crees que se eligen los vencedores de las competencias musicales?
_____
_____

b En tu opinión, ¿qué representa ese festival para la ciudad de Viña del Mar?
_____
_____

**5** Imagina ahora que estás entre el público del Festival de Viña del Mar. Si los cantantes de Calle 13, el dúo puertorriqueño, no fueran aún conocidos y se presentaran en una competencia con la canción "Latinoamérica", ¿los aplaudirías o los "devorarías"? ¿Por qué?
_____
_____

Accede a <www.youtube.com/watch?v=HSz9GrHU9Uc> (accedido el 8 my. 2012) para ver el videoclip de la canción "Latinoamérica", de Calle 13.

**RINCÓN DE ESCRITURA**
Elabora una letra de canción en la que expongas la situación del pueblo brasileño (en el ámbito social, económico, educacional, entre otros), tal como Calle 13 lo hace en "Latinoamérica".

# LECCIÓN 14

## QUIEN QUISIERE VENCER, APRENDA A PADECER

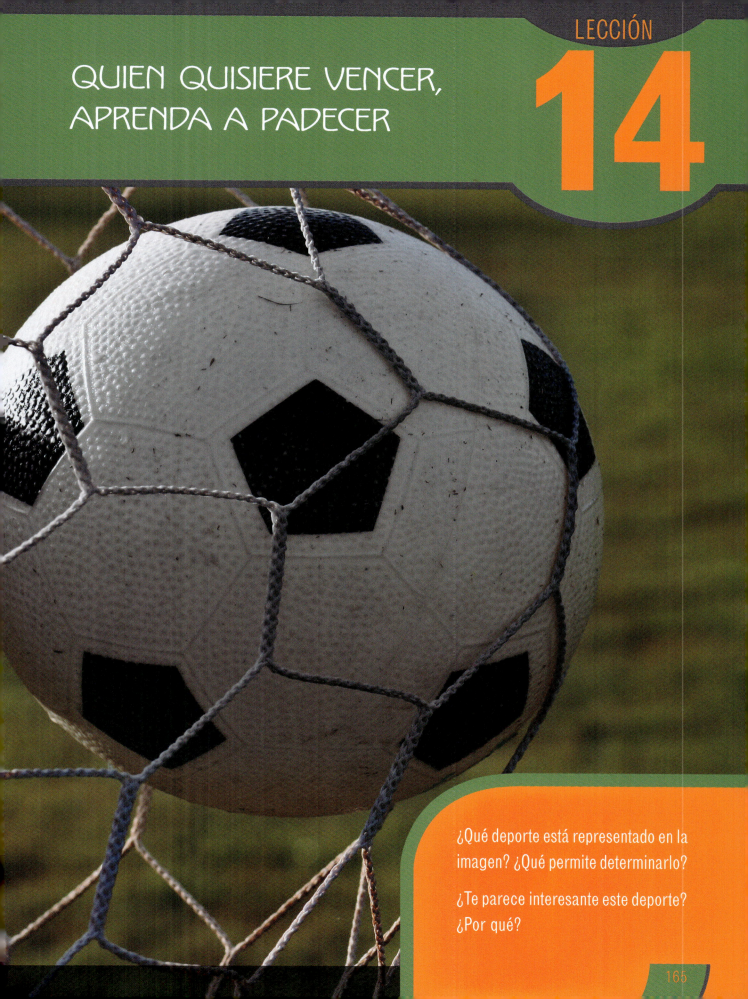

¿Qué deporte está representado en la imagen? ¿Qué permite determinarlo?

¿Te parece interesante este deporte? ¿Por qué?

## LECTURA

### PRECALENTAMIENTO
- Roger Federer, Gabriela Sabatini, Carlos Moyà, Ana Ivanovic, Fernando Meligeni y Gustavo Kuerten ¿son profesionales de cuál deporte?
- ¿Cuáles son las características de este deporte?
- ¿Qué atributos debe tener un atleta para ser un campeón?

**1** Lee el siguiente reportaje acerca del deportista Rafael Nadal.

# El rostro del triunfo

Este joven va cosechando éxitos por las canchas de todo el mundo, es el mejor tenista de su generación y tiene un futuro todavía más prometedor.

Rafael Nadal en el torneo de Roland Garros.

*Juana R. Herrera*

Rafael Nadal Parera (Mallorca, España, 1986) es uno de esos extraños casos en que la juventud y un toque de madurez se conjuntan, lo que da como resultado un jugador fuera de serie. En la cancha es disciplinado y tenaz, fuera es discreto y sencillo. Se dice que la fama no lo ha trastornado y que antes de tomar una decisión, o bien para disponer de su fortuna, lo consulta con su padre. Con sus cabellos oscuros al aire, su revés a dos manos y abrazando y mordiendo los trofeos, es la imagen del éxito.

### Romper esquemas

En la cancha es todo un espectáculo, su pasión y energía se reflejan en cada uno de sus movimientos, y las tribunas lo aclaman. Los expertos dicen que Nadal ha roto esquemas porque en él se fusionan las características del jugador de ataque y defensivo: sus piernas le permiten jugar en el fondo, pero también llegar a bolas prácticamente perdidas. Es zurdo, pero le pega al revés a dos manos, y sus bolas botan tan alto que son difíciles de atacar. Nadal dice sin presunción, aunque con certeza: "Mi modelo soy yo, siempre he sido el primero en las distintas categorías y trato de seguir mi propio rastro. He evolucionado a base de disciplina y trabajo con la ilusión de superarme, que es lo que me han inculcado desde pequeño. Soy joven y aún me queda por aprender".

La precocidad con la que asaltó el circuito profesional —tenía 15 años de edad— ha sido admirable y su trayectoria es comparada con la de otros tenistas como Carlos Moyà, Boris Becker y Björn Borg. Sus 23 títulos conseguidos, tres consecutivos en el Torneo de Roland Garros, lo hacen el mejor de su generación y con mucho potencial sin explotar. [...]

### Dentro y fuera de cancha

**Altura:** 182 centímetros.

**Peso:** 80 kilos.

**Sabor a éxito:** Nadal decidió romper con la costumbre de besar los trofeos, él los muerde. [...]

**Ritual:** Calienta en el vestidor y se ducha antes de salir a la cancha.

**Su eterno rival:** "No lamento la diferencia con Federer porque he compartido parte de mi carrera con el mejor de la historia".

**Peor partido:** La derrota ante David Nalbandian en el Masters series en Madrid 2007.

**Consejo:** "El servicio no es una cuestión de fuerza sino de técnica".

**Tiempo libre:** El golf y la pesca.

**De buen corazón:** La Fundación Nadal, por medio de la cual aportará asistencia social y apoyará la educación de los niños.

**En su iPod:** Maná, Bon Jovi y Bryan Adams.

**Equipo de fútbol:** Real Madrid.

©Revista Clase Premier Altura/Juana Herrera R., abril/2008. Revista *Clase Premier Altura*. AeroMéxico, n.º 40, abr. 2008, p. 48-52.

**2** El reportaje es un género que se compone de tres partes fundamentales: el *lead*, que presenta el punto de vista que da origen al texto; el cuerpo, con datos que fundamentan la tesis expuesta anteriormente; y la conclusión, en la que se refuerza el planteamiento inicial. Identifica esos elementos en el reportaje de Nadal y apúntalos. Luego, contesta: ¿qué planteamiento del *lead* fue reforzado en la conclusión?

| El *lead* | El cuerpo | La conclusión |
|-----------|-----------|---------------|
|           |           |               |

**ESTRATEGIA DE LECTURA**

Al leer un texto, fíjate en su **disposición visual, sus títulos y subtítulos**; ellos ofrecen datos importantes sobre el género.

**3** Crea el perfil de Nadal a partir de los datos que leíste y en la imagen del deportista.

Nombre y apellidos: _____    Profesión: _____
Nacionalidad: _____    Ciudad y año de nacimiento: _____
Características emocionales: _____
Características físicas: _____

**4** Explica las siguientes expresiones extraídas del texto.
 a  "... las tribunas lo aclaman": _____
 b  "Este joven va cosechando éxitos...": _____

**5** ¿Cuál es el significado de los falsos amigos destacados a continuación? Explícalos sin traducirlos.
 a  "Los **expertos** dicen...": _____
 b  "Es **zurdo**...": _____
 c  "... **canchas** de todo el mundo...": _____

**6** ¿Qué significa decir que Nadal ha roto esquemas?

**7** ¿Qué característica de un campeón Nadal expresa al decir "Mi modelo soy yo, siempre he sido el primero en las distintas categorías y trato de seguir mi propio rastro"?

167

# CAJÓN LEXICAL

## LOS DEPORTES

**1** Lee la siguiente definición sacada de un diccionario. Luego pon las actividades físicas en los recuadros que les corresponden.

> **deporte**. (De deportar). **1.** m. Actividad física, ejercida como **juego o competición**, cuya práctica supone entrenamiento y sujeción a normas. **2.** m. Recreación, pasatiempo, placer, **diversión o ejercicio físico**, por lo común al aire libre.

Disponible en <www.rae.es>. Accedido el 9 my. 2012.

a Fútbol.
b Montañismo.
c Natación.
d Musculación.
e Kárate.
f Rapel.
g Boxeo.
h Gimnasia rítmica.
i Piragüismo.
j Parapente.
k Tenis.
l Patinaje.
m Escalada en roca.
n Balonvolea.
ñ Baloncesto.
o Senderismo.
p Puentismo.
q Esgrima.

Juego o competición

Diversión o ejercicio físico

168

**2** ¿Compites en algún deporte o te ejercitas regularmente? ¿Qué tipo de actividad practicas?

**3** Lee el siguiente texto sobre deporte sostenible.

### ¿Qué es deporte sostenible?

Deporte sostenible es una línea de actuación de la ONG Green Cross España, que tiene como fin vincular el mundo del deporte con el desarrollo sostenible bajo tres premisas fundamentales:
- El deporte requiere para su práctica la utilización de recursos naturales y el disfrute de servicios ambientales.
- El deporte puede colaborar en la minimización de afecciones ambientales y el desarrollo de iniciativas sociales, tanto en la construcción y gestión de instalaciones e infraestructuras deportivas como en la organización de acontecimientos y competiciones ceportivas.
- El deporte puede transmitir a la sociedad valores de desarrollo sostenible gracias a su gran poder de difusión.

### ¿Qué relación hay entre deporte y desarrollo sostenible?

[...] En el caso de prácticas deportivas o entrenamientos que se desarrollen al aire libre o en espacios naturales, estos requieren de un entorno sano de alta calidad ecológica para su mejor disfrute. Asimismo, en caso de prácticas deportivas desarrolladas dentro de instalaciones deportivas, igualmente requieren de la utilización de recursos como agua, energía, suelo, materiales, etc., que a su vez provocarán impactos en función del tipo de deporte, la generación de residuos, emisiones atmosféricas, impactos acústicos, contaminación de aguas residuales, etc. [...]

Disponible en <www.deportesostenible.es/index.php?option=com_content&task=blogcategory&id=20&Itemid=42>. Accedido el 9 my. 2012.

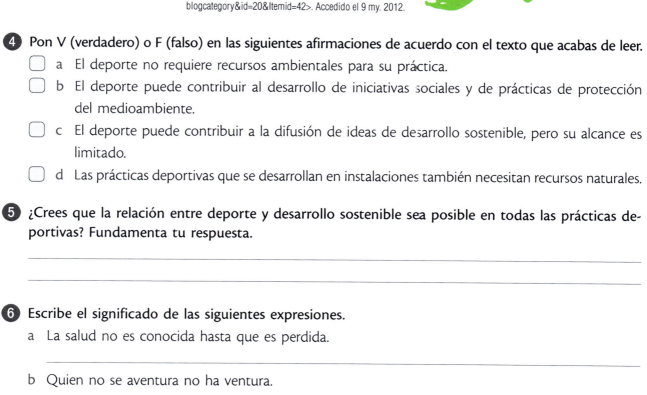

**4** Pon V (verdadero) o F (falso) en las siguientes afirmaciones de acuerdo con el texto que acabas de leer.
- [ ] a  El deporte no requiere recursos ambientales para su práctica.
- [ ] b  El deporte puede contribuir al desarrollo de iniciativas sociales y de prácticas de protección del medioambiente.
- [ ] c  El deporte puede contribuir a la difusión de ideas de desarrollo sostenible, pero su alcance es limitado.
- [ ] d  Las prácticas deportivas que se desarrollan en instalaciones también necesitan recursos naturales.

**5** ¿Crees que la relación entre deporte y desarrollo sostenible sea posible en todas las prácticas deportivas? Fundamenta tu respuesta.

**6** Escribe el significado de las siguientes expresiones.
  a  La salud no es conocida hasta que es perdida.

  b  Quien no se aventura no ha ventura.

# GRAMÁTICA

## IMPERATIVO EN FORMA AFIRMATIVA: VERBOS REGULARES

El modo Imperativo es de uso muy frecuente en español en varias funciones comunicativas y, culturalmente, no está asociado exclusivamente a dar órdenes. Por esa razón, es raro usar la fórmula "por favor" entre amigos y familiares. La diferencia entre el pedido y la orden está en el tono de voz.
Ejs.: Nene, cierra la puerta que hace frío. (pedido) / ¡Cierra esa puerta, ya te dije! (orden)

Las flexiones propias de Imperativo se forman de la siguiente manera: en el caso de "tú" y de "vos", se saca la "s" final de la respectiva conjugación en Presente de Indicativo; además, al vosear, se acentúa la última sílaba; en el caso de "vosotros(as)", se saca la "r" final del infinitivo y se la sustituye por "d".

|  | **SALTAR** | **CORRER** | **VIVIR** |  |
|---|---|---|---|---|
| Tú/Vos | salt**a**/salt**á** | corr**e**/corr**é** | viv**e**/viv**í** | Forma propia |
| Él/Ella/Usted | salt**e** | corr**a** | viv**a** | Formas tomadas del Presente de Subjuntivo |
| Nosotros(as) | salt**emos** | corr**amos** | viv**amos** |  |
| Vosotros(as) | salt**ad** | corr**ed** | viv**id** | Forma propia |
| Ellos(as)/Ustedes | salt**en** | corr**an** | viv**an** | Forma tomada del Presente de Subjuntivo |

El modo Imperativo tiene diversos usos en español:
- hacer pedidos. Ej.: **Préstame** tu pelota, ¡dale!
- dar consejos. Ej.: **Evite** forzar las rodillas al saltar.
- llamar la atención. Ej.: ¡**Mirad** el saque de Nadal!
- dar permiso. Ej.: **Pasen**, por favor.
- dar instrucciones. Ej.: **Entrenen**, por lo menos, dos horas.
- dar órdenes. Ej.: **Comiencen** el partido de inmediato.

### ¡OJO!
Las formas prestadas del Presente de Subjuntivo siguen la regla del cambio de las vocales: "-ar" > "e"; "-er" > "a"; "-ir" > "a".

① Completa el cuadro con las formas del Imperativo afirmativo correspondientes.

| | LANZAR | CORRER | PRACTICAR | DECIDIR | ESCOGER |
|---|---|---|---|---|---|
| Tú | lanz | corr | practic | decid | escog |
| Vos | lanz | corr | practic | decid | escog |
| Él/Ella/Usted | lan | corr | practi | decid | esco |
| Nosotros(as) | lan | corr | practi | decid | esco |
| Vosotros(as) | lanz | corr | practic | decid | escog |
| Ellos(as)/Ustedes | lan | corr | practi | decid | esco |

② Estás en un gimnasio y tienes que dar algunas orientaciones. ¿Qué dirías en cada situación?

a Levantar más despacio las pesas. (a tus amigos)

b Cruzar el pasillo con atención. (a unas personas mayores)

c Interrumpir por 30 segundos cada sesión de abdominales. (a una amiga)

d Comer más carbohidratos para aumentar su energía al correr. (a un desconocido)

③ Lee el siguiente texto y señala la respuesta correcta.

### Acelera Ayrton

Ayrton Molina largará en punta en la carrera de la Fórmula Renault en La Rioja. Franco Vivian, líder del torneo, fue excluido parcialmente y partirá último.

Por primera vez en su campaña Ayrton Molina (GF Racing) se dará el gusto de largar desde la *pole position* en una carrera de la Fórmula Renault. Será en la sexta fecha del torneo que tiene como escenario el circuito de La Rioja. [...]

Disponible en <www.corsaonline.com.ar/2010/08/21/N-4085-acelera-ayrton.php>. Accedido el 1 my. 2012.

a El título del texto:
   ◯ I se refiere a Ayrton Senna.
   ◯ II hace un juego de palabras entre Ayrton Senna y Ayrton Molina.

b La utilización del modo Imperativo en el título del texto tiene por finalidad:
   ◯ I ordenarle al corredor que gane la carrera.
   ◯ II instar al corredor a ganar.

## IMPERATIVO EN FORMA AFIRMATIVA: VERBOS IRREGULARES

Como la conjugación de "tú" y "vos" se forma a partir de la conjugación en Presente de Indicativo, si en este tiempo la flexión es irregular, también lo será en Imperativo. Lo mismo sucede con las formas tomadas del Presente de Subjuntivo. La forma correspondiente a "vosotros(as)" en los verbos irregulares sigue la misma regla de los regulares.

## GRAMÁTICA

Algunos verbos tienen irregularidades propias:

|  | SER | TENER | HACER | PONER | DECIR | IR | SALIR | VENIR |
|---|---|---|---|---|---|---|---|---|
| Tú/Vos | sé/sé | ten/tené | haz/hacé | pon/poné | di/decí | ve* | sal/salí | ven/vení |
| Él/Ella/Usted | sea | tenga | haga | ponga | diga | vaya | salga | venga |
| Nosotros(as) | seamos | tengamos | hagamos | pongamos | digamos | vayamos | salgamos | vengamos |
| Vosotros(as) | sed | tened | haced | poned | decid | id | salid | venid |
| Ellos(as)/Ustedes | sean | tengan | hagan | pongan | digan | vayan | salgan | vengan |

\* En los países voseantes, no se utiliza el verbo "ir" con el pronombre "vos". En su lugar, se usa la forma del Imperativo del verbo "andar": "andá", que es regular.
Ej.: Andá a la cancha y tratá de conseguir entradas para el partido.

**4** Escribe las formas del Imperativo afirmativo de los verbos destacados en las personas pedidas.

a  ¡**Compite** en todo lo que puedas! (vos / ella / nosotros / vosotros / ustedes)
_____

b  **Ponte** una gorra para protegerte del sol antes de correr. (vos / usted / ellos)
_____

c  Si quiere participar del torneo, ¡**vaya** a apuntarse ya! (tú / vos / él / nosotras / vosotras / ellas)
_____

d  **Empiecen** a guardar las colchonetas, por favor. (tú / vos / él / nosotros / vosotros)
_____

e  ¡**Juguemos** con coraje, pero con respeto! (tú / vos / usted / vosotras / ustedes)
_____

**5** Completa las siguientes frases con el Imperativo afirmativo de los verbos entre paréntesis.

a  _____ disciplinados y ganaréis todo lo que os propongáis. (ser)
b  _____ ejercicios físicos por lo menos tres veces a la semana. (hacer/tú)
c  _____ cuidado para no herirse en los entrenamientos. (tener/ustedes)
d  ¡_____ más energía en ese ataque! ¡Atrévete! (poner)
e  Señor Javier, _____ a los atletas que vengan a hidratarse. (decir)
f  _____ a correr por la cancha, _____ cinco vueltas para calentarte.
(salir – dar)

## COLOCACIÓN PRONOMINAL CON LOS VERBOS EN IMPERATIVO EN FORMA AFIRMATIVA

En Imperativo afirmativo, los complementos directo e indirecto siempre van después del verbo, formando una única palabra.
Ejemplos: ¿Quieres la pelota? Pása**mela**. / ¿Me prestas tus patines? Claro, agárra**los** en el salón.
**Lo mismo sucede con los pronombres reflexivos.**
Ejemplos: Pon**te** el uniforme de tu equipo. / Despiérte**se** temprano para practicar ejercicios a diario.

**6** Haz la correspondencia entre las formas verbales y los posibles referentes que te damos a continuación.

a Entrégamela.  c Regálemelas.  e Enséñenncslos.  g Pedínoslo.
b Llévatelo.  d Pasádselo.  f Comprémoselas.

I Pronombres sujeto:
☐ tú  ☐ vos  ☐ usted  ☐ nosotros(as)  ☐ vosotros(as)  ☐ ustedes

II Complementos de objeto indirecto:
☐ a nosotros  ☐ a mí  ☐ a ti  ☐ a él  ☐ a ellas  ☐ a ellos  ☐ a ella

III Complementos de objeto directo:
☐ la pelota  ☐ las zapatillas  ☐ el tatami  ☐ el chándal  ☐ los golpes

## PERÍFRASIS VERBALES DE INFINITIVO

Las perífrasis verbales de infinitivo se forman con un verbo que cumple la función de auxiliar y un verbo principal en infinitivo.

| Perífrasis de infinitivo | Función | Ejemplos |
|---|---|---|
| soler + infinitivo | Indicar costumbre. | **Solemos jugar** al fútbol todos los domingos. |
| deber de + infinitivo | Hacer una suposición. | No puedo ver bien quién va primero, pero **debe de ser** Ayrton Molina. |
| deber + infinitivo | Indicar obligación. | Los deportistas **deben entrenarse** todos los días. |
| haber que + infinitivo | | En la práctica del deporte **hay que entrenarse** todos los días. |
| tener que + infinitivo | | Los deportistas **tienen que entrenarse** todos los días. |
| empezar/comenzar a + infinitivo | Indicar el comienzo de una acción. | Los pilotos **empezaron a hacer** las pruebas de clasificación. |
| dejar/parar/terminar de + infinitivo | Indicar el fin de una acción. | Los pilotos **dejaron de correr** cuando empezó a llover. |
| volver a + infinitivo | Indicar el reinicio de una acción. | Cuando paró de llover, **volvieron a correr**. |

**¡OJO!**

La perífrasis "haber que + infinitivo" siempre se construye con la forma impersonal del verbo "haber" y, por ello, no indica a la persona involucrada, a diferencia de "deber / tener que + infinitivo", que sí la especifican.

**7** Subraya las perífrasis de infinitivo en cada frase y luego clasifícalas según su función.

a Indicar costumbre.  d Indicar el fin de una acción.
b Indicar obligación.  e Indicar el reinicio de una acción.
c Indicar el comienzo de una acción.  f Hacer una suposición.

☐ El judoca ha dejado de atacar y ahora pierde puntos.
☐ Los corredores suelen beber mucha agua.
☐ La tenista debe de estar lesionada, pues casi no se mueve en la cancha.
☐ La lucha empieza a agradar al público.
☐ El piloto volvió a superarse, tras haber chocado en la salida.
☐ Antes de empezar una práctica deportiva uno debe hacerse un chequeo médico.

## GRAMÁTICA

**8** Contesta las siguientes preguntas repitiendo la perífrasis de infinitivo en tus respuestas.

a ¿Sueles practicar actividades físicas?
Sí, _____

b ¿Hay que despertarse temprano para ir al gimnasio?
No, _____

c ¿Tienes que caminar muchos kilómetros todos los días?
No, _____

d ¿Has dejado de subir por escalera?
Sí, _____

e ¿Has vuelto a asistir a tus clases de deportes en el cole?
Sí, _____

f El ajedrez debe de ser un deporte aburrido, ¿no?
No, _____

## ACENTUACIÓN: PALABRAS AGUDAS

**CA A.8**

Las palabras agudas son aquellas cuya sílaba tónica es la última.

| Acentuación gráfica de las palabras agudas | | |
|---|---|---|
| Cuando terminan en | vocal | sofá / café / esquí / ganó / tabú |
| | "n" | natación |
| | "s" | atrás |

**¡OJO!**
Los verbos regulares conjugados en la primera y tercera personas del singular en Pretérito Indefinido de Indicativo siempre llevan tilde. Ejs.: jugué, jugó / corrí, corrió / partí, partió.

**9** Pon la tilde en las palabras que la necesiten.

tenes (vos)   triunfo   cancha   generacion   decision   pasion   tambien   reves   asalto (él)
fundacion   aportara (él)   educacion   esqui   natacion   juego   jugo (ella)   judo   balon   red
capitan   vivis (vos)   rey   cien   hay   ganas (vos)   gol   balones   competicion
decidio (ella)   mundial   balonvolea   cinturon   gimnasia

**10** Pon la tilde cuando sea el caso. Fundamenta su presencia o ausencia.

a Repitio: _____
b Vela: _____
c Hinchas: _____
d Practicais: _____
e Campeon: _____
f Asi: _____
g Tenis: _____

## LECTURA

**PRECALENTAMIENTO**

- ¿Te consideras un(a) hincha aficionado(a) de algún equipo de fútbol? ¿Cuál? Coméntalo.
- ¿En qué posición ya jugaste al fútbol o te gustaría jugar? ¿Por qué?
- ¿Qué tipo de gol te parece el más bonito? ¿Por qué?

1. Lee el siguiente texto del periodista y escritor uruguayo Eduardo Galeano sobre cómo nació el "gol olímpico" en el fútbol.

# EL GOL OLÍMPICO

Cuando la selección uruguaya regresó de la Olimpiada del 24, los argentinos le ofrecieron un partido de festejo. El partido se jugó en Buenos Aires. Uruguay perdió por un gol. El puntero izquierdo Cesáreo Onzari fue el autor de ese gol de la victoria. Lanzó un tiro de esquina y la pelota se metió en el arco sin que nadie la tocara. Era la primera vez en la historia del fútbol que se hacía un gol así. Los uruguayos se quedaron mudos. Cuando consiguieron hablar, protestaron. Según ellos, el arquero Mazali había sido empujado mientras la pelota venía en el aire. El árbitro no les hizo caso. Y entonces mascullaron que Onzari no había tenido la intención de disparar a puerta, y que el gol había sido cosa del viento.

Por homenaje o ironía, aquella rareza se llamó *gol olímpico*. Y todavía se llama así, las pocas veces que ocurre. Onzari pasó todo el resto de su vida jurando que no había sido casualidad. Y aunque han transcurrido muchos años, la desconfianza continúa: cada vez que un tiro de esquina sacude la red sin intermediarios, el público celebra el gol con una ovación, pero no se lo cree.

GALEANO, Eduardo. *El fútbol a sol y sombra*. España/México/Argentina: Siglo XXI, 2006, p. 96-97.

# LECTURA

**2** Busca el término "portería" en un diccionario y apunta la acepción que corresponda al contexto del fútbol. Luego encuentra en el texto tres palabras usadas como sinónimos de "portería".

> **ESTRATEGIA ARGUMENTATIVA**
> Para que el texto no resulte repetitivo, se puede recurrir a la **sinonimia**, es decir, en vez de emplear el mismo término varias veces, basta con usar sinónimos.

_____

**3** Contesta las siguientes preguntas acerca del texto.

a ¿En qué competición importante había acabado de participar la selección uruguaya? ¿Qué resultado crees que alcanzaron y por qué?

_____

b Según las reglas del fútbol, ¿qué ocurrió en el partido para que el puntero Cesáreo Onzari pudiera disparar un tiro de esquina?

_____

c ¿Qué hicieron los uruguayos al presenciar el gol olímpico de Onzari?

_____

d ¿Por qué, al fin de cuentas, se le llamó a ese tiro "gol olímpico"?

_____

e ¿Qué pasa hoy en día cuando se marca un gol olímpico? ¿El público actúa de la misma forma que los uruguayos?

_____

**4** Señala las alternativas correctas en cuanto a las características del texto y, por fin, elige el género textual que te parezca adecuado.

| | | I | | II |
|---|---|---|---|---|
| a | Tipo: | ☐ argumentativo. | ☐ | narrativo. |
| b | Extensión: | ☐ breve. | ☐ | largo. |
| c | Relato: | ☐ intrincado. | ☐ | simple. |
| d | Hechos: | ☐ ficticios. | ☐ | reales. |
| e | Actividad: | ☐ literatura. | ☐ | periodismo. |
| f | Género: | ☐ novela. | ☐ | crónica. |

**5** ¿Qué comparación harías entre Cesáreo Onzari y Rafael Nadal, el tenista sobre el cual leíste al inicio de la lección?

_____
_____

Accede a <www.youtube.com/watch?v=GUtxojvdPxw&> (accedido el 10 my. 2012) para ver un vídeo acerca de los beneficios de la actividad física para la salud.

**RINCÓN DE ESCRITURA**
Elabora un breve cuento, como "El gol olímpico", en el que relates alguna curiosidad acerca del universo deportivo.

# NO HAY MEJOR LOTERÍA QUE EL TRABAJO Y LA ECONOMÍA

**LECCIÓN 15**

¿Cómo describirías esta imagen?

¿Qué relación pueden tener estas personas? Fundamenta tu respuesta.

¿Te consideras una persona consumista o ahorras el dinero que recibes?

# LECTURA

**PRECALENTAMIENTO**

- En tu opinión, ¿qué necesitamos para sobrevivir?
- ¿Crees que las personas viven solo con lo necesario en la sociedad actual? ¿Por qué?
- ¿Qué nombre se le da al consumo excesivo? ¿Te parece que esa práctica ya se ha propagado en todas las partes del mundo? Coméntalo.

**1** Lee el siguiente texto acerca del consumismo.

# Consumismo

## Necesidad y consumo

Comer, beber o protegerse de la intemperie constituyen necesidades primarias básicas de los seres humanos. Sin embargo, en el mundo actual el término *necesidad* incluye también ingredientes de bienestar, además de aspectos sociales y psíquicos que superan con creces la mera satisfacción de las necesidades de supervivencia. Exceptuando las más básicas, la mayoría de las necesidades humanas no son innatas e invariables, sino culturales y cambiantes.

¿Hasta qué punto la adquisición de productos, bienes y servicios responde a necesidades objetivas o es el resultado de un largo proceso de inducción (persuasión) para que la persona sienta como propia una necesidad artificialmente (culturalmente) creada? Un análisis a fondo de la actual sociedad occidental, definida como *sociedad de consumo*, y del proceso seguido hasta llegar a ella puede facilitar la respuesta.

Si bien en términos estrictamente económicos el consumo es un componente más del ciclo económico que durante el siglo XX se convirtió en motor del crecimiento, desde una visión más amplia puede definirse como el modo en que una sociedad organiza y procura la satisfacción de las necesidades de sus miembros. La tendencia a ampliar este consumo de forma ilimitada, una vez cubiertas las necesidades primarias, recibe el nombre de *consumismo*. [...]

## Consumo solidario y responsable y comercio justo

Las consecuencias de un consumismo sin límite y de la extensión del modelo de consumo de los países desarrollados al resto del mundo son cuestionadas desde la perspectiva del consumidor. Se habla de *consumo solidario* para aludir a la preocupación por el uso y reparto que se hace de los recursos limitados; en este contexto se encuadran las medidas de respeto del medioambiente y de reciclaje y ahorro de energía. Se denomina *consumo responsable* al que tiene presente tanto las necesidades reales del comprador como las condiciones en que se han de producir los bienes que se adquieren. Por otra parte, se habla de *comercio justo* en referencia a la venta directa, sin intermediarios, de productos de países en vías de desarrollo. Esta iniciativa está promovida por entidades sin ánimo de lucro, que evitan los márgenes de intermediación para ofrecer unas condiciones más equitativas a los productores.

*Gran Enciclopedia Planeta.* Barcelona: Planeta, 2009, p. 2652-2655.

**2** Señala la(s) alternativa(s) correcta(s).

a El objetivo del texto es:
- [ ] I argumentar y persuadir.
- [ ] II informar y explicar.
- [ ] III narrar y entretener.

b Se emplea con más frecuencia:
- [ ] I Presente de Indicativo.
- [ ] II Presente de Subjuntivo.
- [ ] III Pretérito Perfecto de Indicativo.

c El texto es del tipo ▬ y pertenece al género ▬:
- [ ] I informativo.
- [ ] II expositivo.
- [ ] III narrativo.
- [ ] IV noticia.
- [ ] V crónica.
- [ ] VI enciclopedia.

d El lenguaje del texto es:
- [ ] I subjetivo y rebuscado.
- [ ] II técnico y especializado.
- [ ] III claro y objetivo.

e Se divulgan informaciones sobre:
- [ ] I un acontecimiento reciente.
- [ ] II la opinión del medio de publicación.
- [ ] III un tema de interés.

**ESTRATEGIA DE LECTURA**

El **tipo textual** está relacionado con la intención del autor: explicar, describir, narrar, etc., mientras que el **género** se refiere a la utilización de uno o más tipos textuales en situaciones reales de comunicación: la literatura, el periodismo, etc.

**3** Pon V (verdadero) o F (falso) en las siguientes afirmaciones. Luego, corrige las falsas.

- [ ] a Las necesidades primarias del ser humano incluyen la adquisición de bienes materiales considerados importantes por la sociedad.
- [ ] b El deseo de comprar productos innecesarios varía de una cultura a otra y predomina en los países occidentales.
- [ ] c A pesar de ayudar a mover la economía, el consumo exagerado perjudica no solo al consumidor, sino también el medioambiente.
- [ ] d El consumismo se está extendiendo también a los países desarrollados.

_____

_____

**4** Relaciona las columnas según el objetivo fundamental de cada modelo de consumo.

a Comercio justo.
b Consumo responsable.
c Consumo solidario.

- [ ] Usar los recursos naturales de forma consciente.
- [ ] Mejorar las condiciones de los productores.
- [ ] Evitar el consumo excesivo y las prácticas imprudentes de producción.

**5** Contesta las preguntas.

a ¿Cómo crees que se desarrolla el "proceso de inducción (persuasión)" al consumo de productos y servicios?

_____

_____

b ¿De qué maneras el consumismo puede dañar el medioambiente?

_____

c A través del comercio justo y del consumo responsable, ¿qué problemas pueden evitarse para el consumidor y el productor?

_____

_____

# CAJÓN LEXICAL

## LOS ESTABLECIMIENTOS COMERCIALES

**1** Tienes que ir de compras y necesitas acercarte a los locales especializados. Relaciona cada establecimiento con lo que pretendes comprar.

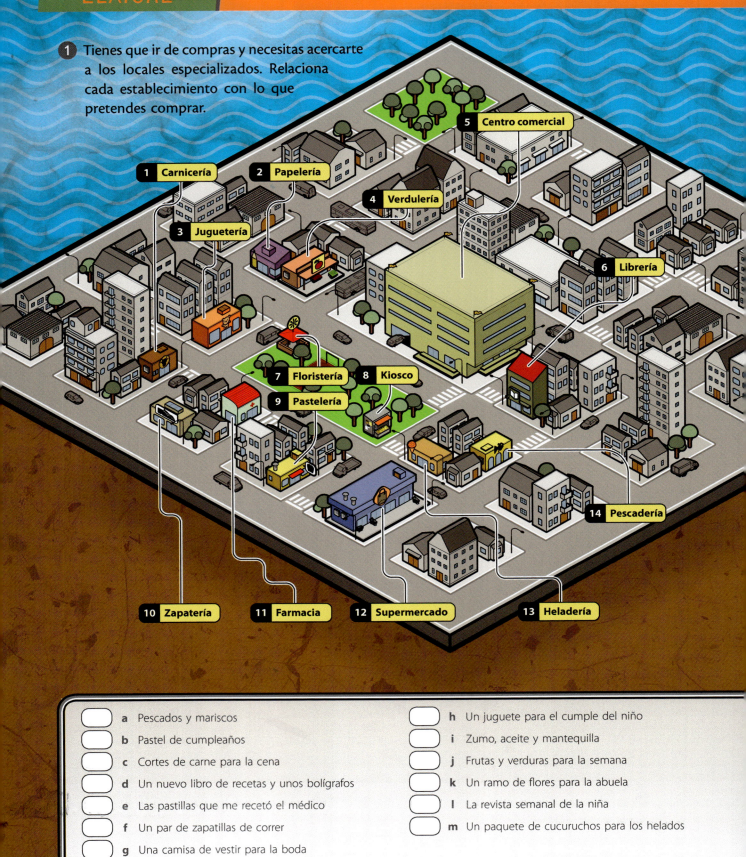

1. Carnicería
2. Papelería
3. Juguetería
4. Verdulería
5. Centro comercial
6. Librería
7. Floristería
8. Kiosco
9. Pastelería
10. Zapatería
11. Farmacia
12. Supermercado
13. Heladería
14. Pescadería

- **a** Pescados y mariscos
- **b** Pastel de cumpleaños
- **c** Cortes de carne para la cena
- **d** Un nuevo libro de recetas y unos bolígrafos
- **e** Las pastillas que me recetó el médico
- **f** Un par de zapatillas de correr
- **g** Una camisa de vestir para la boda
- **h** Un juguete para el cumple del niño
- **i** Zumo, aceite y mantequilla
- **j** Frutas y verduras para la semana
- **k** Un ramo de flores para la abuela
- **l** La revista semanal de la niña
- **m** Un paquete de cucuruchos para los helados

**2** ¿A qué comercios sueles ir a menudo?

**3** Completa el texto con las palabras a continuación.

| carrito | impuestos | costos | consumidores | clic | pagar |
| comerciante | comprar | tienda | vender | comercio | buscar |
| | clientes | catálogo | negocios | pedidos | |

### ¿Qué es una tienda virtual?

Usted puede hacer _____ en Internet al _____ productos o servicios a través de páginas web interactivas especiales. [...]

Así es precisamente cómo comenzó a operar el _____ electrónico. En un comienzo, eso fue lo que muchos hicieron. Incluso hoy, esta alternativa es más conveniente que ignorar a Internet por completo.

No obstante, hoy las cosas son mucho más sofisticadas y los _____ esperan mucho más.

Ya no basta con páginas que solo contengan información. La verdadera _____ virtual de nuestros tiempos es interactiva, permite a los _____ explorar las páginas de información de productos con facilidad, _____ productos específicos y, fundamentalmente, obtener mayores antecedentes que los que encontrarían en un _____, por ejemplo.

Internet también permite a los clientes hacer _____ en determinados botones para agregar productos a su _____ de compra virtual, un programa que recuerda los productos que el cliente desea _____. Asimismo, calcula los _____ totales por _____, incluidos _____ y costos de despacho y envío, y envía los _____ de los clientes virtuales al _____. Para los clientes, Internet convierte la experiencia de comprar en una actividad interactiva, rápida y sencilla.

Disponible en <http://mexico.smetoolkit.org/mexico/es/content/es/634/5-%C2%BFQu%C3%A9-es-una-tienda-virtual->.
Accedido el 15 my. 2012. (Adaptado).

**4** En tu opinión, ¿cuáles son las ventajas de comprar algo por Internet?

**5** ¿Crees que las tiendas virtuales pueden sustituir las físicas? ¿Por qué?

**6** Utiliza las palabras y expresiones a continuación para completar el texto. Haz las modificaciones necesarias.

| costar un ojo de la cara | salir de compras / ir de tiendas | ser tacaño | rebajas (2x) |
| | descuento | gangas | estar el precio por las nubes |

Cuando viajo siempre quiero _____ y principalmente aprovechar las _____, y con suerte y un poco de tiempo uno puede encontrar verdaderas _____. Ya mi marido _____ un poco y casi siempre, por no aprovechar las épocas de _____, acaba por comprarse productos cuando _____. Y para colmo, ni siquiera intenta pedir algún tipo de _____ para pagar un poquito menos, de lo que resulta que los regalitos le _____.

# GRAMÁTICA

## IMPERATIVO EN FORMA NEGATIVA: VERBOS REGULARES

El modo Imperativo en forma negativa se usa con las mismas finalidades comunicativas que en la forma afirmativa.

|  |  | COMPRAR | VENDER | CONSUMIR |
|---|---|---|---|---|
| **Formas tomadas del Presente de Subjuntivo** | Tú/Vos | no compr**es**/no compr**és** | no vend**as**/no vend**ás** | no consum**as**/no consum**ás** |
|  | Él/Ella/Usted | no compr**e** | no vend**a** | no consum**a** |
|  | Nosotros(as) | no compr**emos** | no vend**amos** | no consum**amos** |
|  | Vosotros(as) | no compr**éis** | no vend**áis** | no consum**áis** |
|  | Ellos(as)/Ustedes | no compr**en** | no vend**an** | no consum**an** |

En la forma negativa, el Imperativo no tiene formas propias y todas se toman del Presente de Subjuntivo.

No siempre se usan las formas correspondientes a "vos".

> **¡OJO!**
> En Imperativo negativo, los pronombres reflexivos y los complementos directo e/o indirecto se colocan antes del verbo. Ej.: No te compres ese vestido pues no vale ese precio.

**1** Completa las frases con los siguientes verbos en Imperativo negativo.

| endeudarse | dejar | gastar | comprar | usar | olvidarse |

a  Santiago, _____ aparatos sin la etiqueta energética clase A.
b  Niños, _____ todas las bombillas de la casa encendidas.
c  Señora, _____ sin antes comparar los precios del producto.
d  Este zapato es muy caro y tú no tienes tanto dinero para comprarlo. ¡_____ nuevamente!
e  _____ tanto dinero en un móvil. Deberían elegir uno más barato.
f  _____ de consumir responsablemente. Es importante que consideres tus necesidades reales antes de adquirir nuevos productos.

## IMPERATIVO EN FORMA NEGATIVA: VERBOS IRREGULARES

|  | SER | TENER | HACER | PONER |
|---|---|---|---|---|
| Tú/Vos | no seas/no seás | no tengas/no tengás | no hagas/no hagás | no pongas/no pongás |
| Él/Ella/Usted | no sea | no tenga | no haga | no ponga |
| Nosotros(as) | no seamos | no tengamos | no hagamos | no pongamos |
| Vosotros(as) | no seáis | no tengáis | no hagáis | no pongáis |
| Ellos(as)/Ustedes | no sean | no tengan | no hagan | no pongan |

|  | DECIR | IR | SALIR | VENIR |
|---|---|---|---|---|
| Tú/Vos | no digas/no digás | no vayas/no vayás | no salgas/no salgás | no vengas/no vengás |
| Él/Ella/Usted | no diga | no vaya | no salga | no venga |
| Nosotros(as) | no digamos | no vayamos | no salgamos | no vengamos |
| Vosotros(as) | no digáis | no vayáis | no salgáis | no vengáis |
| Ellos(as)/Ustedes | no digan | no vayan | no salgan | no vengan |

Los verbos irregulares en Imperativo negativo también toman todas las formas del Presente de Subjuntivo.

**2** Observa las imágenes y escribe órdenes o instrucciones utilizando los verbos que te damos.

Ejemplo: (mover) — No te muevas...
b (decir)
d (ser)
a (ir)
c (venir)
e (hacer)

# GRAMÁTICA

**3** En todas las frases hay verbos en Imperativo negativo, excepto en:

- [ ] a  Ahorra tu dinero y no dependas tanto del dinero de tus padres.
- [ ] b  No consuma mucho saliendo con sus amigos.
- [ ] c  Cambie sus hábitos y sea menos consumista.
- [ ] d  No compres un bolso de esta marca tan cara.
- [ ] e  No haga tantos planes de viajes si no tiene el dinero suficiente.

## VERBOS IMPERSONALES

Los verbos impersonales son aquellos que no tienen sujeto.

| Verbos impersonales | Uso | Ejemplos |
|---|---|---|
| haber | Indicar existencia. | **Hay** ofertas interesantes durante las liquidaciones. |
| hacer | Indicar tiempo transcurrido. | **Hace** seis meses que no me compro ropa. |
|  | Indicar el clima o el tiempo. | En enero **hace** calor. |
| llover, nevar, tronar, etc. | Indicar fenómenos atmosféricos. | En verano **llueve** mucho. |
| amanecer, anochecer, etc. | Indicar momentos del día. | En invierno **anochece** más temprano. |
| se + verbo intransitivo* | Indicar una acción sin especificar el sujeto. | **Se camina** mucho en este centro comercial para hacer compras. Es muy grande. |

* verbo intransitivo: aquel que no lleva complemento directo

**¡OJO!**
Los verbos impersonales se conjugan siempre en la tercera persona del singular.

**4** Ordena las palabras para formar frases impersonales. Luego, teniendo en cuenta su tema, elabora una frase imperativa (afirmativa o negativa).

a  ciudad / días / no / que/ hace / en / llueve / diez / la

b  gasta / dinero / lo / se / con / superfluo / mucho

c  hora / de / hay / las / ahorrar / a / compras / la / maneras / varias / de

d  está / tarde / junio / desde / más / amaneciendo

e  mucho / aquí / nieva / invierno / en / hace / nunca / pero / frío

⑤ Lee el siguiente fragmento de un cuento y señala la alternativa correcta.

### Cuando en Milán llovieron sombreros

Una mañana, en Milán, el contable Bianchini iba al banco enviado por su empresa. Era un día precioso, no había ni siquiera un hilito de niebla; hasta se veía el cielo, y en el cielo, además, el sol; algo increíble en el mes de noviembre. El contable Bianchini estaba contento y al andar con paso ligero canturreaba para sus adentros: "Pero qué día tan bonito, qué día tan bonito, qué día tan bonito, realmente bonito y bueno...". Pero, de repente, se olvidó de cantar, se olvidó de andar y se quedó allí, con la boca abierta, mirando al aire... [...]
—Pero eso son... son sombreros...
En efecto, del cielo azul caía una lluvia de sombreros. No un solo sombrero, que podía estar arrastrando el viento de un lado para otro. No solo dos sombreros que podían haberse caído de un alféizar. Eran cien, mil, diez mil sombreros los que descendían del cielo ondeando. Sombreros de hombre, sombreros de mujer, sombreros con pluma, sombreros con flores, gorras de *jockey*, gorras de visera, *kolbaks* de piel, boinas, chapelas, gorros de esquiar... [...]
Los sombreros estaban tocando tierra, en la acera, en la calle, sobre los techos de los automóviles, alguno entraba por las ventanillas del tranvía, otros volaban directamente a las tiendas. La gente los recogía, empezaba a probárselos.

Disponible en <http://colegios.pereiraeduca.gov.co/instituciones/galeriadigital/Espanol/_Literatura/Doc_web/Libreria%20infantil1/sites/rincon/trabajos_ilce/c_jugar/sec_32.html>. Accedido el 4 my. 2012.

a   El cuento refleja un comportamiento oportunista que consiste en aprovechar la oportunidad y:
  ☐ I   recoger y probarse los sombreros.
  ☐ II  disfrutar un día bonito.
  ☐ III admirar el espectáculo del viento llevando los sombreros para un lado y para otro.

b   Dentro del contexto del título del cuento, el verbo "llovieron":
  ☐ I   está utilizado en forma impersonal.
  ☐ II  denota un fenómeno de la naturaleza que sucedía en ese momento.
  ☐ III tiene sujeto y este es "sombreros".

## PREPOSICIONES

Las preposiciones enlazan una palabra principal a otras palabras o grupos de palabras que la complementan.

| Preposiciones | | | Ejemplos de uso |
|---|---|---|---|
| a | durante | por | **Ante** los ojos atónitos de sus amigas, tiró a la basura el vestido sin estrenarlo. |
| ante | en | pro | **Bajo** la apariencia de rebajas, a veces pagamos mucho por un producto. |
| bajo | entre | según | Caminemos **hacia** el centro. Yendo en esa dirección, hay varias tiendas en liquidación. |
| con | hacia | sin | Esa marca tiene un lado social. Siempre hace campañas **pro** adopción de animales. |
| contra | hasta | sobre | **Tras** una larga espera, los clientes entraron a la tienda para aprovechar las ofertas. |
| de | mediante | tras | |
| desde | para | vía | |

⑥ Completa las frases con las preposiciones adecuadas.
  a  Fui _____ la feria _____ la lluvia _____ encontrar los mejores precios.
  b  _____ los expertos, las mujeres gastan más que los hombres.
  c  Nos quedamos _____ la cafetería _____ las tres y media.
  d  _____ recorrer muchos centros comerciales, Inés encontró un vestido barato.
  e  Los economistas se ponen en _____ de las deudas _____ la tarjeta de crédito.

# GRAMÁTICA

## FORMAS TÓNICAS DE LOS PRONOMBRES COMPLEMENTO

Los pronombres complemento tienen formas tónicas que se usan después de preposición.

| Preposiciones | Pronombre personal sujeto | Forma tónica del pronombre complemento | Ejemplos |
|---|---|---|---|
| a, de, para, por, etc. | yo | mí | Para **mí**, las marcas no tienen que ver con calidad. |
| | tú/vos | ti | Para **ti** esta licuadora es muy barata. |
| | él/ella/usted | él/ella/usted | A **él** le gustan las prendas poco llamativas. |
| | nosotros(as) | nosotros(as) | No esperes de **nosotras** un elogio. |
| | vosotros(as) | vosotros(as) | Sin **vosotras** jamás encontraría esta rebaja. |
| | ellos(as)/ustedes | ellos(as)/ustedes | Nadie está en contra de **ustedes**; es que no compartimos este gusto por compras. |
| entre | todos los pronombres sujeto | - (se utilizan los pronombres sujeto) | Entre **tú** y **yo**, esta falda no vale el precio que piden. |
| con | yo | conmigo | Cuenta **conmigo**; te acompaño a la tienda. |
| | tú | contigo | Me gusta hacer compras **contigo**. |
| | todos los restantes pronombres sujeto (incluso "vos") | iguales a los pronombres sujeto | Estoy enojado con **vos**; te compraste un montón de cosas que no necesitás. |

**7** Haz un círculo alrededor de la forma que completa correctamente cada frase.

a Cuando ella sale conmigo / con mí no compra tantas chucherías.
b Entre mi novio y mí / yo no hay secretos.
c Necesito encontrar un trabajo. ¿Por qué no hablas de yo / mí con tu jefe?
d Me gusta hacer compras con tú / vos porque siempre me ayudás a encontrar los mejores precios.
e He abierto una cuenta de ahorros para ti / tú.

## ACENTUACIÓN: PALABRAS GRAVES

Las palabras graves son aquellas cuya sílaba tónica es la penúltima. Se acentúan cuando terminan en consonante diferente de "n" o "s". Ejs.: huésped, revólver, árbol, tórax, módem, lápiz.

Cuando la palabra grave termina en dos vocales la primera de ellas lleva acento si es tónica. Ejs.: manía, frío, joyería, etc. En cambio, si no es tónica, por aplicación de la regla general de acentuación de las palabras graves, no se pone acento. Ejs.: estatua, radio, copia, etc.

**¡OJO!**

Los verbos terminados en "-er" y en "-ir" conjugados en Pretérito Imperfecto de Indicativo llevan acento: consumía, consumías, consumía, consumíamos, consumíais, consumían.

**8** Acentúa las palabras, si es necesario.

a Egoista.
b Automovil.
c Consumismo.
d Joven.
e Poquer.
f Ahorro.
g Carcel.
h Advertencia.
i Femur.
j Examen.
k Dificil.
l Estatua.

# LECTURA

**PRECALENTAMIENTO**

- ¿Qué criterios usas para elegir los productos que compras?
- ¿Crees que la marca es importante? ¿Por qué?
- En tu opinión, ¿por qué muchos consumidores prefieren las marcas más famosas?

**1** Lee el siguiente texto sobre el valor de las marcas en la sociedad actual.

## ¿Y tú qué opinas?

## Sociedad marcada

José Ángel Gonzalo

Mira a tu alrededor: ¿te has dado cuenta de que estás rodeado de marcas? Tus electrodomésticos, tu vehículo, tu teléfono... todo lleva el nombre de un fabricante de una marca comercial. Es más, seguro que en estos momentos vas vestido con alguna prenda y puedes decirnos el nombre de la empresa que la ha fabricado: tus vaqueros, tus zapatos o tus gafas puede que lleven un logotipo que indica la marca. ¿Son necesarios los productos creados por grandes compañías que nos ofrecen su garantía y diseño? ¿O las marcas simplemente se aprovechan del poder de la publicidad y nos hacen pagar por sus productos unos precios muy elevados innecesariamente?

### A favor

▲ Las marcas ofrecen al cliente un producto de calidad, con unos materiales que garantizan que el cliente estará satisfecho.

▲ Las marcas invierten gran parte de sus beneficios en innovación y diseño. Gracias a ello, las marcas pueden ofrecer nuevos productos más útiles que permitan incluso que la sociedad avance. […]

▲ La mayoría de las grandes compañías (especialmente las de lujo) someten sus productos a rigurosos controles de calidad y garantizan el respeto a los derechos de los trabajadores. Esto hace que el precio del producto aumente, pero el comprador es consciente de que los trabajadores reciben un trato justo.

▲ Desde que el hombre es hombre, ha existido la necesidad de identificación (en tribus, por ejemplo). Las marcas hacen que los individuos se identifiquen con un estilo de vida y con un grupo social.

### En contra

▼ Las marcas utilizan la publicidad e invierten mucho dinero en ella para vender un estilo de vida. Esto eleva el precio final del producto.

▼ Muchas compañías han llevado su producción a países donde los sueldos son muy bajos. China es uno de los destinos preferidos para fabricar a bajo coste. El margen de beneficio en estos casos es altísimo.

▼ En los países desarrollados cualquier producto debe pasar por unos controles de calidad estrictos. El hecho de que una marca sea desconocida no significa que sea de mala calidad.

▼ Vivimos en la sociedad de la imagen y por eso es muy importante la manera de vestir de cada uno, su propia imagen. Pero ya es hora de que vuelva a ser más importante el libro que leemos o nuestra propia cultura. ¿Por qué juzgar a una persona por su ropa?

▼ Las marcas nos convierten en anuncios andantes y deberían ellas pagarnos por hacerles publicidad.

Revista *Punto y Coma*. España, n.º 34, 2012, p. 3.

# LECTURA

**2** Señala lo que se te pide a continuación teniendo en cuenta el texto que acabas de leer.

a Género textual:
- ☐ I editorial.
- ☐ II relato personal.
- ☐ III artículo de opinión.
- ☐ IV noticia comentada.

b Característica principal:
- ☐ I el autor expresa su opinión y/o estimula al lector a reflexionar sobre el tema.
- ☐ II el periodista divulga un hecho reciente y lo comenta.
- ☐ III el autor narra hechos verdaderos o ficticios en 1.ª persona.
- ☐ IV el texto revela el punto de vista del medio de comunicación.

**3** Contesta las preguntas a continuación.

a ¿Qué pide el autor al lector al inicio del texto? ¿Atendiste a su pedido? ¿Cuál fue el resultado?

b ¿Te parece que el autor está "a favor" o "en contra" de la valoración de las marcas? ¿En qué momento(s) revela su punto de vista?

> **ESTRATEGIA ARGUMENTATIVA**
> A veces el autor utiliza **preguntas retóricas** en su texto, es decir, hace preguntas pero no las contesta, pues su objetivo es incentivar al lector a pensar en las respuestas y prepararlo para lo que viene enseguida.

**4** Resume las columnas "A favor" y "En contra" del texto usando solo las palabras claves de cada argumento (haz las adaptaciones necesarias). Luego añade las de otros.

> **ESTRATEGIA DE LECTURA**
> Para organizar las ideas del texto y comprenderlo mejor, puedes elaborar un esquema con las **palabras claves** de cada párrafo o ítem.

| A favor | En contra |
|---|---|
| • ___ | • ___ |
| • ___ | • ___ |
| • ___ | • ___ |
| • ___ | • ___ |
| Palabras claves de otros argumentos: | Palabras claves de otros argumentos: |
| • ___ | • ___ |

**5** ¿Qué relación(ones) hay entre el consumismo presentado en el texto del inicio de esta lección y la valoración de las marcas y de la imagen? Coméntalo.

Accede a <www.youtube.com/watch?v=LX_0YJmdE7A&> (accedido el 15 my. 2012) para ver una animación que compara el consumo degradable con el consumo responsable.

**RINCÓN DE ESCRITURA**
Elabora una encuesta con el fin de averiguar cómo consumen tus amigos y familiares. Si no son consumidores responsables, dales sugerencias de cómo pueden mejorar sus hábitos de consumo teniendo en cuenta lo que viste en esta lección.

## LECCIÓN 16

# CAMINANTE, NO HAY CAMINO, SE HACE CAMINO AL ANDAR

¿Qué medios de transporte se identifican en la imagen?

¿Dónde se encuentran? Fundamenta tu respuesta.

¿Cuál te parece ser el mejor medio de transporte para un largo viaje? ¿Por qué?

## LECTURA

**PRECALENTAMIENTO**

- ¿A qué lugar del mundo te gustaría viajar instantáneamente? ¿Por qué?
- ¿Ya viajaste en tren? ¿Adónde fuiste y qué te pareció?
- ¿Te parece que se debería invertir más en el transporte ferroviario? ¿Por qué?

**Infográfico**
¿Qué servicios brindan los trenes urbanos?

 Lee el siguiente poema de Nicanor Parra.

### Proyecto de tren instantáneo entre Santiago y Puerto Montt

La locomotora del tren instantáneo
está en el lugar de destino (Pto. Montt)
y el último carro
en el punto de partida (Stgo.)

la ventaja que presenta este tipo de tren
consiste en que el viajero llega
instantáneamente a Puerto Montt en el
momento mismo de abordar el último carro
en Santiago
lo único que debe hacer a continuación
es trasladarse con sus maletas
por el interior del tren
hasta llegar al primer carro

una vez realizada esta operación
el viajero puede proceder a abandonar
el tren instantáneo
que ha permanecido inmóvil
durante todo el trayecto

Observación: este tipo de tren (directo)
sirve solo para viajes de ida

PARRA, Nicanor. *Parranda larga: antología poética.* Madrid: Alfaguara, 2012, p. 339.

**2** ¿A qué género pertenece el texto de la página anterior? ¿Qué características de ese género se identifican en él y cuáles no?

_____
_____

> **ESTRATEGIA DE LECTURA**
>
> Para **identificar el género textual**, fíjate no solo en el contenido del texto, sino también en sus características formales.

**3** Señala qué tipo textual empleó el autor en su "proyecto de tren". Luego da ejemplos de dónde se utiliza ese tipo textual y contesta: ¿con qué intención lo usó Parra en el poema?

- [ ] a  Narrativo.
- [ ] b  Instructivo.
- [ ] c  Argumentativo.

_____

**4** Contesta las preguntas según el texto.

a  ¿En qué partes se divide un tren? ¿Para qué sirven?
_____

b  De acuerdo con el proyecto, ¿dónde quedará cada una de esas partes y por qué?
_____

c  ¿En qué difiere este tren de los otros que conoces?
_____

**5** Escribe en el mapa el nombre de las ciudades de partida y llegada del tren instantáneo. Luego elabora tres instrucciones para los pasajeros usando las palabras dadas y conjugando los verbos en Imperativo (usted).

a  subir(se) / carro / Santiago
_____

b  desplazarse / carros / maletas
_____

c  bajar(se) / carro / Puerto Montt
_____

**6** Explica por qué...

a  "... el viajero llega instantáneamente a Puerto Montt en el momento mismo de abordar el último carro en Santiago".
_____

b  "... este tipo de tren (directo) sirve solo para viajes de ida".
_____

**7** Si fueras el ministro de Transportes de tu país, ¿cómo reaccionarías al recibir un proyecto de tren como este?

_____

# CAJÓN LEXICAL

## LOS MEDIOS DE TRANSPORTE

① Relaciona los medios de transporte con sus imágenes. Luego, sepáralos en las categorías correspondientes.

- a  El tranvía.
- b  El auto/coche/automóvil.
- c  El tren.
- d  La bicicleta.
- e  El barco.
- f  El autobús/ómnibus/colectivo.
- g  El navío/buque.
- h  La motocicleta.
- i  El camión.
- j  El helicóptero.
- k  El submarino.
- l  El metro/subte.
- m  La nave.
- n  El avión.
- ñ  El caballo.

| Aéreo | Por carretera | Ferroviario | Acuático |
|---|---|---|---|
|  |  |  |  |
|  |  |  |  |
|  |  |  |  |
|  |  |  |  |

② ¿Qué palabra de la actividad anterior tiene las siguientes acepciones?

1. Construcción amplia y de una sola planta que sirve como fábrica o almacén.
2. ~ espacial. Se dedica a misiones científicas o técnicas, puede ir con o sin tripulantes.
3. Espacio interior amplio en los edificios de dos arcadas o en templos.

Disponible en <www.wordreference.com/definicion/>. Accedido el 11 jul. 2012. (Adaptado).

**3** Completa las frases con las palabras a continuación. Haz las modificaciones necesarias.

| pinchazo | matrícula | grúa | atasco | multa | circulación | neumático |
| peatón | carretera | gasolinera | repostar | placa | chaleco | avería |

a Si sufres un _____ en uno de los _____ u otra _____ cualquiera en medio de la _____, no te desesperes. Ponte el _____ reflectante para bajar del coche y señalizarlo, pues dejas de ser un conductor y pasas a la condición de _____.

b Si tienes seguro, llámalo y te enviarán una _____. En caso de que haya un _____, esta puede tardar más de una hora. Si se te acabó el combustible, la policía apuntará tu _____ y te pondrá una _____, pero por lo menos en la _____ más cercana podrás _____ tu coche.

c Hay que tener ojo con las _____ de tráfico, pues alertan sobre la _____ en una eventual vía cortada.

**4** Lee el siguiente texto y contesta las preguntas.

### Hacia una mejora de la movilidad y la accesibilidad

La movilidad permite participar en todos los aspectos de la vida. Se trata de un derecho del que no debería privarse a nadie. En la actualidad, numerosas iniciativas tienen como objetivo la mejora de la movilidad, a través del aumento de las posibilidades de utilización de los transportes y del desarrollo de la accesibilidad de los vehículos urbanos y los sistemas ferroviarios. Facilitar el uso de los medios de transporte a las personas con discapacidad permite mejorar el transporte público, reducir la exclusión social y mantener la movilidad y la integración. [...]

Disponible en <http://europa.eu/legislation_summaries/employment_and_social_policy/disability_and_old_age/c11415_es.htm>. Accedido el 16 my. 2012.

a ¿En qué aspectos los medios de transporte pueden contribuir a la inclusión social?
_____
_____

b ¿Crees que los medios de transporte públicos atienden a la demanda de accesibilidad de las personas con discapacidad?
_____
_____

**5** Señala la respuesta correcta: ¿qué medio de transporte completa la siguiente expresión? Explícala a continuación.
"Casa sin mujer y ▬ sin timón lo mismo son".
☐ a coche
☐ b tranvía
☐ c barco
☐ d bicicleta

# GRAMÁTICA

## ARTÍCULO NEUTRO "LO"

El artículo neutro "lo" sirve para sustantivar adjetivos y destacar un aspecto o característica de una persona o cosa.

### Uso del artículo neutro "lo"

| Ejemplos | **Lo mejor** de viajar en avión es la rapidez. | **Lo interesante** de viajar en auto es conocer el trayecto. |
|---|---|---|
| Tema del que se habla | viajar en avión | viajar en auto |
| Aspecto o característica que se destaca | el mejor aspecto = lo mejor | el aspecto interesante = lo interesante |
| ¿Cuál es ese aspecto? | la rapidez | conocer el trayecto |

No se debe confundir el uso del artículo "el", que acompaña un sustantivo masculino singular, con el uso del artículo neutro "lo", que va con un adjetivo sustantivado.

> **¡OJO!**
> Fíjate en que se utiliza "en" con medios de transporte, como "en tren", "en coche", "en avión", pero se usa "a" en "a pie" y "a caballo".

### Diferencia entre el uso de "el" y el uso de "lo"

| Estructura | Ejemplos | Enfoque |
|---|---|---|
| el + sustantivo masculino singular | Para mí, **el medio** de transporte más cómodo es el tren. | Comparación entre el tren y otros medios de transporte desde el punto de vista de la comodidad. |
| lo + adjetivo sustantivado | **Lo cómodo** de viajar en tren es disfrutar del paisaje. | Comparación entre todos los aspectos de viajar en tren (comodidad, rapidez, facilidad, practicidad, etc.). |

A veces, el sustantivo puede no estar mencionado explícitamente, sino de forma implícita. En ese caso, el artículo "el" se aplica si el sustantivo implícito es masculino. Ej.: De todos los medios de transporte, el [medio de transporte] más divertido es el barco.

> No importa haber perdido el ómnibus. Lo mejor es ir caminando. El paisaje es precioso...

194

1. Haz un círculo alrededor de la forma que completa correctamente cada frase.
   a Viajar en tren sale más barato que hacerlo en coche y lo / el mejor es que no te cansas conduciendo.
   b La chica quería un coche nuevo y el / lo increíble es que su padre se lo ha regalado.
   c Lo / El avión se ha convertido en lo / el medio de transporte más rápido y seguro para desplazarse de un país a otro.
   d El / Lo que quiere desplazarse de una manera más económica debe plantearse hacerlo en bicicleta. Y lo / el bueno es que, además de no gastar dinero, no contamina el / lo medioambiente.

2. Completa las siguientes frases con "lo", "el" o "él".
   a ¿Qué es ___ peor de tener un coche?
   b ¿Qué medio de transporte sueles utilizar: ___ más barato o ___ más cómodo?
   c ¿Qué autobús es ___ tuyo: ___ amarillo o ___ negro?
   d ___ ya no quiere padecer ___ malo de la ciudad, está cansado de pillar los atascos.
   e ¿Sabías que ___ importante para una buena calidad de vida en una ciudad depende de ___ eficaz que es su transporte público?
   f ___ tuyo ya no me importa. Si viajas en coche o en bicicleta, me da igual.

## CONDICIONAL SIMPLE: VERBOS REGULARES

Este tiempo verbal recibe el nombre de Condicional porque uno de sus usos ocurre en las llamadas oraciones condicionales, que son aquellas en las que se habla de hechos o acciones sujetos a condiciones.

Ejemplo: Si el ómnibus saliese temprano, a la noche **estaríamos** en Río de Janeiro.

|  | VIAJAR | CONOCER | PARTIR |
|---|---|---|---|
| Yo | viajar**ía** | conocer**ía** | partir**ía** |
| Tú/Vos | viajar**ías** | conocer**ías** | partir**ías** |
| Él/Ella/Usted | viajar**ía** | conocer**ía** | partir**ía** |
| Nosotros(as) | viajar**íamos** | conocer**íamos** | partir**íamos** |
| Vosotros(as) | viajar**íais** | conocer**íais** | partir**íais** |
| Ellos(as)/Ustedes | viajar**ían** | conocer**ían** | partir**ían** |

**¡OJO!**
Así como en Futuro Simple de Indicativo, en Condicional Simple la raíz de los verbos regulares es igual al infinitivo y las terminaciones son las mismas en las tres conjugaciones.

El Condicional Simple también se utiliza para:
- hacer pedidos.
  Ejemplo: **Precisaría** un pasaje para Buenos Aires, por favor.
- formular hipótesis.
  Ejemplo: El avión de Quito no salió a la hora prevista. Probablemente, el aeropuerto **estaría** cerrado.
- expresar deseos.
  Ejemplo: Me **gustaría** hacer un crucero.
- dar consejos.
  Ejemplo: Yo en tu lugar **tomaría** un taxi en lugar de ir en ómnibus.

# GRAMÁTICA

## CONDICIONAL SIMPLE: VERBOS IRREGULARES

|  | PONER | TENER | VENIR | SALIR |
|---|---|---|---|---|
| Yo | pondría | tendría | vendría | saldría |
| Tú/Vos | pondrías | tendrías | vendrías | saldrías |
| Él/Ella/Usted | pondría | tendría | vendría | saldría |
| Nosotros(as) | pondríamos | tendríamos | vendríamos | saldríamos |
| Vosotros(as) | pondríais | tendríais | vendríais | saldríais |
| Ellos(as)/Ustedes | pondrían | tendrían | vendrían | saldrían |

|  | PODER | SABER | QUERER | HACER | DECIR | HABER |
|---|---|---|---|---|---|---|
| Yo | podría | sabría | querría | haría | diría | |
| Tú/Vos | podrías | sabrías | querrías | harías | dirías | |
| Él/Ella/Usted | podría | sabría | querría | haría | diría | habría (forma impersonal) |
| Nosotros(as) | podríamos | sabríamos | querríamos | haríamos | diríamos | |
| Vosotros(as) | podríais | sabríais | querríais | haríais | diríais | |
| Ellos(as)/Ustedes | podrían | sabrían | querrían | harían | dirían | |

### ¡OJO!

Los verbos que son irregulares en Futuro Imperfecto de Indicativo también lo son en Condicional Simple y adoptan la misma raíz. Las terminaciones son regulares.

**3** Completa las siguientes frases conjugando en Condicional Simple los verbos que están entre paréntesis.

a Yo en tu lugar me _____ (comprar) un billete de tren para ir a la montaña.
b ¿Te _____ (gustar) dar un paseo en moto en la playa?
c _____ (desear/nosotros) conocer las opciones de transporte para ese recorrido.
d ¿_____ (poder) facilitarme tu permiso de conducir?
e ¿_____ (tener/vosotros) unos billetes de metro para prestarme?
f ¿Te _____ (alquilar) un helicóptero?
g Creo que el autobús _____ (llegar) con retraso, si saliera a las cinco de la tarde de un viernes.

**4** Relaciona las columnas y luego escribe el verbo que corresponde en Condicional Simple.

a querer/tú           ☐ ¿_____ más planes de viaje tras los incidentes con aquel navío?
b tener/ella          ☐ Ana _____ que empezar a conducir su propio coche.
c poder/ellos         ☐ ¿Las chicas _____ andar en metro si necesitaran llegar a casa?
d poner/vosotros      ☐ ¿_____ unas recomendaciones de paseos en bici, no?
e saber/ellas         ☐ _____ en taxi siempre que nos pagasen el trayecto.
f hacer/tú            ☐ _____ montar a caballo en el paseo rural de mañana.
g venir/nosotros      ☐ ¿Os _____ el chaleco salvavidas si tuvierais que ir en barco?

# 16

**5** ¿Qué consejos darías en las siguientes situaciones?

a Tengo poco dinero y necesito un medio de transporte económico.
Yo que tú _____

b Mis padres tienen tiempo y les gusta viajar. ¿Les regalo un viaje en tren, en avión o en navío?
Yo que tú _____

c Mañana tengo que estar muy temprano en mi trabajo. ¿Voy en coche o en metro?
Yo que tú _____

**6** Lee el siguiente texto, extraído de un libro de crónicas sobre viajes en tren, y señala la respuesta correcta.

[...] Retorno a mis evocaciones en el tren que me conducía a Madrid-Chamartín. La llegada de un inspector me saca, sin embargo, de las cavilaciones ferroviario-filosóficas.
—¿Hasta dónde viaja, señor?
—Hasta Lisboa. Tengo que hacer la combinación en la estación de Madrid-Chamartín.
—Pero no hacía falta seguir hasta Madrid. Podría haber tomado algunos de los coches directos París-Lisboa que van vía Salamanca y se ahorraba unos cuantos kilómetros. Ahora ya es tarde. Va a tener que esperar en Madrid unas horas.
Podría decirle que "lo que el horario no da, Salamanca no lo presta", pero el problema no es grave. Culpa mía por no revisar a fondo el horario. [...]

SOPEÑA, Germán. *La libertad es un tren.* Buenos Aires: Emecé, 2003, p. 49.

a El autor del texto viajaba hacia:
☐ I Lisboa vía Madrid.   ☐ III Madrid vía Salamanca.
☐ II Lisboa vía Salamanca.

b En el fragmento transcrito, el autor utiliza dos veces el verbo "poder" en Condicional Simple. En ambos casos:
☐ I se expresa un deseo.   ☐ III se da un consejo.
☐ II se formulan hipótesis.

## HETEROTÓNICOS

Algunas palabras tienen grafía parecida en español y en portugués, pero la sílaba tónica es diferente. Esas palabras reciben el nombre de heterotónicos.

| Español | Portugués | Español | Portugués | Español | Portugués | Español | Portugués |
|---|---|---|---|---|---|---|---|
| demo**cra**cia | democra**ci**a | e**lo**gio | elo**gi**o | ni**vel** | **ní**vel | o**xí**geno | oxi**gê**nio |
| alco**hol** | **ál**cool | im**par** | **ím**par | al**guien** | al**guém** | **fo**bia | fo**bi**a |
| aca**de**mia | acade**mi**a | **sín**toma | sin**to**ma | peri**fe**ria | perife**ri**a | te**ra**pia | tera**pi**a |
| **fút**bol | fute**bol** | **hé**roe | he**rói** | mi**cró**fono | micro**fo**ne | **pál**pito | pal**pi**te |
| poli**cí**a | po**lí**cia | te**lé**fono | tele**fo**ne | **ré**gimen | re**gi**me | **ma**gia | ma**gi**a |

197

# GRAMÁTICA

**7** Haz un círculo alrededor de las palabras heterotónicas presentes en las siguientes frases.

a La policía le hizo un test de alcohol al conductor que estaba hablando por teléfono con alguien y parecía que tenía un micrófono en las manos. Él presentaba síntomas de alcoholemia y el test pudo comprobar un alto nivel de la sustancia en su sangre.

b Un alumno de la academia de idiomas tenía alergia al polen y una vez le dijeron que hiciera un tratamiento con un especialista gaucho que vivía en la periferia de la ciudad. Como no sabía conducir hasta allí y tenía fobia a perderse, le pidió a su amigo conocido como "el Héroe" que lo acompañara a la consulta.

## ACENTUACIÓN: PALABRAS ESDRÚJULAS Y SOBRESDRÚJULAS

Las palabras esdrújulas son aquellas cuya sílaba tónica es la antepenúltima y las sobresdrújulas, aquellas cuya sílaba tónica es anterior a la antepenúltima.

| Acentuación gráfica de las palabras esdrújulas y sobresdrújulas |||
|---|---|---|
| Esdrújulas | Siempre llevan acento. | tránsito / ómnibus / régimen / tráfico / práctico |
| Sobresdrújulas (palabras formadas por una forma verbal + pronombres personales) | Siempre llevan acento. | tráemelo / comprémosela / pagándonoslo |

Los adverbios de modo formados con adjetivo invariable o en su forma femenina más la terminación "-mente" conservan el acento gráfico del adjetivo si este lo tiene. Ejs.: fácil – fácilmente / rápido – rápidamente, etc.

**¡OJO!**
La mayoría de las palabras sobresdrújulas y muchas esdrújulas son verbos conjugados en Imperativo. Con el "vos" la sílaba tónica cambia y/o pierde la acentuación: devolvémelo, arreglalo.

**8** Escribe las siguientes palabras en la columna correspondiente.

devuélvemelo   muévete   arréglalo   tránsito   cómodamente   aéreo   petróleo   exámenes   cómpranoslas   mecánico
tráfico   pongámoselos   eléctrico   helicóptero   ómnibus   difícilmente   automóviles   océano   bájenselo   brújula
infórmaselo   matrícula   neumático   condúcelo   súbanselo   turístico   última   chocándoselo

| Esdrújulas | Sobresdrújulas |
|---|---|
|  |  |

## LECTURA

**PRECALENTAMIENTO**

- ¿Cómo describirías el tránsito de las grandes ciudades? Comenta tu respuesta.
- ¿Qué soluciones propondrías al alcalde de una de esas ciudades?
- ¿Por qué crees que el tránsito ha empeorado tanto en las últimas décadas?

**1** Lee el siguiente texto acerca de las autopistas urbanas y su efecto en el tránsito.

# Hay que demoler las autopistas

Agregar nuevas puede no mejorar el sistema. Y ahora los urbanistas hablan de enterrar los transportes públicos.

Por Miguel Jurado

En la década del 50, la solución para el tránsito era hacer autopistas elevadas. La gente abajo y los autos arriba. [...] Ahora, la mayoría de los urbanistas sugiere desterrar las autopistas y enterrar sistemas de transporte público. La gente arriba, los autos abajo. Tal como están las cosas, para dar un salto a la modernidad, en Buenos Aires habría que demoler las autopistas. Hasta tendría rédito electoral.

Desde los 70, cuando la ciudad recibió el regalo de las autopistas urbanas, varios barrios sufren una herida abierta en su urbanidad. Y no creo que sea una eficiente solución de tránsito. Basta con visitar Barracas, entre Herrera y Hornos, para ver el desastre que ocasionó la continuación de avenida 9 de Julio en formato de autovía. Lo que era un barrio tradicional de casas bajas y antiguas, hoy es un paraíso de alambrados, baldíos, basura, coches viejos abandonados y tierra de nadie. ¿No sería mejor hacer una avenida con bellos edificios como la parte más linda de la 9 de Julio? No es menos grave lo que ocasiona la 25 de Mayo en todo su trayecto, lacerando cuadras y cuadras de edificios, dejando departamentos a escasos 5 metros de su calzada y degradando barrios enteros con su ruido y contaminación. Las autopistas están perimidas y si siguen allí es porque todavía no nos pusimos a pensar cómo sacarlas.

Hace más de 12 años, en Seúl (Corea del Sur), el intendente recién electo decidió demoler una autopista de 6 carriles [...] que ya llevaba 50 años dividiendo la ciudad y tapando un canal la mitad de feo que nuestro Riachuelo. No faltaron los presagios apocalípticos que anunciaban un caos descomunal de tránsito. No pasó nada de eso. Lejos de hacerse más lento, el tránsito se agilizó. La enorme autovía elevada que ya estaba reclamando más socias para seguir estropeando la ciudad, era absolutamente inútil.

Pero Lee Myung Bak, el alcalde del que hablamos, fue por más. Una vez descubierto el canal lo convirtió en un parque de 8 kilómetros que cubre 400 hectáreas bordeando las aguas, ahora purificadas. [...] Lo que pasó en Seúl fue que los autos se distribuyeron por calles de menor tránsito y llegaron a algún equilibrio funcional. No se descarta que la falta de autopista haya hecho desistir a muchos de llegar al centro en su vehículo. [...]

En Buenos Aires, todos los días ingresan 1,4 millón de autos provenientes del Conurbano. [...] Si a ese caudal le sumamos los autos que residen en la Ciudad, el panorama es desalentador. Pero, si creemos que aquí el tránsito es un infierno, varias ciudades de Latinoamérica muestran que puede ser peor. En San Pablo (Brasil), las estadísticas denuncian que, en promedio, los automovilistas pierden casi 2 horas y media por día en algún embotellamiento. Hoy, en algunas avenidas de Quito (Ecuador) se necesita una hora y media para hacer 12 km. El futuro no es prometedor, es hora de empezar a demoler autopistas.

© Periódico Clarín/Miguel Jurado - Editor de Diario de Arquitectura. Periódico *Clarín*.
Buenos Aires: sección Ciudades, 29 jun. 2011.

# LECTURA

**2** Señala las alternativas correctas en cuanto al género del texto. Al final, contesta la pregunta.

a Medio de publicación:
☐ I libro de crónicas. ☐ II periódico. ☐ III enciclopedia.

b Firmado por el autor:
☐ I sí. ☐ II no.

c Tipo textual:
☐ I expositivo. ☐ II descriptivo. ☐ III argumentativo.

d Función u objetivo:
☐ I explicar un concepto. ☐ II opinar sobre temas de actualidad.

e ¿Cuál es el género textual? _____

**3** Contesta las preguntas de acuerdo con el texto.

a ¿Por qué crees que antes las autopistas elevadas se consideraban como una solución?
_____

b ¿Qué beneficios alcanzó la demolición de la autopista realizada por el alcalde de Seúl?
_____

**4** Señala la única alternativa incorrecta respecto a las opiniones del autor.
☐ a Aunque contribuyen a la belleza de la ciudad, las autopistas no sirven para mejorar el tránsito.
☐ b Además de obsoletas, las autopistas conllevan problemas como la proximidad entre la calzada y los edificios de departamentos.
☐ c Muchos creyeron que el tránsito se volvería caótico cuando Lee Myung Bak anunció que iba a demoler la autopista.
☐ d Los problemas del tránsito de Buenos Aires aún no son tan graves como los de Quito.

**5** Busca en el texto ejemplos de las siguientes estrategias argumentativas y explica cómo cada una ayuda a sostener los argumentos del autor.

> **ESTRATEGIA ARGUMENTATIVA**
>
> En algunos textos se utilizan estrategias argumentativas para aclarar lo que se afirma y convencer al lector de que las opiniones defendidas tienen fundamento. Algunas de ellas son las **preguntas retóricas** y la **ejemplificación**.

a Ejemplo: _____

b Pregunta retórica: _____

**6** ¿Cómo podrías eliminar las autopistas y mejorar el tránsito y el paisaje de las ciudades usando el "proyecto de tren instantáneo" de Nicanor Parra? Coméntalo.
_____

Accede a <www.youtube.com/watch?v=TddZ7hlFBN4&> (accedido el 16 my. 2012) para saber un poco más acerca del alquiler de coche por hora en Holanda; una forma económica y ecológica de desplazarse.

**RINCÓN DE ESCRITURA**

Elabora un breve artículo de opinión en el que comentes acerca del sistema de transporte público de tu ciudad.

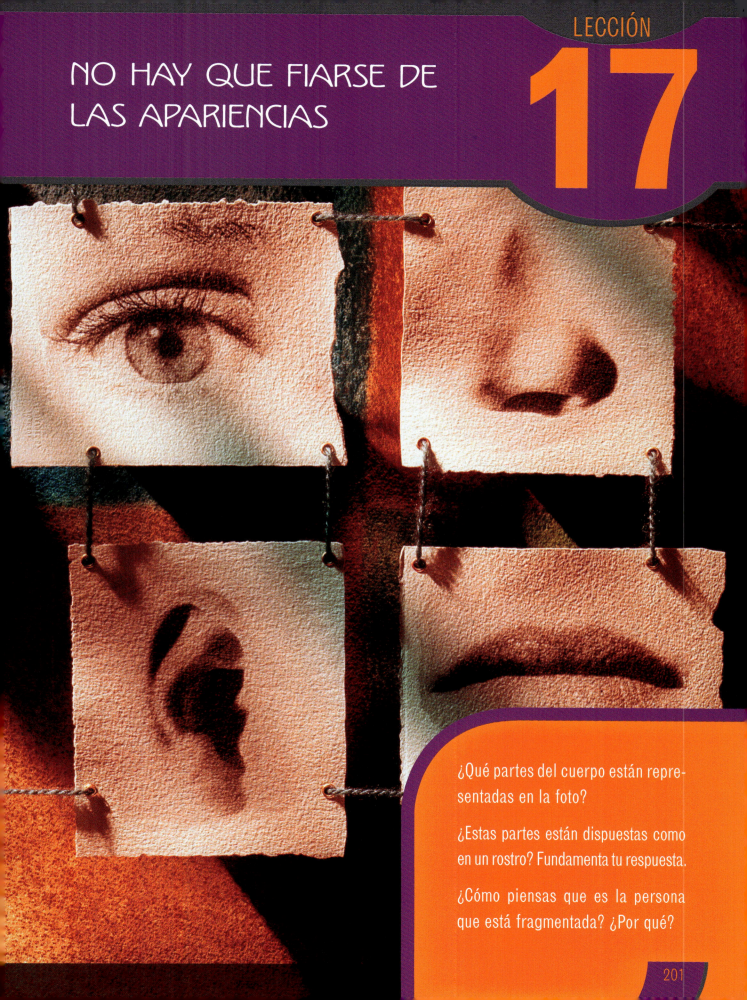

**PRECALENTAMIENTO**

- ¿Con qué frecuencia utilizas el correo electrónico?
- ¿Cuáles son las ventajas y desventajas de utilizar ese medio para comunicarse?
- En todos los correos electrónicos que escribes, ¿utilizas el mismo lenguaje? ¿Por qué?

**1** Lee el siguiente correo electrónico.

Una pareja, Emmi y Leo, se comunica por correo electrónico hace dos años pero nunca se ha encontrado. En ese momento, ellos conciertan una cita y Emmi se describe. Ya habían arreglado un encuentro anteriormente, pero Leo le pidió a su hermana que fuera en su lugar. Por eso, Emmi recuerda mensajes antiguos que se escribieron y menciona la descripción hecha por la hermana de Leo después de que se encontraron.

Al día siguiente

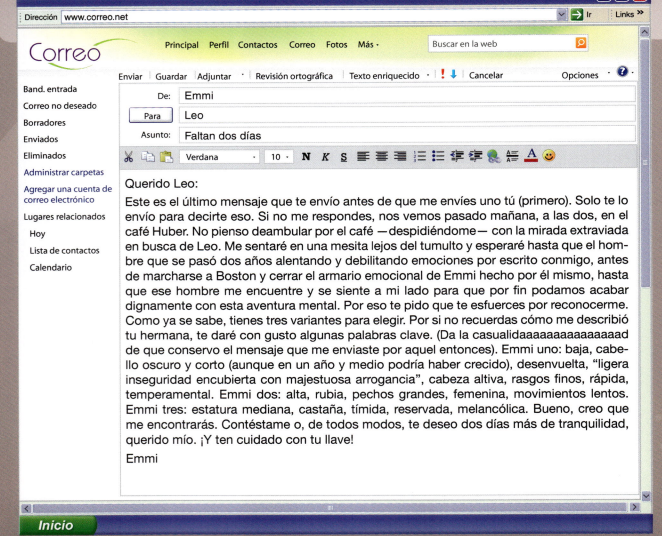

**De:** Emmi
**Para:** Leo
**Asunto:** Faltan dos días

Querido Leo:

Este es el último mensaje que te envío antes de que me envíes uno tú (primero). Solo te lo envío para decirte eso. Si no me respondes, nos vemos pasado mañana, a las dos, en el café Huber. No pienso deambular por el café —despidiéndome— con la mirada extraviada en busca de Leo. Me sentaré en una mesita lejos del tumulto y esperaré hasta que el hombre que se pasó dos años alentando y debilitando emociones por escrito conmigo, antes de marcharse a Boston y cerrar el armario emocional de Emmi hecho por él mismo, hasta que ese hombre me encuentre y se siente a mi lado para que por fin podamos acabar dignamente con esta aventura mental. Por eso te pido que te esfuerces por reconocerme. Como ya se sabe, tienes tres variantes para elegir. Por si no recuerdas cómo me describió tu hermana, te daré con gusto algunas palabras clave. (Da la casualidaaaaaaaaaaaaaaad de que conservo el mensaje que me enviaste por aquel entonces). Emmi uno: baja, cabello oscuro y corto (aunque en un año y medio podría haber crecido), desenvuelta, "ligera inseguridad encubierta con majestuosa arrogancia", cabeza altiva, rasgos finos, rápida, temperamental. Emmi dos: alta, rubia, pechos grandes, femenina, movimientos lentos. Emmi tres: estatura mediana, castaña, tímida, reservada, melancólica. Bueno, creo que me encontrarás. Contéstame o, de todos modos, te deseo dos días más de tranquilidad, querido mío. ¡Y ten cuidado con tu llave!

Emmi

GLATTAUER, Daniel. *Cada siete olas*. Traducción de Macarena González. Madrid: Alfaguara, 2010, p. 27-28.

**2** Son características del correo electrónico:

- ☐ a permitir adjuntar archivos a los mensajes.
- ☐ b necesitar papel para escribir los mensajes.
- ☐ c permitir enviar o recibir mucha información.
- ☐ d no permitir el acceso desde cualquier lugar del mundo.
- ☐ e ser rápido y económico.

**3** ¿Qué tipo de lenguaje utilizó la remitente en el correo electrónico? ¿Por qué? Utiliza ejemplos que fundamenten tu respuesta.

_____

**4** Para escribir un correo electrónico se deben respetar los elementos a continuación. Relaciónalos con las respectivas partes del texto.

> **ESTRATEGIA DE LECTURA**
> Asocia lo que se dice en el texto con los **conocimientos que ya tienes**.

a Asunto.   c Destinatario.   e Despedida.
b Saludo.   d Remitente.

○ Faltan dos días.    ○ Emmi.    ○ Contéstame o, de todos modos, te deseo dos días más de
○ Leo.                ○ Querido Leo.    tranquilidad, querido mío. ¡Y ten cuidado con tu llave! Emmi.

**5** ¿Qué otros tipos de textos utilizan elementos del correo electrónico?

_____

**6** Identifica en el texto palabras o expresiones que demuestran...

a ... cariño: _____
b ... advertencia: _____
c ... humor: _____

**7** En la comunicación por correo electrónico, chat, Messenger, foros y otros mensajes instantáneos, se suele utilizar los emoticonos para expresar emociones. Relaciona las frases usadas por Emmi con el emoticono que expresa sensación o sentimiento semejante.

> **ESTRATEGIA DE LECTURA**
> Establece un diálogo con el texto. Construye el **significado** entre el **lenguaje verbal** y **no verbal**.

| -_- | <3 | : - ) |
|---|---|---|
| seriedad | corazón | sonrisa/de acuerdo |

a "... a las dos, en el café Huber": _____
b "... querido mío": _____
c "Me sentaré en una mesita lejos del tumulto y esperaré...": _____

**8** ¿En Internet las personas registran sus verdaderas características? ¿Por qué? ¿Cuáles son los peligros de comunicarse a través de ese medio? ¿Cuál es la principal recomendación que se les da a los que entablan relaciones por Internet?

_____
_____

# CAJÓN LEXICAL — LAS CARACTERÍSTICAS FÍSICAS

 **GLOSARIO VISUAL** El rostro y el cuerpo

 **Infográfico** ¿De qué está hecho nuestro cuerpo?

**1** Observa las imágenes y relaciónalas con las descripciones físicas correspondientes.

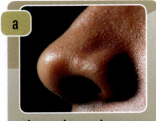
a — La nariz puede ser…

b — Los ojos pueden ser…

c — La piel puede ser…

d — El pelo puede ser…

e — La cara puede ser…

f — El tipo físico puede ser…

- negra – amarilla – blanca – morena – pecosa – trigueña – con lunares – lisa – arrugada – cobriza
- redondos – castaños – azules – verdes – pequeños – grandes – negros – almendrados – rasgados – bizcos – grises
- afilada – fina – aguileña – griega – respingona – grande – chata – pequeña – larga
- corto – ondulado – rizado – largo – lacio – rubio – negro – canoso – pelirrojo – castaño
- alto – bajo – mediano – delgado – gordo – fuerte – débil – flaco
- redonda – alargada – ovalada – cuadrada

**2** Observa las imágenes de los siguientes cantantes y descríbelos.

Ejemplo: Tiene la nariz ▬, los ojos ▬, la piel ▬, el pelo ▬, la cara ▬ y (el tipo físico) es ▬.

a

c

b

d

**3** Lee el siguiente texto.

## Discriminación estética

**Concepto**

Discriminación estética es toda aquella forma de discriminación basada en motivos meramente estéticos (belleza, forma de vestir, utilización de adornos corporales...).

Esta forma de discriminación se encuentra frecuentemente presente en las siguientes situaciones:
- ofertas de trabajo que exigen una buena "presencia física".
- negación de la entrada a lugares de ocio, amparándose en el derecho de admisión.

Todas estas prácticas discriminatorias deben ser denunciadas y sancionadas. La discriminación estética es, ante todo, profundamente injusta y resulta denigrante para la dignidad humana.

Las características estéticas [...] y los objetos o prendas que acompañan a las personas pueden considerarse (según los gustos de cada cual) como más o menos "bellas" o "feas", pero en ningún caso como "buenas" o "malas", al ser el concepto de "belleza" ajeno al concepto de lo "bueno", de lo "moral", o de lo "correcto".

Disponible en <www.stopdiscriminacion.org/estetica/index.htm>. Accedido el 17 my. 2012.

**4** ¿Ya presenciaste o tuviste noticia de algún tipo de discriminación estética? ¿Cuál fue el motivo?
_____

**5** ¿Estás de acuerdo con el texto sobre las dos situaciones en que más se discrimina estéticamente? Coméntalo.
_____

**6** En tu opinión, ¿qué es tener "buena presencia física"?
_____

**7** Escribe las siguientes expresiones en las frases correspondientes de acuerdo con el significado que te damos. Haz los cambios necesarios.

| agarrarse de un pelo | estar hasta la coronilla | caérsele a alguien el pelo | hinchársele a alguien las narices |

a  Recibir una reprensión: Si mi madre se entera de que he salido sin su permiso, _____.

b  Aprovecharse de la más mínima oportunidad para lograr algo: Mi hermano _____ con tal de no ir a la escuela.

c  Estar harto de alguien o de algo: Ya _____ de que me grites todos los días.

d  Enfadarse: _____ a Jorge cuando le preguntan por su exnovia.

# GRAMÁTICA

## PRETÉRITO IMPERFECTO DE SUBJUNTIVO: VERBOS REGULARES

El Pretérito Imperfecto de Subjuntivo se forma a partir de la tercera persona del plural del Pretérito Indefinido de Indicativo y posee dos formas de conjugación.

|  | **LLEGAR** | **VENDER** | **SACUDIR** |
|---|---|---|---|
| Pretérito Indefinido de Indicativo: ellos | llega**ron** ↓ | vendie**ron** ↓ | sacudie**ron** ↓ |
| Yo | llega**ra/se** | vendie**ra/se** | sacudie**ra/se** |
| Tú/Vos | llega**ras/ses** | vendie**ras/ses** | sacudie**ras/ses** |
| Él/Ella/Usted | llega**ra/se** | vendie**ra/se** | sacudie**ra/se** |
| Nosotros(as) | llegá**ramos/semos** | vendié**ramos/semos** | sacudié**ramos/semos** |
| Vosotros(as) | llega**rais/seis** | vendie**rais/seis** | sacudie**rais/seis** |
| Ellos(as)/Ustedes | llega**ran/sen** | vendie**ran/sen** | sacudie**ran/sen** |

El Pretérito Imperfecto de Subjuntivo se usa para:
- expresar condiciones.
    Ejemplo: Si se **respetaran**/**respetasen** más los derechos de las minorías, la convivencia en la sociedad sería mejor.
- expresar hipótesis.
    Ejemplo: Me gustaría ir a la playa si **hiciera**/**hiciese** sol y calor.

> ¡OJO!
> La conjugación terminada en "-ra" no debe confundirse con la del *Pretérito Mais-que-perfeito* del portugués, que se aplica a hechos reales pasados anteriores a otros hechos pasados.

**1** Escribe cada forma verbal a continuación en la columna de la terminación que le corresponde en Pretérito Imperfecto de Subjuntivo.

conviv-   enseñ-   respet-   educar-   compart-   entend-   preserv-
dialog-   acept-   viv-   escrib-   conoc-   habl-   protest-
juzg-   esper-   recib-   ayud-   parec-   combat-

| "-ara"/"-ase" | "-iera"/"-iese" |
|---|---|
|  |  |

**2** Ahora elige cinco verbos de la actividad anterior y conjúgalos con "él/ella/usted" y "ellos(as)/ustedes" en Pretérito Imperfecto de Subjuntivo.

| Él/Ella/Usted | Ellos(as)/Ustedes |
|---|---|
|  |  |

**3** Completa las preguntas con las formas verbales entre paréntesis conjugadas en Pretérito Imperfecto de Subjuntivo.

a  ¿Os importaría si _____ a Maura a nuestra reunión? (invitar/yo)
b  ¿Te gustaría que te _____ cómo fue la presentación? (comentar/ella)
c  ¿Te molestaría si _____ el flequillo? (cortarse/yo)
d  ¿Os parecería bien si _____ a presentarnos? (empezar/nosotros)
e  ¿Te gustaría si te _____ tu forma de vestir? (cambiar/ellos)

## PRETÉRITO IMPERFECTO DE SUBJUNTIVO: VERBOS IRREGULARES

|  | ESTAR | SER/IR | VENIR |
|---|---|---|---|
| Pretérito Indefinido de Indicativo: ellos | estuvieron ↓ | fueron ↓ | vinieron ↓ |
| Yo | estuviera/se | fuera/se | viniera/se |
| Tú/Vos | estuvieras/ses | fueras/ses | vinieras/ses |
| Él/Ella/Usted | estuviera/se | fuera/se | viniera/se |
| Nosotros(as) | estuviéramos/semos | fuéramos/semos | viniéramos/semos |
| Vosotros(as) | estuvierais/seis | fuerais/seis | vinierais/seis |
| Ellos(as)/Ustedes | estuvieran/sen | fueran/sen | vinieran/sen |

**¡OJO!**
La irregularidad en la tercera persona del plural del Pretérito Indefinido de Indicativo se mantiene en todas las personas del Pretérito Imperfecto de Subjuntivo.

**4** Completa las frases con los verbos que están entre paréntesis conjugados en Pretérito Imperfecto de Subjuntivo.

a  Me dijo que _____ temprano porque quería enseñarme su nuevo peinado. (venir)
b  Te pedí que te _____ más protector solar a causa de tus pecas en las mejillas. (echar)
c  Me comentó que si ella _____ el pelo más lacio podría peinarse más rápido. (tener)
d  Me dijo que si vosotros _____ más altos seríais jugadores de baloncesto. (ser)
e  Nos pidió que le _____ si su nariz estaba muy colorada. (decir)
f  Si nosotros _____ a ese parque podríamos andar en bici. (venir)
g  Si ellas _____ ejercicios más a menudo, podrían adelgazar naturalmente. (hacer)

# GRAMÁTICA

**5** Arma frases conjugando los verbos en Pretérito Imperfecto de Subjuntivo.

a  si **ver** menos tele y **salir** más a caminar, conoceríamos más gente

b  si la chica **ponerse** menos maquillaje, se podrían ver mejor sus lindos ojos achinados

c  me contó que si vosotros **tener** más tiempo libre podríais ir más veces al gimnasio

d  si **dormir** más horas por la noche, tendrías menos ojeras

e  si la campaña de concienciación sobre la diversidad cultural **traer** más imágenes de la gente común, sería más eficaz

f  me dijo que si ella **traducir** al lenguaje común los anuncios de perfumes, tal vez no **tener** tanto éxito como el que tienen ahora

**6** ¿Qué dirías en las siguientes situaciones? Utiliza la expresión "ojalá" y el Pretérito Imperfecto de Subjuntivo para expresar el deseo de que algo imposible o de muy poca probabilidad se realice.

Ejemplo:  A la chiquilla le gustaría tener los ojos como los de su padre, pero es algo imposible.
          ¡Ojalá tuviera/tuviese los ojos como los de su padre!

a  Al vecino le gustaría ver más veces a sus amigos, pero a su mujer se le tuercen las narices.

b  A mi amigo le gustaría conversar con personas más maduras, pero sus amigos son muy inmaduros.

c  A los pueblos de la Sierra les gustaría preservar más sus costumbres, pero se ve cada vez más difícil ese deseo.

d  Al chaval no le gusta tener el pelo rizado, pero no quiere estirarlo en una peluquería.

## RELATIVOS

Los pronombres relativos sirven en el texto para hacer referencia a antecedentes explícitos o implícitos.

Ejemplos:
Fuimos a una <u>manifestación</u> en la **que** todos caminamos en absoluto silencio como forma de protesta.
　　　　　　　antecedente explícito　　　　　　relativo

**Quien** fue a la manifestación debió guardar silencio.
　relativo con antecedente implícito

| Relativos | Ejemplos |
|---|---|
| (el/la/los/las) que | Me parezco a mi padre, **que** también tiene cabello negro. |
| quien/quienes | **Quien** tiene el rostro ovalado es mi madre.<br>Hay **quienes** prefieran ignorar el daño que provoca el tabaco. |
| el(la) cual/los(las) cuales | El tema sobre **el cual** estamos preparando un trabajo se refiere a la discriminación racial. |
| cuanto(a/os/as) | Vamos a enfocar varios aspectos del tema. **Cuantos** más, mejor va a quedar el trabajo. |
| cuyo(a/os/as) | Los latinoamericanos, en **cuya** tierra surgieron importantes civilizaciones, se sienten orgullosos de su pasado. |

Este es el chico del **que** te hablé, **cuyo** padre tiene un amigo, **cuyo** hijo estudia con el primo de…

**¡OJO!**
"Cuyo(a/os/as)" da noción de posesión.

**7** Haz un círculo alrededor de la palabra que completa correctamente cada frase.
  a  Ese es el señor con que / quien / cuyo tienes que contactar.
  b  Necesito hablar con la señora que / quien / cuya me prestó las fotos de sus parientes.
  c  ¿Conoces a esa chica delgada cuya / que / quien nos ha saludado?
  d  La vecina lleva un bonito pañuelo quienes / que / cuyos colores son los de la bandera de su país.
  e  Me gustan mucho las gafas cuyas / quien / que te regaló tu novio.

**8** Responde a las preguntas utilizando "cuyo(a/os/as)".
  a  ¿Quién es el Sr. González? Es aquel hombre _____ nariz es muy grande y caída.
  b  ¿Quiénes son las chicas que llevan el pelo teñido? Son las chicas _____ padres han venido por lo de la fiesta de ayer.
  c  ¿Quién es la Sra. Huertas? Es la señora _____ hijas tienen hijos de ojos verdes.
  d  ¿Quiénes son esos chavales bajitos? Son los chavales _____ padre está siempre en la peluquería.

**9** Completa con "el que", "la que", "los que", "las que" y "lo que".
  a  ¿Quién es esa chica? Es _____ había roto el brazo, ¿te acuerdas?
  b  ¿Por qué están haciendo esa protesta? Por _____ aún necesitan nuestra ayuda.
  c  ¿De quién es el verso: "_____ no quiere a su patria no quiere a su madre"? ¿Calle 13?
  d  ¿De dónde vienen esas niñas? ¿_____ llevan el pelo trenzado?
  e  ¿Te conté lo de Juanito? ¿Te refieres a _____ le pasó en las cejas?

# GRAMÁTICA

## USOS Y DIFERENCIAS DE "POR QUÉ", "PORQUE", "PORQUÉ", "POR QUE"

| por qué | interrogativo | ¿**Por qué** te gusta viajar por América Latina? |
|---|---|---|
| porque | conjunción que sirve para introducir una causa | Me gusta **porque** la gente tiene orgullo de sus raíces. |
| porqué | sustantivo | No sé el **porqué**. |
| por (el/la/los/las) que | preposición + relativo | El motivo **por el que** me gusta viajar por América Latina es su gente. |

**¡OJO!**
"Por qué" lleva acento por ser un interrogativo y "porqué", por ser una palabra aguda terminada en vocal.

**10** Relaciona las partes y luego escribe la forma correspondiente.

a Por qué.  c Por (lo/la/los/las) que.
b Porque.  d Porqué.

☐ La modelo es alta y está delgadísima _____ está siempre a dieta.
☐ El niño no sabe _____ su padre no lo deja afeitarse.
☐ Ella quiere llevar el pelo corto _____ le resultará más fácil cuidarlo.
☐ No se sabe el _____ de tanta falta de respeto con las personas de otros grupos sociales.
☐ La actriz llevaba pantalón rojo _____ ese color le pegaba más con su pelo y su pintalabios.
☐ ¿_____ no escuchas más canciones nacionales?
☐ La guía _____ la chica preguntaba era marroquí.

**11** Lee el siguiente texto y señala la respuesta correcta.

**Título:** El libro de los porqués
**Autor:** Kathy Wollard
**Editorial:** Ediciones Oniro S.A.
**ISBN:** 8495456281

**Comentario:** Todas las preguntas contenidas en *El libro de los porqués (lo que siempre quisiste saber sobre el planeta Tierra)* las formularon niños de todo el mundo, que dirigieron sus cuestiones a la columna "How Come?" del *Newsday's*, periódico de Long Island, Nueva York.

Dicha columna se empezó a publicar en 1897 a cargo de Kathy Wollard y poco a poco fue ampliando su área de distribución hasta conseguir llegar a todo el mundo. En 1993 se publicó el primer libro recopilatorio a partir del que se ha confeccionado este manual.

Disponible en <www.sabercurioso.es/2007/11/03/el-libro-de-los-porques>. Accedido el 8 my. 2012.

a El texto anterior es:
☐ I una reseña.  ☐ II una noticia.  ☐ III una propaganda.

b La palabra "porqués" contenida en el título del libro:
☐ I hace referencia a "libro".  ☐ II es un interrogativo.  ☐ III es sinónimo de "causas".

## LECTURA

### PRECALENTAMIENTO
- ¿Cómo llegaron los negros a América?
- ¿A qué contribuyeron los negros africanos en América?
- ¿Crees que la cultura africana influenció la americana? ¿En qué sentido?

**1** Lee el siguiente poema del escritor ecuatoriano Adalberto Ortiz.

### ESTRATEGIA DE LECTURA
El poema es un excelente género para trabajar la **imagen mental** del texto. Es importante leerlo y releerlo para captar nuevos **significados**.

# Contribución

Adalberto Ortiz

África, África, África
tierra grande, verde y sol
en largas filas de mástiles
esclavos negros mandó.
Qué trágica fue la brújula
que nuestra ruta guió.
Qué amargos fueron los dátiles
que nuestra boca encontró.
Siempre han partido látigos
nuestra espalda de cascol
y con nuestras manos ágiles
tocamos guasá y bongó.
Sacuden sus sones bárbaros
a los blancos, los de hoy,
invade la sangre cálida
de la raza de color,
porque el alma, la del África
que encadenada llegó,
a esta tierra de América
canela y candela dio.

*Poesía: antología del siglo XX.* Selección de Iván Carvajal y Raúl Pacheco. Madrid: Alfaguara, 2009, p. 126.

211

# LECTURA

**2** Con base en el contenido del poema, ¿qué quiere decir el título "Contribución"?

_____

_____

> **ESTRATEGIA DE LECTURA**
> Identifica la **idea principal** del texto tras hacer la lectura.

**3** ¿Qué elementos dan musicalidad y sonoridad al poema?
- ☐ a  Metáfora.
- ☐ b  Rima.
- ☐ c  Sílaba métrica.
- ☐ d  Metonimia.
- ☐ e  Aliteración.
- ☐ f  Ritmo.

**4** Completa las rimas de acuerdo con el poema.
- a  mástiles – _____ – _____
- b  mandó – _____ – encontró – _____ – llegó – _____

**5** ¿Qué sentimientos se expresan del verso 5 al 8?

_____

**6** ¿A qué se refieren esos sentimientos? Fundamenta tu respuesta.

_____

**7** ¿Cómo se define a los esclavos negros en el poema?

_____

**8** ¿Por qué se dice en el poema que el alma de África llegó encadenada?

_____

**9** Saca del poema versos que expresan la contribución del pueblo africano a la...
- a  ... música en América: _____
- b  ... culinaria americana: _____

**10** Las características físicas de Emmi, descritas en el correo electrónico del inicio de la lección, y las de los negros africanos, en el poema "Contribución", pueden suscitar, aunque indirectamente, el tema de la diversidad étnica, hecho que debemos respetar. ¿Qué tipos físicos vemos representados en esos dos textos?

_____

_____

Accede a <www.youtube.com/watch?v=XAuYtpI3Cq8&> (accedido el 17 my. 2012) para ver un vídeo hecho por el Consejo Nacional de México para la prevención contra la discriminación racial en ese país.

**RINCÓN DE ESCRITURA**

Escribe un correo electrónico contestándole a Emmi como si fueras Leo. Elige la descripción que le corresponde y comentes sobre el posible encuentro.

## LECCIÓN 18
# CUANDO EL VERANO ES INVIERNO Y EL INVIERNO VERANO, NUNCA BUEN AÑO

¿Qué se puede observar en la foto?

¿Reconoces en la imagen algún fenómeno natural?

¿Crees que el calentamiento global puede modificar este tipo de fenómeno? Fundamenta tu respuesta.

# LECTURA

**PRECALENTAMIENTO**

- ¿Cuáles son los problemas ambientales más discutidos y comentados en la actualidad?
- ¿Estos problemas pueden ser evitados? ¿De cuáles maneras?
- ¿Sabes qué significa el término "calentamiento global"?

**1** Lee este fragmento del libro *Aprendiendo sobre el calentamiento global*.

GLOSARIO VISUAL
Animales

**ESTRATEGIA DE LECTURA**

Antes de comenzar la lectura, activa tus **conocimientos previos** y **de mundo** acerca del tema que estás leyendo y relaciónalo con tus vivencias o experiencias.

## El Calentamiento Global

El término **Calentamiento Global** se refiere al aumento de la temperatura media de la superficie del planeta. Para explicar este fenómeno, se suele recurrir a causas naturales o antropogénicas —provocadas por el hombre— como las emisiones de los gases producto de combustibles fósiles, principalmente el carbón y derivados del petróleo, de industrias, refinerías, motores, etc. [...]

**Las señales** del Calentamiento Global ya se pueden sentir en cualquier parte del planeta, con veranos más calurosos e inviernos más cortos y menos fríos. [...]
El aumento de la temperatura está provocando el derretimiento de los glaciares de montañas (que poseen el 9% del agua dulce del planeta) y de los glaciares continentales como los de la Antártida y Groenlandia. Los glaciares de todo el mundo concentran el 70% de la reserva de agua potable del planeta. [...]

La reacción en cadena de estos deshielos va desde el aumento del nivel del mar hasta la **falta** de agua para beber y regar las tierras cultivables. [...]

**El efecto del Calentamiento Global** ya se puede sentir tanto en la tierra como en el agua y en el aire, lo que pone en peligro la supervivencia de varias especies de la fauna y de la flora de nuestro planeta. Según el IPCC (Panel Intergubernamental del Cambio Climático), entre el 20% y el 30% de las especies estarán amenazadas de extinción en este siglo si la temperatura media del planeta aumenta entre 2 °C y 3 °C en relación a la temperatura media de los años 90. [...]

Con el **aumento de la temperatura** media del planeta, la Amazonia, que es la mayor selva ecuatorial del mundo, perderá gran parte de su humedad y, como consecuencia, la densa vegetación ecuatorial se sustituiría por vegetación rastrera y escasa, típica del cerrado. Además de acabar con diversas especies vegetales, el cambio en el ecosistema de la Amazonia también provocaría la extinción de gran escala de especies animales. [...]

**Si tenemos** en cuenta que la especie humana presenta el sistema fisiológico de control de temperaturas y ha desarrollado técnicas para mantenerse más o menos caliente independientemente de la temperatura ambiental, podemos concluir que el hombre no sufrirá con el aumento de la temperatura, ¿verdad? ¡No! [...]

**El hombre, a pesar de todo el avance tecnológico que ha conquistado hasta el momento**, no escapará de las consecuencias provocadas por el calentamiento global y, aunque las emisiones de gases carbónicos se mantuviesen en los mismos niveles del año 2000 y nadie construyese ninguna fábrica más, ni se comprase ningún coche nuevo, la temperatura subiría, como mínimo, 0,1 grados por década.
**¿Cómo cambiar semejante panorama?**

*Aprendiendo sobre el calentamiento global.* São Paulo: Santillana, 2007.

214

**2** ¿Cuál es el objetivo del texto? ¿A quién está destinado?

_____

_____

> **ESTRATEGIA DE LECTURA**
> Haz una **lectura rápida** del texto para extraer la idea central.

**3** Pon V (verdadero) o F (falso) en las siguientes afirmaciones de acuerdo con el texto. Luego, corrige las falsas.
- ☐ a Causas antropogénicas del calentamiento global son las de origen natural.
- ☐ b Refinerías, motores e industrias contribuyen al aumento del calentamiento global.
- ☐ c La tecnología disminuye las consecuencias del calentamiento global.
- ☐ d Si la temperatura media del planeta aumenta entre 2 °C y 3 °C en relación a la media de los años 90, el 10% de las especies estarán amenazadas de extinción.

_____

_____

_____

**4** Sobre el calentamiento global, completa el cartel.

### El Calentamiento Global

Concepto: _____

Señales:
- _____
- _____
- _____
- _____
- _____

**5** Busca en el texto expresiones que tienen el mismo sentido de:

a derretimiento = _____   b especie humana = _____

**6** ¿Cuáles son los efectos del calentamiento global en...?

| la tierra | el agua | la Amazonia |
|-----------|---------|-------------|
|           |         |             |
|           |         |             |

> **ESTRATEGIA DE LECTURA**
> Haz una **lectura detenida y silenciosa** del texto. El objetivo de esta lectura es identificar datos específicos.

**7** ¿Cuál es el objetivo de la pregunta que cierra el artículo?

_____

# CAJÓN LEXICAL
## EL CLIMA Y LAS ESTACIONES DEL AÑO

**1** Relaciona los siguientes fenómenos meteorológicos con las definiciones correspondientes.

| lluvia | trueno | nuboso | despejado | llovizna |

a _____: que no tiene nubes.
b _____: lluvia muy fina que cae de forma suave.
c _____: precipitación en forma de gotas de agua que caen de las nubes.
d _____: que tiene nubes.
e _____: estruendo o gran ruido asociado a un rayo, que se produce en las nubes por la expansión del aire que sigue a la descarga eléctrica.

*Diccionario Salamanca de la lengua española.* Madrid: Santillana/Universidad de Salamanca, 1996.

**2** Lee la tabla y completa la oración.

### Las estaciones del año

| DÍA | MES | HEMISFERIO NORTE | HEMISFERIO SUR |
|---|---|---|---|
| 20 o 21 | marzo | primavera | otoño |
| 21 o 22 | junio | verano | invierno |
| 23 o 24 | septiembre | otoño | primavera |
| 21 o 22 | diciembre | invierno | verano |

Disponible en <http://meteo.blogia.com/2007/061402-las-estaciones-del-ano.php>. Accedido el 17 my. 2012. (Adaptado).

Si en el hemisferio _____ es invierno, en el hemisferio sur será _____. Y, si en el hemisferio _____ es primavera, en el hemisferio norte será _____.

**3** Lee las palabras y expresiones a continuación y escríbelas en la imagen que les corresponde.

| hace viento | hace calor | hace frío | nieva | llueve |

4 Lee las expresiones y sus definiciones y elabora una frase con cada una de ellas.

a **Llueve a cántaros**: llueve demasiado.

b **Llover sobre mojado**: 1. sobrevenir algo que agrava una situación ya desagradable o molesta. 2. repetirse algo que resulta enojoso o molesto.

c **Como llovido del cielo**: de forma inesperada e imprevista pero muy oportuna.

d **Como quien oye llover**: sin prestar atención o sin hacer caso.

e **Una golondrina no hace verano**: una sola muestra de algo no puede tomarse como modelo general de algo que resultará bien.

_____
_____
_____
_____
_____

5 Lee la predicción del tiempo para los días a continuación y haz lo que se te pide.

**Predicción (Madrid, 9 mzo.)**

Poco nuboso o despejado. Temperaturas mínimas en ligero descenso; máximas en ligero ascenso sobre todo en la mitad norte y la sierra. Heladas débiles en la sierra. Vientos de componente norte moderados durante la primera mitad del día con rachas fuertes en la sierra, aflojando en la segunda mitad del día.

**Predicción (Madrid, 10 mzo.)**

Poco nuboso o despejado, con algunos intervalos de nubes altas por la tarde. Temperaturas sin cambios significativos, con heladas débiles en la sierra. Vientos de componente norte flojos.

Disponible en <www.aemet.es/es/eltiempo/prediccion/comunidades?k=mad&w=40&o=pais>.
Accedido el 17 my. 2012. (Adaptado).

a Según las informaciones del texto, ¿cuál es la estación del año vigente en esa ciudad? ¿Y en tu ciudad en el mismo período?
_____

b En tu opinión, ¿el tiempo está propicio para qué tipos de actividades estos dos días? Haz un círculo alrededor de la(s) que no te apetecería hacer con el clima descrito en la predicción y fundamenta tu respuesta.

| salir de compras | salir a caminar al aire libre | ir a la playa |
| --- | --- | --- |
| sacar al perro a pasear | andar en bici | ir a la sierra |

_____

c ¿Cuál es el pronóstico del tiempo para tu ciudad hoy? ¿Sueles informarte de la situación del tiempo antes de salir de casa? ¿Por qué?
_____

# GRAMÁTICA

## PRETÉRITO PERFECTO DE SUBJUNTIVO

El Pretérito Perfecto de Subjuntivo es otro tiempo del pasado en el modo Subjuntivo.

|  |  | Verbo auxiliar HABER | PRESERVAR | DETENER | PREVENIR |
|---|---|---|---|---|---|
| (... que) | Yo | haya | preservado | detenido | prevenido |
|  | Tú/Vos | hayas |  |  |  |
|  | Él/Ella/Usted | haya |  |  |  |
|  | Nosotros(as) | hayamos |  |  |  |
|  | Vosotros(as) | hayáis |  |  |  |
|  | Ellos(as)/Ustedes | hayan |  |  |  |

Ese tiempo verbal se forma con el verbo auxiliar "haber" conjugado en el Presente de Subjuntivo más el participio pasado del verbo principal. Se usa para:

- expresar hipótesis.
  Ejemplo: Tal vez **hayan detenido** a los responsables por la deforestación del bosque.
- expresar deseos.
  Ejemplo: Espero que **hayan decretado** la preservación de la floresta de esta región.
- referirse a un hecho futuro anterior a otro hecho futuro.
  Ejemplo: Cuando **hayan realizado** la inspección ambiental, van a determinar cuántas especies autóctonas hay en esa floresta.
- referirse a un hecho pasado que causa un sentimiento o reacción en el presente.
  Ejemplo: Me alegro de que **hayan declarado** la protección ambiental del parque.

¡Ojalá que hoy haya salido el sol!

**1** Completa la tabla conjugando los verbos a continuación en Pretérito Perfecto de Subjuntivo.

(usted) aumentar   (ellos) ir   (nosotras) intervenir   (vosotras) alterar   (ella) bajar

(yo) poder   (nosotros) comprobar   (vos) volver   (ustedes) poner   (él) salir

(tú) escribir   (ellas) ser   (vosotros) romper

| Yo | Tú/Vos | Él/Ella/Usted | Nosotros(as) | Vosotros(as) | Ellos(as)/Ustedes |
|---|---|---|---|---|---|
|  |  |  |  |  |  |

**2** Señala 1 cuando el verbo en Pretérito Perfecto de Subjuntivo se refiera al tiempo pasado y 2 cuando se refiera al futuro.

- ☐ a  Espero que ya te haya dado tiempo de mirar el pronóstico para este fin de semana.
- ☐ b  Ojalá no haya llovido en la acampada de los chicos ayer.
- ☐ c  Cuando hayas llegado a la montaña, creo que empezará a llover y querrás volver.
- ☐ d  Cuando hayamos entendido bien eso del calentamiento global, podremos empezar nuestro trabajo de Geografía.
- ☐ e  Ojalá el nivel de contaminación no haya aumentado y podamos ver las estrellas esta noche.

**3** Escribe la negación de las siguientes frases conjugando los verbos en relieve en Pretérito Perfecto de Subjuntivo.

a  Creo que las empresas **habrán dejado** de echar líquidos tóxicos en los ríos.

b  Creo que los ayuntamientos ya **han controlado** las emisiones de gases contaminantes.

c  Creo que este invierno **habrá sido** el más frío y húmedo de las últimas tres décadas.

d  Creo que el derretimiento de los glaciares **ha sido** un tema de discusión en la última cumbre.

**4** Formula hipótesis armando las frases y conjugando los verbos en relieve en Pretérito Perfecto de Subjuntivo.

a  tal vez / el hombre / **recobrar** / su instinto de supervivencia y ahora pase a preocuparse más por el medioambiente

b  quizás / el frente frío / no **llegar** / a la playa todavía y puedas disfrutar del paisaje soleado

c  tal vez / los turistas / **traer** / un impermeable en las mochilas y no necesiten cancelar la caminata

d  es probable que / los diputados / no **aprobar** / la reducción de impuestos a las empresas madereras

**5** Lee el siguiente texto.

### Greenpeace se felicita porque finalmente la Junta haya reconocido que el área del Algarrobico es no urbanizable

Greenpeace cree que esta decisión es un paso importante que acreditaría que la junta de Andalucía reconoce el daño irreversible que supone el hotel ilegal para el Parque Natural de Cabo de Gata. Además, la Administración andaluza acreditará ante los tribunales que nunca debió cambiar la planimetría de 1994 donde se clasificaba al sector del Algarrobico como "área natural no urbanizable".

Disponible en <www.greenpeace.org/espana/es/news/Greenpeace-se-felicita-porque-finalmente-la-Junta-haya-reconocido-que-el-area-del-Algarrobico-es-no-urbanizable>.
Accedido el 12 my. 2012.

# GRAMÁTICA

**6** Ahora señala las respuestas correctas respecto al texto anterior.

a El lugar al que se refiere el texto se encuentra:
- ☐ I dentro de un área urbana.
- ☐ II dentro de un parque natural.
- ☐ III en una zona bajo la jurisdicción de Greenpeace.

b Según el contenido del título del texto, el reconocimiento por la junta de Andalucía de que el área del Algarrobico no es urbanizable, es:
- ☐ I un deseo de Greenpeace.
- ☐ II un hecho hipotético.
- ☐ III un hecho real.

## RÉGIMEN PREPOSICIONAL DE LOS VERBOS

Algunos verbos exigen una preposición determinada y otros pueden alternar (con sentidos diversos) distintas preposiciones.

**¡OJO!**
En español, hay verbos que se utilizan con preposiciones diferentes de las que se suele usar en portugués. Ej.: Este parque no se parece al otro que visitamos.

| Verbo + preposición | Uso | Ejemplos |
|---|---|---|
| ir + a | mencionar un destino | **Voy al** Parque de Talampaya en las vacaciones. |
| ir + en | referirse a medios de transporte | **Voy en** auto. |
| ir + a | referirse a medios de transporte (exclusivamente para a pie/a caballo) | En el parque **vamos a** pie a los diferentes miradores. |
| dedicarse + a | destinar tiempo y esfuerzo a algo | Mucha gente **se dedica a** la causa ecológica. |
| acordarse + de | recordar | **Me acuerdo del** paseo por el bosque. |
| arrepentirse + de | lamentar algo realizado o no realizado | Los ecologistas **se arrepienten de** no haber empezado antes la campaña contra esa fábrica química. |
| competir + con | disputar con alguien | La organización ecológica local **compite con** la provincial frente a las cámaras de TV. |
| depender + de | estar subordinado o condicionado a algo/alguien | El éxito de la campaña contra las bolsas de basura descartables **depende del** apoyo de la población. |
| disculparse + por | pedir disculpas por algo | Las autoridades de la fábrica **se disculparon por** los daños ambientales causados. |
| jugar + a | realizar un juego o practicar un deporte | En el parque natural no se puede **jugar al** fútbol. |

**7** Completa las frases según el régimen preposicional de cada verbo. Utiliza "por", "en", "de", "a", "al" o "con".

a Yo casi preferiría ir ____ pie al centro, pero con ese tiempo inestable tendré que ir ____ coche.

b No me acuerdo muy bien ____ cuándo fue la última vez que hizo un verano tan lluvioso.

c ¿Sabías que los alumnos de los institutos públicos están compitiendo ____ los de otros países en un concurso de ideas para el uso consciente del agua en los hogares?

d La empresa no se disculpó públicamente ____ haber derramado aceite en las playas.

e Los niños quieren jugar ____ voleibol justo al lado del jardín. ¿No podrían hacerlo en un sitio donde no me destruyan las flores y las plantas?

8) Relaciona las columnas y forma frases.

| a | ir | | separar la basura y ponerla en sus contenedores específicos |
|---|---|---|---|
|   |   | a | la playa con mis amigos si hace buen tiempo |
| b | dedicarse | en | bicicleta al trabajo para colaborar con la campaña del día sin coche |
|   |   | de | pie al instituto para disfrutar del paisaje y del sol lindo que hace hoy |
| c | acordarse | | ahorrar agua cuando me ducho |

_____
_____
_____
_____

# CONJUNCIONES

Las conjunciones enlazan palabras o frases que tienen la misma jerarquía en la frase (conjunciones coordinantes) o diferente jerarquía (conjunciones subordinantes).

**Conjunciones coordinantes**

| Tipo | Función | Conjunciones | Ejemplos |
|---|---|---|---|
| copulativas | adicionar elementos | y<br>e<br>ni | No paró de llover **ni** de ventear. |
| disyuntivas | indicar alternativa | o<br>u<br>o bien... o bien | **O bien** esperamos a que mejore el tiempo, **o bien** salimos con lluvia. |
| adversativas | indicar oposición | pero | El pronóstico anuncia sol para mañana, **pero**, con esas nubes, me parece difícil. |
|  |  | no… sino | El tiempo no va a mejorar, **sino** a empeorar. |

**Conjunciones subordinantes**

| Tipo | Función | Conjunciones | Ejemplos |
|---|---|---|---|
| completivas | completar el sentido de la frase | que | Espero **que** pare de llover. |
|  |  | si | No sabemos **si** va a parar de llover. |
| causales | introducir una causa | porque<br>pues | No podemos salir de casa **porque** hay muchísimo viento. |
| consecutivas | introducir una consecuencia | luego<br>entonces | Ha parado el viento; **entonces**, podemos salir de casa. |
| condicionales | introducir una condición | si | **Si** el pronóstico anunciase sol para mañana, podríamos planear un paseo por el campo. |

> **¡OJO!**
> Las locuciones conjuntivas son palabras o grupos de palabras que cumplen la función de conjunciones. En muchos casos la palabra final de la locución conjuntiva es la conjunción "que". Ej.: Siempre que voy al campo, hace mal tiempo.

# GRAMÁTICA

**9** Completa las frases con o/u o y/e.

a Yo no sé si voy a la piscina __ a la playa. ¿Quién estará en la piscina: Gabriel __ Octavio?

b Si llueve me quedo en casa __ si hace buen tiempo, ¿salgo con mis amigos __ invito a aquella chica? ¿Qué haré?

c ¿Cuándo llueve menos: en septiembre __ octubre? Pues ya no sé qué tiempo hace en primavera __ invierno.

d Me han dicho que hubo una tempestad y que llovió una mezcla de tierra __ hielo. ¿__ Iván? ¿Qué sabrá de esa lluvia rara?

e ¿Qué estación del año prefieres: primavera __ otoño?

f ¿Saldrás de vacaciones en diciembre __ enero? ¿__ solo en enero?

**10** Une las frases con "ni", "pero" o "sino". Haz las modificaciones necesarias.

a Larisa no quiere salir de casa cuando hace viento. Larisa no quiere salir de casa cuando hace mucho calor.

b Ricardo defiende el ahorro de agua. Ricardo se baña durante casi una hora.

c Adriana no tiene alergia al polen. Adriana tiene alergia al polvo.

d Los niños no quieren jugar en el césped, donde está más fresco. Los niños quieren jugar en la arena del parque, donde no hay sombra.

e A la vecina no le gusta que planten árboles en la acera. A la vecina no le gusta que cuiden los jardines de las plazas.

**11** Clasifica las frases según la idea que expresan sus conjunciones.
1 Introduce una condición.
2 Introduce una consecuencia.
3 Completa el sentido de la frase.
4 Introduce una causa.

☐ a Ellos quieren que llegue el verano para poder ir a la playa y también pasar el día en la montaña.
☐ b El clima está todo descontrolado porque el hombre ya provocó demasiados daños a la naturaleza.
☐ c La semana pasada nevó en los picos, entonces las estaciones de esquí estuvieron a tope.
☐ d La chica no sabe si hay que separar la basura en bolsas plásticas o en cajas de cartón.
☐ e La gente defiende la causa ambiental porque sabe que de eso depende nuestra calidad de vida.
☐ f Las energías renovables son una opción de energía verde, luego muchos gobiernos ya empiezan a aumentar las inversiones en ese sector.
☐ g Si el hombre no hubiera contaminado tanto el aire y las aguas, hoy tendríamos otros paisajes y otras preocupaciones.
☐ h La gente necesita desplazarse a sitios cada vez más lejos, luego usan más el coche.

# LECTURA

**PRECALENTAMIENTO**

- ¿Qué es el $CO_2$ y cuáles son los impactos de su emisión?
- ¿Cuál tipo de fuente de energía utilizas en tu casa?
- ¿Sueles practicar acciones sanas para el medioambiente? Explica algunas de ellas.

1. Lee este fragmento del libro *El clima está en nuestras manos: historia del calentamiento global*.

Infográfico: ¿Qué podemos hacer en nuestra casa para frenar el calentamiento global?

**ESTRATEGIA DE LECTURA**

Elabora un esquema para el texto, como un **mapa conceptual**, un organigrama, etc.

## Tú decides

**SI TODO EL MUNDO TOMA MEDIDAS PARA ELIMINAR LAS EMISIONES DE CARBONO DE LA ATMÓSFERA**, creo que podemos estabilizar y a continuación salvar el Ártico y el Antártico. Podríamos salvar cuatro de cada cinco especies que hoy en día están amenazadas, limitar la magnitud de los fenómenos meteorológicos extremos y reducir, casi a cero, la posibilidad de que se produzca alguno de los tres desastres pronosticados para este siglo, en particular la interrupción de la Corriente del Golfo y la destrucción de la Amazonia.

Pero para que esto ocurra, todo el mundo tiene que actuar ahora mismo sobre el cambio climático: retrasarlo aunque solo sea una década es demasiado. Por ejemplo, no deberíamos abrir o ampliar más centrales eléctricas de combustión de carbón, sino todo lo contrario, deberíamos empezar a cerrarlas. Estas son decisiones que tienen que tomar los gobiernos, pero es más probable que un gobierno haga lo correcto si la gente se lo exige.

Estés o no en edad de votar, puedes hacer que los políticos sean conscientes de tu opinión. Y si has hecho lo necesario para reducir tus propias emisiones, puedes preguntarles a los demás qué están haciendo, personalmente, para reducir las suyas.

**Esto es lo más importante que quiero decir: no hace falta esperar a que el gobierno actúe. Puedes hacerlo tú mismo. Tenemos la tecnología necesaria para reducir las emisiones de carbono de casi todos los hogares del planeta.**

En unos pocos meses puedes llegar a disminuir fácilmente tus emisiones en un 70 por ciento, que es la reducción necesaria para estabilizar el clima de la Tierra. Tan solo son necesarios algunos cambios en tu vida personal y en la de tu familia, ninguno de los cuales exige un gran sacrificio.

El arma más poderosa de tu arsenal consiste en comprender cómo utilizas la electricidad, pues te permite tomar decisiones eficaces para reducir tus emisiones personales de $CO_2$.

¿Alguna vez has leído la factura de electricidad de tu familia? Si no lo has hecho nunca, pide verla y léela atentamente. ¿Ofrece tu suministrador una opción verde, en la que la compañía eléctrica garantiza que la energía que entra en tu hogar proviene de fuentes renovables como la eólica, la solar o la hidráulica? La opción energía verde puede costar tan solo un dólar por semana y, sin embargo, es tremendamente eficaz a la hora de reducir emisiones.

Si tu compañía no te ofrece una opción verde adecuada, sugiérele a tu familia que llame a un competidor. Cambiar de compañía eléctrica no debería costar más de una llamada telefónica, ni implicar cortes de suministro ni desventajas en la facturación.

Así, al pasarse a la energía verde, tu familia podría reducir sus emisiones domésticas a cero. Y todo con una simple llamada telefónica. [...]

FLANNERY, Tim. *El clima está en nuestras manos: historia del calentamiento global*. Madrid: Taurus, 2007, p. 255-256.

223

# LECTURA

**2** Ordena de 1 a 5 el resumen del artículo de acuerdo con la secuencia del texto.

> **ESTRATEGIA DE LECTURA**
> Encuentra **relaciones lógicas**, es decir, una conexión entre los eventos que están siendo expresados en el texto.

- ☐ Hay que actuar en la reducción de emisión de carbono, no solamente esperar que el gobierno lo haga.
- ☐ Cambiarse a la energía verde podría reducir las emisiones domésticas a cero.
- ☐ Se puede disminuir un 70% de las emisiones de carbono con cambios en la vida personal.
- ☐ El control de la emisión de carbono puede salvar océanos, especies y evitar desastres ambientales.
- ☐ La lectura de la factura de electricidad ayuda a conocer la compañía eléctrica y a comprender cómo uno utiliza la electricidad.

**3** El título del texto se refiere a:
- ☐ a  limitar la magnitud de los fenómenos meteorológicos extremos.
- ☐ b  hacer que los políticos sean conscientes de tu opinión.
- ☐ c  disminuir las emisiones de $CO_2$ en la atmósfera.

**4** Según el texto, ¿cuál cambio en la vida personal y familiar podría disminuir fácilmente las emisiones? ¿Qué decisión podría tomar el gobierno para retardar el cambio climático?

_____

**5** En tu ciudad, ¿es posible cambiar de compañía eléctrica? ¿Este cambio representaría una reducción de $CO_2$?

_____

**6** El objetivo del texto es:
- ☐ a  comunicar al lector los problemas relacionados con el cambio climático.
- ☐ b  orientar al ciudadano sobre la lectura de la factura de energía.
- ☐ c  incentivar a que todos los individuos contribuyan a la disminución del carbono en la atmósfera.

**7** Establece una relación entre los datos de los dos textos de esta lección.

| Impacto/Señales | Necesidad |
| --- | --- |
|  | Salvar el Ártico y el Antártico. |
| Extinción de la fauna y flora. |  |
| Calentamiento global. |  |

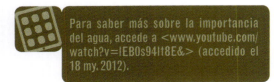

Para saber más sobre la importancia del agua, accede a <www.youtube.com/watch?v=lEB0s94lt8E&> (accedido el 18 my. 2012).

> **RINCÓN DE ESCRITURA**
> En parejas, escriban un texto que podría formar parte de un libro (un capítulo breve o una introducción, por ejemplo) y en el cual mencionen buenas prácticas ambientales y energéticas para nuestra vida cotidiana.

# LECCIÓN 19

## CADA CABEZA ES UN MUNDO

¿Qué representan los recortes de papel en la imagen?

¿Qué pueden estar haciendo?

¿Por qué uno de ellos está apartado del grupo? Fundamenta tu respuesta.

# LECTURA

**PRECALENTAMIENTO**

- ¿Sabes cuáles son los comportamientos de riesgo para la salud de los jóvenes?
- ¿Crees que los jóvenes tienen cuidado con su salud?
- ¿Cuáles prácticas saludables adoptas?

**1** Lee el siguiente artículo de la Organización Mundial de la Salud.

**ESTRATEGIA DE LECTURA**

Subraya los datos y/o términos más relevantes del texto. Puedes volver a ellos cuando te des cuenta de que no comprendiste alguna información en la lectura.

---

Dirección: www.who.int/mediacentre/factsheets/fs345/es/index.html

## Riesgos para la salud de los jóvenes

Organización Mundial de la Salud | Agosto de 2011

La mayoría de los jóvenes están sanos. Sin embargo, cada año se registran más de 2,6 millones de defunciones en la población de 15 a 24 años. Un número mucho mayor de jóvenes sufren enfermedades que reducen su capacidad para crecer y desarrollarse plenamente. Y un número aún mayor adopta comportamientos que ponen en peligro su salud presente y futura. Casi dos tercios de las muertes prematuras y un tercio de la carga total de morbilidad en adultos se asocian a enfermedades o comportamientos que comenzaron en su juventud, entre ellas el consumo de tabaco, la falta de actividad física, las relaciones sexuales sin protección y la exposición a la violencia.

La promoción de las prácticas saludables en la adolescencia y la adopción de medidas para proteger mejor a los jóvenes frente a los riesgos para su salud son fundamentales para el futuro de la infraestructura sanitaria y social de los países y para prevenir la aparición de problemas de salud en la edad adulta.

En 2002, en el período extraordinario de sesiones de la Asamblea General de las Naciones Unidas en favor de la infancia, se reconoció la necesidad de "elaborar y ejecutar políticas y programas nacionales de salud para los adolescentes, así como los objetivos e indicadores correspondientes, para promover su salud mental y física".

Un marco importante para la salud de los jóvenes son los Objetivos de Desarrollo del Milenio (ODM). Dos de los ODM son especialmente pertinentes en relación con la salud de los jóvenes.

> El ODM 5 aspira a implantar el acceso universal a la salud reproductiva, uno de cuyos indicadores es la tasa de embarazos entre las muchachas de 15 a 19 años.

> El ODM 6, que apunta a detener la propagación del VIH/sida, incluye indicadores como una reducción del 25% entre los jóvenes, y mide también la proporción de jóvenes de 15 a 24 años con conocimientos amplios y correctos sobre el VIH/sida. [...]

### Datos fundamentales

> Cada año mueren más de 2,6 millones de jóvenes de 10 a 24 años por causas prevenibles.

> Cada año dan a luz aproximadamente 16 millones de mujeres adolescentes de 15 a 19 años.

> Los jóvenes de 15 a 24 años representaron el 40% de todos los casos nuevos de infección por VIH registrados entre los adultos en 2009.

> En el período de un año, aproximadamente el 20% de los adolescentes sufren un problema de salud mental, como depresión o ansiedad.

> Se estima que unos 150 millones de jóvenes consumen tabaco.

> Cada día mueren aproximadamente 430 jóvenes de 10 a 24 años a causa de la violencia interpersonal.

> Se estima que los traumatismos causados por el tránsito provocan la muerte de unos 700 jóvenes cada día.

**Inicio**

Disponible en <www.who.int/mediacentre/factsheets/fs345/es/index.html>. Accedido el 18 my. 2012.

**2** Según el artículo, ¿qué representan el consumo de tabaco, la falta de actividad física, las relaciones sexuales sin protección y la exposición a la violencia?

**3** Además de los comportamientos de riesgo citados en la actividad anterior, ¿cuáles otros agregarías? Ten en cuenta tu entorno y el estilo de vida de los jóvenes de tu comunidad.

**4** ¿Qué significa decir que "cada año se registran más de 2,6 millones de defunciones en la población de 15 a 24 años"?

**5** ¿Qué medidas contribuyen a prevenir la aparición de problemas de salud en la edad adulta?

**ESTRATEGIA DE LECTURA**
Haz una **lectura detallada** del texto para encontrar informaciones más específicas.

**6** Para ti, ¿cuál es la relación causa-consecuencia entre problemas psicológicos y problemas físicos? Fundamenta tu respuesta.

**7** Explica qué significa "salud reproductiva".

**8** Extrae del texto las informaciones que se refieren al/a la:

| tabaco | embarazo | violencia | salud mental |
|--------|----------|-----------|--------------|
|        |          |           |              |

**ESTRATEGIA DE LECTURA**
Piensa en cuál es el **objetivo** de tu **lectura**: identificar datos, seguir instrucciones, aprender, revisar, obtener placer, comunicar, etc.

**9** Acerca del tránsito, ¿qué dato presenta el texto? A tu juicio, ¿qué factores contribuyen a los accidentes?

**10** Y en tu ciudad, ¿cómo es la relación de los jóvenes con el tránsito? Investiga los datos referentes a accidentes de tránsito en tu ciudad el último año y comenta cuáles son sus causas y consecuencias para los involucrados y para la sociedad.

# CAJÓN LEXICAL

## COMPORTAMIENTO

**1** Lee el texto y pon V (verdadero) o F (falso) en las siguientes afirmaciones. Luego corrige las falsas.

### Cuando no había adolescencia

*Por Rodrigo Tenorio Ambrossi. Psicoanalista, profesor de la Pontificia Universidad Católica del Ecuador.*

Hasta ya entrado el presente siglo, la mayoría de las mujeres se casaban a edad muy temprana, muchas alrededor de los 15 años y pocas hacia los 18. Porque el destino vital de la mujer no era otro que casarse y tener hijos. Y cuanto antes lo hacía, mejor, porque dar hijos a la sociedad significaba una obligación impuesta por las costumbres y también por las necesidades de un mundo en donde la mortalidad de los niños y las mujeres era sumamente alta. [...]

La mujer pasaba, de manera brusca, de la niñez a la vida adulta sin ninguna clase de preparación que le permitiera asumir su vida con nuevas perspectivas.

Hasta 1950, el número de mujeres estudiantes era mucho menor que el de varones: las Universidades eran prácticamente solo para varones, y eran pocas las mujeres que trabajaban fuera de casa. Los ideales fundamentales se centraban en lograr el mejor partido para un matrimonio destinado a la procreación. [...]

¿Y qué pasaba con la adolescencia? Sencillamente, no existía. En primer lugar, es preciso recordar que el concepto de adolescencia es relativamente nuevo, pues, tan solo aparece en Europa a finales del siglo XVIII y únicamente adquiere importancia a mediados del XIX. A nuestra América llega mucho más tarde.

De hecho, se empieza a hablar de adolescencia en la segunda mitad del siglo como de un proceso de verdadera importancia para la estructuración de las nuevas generaciones. Un discurso que ha logrado imponerse de tal manera que la sociedad, el Estado, la familia y los gobiernos cambien sus modos de pensar y actuar en torno a la inmensa población de chicas y muchachos comprendidos entre los 12 y los 18 años.

©Dr. Rodrigo Tenorio Ambrossi. Disponible en <www.hoy.com.ec/libro6/joven1/jo04.htm>. Accedido el 17 my. 2012.

- a  Hasta principios del siglo XIX, era común que los jóvenes se casaran a los 18 años.
- b  Antiguamente la mortalidad de mujeres y niños era alta, por eso había una necesidad de altas tasas de natalidad.
- c  La mujer tenía una preparación muy cuidada cuando pasaba de la adolescencia a la vida adulta.
- d  Hasta la década de los 50 del siglo XX, el número de mujeres era inferior al de varones en las universidades.
- e  El concepto de adolescencia no existía y solo gana importancia en nuestra sociedad en la segunda mitad del siglo XIX.
- f  El texto considera adolescentes a la inmensa población de muchachas y muchachos con edad entre los 12 y los 18 años.

**2** ¿Crees que el embarazo y el matrimonio en edades tempranas forman parte de nuestra actual sociedad? Fundamenta tu respuesta.

_____

**3** El acceso más amplio a los estudios y a otras perspectivas de vida ¿cambió la situación de los chicos y chicas en la sociedad? Coméntalo.

_____

**4** ¿La familia en la década de los 50 del siglo XX educaba a sus hijos de la misma manera que una familia de nuestra época? Fundamenta tu respuesta.

_____

**5** Señala la imagen según cada expresión. Luego, apunta al lado de cada palabra la letra de la frase correspondiente.

**a** Estar _____: no estar preparado, maduro; ser inexperto.

**b** Estar con la _____ en los labios: se dice de la persona que no posee conocimientos suficientes, debido a su temprana edad o poca experiencia.

**c** Estar en _____: saber muy poco una persona; tener poca experiencia o también se dice de algo que está en su comienzo.

**d** Estar en la _____ de la edad: se aplica a la juventud, época en que la persona vive su mayor vigor físico.

( ) leche       ( ) flor       ( ) pañales       ( ) verde

**6** Haz un círculo alrededor de las palabras o expresiones que representan una actitud responsable a cualquier edad.

casco   alcoholismo   tolerancia   pelea   responsabilidad compartida   prudencia   discusión   cigarrillo   condón   atención   pruebas médicas periódicas   información   madurez   cinturón de seguridad   borrachera   métodos contraceptivos

# GRAMÁTICA

## ORACIONES SUBORDINADAS TEMPORALES

Para indicar cuándo sucede un hecho se pueden usar los adverbios y locuciones adverbiales de tiempo ya estudiados.

Ejemplos: **Hoy** hemos leído un texto sobre los comportamientos sexuales de riesgo. / **De vez en cuando** el profesor trae noticias sobre ese tema para hacer un debate.

El tiempo de un hecho también se puede expresar por medio de una oración que recibe el nombre de subordinada temporal por ser accesoria de la principal y por referirse al momento en que sucede la acción. Los principales nexos que encabezan las subordinadas temporales son:

### ¡OJO!

Cuando la oración subordinada se refiere a una acción futura, el verbo se conjuga en Presente de Subjuntivo. Ej.: Cuando **tengamos** los datos, prepararemos la clase sobre violencia juvenil.

También se usa el Subjuntivo después del nexo "antes de que", cualquiera que sea el momento al que se refiere. Ejs.: **Antes de que** empiece el debate, vamos a leer sobre el tema. / **Antes de que** empezase el debate, leímos sobre el tema.

| Nexos | Usos | Ejemplos |
|---|---|---|
| cuando | acciones presentes | **Cuando** leemos libros de educación sexual, aprendemos mucho. |
| | acciones pasadas | **Cuando** éramos chicos, leíamos sobre el tema en libros adecuados a nuestra edad. |
| | acciones futuras | **Cuando** seamos mayores, vamos a poner en práctica los consejos que hemos leído. |
| mientras / al mismo tiempo (que) | acciones simultáneas | **Mientras** la profesora nos da consejos, tomamos notas. |
| en cuanto / así que / tan pronto como | una acción inmediatamente anterior a otra | **En cuanto** divulguen las estadísticas de los embarazos adolescentes, haremos el trabajo de educación sexual. |
| mientras tanto / entretanto | durante un período de tiempo entre dos momentos | La profesora nos va a traer los datos de las estadísticas; **mientras tanto**, vamos a trabajar en otros aspectos. |
| antes de (que) | una acción anterior a otra | **Antes de** iniciar su vida sexual, los jóvenes deben recibir orientaciones. |
| | | **Antes de que** los jóvenes inicien su vida sexual, deben recibir orientaciones. |
| después de (que) / luego de (que) | una acción posterior a otra | **Después de** escuchar las orientaciones, organizaremos un debate. |
| | | **Después de que** escuchemos las orientaciones, organizaremos un debate. |

**1** Completa las frases utilizando el nexo adecuado.

a No volví a hablar con ella _____ de que empezó la conferencia contra el tabaco. (una acción posterior a otra)

b _____ los profesores preparaban los carteles, los alumnos buscaban figuras sobre los males de las drogas. (una acción simultánea)

c Las chicas van a ver una película sobre el embarazo en la adolescencia; _____, los chicos van a organizar un debate del mismo tema. (durante un período de tiempo entre dos momentos)

d Recibí orientaciones de mis padres sobre los comportamientos de riesgo _____ entrar en la pubertad. (una acción anterior a otra)

e _____ empecemos nuestra vida sexual, seamos cuidadosos. (acción futura)

**2** Lee el fragmento siguiente del documento de un programa noruego *antibullying* y señala las respuestas correctas.

**Trabajo después de un caso de BULLYING**

Después de que un caso de *bullying* ha sido resuelto, o se han tomado acciones para intervenir en la situación, es necesario trabajar estratégicamente en relación a los diferentes actores: la víctima, los acosadores y testigos/espectadores. El propósito de este trabajo es prevenir que cualquiera de las partes caiga en los mismos roles nuevamente. [...]

Disponible en <http://saf.uis.no/getfile.php/SAF/Til%20nedlast/Zero/ZERO%20Manual%20Plan%20de%20Accion%20(2).pdf>. Accedido el 14 my. 2012.

a  El trabajo estratégico con los actores debe ser realizado cuando las autoridades del establecimiento ya:
- ☐ I   se han enterado del *bullying*.
- ☐ II  han recibido la denuncia formal de la víctima.
- ☐ III han adoptado medidas para resolver la situación.

b  La fase del programa *antibullying* a la que se refiere el fragmento transcrito del documento es la de:
- ☐ I   resolución.
- ☐ II  detección.
- ☐ III prevención de nuevos casos.

## VERBOS PRONOMINALES Y NO PRONOMINALES

Algunos verbos presentan cambios cuando se usan en forma pronominal.

### ■ CAMBIO DE SIGNIFICADO

| Forma no pronominal | Significado | Ejemplos | Forma pronominal | Significado | Ejemplos |
|---|---|---|---|---|---|
| dormir | acción de dormir | Los jóvenes deben **dormir** más de ocho horas. | dormirse | acción de comenzar a dormir | Mi hijo debe **dormirse** antes de las diez para descansar lo suficiente. |
| parecer | tener determinada apariencia | Este joven **parece** cansado. | parecerse | tener parecido físico o de carácter con alguien | Julio **se parece** al padre: tiene los mismos ojos verdes. |
| ir | dirigirse a un lugar | **Voy** al médico. | irse | salir del lugar en que se está | **Me voy**. Vuelvo más tarde. |
| acordar | hacer un acuerdo | La escuela **acordó** con la universidad hacer un curso sobre drogas. | acordarse | recordar | No **me acuerdo** de qué día va a ser el curso. Tengo que fijarme en el cartel. |
| echar | tirar | Hay que **echar** a la basura todos estos papeles que no sirven más. | echarse | recostarse | El hábito de **echarse** unos veinte minutos por las tardes es muy saludable. |

# GRAMÁTICA

| Forma no pronominal | Significado | Ejemplos | Forma pronominal | Significado | Ejemplos |
|---|---|---|---|---|---|
| arreglar | reparar algo roto | El técnico vino a **arreglar** el micrófono. | arreglarse | acicalarse, cuidar el aspecto físico para lucir bien (vestirse, maquillarse, etc.) | Las jóvenes de hoy **se arreglan** mucho: están siempre bien vestidas y peinadas. |
| | preparar, ordenar | Vamos a **arreglar** la sala para la conferencia de hoy. | | | |
| llamar | pedir la presencia de alguien | Hay que **llamar** a un médico. | llamarse | tener un nombre | El especialista en comportamiento adolescente **se llama** Pablo Veredas. |
| | telefonear a alguien | Cuando sepa la hora del evento, te **llamo**. | | | |
| entender | comprender | Ahora **entendimos** cómo funcionan los medios de protección sexual. | entenderse | darse bien con alguien, estar de acuerdo en la realización de una actividad común | **Me entiendo** bien con mi grupo: cada uno sabe cuál es su responsabilidad. |

## ■ ÉNFASIS O INTENSIDAD EXPRESIVA

| Forma no pronominal (sin énfasis) | Ejemplos | Forma pronominal (con énfasis) | Ejemplos |
|---|---|---|---|
| quedar | **Quedo** a la espera del contacto del especialista en adolescentes. | quedarse | **Me quedé** dos horas esperando que me llamara. |
| comer | Mi hijo **come** muchas frutas. | comerse | Mi hijo **se comió** todas las frutas que había en la heladera. |
| saber | **Sé** los temas de prevención de la salud que explicaron en la charla. | saberse | **Me sé** todos los temas que explicaron en la charla; no me olvido de ninguno. |
| estudiar | **Estudié** las formas de adicción para presentárselas a mis compañeros. | estudiarse | **Me estudié** todas las formas de adicción para la presentación; no dejé ninguna de lado. |
| ganar | En el sorteo **ganó** la posibilidad de hacer un curso en la OMS. | ganarse | En el sorteo **se ganó** la posibilidad de hacer el curso. ¡Qué suerte tiene! |

232

## FALTA DE CULPA RESPECTO A UN HECHO O ACCIÓN

| Situación | Ejemplos |
|---|---|
| Cuando se rompe algo. | **Se me rompió** el vaso mientras lo lavaba. |
| Cuando nos olvidamos de algo. | **Se te olvidó** contarme qué enseñaron en el curso. |
| Cuando se cae algo. | **Se nos cayó** la computadora al suelo. |
| Cuando se acaba algo. | **Se le acabaron** las hojas de papel. |

**¡OJO!**

Para indicar que no se tiene responsabilidad sobre un hecho o acción de consecuencias negativas, el pronombre complemento se refiere a la persona y el verbo concuerda con la cosa que se cayó, se rompió, se olvidó o se acabó. Ej.: **Se me estropearon** las gafas.

**3** Relaciona los verbos de la primera columna con su significado correspondiente.

- a Acordar.
- b Llamarse.
- c Entenderse.

☐ Decidir de común acuerdo.
☐ Comprender.
☐ Recordarse de algo.
☐ Telefonear.
☐ Llevarse bien.
☐ Nombrar.

**4** Haz un círculo alrededor de la forma que mejor completa las frases.
- a El bebé de Inés duerme / se duerme muy bien.
- b ¿Dónde se queda / queda la asociación de ayuda a niños y adolescentes?
- c María está muy triste porque sus amigos no se acordaron / acordaron de su cumpleaños.
- d Anoche te dormiste / dormiste rápidamente.

**5** Fundamenta el uso de la forma pronominal en la situación del dibujo.

_____

Se me cayó el móvil nuevo...

## VERBOS RECÍPROCOS

Los verbos recíprocos son los verbos pronominales en los que la acción de uno de los sujetos recae en el otro y viceversa. Ej.: Como hermanos, **nos queremos** mucho.

Para que la acción sea recíproca, estos verbos deben conjugarse siempre en las personas del plural.

**6** Subraya los verbos recíprocos de las siguientes frases.
- a Los candidatos presidenciales se insultaron en el debate.
- b Ellas se levantaron muy temprano para ir a la escuela.
- c En la Pascua mis amigos y yo nos regalamos chocolates.
- d Los invitados se conmovieron con la historia del niño huérfano.

**7** Escribe frases usando los siguientes verbos recíprocos.
- a Tutearse. _____
- b Golpearse. _____
- c Saludarse. _____

# GRAMÁTICA

## ADVERBIOS Y LOCUCIONES ADVERBIALES DE LUGAR

Hay adverbios y locuciones adverbiales que se refieren al lugar en que sucede un hecho o tiene lugar una acción.

| Función | Adverbios de lugar | Ejemplos |
|---|---|---|
| indicar el lugar en que están el hablante, el oyente y otros puntos de referencia | aquí/acá | **Aquí** en la escuela dan clases de educación sexual. |
| | ahí | **Ahí** en tu escuela ¿también las dan? |
| | allí/allá | **Allá** en la escuela de mi hermano van a darlas el año que viene. |
| | lejos | Es una pena que esa institución donde dan cursos contra las drogas quede tan **lejos**. |
| | cerca | Pero en la sociedad de fomento del barrio, que queda **cerca**, también hay cursos. |
| indicar la posición respecto de una persona y/o cosa | detrás/atrás | ¿Ves aquel edificio alto? La sociedad de fomento queda exactamente **atrás**. |
| | (a)delante | En la conferencia me gustaría sentarme **adelante** para escuchar bien. |
| | arriba | La conferencista está **arriba**, en la sala de sonido. |
| | abajo | El público está **abajo**, en la platea. |
| | adentro | Enseguida entro al auditorio. Por favor, espérenme **adentro**. |
| | afuera | Estoy **afuera** pero enseguida me reúno con ustedes en el auditorio. |

Las locuciones adverbiales son grupos de palabras que desempeñan la función de un adverbio.

| Locuciones adverbiales de lugar | Ejemplos |
|---|---|
| a distancia | **A distancia**, un comportamiento puede ser interpretado de una manera diferente de lo que realmente es. |
| lado a lado | Los conferencistas están **lado a lado**. |
| al lado | Los peligros con los que conviven los jóvenes no están lejos, sino **al lado**. |
| al frente | Pasemos **al frente**. Es nuestro turno de exponer sobre los comportamientos juveniles. |

**¡OJO!**

Cuando los adverbios van seguidos de una preposición se transforman en locuciones prepositivas. Ej.: Hoy vi **delante de** la escuela un comportamiento que puede encuadrarse como *bullying*. La dirección tiene que intervenir.

**8** En todas las frases siguientes hay un adverbio o locución adverbial de lugar, excepto en:
- a  Aquí hay personas que quieren ayudar a los niños discapacitados.
- b  Para que no nos confundamos, he dejado mis libros sobre acoso escolar aparte.
- c  Como no me sentía bien, volví a mi casa caminando muy despacio.
- d  No pude intervenir porque he visto desde lejos la pelea de los chicos.

**9** Completa las frases con los adverbios y la locución adverbial a continuación. Va a sobrar una opción.

| encima | delante | lejos | por detrás |

- a  Estamos _____ de un típico caso de *bullying*.
- b  Entré _____ del auditorio porque la conferencia ya había empezado.
- c  Los folletos de la campaña están _____ de la mesa.

234

# LECTURA

**PRECALENTAMIENTO**

- ¿Por qué crees que algunos alumnos maltratan a sus compañeros en las escuelas?
- ¿Qué nombre se le da a ese problema? ¿Siempre ha existido?
- ¿Crees que existen soluciones? ¿Cuál(es)?

**1** Lee el siguiente texto sobre el *bullying*.

Infográfico
¿Qué pasa cuando tenemos miedo?

## BULLYING: LA LEY DEL MÁS FUERTE

*Acoso, maltrato entre pares, matonismo: los casos de violencia escolar entre menores no dejan de crecer en el país, muchas veces en silencio, a espaldas de los adultos [...]*

Por Fernanda Sandez | Para LA NACIÓN

Le tocaron el hombro. Le pasaron un papel. "Morite", decía. Era su segundo día de clases en uno de los colegios más caros y más bilingües de Belgrano. Acababa de llegar de Brasil y todavía estaba mareado por la mudanza, el cambio de idioma, de paisaje, de todo. Por eso, al principio creyó que se trataba de una "cargada" de bienvenida. Después, todo quedó más claro. "Las chicas, sobre todo, lo volvieron loco", dice Julio, su padrino. "Como mi ahijado usa anteojos, le decían "nerd" y se la pasaban mandándole mensajes superagresivos. Él es un chico muy tranquilo, muy lector, pero lo tomaron de punto. Nunca entendió por qué", dice. Y tal vez haya dado, sin siquiera sospecharlo, en el corazón oscuro del acoso escolar: nunca hay un porqué. Cualquier excusa sirve: ser gordo o flaco, nuevo o compañero de años, muda, conversadora, bajo o alto. Rubia o pelirrojo. ¿Qué es entonces lo que sí se repite? La asimetría de poder entre víctima y victimario. El silencio. Y —condición necesaria en todo episodio de maltrato escolar— adultos que se fugan de su lugar de adultos. Maestros, profesores y padres que miran para otro lado. Solo así puede explicarse por qué el acoso escolar es definido por muchos especialistas como una "epidemia silenciosa". Ese fue, de hecho, el título de una nota publicada por este mismo diario seis años atrás. Desde entonces, la escalada de maltrato no ha dejado de crecer y así lo confirman los especialistas y las entidades dedicados al tema.

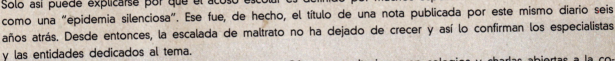

*Bullying* Cero Argentina es uno de esos grupos. Ofrece capacitaciones en colegios y charlas abiertas a la comunidad. Su coordinadora, la pediatra Flavia Sinigagliesi, precisa que "si bien el *bullying* ha existido siempre, ahora la sociedad es mucho más violenta y eso termina repercutiendo en los niños". ¿De qué manera? Todo depende. Hay nenas a las que el "destierro social" al que las someten sus compañeritas de curso no las afecta, a otras, en cambio, las arrasa emocionalmente. Ese es el punto: que nunca se sabe en qué puede terminar el acoso. Según Sinigagliesi, "todo depende de la vulnerabilidad de cada chico y de su capacidad de volver al estado inicial luego de una experiencia traumática".

[...] En los pasillos. En el patio. En los baños. En los juegos. Antes de entrar al colegio o a la salida. Allí donde los adultos no están (o están pero no miran, que es la otra manera de no estar), el *bullying* nace, crece y florece en carámbanos negros. En moretones como los que le crecían a Paula —morocha, pelo largo, flaquita— cada día que pasaba en lo que ella misma llama su "otra escuela", esa que no tuvo más remedio que dejar hace dos años. Cada veinticuatro horas, una nueva sesión secreta de pellizcos y patadas a cargo de sus encantadoras compañeras de clase la dejaba ronca de bronca y dolor. Terminó cambiándose de escuela, como la mayoría de los protagonistas de las historias recogidas para esta nota.

[...] No hay maltrato sin testigos. Sin eso que los sajones llaman *by standers*: los que se paran a un lado y observan la acción. Sin intervenir, pero sabiendo. "Lo que pasa es que a veces en los chicos el temor es pasar de testigos a víctimas del *bullying*, y por eso se callan", apunta la psicoanalista Sara Arbiser, miembro de la Asociación Psicoanalítica Argentina (APA) y especializada en adolescencia. "Que esos chicos se animen a hablar, y que los adultos los escuchen y actúen en consecuencia es lo que hace toda la diferencia", explica. [...]

Periódico *La Nación*, sección Sociedad, 13 my. 2012.

235

# LECTURA

**2** Contesta las preguntas y señala la alternativa correcta.

a ¿En cuántas y cuáles partes se divide el texto? _____

b ¿Sabes quién es el autor? ¿Cómo? _____

c ¿Clasificarías el texto como informativo, interpretativo o ambos? ¿Por qué?
_____

d ¿Qué otros elementos están incluidos en el texto?
_____

e ¿Cuál es el género textual?

☐ I Artículo de opinión.   ☐ II Noticia.   ☐ III Reportaje.

**3** Pon V (verdadero) o F (falso) en las siguientes afirmaciones de acuerdo con el texto que acabas de leer. Luego, corrige las falsas.

☐ a El *bullying* es un problema exclusivo de las escuelas de barrios pobres.
☐ b Los compañeros acosaban al niño que venía de Brasil porque lo consideraban agresivo.
☐ c La omisión de los profesores y padres delante del acoso escolar contribuye a empeorar el problema.
☐ d El *bullying* no es un fenómeno exclusivo de los días actuales, pero con el tiempo y como reflejo de la propia sociedad se ha hecho más violento.

_____
_____
_____

**4** Completa las siguientes afirmaciones de acuerdo con el texto.

a Tres condiciones básicas confluyen para posibilitar el *bullying*: _____
_____.

b _____ son imprevisibles y dependen de la vulnerabilidad de las víctimas.

c Paula era _____ por sus compañeras de clase en la "otra escuela".

d La mayoría de los acosados termina _____.

e _____ por miedo de pasar de testigos a víctimas.

**5** Lee nuevamente el texto del inicio de la lección y contesta: ¿te parece que el *bullying* representa un riesgo para la salud de los jóvenes? ¿Podría llegar a incluirse en los Objetivos de Desarrollo del Milenio de las Naciones Unidas? Fundamenta tu respuesta.

_____
_____

Accede a <www.youtube.com/watch?v=8rKHFhLDz14&> (accedido el 21 my. 2012) para ver un vídeo acerca de lo qué piensan algunos jóvenes peruanos sobre la sexualidad en la adolescencia.

**RINCÓN DE ESCRITURA**

Escribe una reseña sobre el texto "*Bullying*: la ley del más fuerte". Además de resumir los datos más relevantes, debes analizarlos, relacionarlos con lo que ya sabías sobre el tema e incluir comentarios.

# LECCIÓN 20

## LO IMPORTANTE ES EL VIAJE, NO EL DESTINO

¿Qué son y para qué sirven los objetos de la foto?

¿Sabes de alguna época en la que su uso era esencial? Fundamenta tu respuesta.

¿Cuál imaginas que es el destino de este viajero? ¿Por qué?

# LECTURA

**PRECALENTAMIENTO**

- ¿Qué dificultades puede tener un turista al llegar a un sitio desconocido?
- Y los que van a vivir a otro país, ¿qué tienen que hacer y qué les puede pasar?
- ¿Crees que viajar es una forma de "aprender"? Fundamenta tu respuesta.

 **1** Lee el siguiente texto sobre la llegada de un viajero a Madrid.

## Llegando y recorriendo Madrid

México D. F., México.

**Madrid, España — viernes, 1 de octubre de 2010**

Por ahí de octubre 2010, llegué a Madrid en un vuelo con escala en Frankfurt. Lleno de sueños, ilusiones, pero también de miedo e incertidumbres. El objetivo principal era cursar un master en la Universidad Carlos III y también laborar medio día en la empresa que trabajo acá en México, cosa que se veía complicada pero alcanzable. Por esta misma situación mi tiempo y oportunidades de viajar por el país ibérico fueron pocas, pero bien aprovechadas [...].

Los primeros días no contaba con una vivienda todavía, preferí ver los pisos antes de seleccionar uno por Internet... Uno nunca sabe (jajajaja).

Opté por hospedarme 3 días en un hostal cerca de la central de trenes en Atocha. En lo que conseguía algo para vivir los próximos 10 meses. Después de encontrar mi hogar en Madrid, aunque de hecho era en Getafe, cerca de la universidad, me dispuse a recorrer lo más que pude antes de empezar con las clases y el curro (palabra española para decir trabajo).

Madrid es una ciudad moderna, grande, de varios millones de habitantes, aunque para mí no tiene comparación con la ciudad de México. Me faltaba más caos, más ruido, más contaminación. La vida en Madrid y en España en general es muy relajada comparada con México.

Cuenta con un transporte público de primer nivel, te puedes trasladar de manera sencilla a casi cualquier punto de la ciudad y alrededores. Aunque para mí no es nada barato, por el tipo de cambio, vale la pena el costo.

Los primeros días los viví como un turista normal, pero poco a poco te conviertes en un ciudadano más y asumes que vives ahí y que estás de viaje, es algo extraño de explicar. [...]

©Viajeros.com/Carlos J. Disponible en <www.viajeros.com/diarios/madrid/llegando-y-recorriendo-madrid>. Accedido el 17 my. 2012. (Adaptado).

Madrid, España.

**2** Ahora contesta las siguientes preguntas sobre el texto.

a ¿Cómo se sentía el autor al llegar a Madrid? ¿Por qué crees que se sentía así?
_____

b ¿Por qué prefirió "ver los pisos antes de seleccionar uno por Internet"? ¿Qué significa "jajajaja"?
_____

c ¿A qué se refiere el autor al decir "país ibérico"? ¿Por qué lo llama así?
_____

d Después de la etapa inicial de su estadía, ¿cómo pasó a sentirse el autor?
_____

**3** Explica la función y el significado de la palabra en relieve en el fragmento siguiente. Luego reescríbelo sustituyéndola por otra, sin cambiar el sentido de la frase.

> "Cuenta con un transporte público de primer nivel [...]. **Aunque** para mí no es nada barato, por el tipo de cambio, vale la pena el costo".

**ESTRATEGIA ARGUMENTATIVA**

Los **conectores** unen partes de un texto e indican oposición, consecuencia, comparación, etc. Además de enriquecer el texto, son de extrema importancia en la construcción de los argumentos.

_____

**4** Contesta las preguntas y concluye a qué género pertenece el texto.

a ¿En qué persona está escrito el texto? Fundaméntalo. _____
b ¿Qué tipo(s) textual(es) lo compone(n)? _____
c ¿Qué objetivo tiene el autor? ¿Cómo procura alcanzarlo? _____
_____
d ¿Dónde crees que se ha publicado el texto? ¿Por qué? _____
e ¿Cuál es el género textual? _____

**5** El siguiente fragmento es la continuación del texto de la página anterior. Léelo y contesta las preguntas.

> Las cosas que me gustaron y que creo que, como turista, no te puedes perder cuando andes por la capital española son las siguientes, sin ningún orden específico:
> 1 Palacio Real. Camina en los alrededores, entra en los jardines anexos y, si quieres y tienes tiempo, entra como tal al palacio; para mí no vale la pena tanto la entrada, más bien lo que impone es la estructura y la fachada. [...]

Disponible en <www.viajeros.com/diarios/madrid/llegando-y-recorriendo-madrid>. Accedido el 17 my. 2012. (Adaptado).

a ¿Sobre qué empieza a hablar el autor en esta parte del relato?
_____

b ¿Qué otra persona verbal pasa a tener importancia en el texto? ¿Por qué?
_____

c ¿Qué función cumple esta parte del relato?
_____

# CAJÓN LEXICAL

## TURISMO

**1** Lee el texto y haz lo que se te pide.

### Tipos de turismo
### Costa Rica

Durante los últimos años, Costa Rica se ha constituido en uno de los principales destinos turísticos a nivel mundial, gracias a su exuberante belleza natural, su variada oferta turística y su modelo de turismo sostenible basado en el respeto a los valores morales, culturales y la naturaleza de nuestro país.

En el país se puede disfrutar de distintos tipos de turismo: turismo de sol y playa, turismo de aventura, ecoturismo, turismo cultural, turismo de bienestar/salud, turismo de incentivos y para ejecutivos y turismo rural comunitario.

a  Escribe el tipo de turismo, según los practicados en Costa Rica, que corresponde a cada grupo de actividades a continuación.

**I** Herencia y cultura. Diversidad cultural de gentes. A lo largo de la historia del país, a la población indígena de origen prehispánico se han sumado oleadas de inmigrantes que se asentaron en el país. Gentes de diversos puntos del continente americano han interactuado entre sí, enriqueciendo sus acervos culturales a través del mestizaje. _____

**II** Congresos, seminarios, simposios y conferencias. Servicios de banquetes, fiestas y eventos especiales, variedad de restaurantes, artesanías y el transporte por todo el país. _____

**III** La oferta de excursiones y paseos es muy variada: desde paseos a caballo hasta caminatas por senderos montañosos y salidas guiadas para la observación de aves. _____

**IV** Actividades enfocadas en la naturaleza y el mar, como la pesca deportiva y el buceo en aguas claras, y también para disfrutar del sol y las caminatas a orillas del mar. _____

**V** Tierra de volcanes, bosques húmedos y nubosos, enormes cataratas y ríos caudalosos. *Rafting*, *windsurf*, buceo, *kayaking*, pesca deportiva y surf. _____

**VI** Conocer y disfrutar la vida del campo, como, por ejemplo, cabalgatas, caminatas, agroactividades, conocimiento de métodos alternativos de producción, pesca de agua dulce, fiestas patronales y turnos, sin descartar otras posibilidades accesibles en la zona como el turismo de aventura, la naturaleza, el sol y la playa y la práctica de actividades deportivas. _____

**VII** Hay especialistas en todos los campos, además de clínicas de recuperación en lugares tranquilos y rodeados de la naturaleza donde el paciente es atendido en su período de recuperación con asistencia médica profesional las 24 horas del día. Tratamientos faciales y exfoliantes, masajes con barro volcánico, yoga, baños de desintoxicación, y otros tipos de masaje. _____

Disponible en <www.embajada.decostaricaenmexico.org/index.php?option=com_content&view=article&id=5&Itemid=64>. Accedido el 25 my. 2012.

b  ¿Qué tipo de turismo te interesa más? Coméntalo.

c  En tu opinión, ¿qué tipos de turismo crees que los brasileños más buscan en Costa Rica? Fundaméntalo.

d  ¿Y en Brasil? ¿Crees que se pueden practicar todos esos tipos de turismo? ¿Qué recorridos y actividades le recomendarías a un amigo extranjero? Fundamenta tu respuesta.

**2** Elige la alternativa que contesta correctamente cada pregunta.

a ¿Qué tipo de establecimiento hotelero gestionado por organismos públicos puede estar ubicado en edificios históricos, tales como castillos, palacios, conventos y monasterios?
- ☐ I Hostal.
- ☐ II Pensión.
- ☐ III Hotel.
- ☐ IV Parador.
- ☐ V Albergue.
- ☐ VI Casa de amigos o parientes.

b ¿Qué establecimiento es especializado en servir comidas y bebidas típicas?
- ☐ I Restaurante.
- ☐ II Bar.
- ☐ III Cafetería.
- ☐ IV Mesón.
- ☐ V Asador.
- ☐ VI Cantina.

c ¿Qué establecimiento ofrece el servicio de llamadas telefónicas en cabinas individuales?
- ☐ I Tarjeta prepago.
- ☐ II Locutorio.
- ☐ III Sitios con wifi.
- ☐ IV Teléfono móvil.
- ☐ V Biblioteca.
- ☐ VI Comisaría.

d ¿Qué autorización necesita un turista para entrar a un país cuando este no tiene acuerdo de libre tránsito?
- ☐ I Pasaporte.
- ☐ II Carné de conducir.
- ☐ III Visa.
- ☐ IV DNI.
- ☐ V Tarjeta sanitaria.
- ☐ VI RG brasileño.

e ¿Cómo se le llama a la persona aficionada a viajar y recorrer países?
- ☐ I Viajero.
- ☐ II Caminante.
- ☐ III Peregrinante.
- ☐ IV Explorador.
- ☐ V Trotamundos.
- ☐ VI Pasajero.

**3** Completa las frases con las expresiones y locuciones a continuación, según su significado. Haz las modificaciones necesarias.

> **Para este viaje no hacen falta alforjas.** Se señala la inutilidad de haber hecho algo.
>
> **Subirse al tren.** Aprovechar una oportunidad u ocasión que, como el tren, no pasa a todas horas.
>
> **Perder el tren.** Dejar pasar, al momento oportuno, la situación propicia para hacer algo.
>
> **Hacer las maletas.** "Prepararse" para abandonar un lugar o para dejar un empleo.
>
> **Dar el pasaporte a alguien.** Despedir a alguien de un trabajo o echarle de un lugar.
>
> **Como una catedral.** Algo enorme, muy importante.

a En la empresa de Manolo hubo muchos cambios de plantilla y él, de verdad, ya piensa en _____.

b Cuando invitaron a María para montar un nuevo negocio, ella no lo pensó dos veces, _____.

c A mi amigo, su jefe le _____, no le renovaron el contrato.

d Me compré la entrada para ir al concierto con antelación y ahora resulta que han cancelado la gira, _____.

e Pedro no puede _____ de nuevo, pues otra oportunidad de trabajo como esa, creo que ya no tendrá.

f El ayuntamiento puso un comunicado en la estación de metro que era _____.

# GRAMÁTICA

## VOZ PASIVA

Normalmente las oraciones se construyen en voz activa y obedecen a la siguiente estructura:

**Estructura de la voz activa**

| Pedro de Alvarado | fundó | la ciudad de Quetzaltenango | en 1524. |
|---|---|---|---|
| sujeto | verbo transitivo | complemento directo | complemento de tiempo |

En la voz activa el sujeto es lo primero que llama la atención por encabezar la frase. Además del complemento directo, la frase puede tener otros complementos: de tiempo, de lugar, de modo, etc. Sus elementos también pueden ser presentados en voz pasiva, cuya estructura es la siguiente:

**Estructura de la voz pasiva**

| La ciudad de Quetzaltenango | fue | fundada | por Pedro de Alvarado | en 1524. |
|---|---|---|---|---|
| sujeto | verbo "ser" | participio pasado | complemento agente | complemento de tiempo |

En la voz pasiva aparece como sujeto el que era complemento directo de la voz activa, pasando a ser lo primero que llama la atención del lector. El verbo transitivo aparece en la forma del participio pasado, precedido del verbo "ser". El sujeto de la voz activa se transforma en complemento agente, nombre que recibe por ser el que realiza la acción. Por fin, aparecen los otros complementos de tiempo, de lugar, de modo, etc., sin presentar cambios. Se le llama voz pasiva analítica.

Esa construcción pasiva se utiliza poco en español.

> **¡OJO!**
> En la voz pasiva analítica el participio concuerda en género y número con el sujeto.

**1** Pasa a la voz pasiva las siguientes frases.

a El turista compró muchos recuerdos durante el viaje que hizo por Sudamérica.

b Francisco Pizarro fundó la ciudad de Lima en 1535.

c Un viajero colombiano escribió un *blog* muy entretenido y con muchos trucos dirigido a los mochileros.

d El pueblo cubano recibe con mucha alegría a los turistas.

e Los padres planearon el viaje del niño por tres meses.

f ¡El guía enseñó los puntos turísticos de Quito al grupo en menos de una hora!

**2** Pasa las frases a continuación a la voz activa.

a  Las maletas fueron entregadas sin retraso por la compañía aérea.

b  El pasaporte y el carné de vacunación fueron exigidos por los policías.

c  El autobús que lleva al sur del país fue conducido con mucha seguridad por un joven conductor.

d  El recorrido que se hace por la costa fue enseñado por el taxista.

## ■ VOZ PASIVA CON "SE"

En español, en lugar de utilizar la voz pasiva formada con el verbo "ser" y el participio pasado, comúnmente se utiliza la estructura con la forma pronominal "se", a la que se llama voz pasiva sintética.

| Estructura de la pasiva con "se" | | | | |
|---|---|---|---|---|
| La ciudad de Quetzaltenango | se | fundó | | en 1524. |
| sujeto | se | verbo transitivo | no hay complemento agente | complemento de tiempo |

**¡OJO!**
En la pasiva con "se" el verbo concuerda con el sujeto en 3.ª persona, singular o plural.

**3** Transforma las siguientes frases en la estructura de la pasiva con "se".

a  En nuestra ciudad es fomentada la presentación de espectáculos culturales.

b  Todas las entradas para esta presentación fueron vendidas.

c  En aquella agencia son vendidos paquetes turísticos para luna de miel en Cancún.

d  La gira turística por la ciudad es realizada los martes y los jueves.

**4** Haz un círculo alrededor de la forma de pasiva con "se" correcta en cada oración.

a  Aquí se hacen / son hechas / se fueron hechas las ropas con mucho cuidado.
b  Se es actualizada / Se actualiza / Fue actualizada la guía de carreteras a cada semestre.
c  Fueron fundadas / Se fundaron / Se fueron fundadas las principales ciudades de Latinoamérica en el siglo XVI.
d  Se debe solicitar / Es deber solicitar / Se debe solicitada la visa de turista en el consulado del país de destino.
e  Se deben vender / Se venden / Se vendido abonos turísticos en la estación central de metro.
f  En aquella compañía aérea se deben permitir / se permitir / se permiten dos bultos por pasajero.

# GRAMÁTICA

**5** Arma frases con las siguientes palabras, según la indicación del tiempo verbal entre paréntesis.

a pronto / resolver / todos los trámites / de hospedaje y traslado / se (Pretérito Perfecto Compuesto de Indicativo)

_____

b poder alquilar / casas de veraneo / en las playas / más frecuentadas del sur del país / se / ya (Presente de Indicativo)

_____

c reservar / un albergue / en la montaña / con más comodidad / se / a muy buen precio / en el próximo invierno (Futuro Simple de Indicativo)

_____

**6** Ahora elabora nuevas frases con base en las de la actividad anterior teniendo en cuenta los nuevos tiempos verbales.

a pronto / resolver / todo el trámite / de hospedaje y traslado / se (Presente de Indicativo)

_____

b poder alquilar / una casa de veraneo / en las playas / más frecuentadas del sur del país / se / ya (Futuro Simple de Indicativo)

_____

c reservar / unos albergues / en la montaña / con más comodidad / se / a muy buen precio / en este invierno (Pretérito Perfecto Compuesto de Indicativo)

_____

## VERBOS DE CAMBIO: "PONERSE", "QUEDAR(SE)", "VOLVERSE" Y "HACERSE"

CA
A.6, 7 y 8

CE
S.10 C.6

En español hay verbos que se usan para expresar los cambios de estado, es decir, el proceso de pasar de un estado a otro, sea en forma gradual, sea rápidamente.

| Verbos de cambio | Tipo de cambio al que se refiere | Aspecto al que se refiere | Ejemplos |
|---|---|---|---|
| ponerse | cambios repentinos de poca duración | apariencia física | **Me puse** colorada cuando anunciaron que gané el viaje en el sorteo. |
| ponerse | cambios repentinos de poca duración | comportamiento | Mi compañero **se puso** contento al saber que viajaría a Guatemala en las próximas vacaciones. |
| quedar(se) | cambios repentinos de mayor duración o de duración permanente | resultado | A causa de la huelga en los aeropuertos, el viaje **quedó** cancelado. |
| volverse | cambio paulatino | cambio de comportamiento de un extremo al otro | Con la cantidad de ofertas a bajo precio, los pasajeros **se han vuelto** desconfiados. |
| hacerse | cambio paulatino y voluntario | condición social o profesional | Después de viajar varias veces juntos por trabajo, los gerentes **se hicieron** amigos. |

244

> Ahora que me hice roquera, tengo que limpiar mi armario...

**¡OJO!**
Cuando se refiere a cosas, el verbo "quedar" se usa en la forma no pronominal, pero cuando se refiere a personas puede usarse de ambas maneras, con o sin pronombre. Ejs.: Los aviones quedaron parados en el aeropuerto por el temporal. / Los pasajeros (se) quedaron retenidos en el aeropuerto por el temporal.

**7** Completa las frases conjugando los verbos de cambio a continuación.

| ponerse (5x) | volverse (2x) | hacerse (5x) | quedarse (2x) |

a ¡_____ bien! Quiero que disfrutemos de nuestro viaje a lo grande.
b Ahora que el cielo _____ azul y despejado podemos dar un paseo en bici.
c El dueño del restaurante casi _____ loco con tantos pedidos extras.
d El taxista _____ mal por no haber podido llegar a tiempo al hotel.
e _____ vegetariana en la cena de bienvenida a los huéspedes.
f Los mochileros _____ amigos durante el viaje a Bolivia.
g Ella _____ triste por no haber viajado estas vacaciones.
h _____ prohibido el paso en las calles del centro histórico durante el próximo fin de semana por la ampliación de la autopista.
i Pobre Ana, _____ sin trabajo hace más de un año.
j María siempre ha sido tan tierna y ahora _____ una grosera con los demás.
k La familia _____ rica de tanta artesanía que vendieron a los turistas en la época de alta temporada.
l Tras viajar a Santiago de Chile y conocer a su primo médico, Laura quiere _____ médica también.

**8** Clasifica las frases de la actividad anterior según el aspecto al que se refiere cada verbo de cambio.

| | a | b | c | d | e | f | g | h | i | j | k | l |
|---|---|---|---|---|---|---|---|---|---|---|---|---|
| Apariencia física / comportamiento (de poca duración) | | | | | | | | | | | | |
| Resultado (permanente o más duradero) | | | | | | | | | | | | |
| Cambio de comportamiento de un extremo al otro (gradual) | | | | | | | | | | | | |
| Condición social / profesional / religiosa / política, etc. (voluntario) | | | | | | | | | | | | |

# GRAMÁTICA

**9** Lee el siguiente texto, extraído de un *blog*, y señala las respuestas correctas.

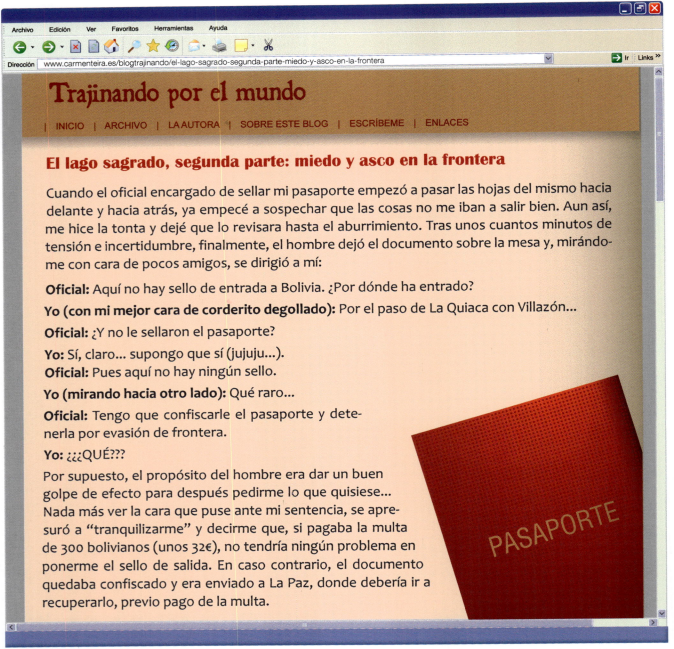

Disponible en <www.carmenteira.es/blogtrajinando/el-lago-sagrado-segunda-parte-miedo-y-asco-en-la-frontera>. Accedido el 16 my. 2012.

a La finalidad del texto es:
- I dar una noticia.
- II contar una experiencia personal.
- III denunciar el comportamiento de las autoridades de frontera de Bolivia.

b Cuando la autora del *blog* dice "me hice la tonta", quiere decir que:
- I cree que es tonta.
- II a partir de ese momento se volvió tonta.
- III en ese momento fingió ser tonta pero no lo es.

# LECTURA

**PRECALENTAMIENTO**

- ¿Qué sabes acerca de Guatemala?
- ¿Qué pueblos habitaban América antes del descubrimiento? ¿Sabes cuál de ellos se concentraba en la región de Guatemala?
- ¿Qué crees que ofrece Guatemala a los turistas?

  **1** Lee el siguiente texto sobre la ciudad guatemalteca de Quetzaltenango.

## La ciudad de la luna de plata: Quetzaltenango

Es la segunda ciudad más grande de Guatemala y uno de los referentes culturales en el país. Quetzaltenango, también conocida como "la ciudad de la luna de plata", se ha convertido en una meca para el estudio de la lengua española en Guatemala. Su colorido y la fuerte presencia indígena atraen a cientos de extranjeros cada año.

Samuel Mayo

Teatro Municipal de Quetzaltenango, Guatemala.

Llegué a la ciudad de Quetzaltenango cerca de la medianoche, con las calles vacías y esa luz sombría de los faroles que iluminan las noches de Guatemala. Llovía a cántaros y me metí en la primera pensión barata que encontré. "Ya te agarró el agua...", me dijo la regente del negocio [...]. Asentí, sin más, empapado y con el gesto de un niño que tiene enfrente a una madre enfadada. La señora me condujo hasta la habitación, un cuarto estrecho y húmedo con una ventana que daba a la calle. [...] Afuera, una luna de plata velaba el sueño de la ciudad.

El escritor guatemalteco y premio nobel de literatura Miguel Ángel Asturias describió Guatemala como un "país indómito". Quetzaltenango, sin duda, hace honor a sus palabras. Xelajú, o Xela, como también es conocida la ciudad, aparece en los libros de historia como una de las primeras regiones rebeldes del país, porque pocos años después de la independencia de los españoles sus habitantes decidieron crear un "sexto Estado" independiente del resto de la región. La ciudad es hoy un referente cultural con decenas de escuelas de español distribuidas por ella. Las clases de lengua española se cuelan por todos los rincones, incluso en los hoteles. A la mañana siguiente me desperté con la voz de un locutor de radio dando una clase de gramática. [...]

En la calle encontré una ciudad muy diferente a la de la noche anterior. Xela es un lugar tranquilo y apacible, con las fachadas de las casas envejecidas y pintadas de colores vivos. El parque central fue diseñado a principios del siglo pasado tratando de recrear la arquitectura griega, levantando columnas corintias y una especie de ágora donde los estudiantes comparten su tiempo. El parque está lleno de vida, con vendedores de periódicos, ancianos conversando en los bancos y un enorme reloj circular parado siempre a las siete en punto, como si a pesar del tiempo nada fuera a cambiar.

Hice una visita a Pete, un compañero holandés que dirige una granja donde capacitan a campesinos. [...] Pete me llevó a nadar a unas piscinas de aguas termales que nacen en la sierra. Hay varios lugares en la ciudad donde puedes disfrutar de un baño tibio rodeado de montañas, ese paisaje indómito [...]. Pero Guatemala igual enamora por sus volcanes que desalienta por la imagen de los campesinos. En las comunidades indígenas que bordean la ciudad se puede ver a mujeres mam haciendo telares de cintura sobre los patios de tierra. Es la mejor cara de unas personas que viven al día, en casa de adobe y paja, y guardan algunos recuerdos en los cajones. A veces, entre esos recuerdos, se encuentran viejos papeles con los nombres de los familiares y amigos que murieron durante la guerra civil que sufrió el país durante 36 años. **La sombra de aquella guerra todavía se extiende por los pueblos indígenas de Guatemala.**

**Ninguna guerra, <u>sin embargo</u>, logró aniquilar la riqueza cultural de estas comunidades.** Un ejemplo de ello es el mercado de San Juan Ostuncalco, a pocos kilómetros de Xela, donde los domingos los indígenas exponen sus mercancías en la plaza principal, frente a una hermosa iglesia neocolonial y esa amalgama de voces nativas que llenan la tierra de vida. [...]

En las tardes es habitual encontrar grupos de estudiantes paseando por las calles empedradas, o frente a edificios como el teatro y la casa de cultura, diseñadas también con esa línea clásica de arquitectura griega. Entre fachadas pintadas con motivos indígenas y alusiones a la paz, Pete me lleva a conocer las cantinas de Xela. [...] "Aquí todos somos tranquilos, hasta que nos da por ser rebeldes", dice riéndose Pete. Aquel día, en la calle, una luna de plata empezaba a velar el sueño de la ciudad.

Revista *Punto y Coma*. España, n.º 33, 2011, p. 33-36.

# LECTURA

**2** En cuanto al género del texto que acabas de leer, apunta lo que se te pide a continuación y contesta la pregunta al final.

a Medio de publicación: _____

b Tipo(s) textual(es): _____

c Persona verbal (punto de vista): _____

d Objetivo(s) del autor: _____

e Elemento(s) extra(s): _____

f Partes del texto: _____

g ¿Cuál es el género textual? _____

**3** Reescribe el fragmento en relieve del texto sustituyendo la expresión subrayada por las que se indican a continuación. Haz las modificaciones necesarias.

a Pero: _____

b A pesar de que: _____

c Aunque: _____

**4** Completa las frases siguientes de acuerdo con el texto.

a Quetzaltenango, también conocida como _____, _____ y _____, es la segunda ciudad más grande de Guatemala.

b _____ dijo que _____ era un país difícil de dominar, y el autor del texto lo comprendió cuando llegó a _____.

c Las fuentes de aguas _____ en la _____ son una de las principales atracciones _____ de Xelajú.

d Después de la independencia de _____, la _____ quiso separarse del resto del país y crear un _____.

**5** Contesta las preguntas basándote en las informaciones disponibles en los textos "Llegando y recorriendo Madrid" y "La ciudad de la luna de plata: Quetzaltenango".

a ¿Qué encontraría un turista en Madrid y no en Quetzaltenango?

b ¿Y qué particularidad de la ciudad guatemalteca no se encontraría en Madrid?

c ¿Viajaron los autores de ambos textos a sus respectivos destinos con el mismo propósito?

d ¿A cuál ciudad preferirías viajar? ¿Por qué?

Para saber más sobre la modalidad de viaje autostop, accede a <www.youtube.com/watch?v=EdMwB8eywD4&> (accedido el 18 my. 2012).

### RINCÓN DE ESCRITURA

Escribe un breve relato de algún viaje que hayas hecho. Puedes tomar como modelo los textos de las secciones de lectura de esta lección.

# LECCIÓN 21

## NO HAY BODA SIN TORNABODA

¿Cómo está vestida la persona de la foto?

¿Qué te parece que está haciendo?

¿Conoces alguna fiesta en la que se usan ropas típicas?

# LECTURA

**PRECALENTAMIENTO**

- ¿Sabes qué es el Caribe?
- ¿Te gustan los festivales de música y baile?
- ¿Conoces algún ritmo musical caribeño?

**1** Lee el siguiente texto acerca del Festival de la Leyenda Vallenata, que ocurre todos los años en Colombia.

# Al ritmo del Caribe

## Colombia – El Festival de la Leyenda Vallenata

La música latinoamericana es muy popular en todo el mundo y cada vez más gente aprende a bailar la cumbia, la salsa y el merengue, [...] pero las salas de baile de Madrid, París, Milán, Nueva York o Tokio no pueden compararse con el paisaje, la luz, la alegría y el ritmo de Colombia, que celebra varios festivales dedicados a la música y al baile caribeños.

Uno de los festivales más importantes del país es el Festival de la Leyenda Vallenata, una gran celebración de la cultura popular que tiene lugar a finales de abril en Valledupar, la capital del departamento de César, en el norte de Colombia.

La palabra vallenato significa "nato del Valle", es decir, nacido en Valledupar, pero el vallenato es sobre todo un tipo de música que consiste en una combinación de tres instrumentos musicales: el acordeón, el bongó y el güiro, un instrumento de percusión popular hecho con el fruto de una planta parecida a una calabaza. Juntos producen una música única que se ha extendido no solo por Colombia y el mundo de habla hispana, sino también por muchas ciudades de Europa y Norteamérica.

El origen de la música vallenata data de mediados del siglo XIX y surgió en los patios de vecinos y en las vaquerías de los departamentos de César y La Guajira.

El Festival de la Leyenda Vallenata se creó para conservar la música y la cultura de la zona. El primero tuvo lugar en 1968, durante las fiestas locales y comenzó con un concurso de grupos de música vallenata. Ahora este concurso es lo más importante de las fiestas.

El Festival tiene fama internacional y en él participan numerosos grupos de diversos países. Además de colombianos compiten grupos de países del Caribe como Panamá, Venezuela, Cuba, México e, incluso, de Estados Unidos. [...]

Sin embargo, el vallenato es, además de la música, un conjunto de costumbres, mitos y leyendas que se cuentan en las letras de las canciones. Las leyendas vallenatas son relatos populares cuyos protagonistas son a veces seres fantásticos que realizan actos extraordinarios. [...]

Todas esas historias populares se recogen en las letras de las canciones vallenatas, pero el amor es siempre el tema principal. En algunos pueblos todavía se lleva a cabo la serenata vallenata, el enamorado canta debajo de la ventana de la mujer amada. [...]

VILLANUEVA, Clara; FERNÁNDEZ, Josefina. *Aires de fiesta latina: un recorrido por Latinoamérica a través de 12 lecturas.* Barcelona: Difusión, 2007, p. 43-47.

42.º Festival de la Leyenda Vallenata

**2** ¿Qué significa el término "vallenato"?
_____

**3** Relaciona cada instrumento del vallenato con la imagen que le corresponde.
- [ ] a  Güiro.
- [ ] b  Acordeón.
- [ ] c  Bongó.

I / II / III

**4** Los siguientes fragmentos se extrajeron del texto sobre el Festival de la Leyenda Vallenata. Léelos, investiga sobre los ritmos mencionados y relaciónalos con sus descripciones.

> "—El vallenato tiene cuatro ritmos, que son el paseo, el merengue, la puya y el son. Se diferencian unos de los otros por la velocidad y la manera en la que se tocan los instrumentos".

a  "La _____ es el ritmo más rápido de todos y el más fácil de reconocer; las canciones tienen mucho humor y tratan sobre temas sociales del país y de la región".

b  "El _____ es el más lento de los cuatro [...] mientras que el _____ es un poco más rápido y es el más comercializado".

c  El _____: "en los altavoces suena una canción rápida que habla de amor" (IV).

VILLANUEVA, Clara; FERNÁNDEZ, Josefina. *Aires de fiesta latina: un recorrido por Latinoamérica a través de 12 lecturas*. Barcelona: Difusión, 2007, p. 44-45.

**5** Extrae del texto las siguientes informaciones sobre el Festival de la Leyenda Vallenata.
a  Objetivo: _____
b  Definición: _____
c  Dónde y cuándo ocurre: _____
d  Origen: _____
e  Países de los grupos participantes: _____

**6** Pon V (verdadero) o F (falso) en las siguientes afirmaciones. Luego, corrige las falsas.

**ESTRATEGIA DE LECTURA**
Haz una lectura detenida del texto. El objetivo es identificar **datos específicos**.

- [ ] a  La serenata vallenata es común en todo el Caribe.
- [ ] b  La música vallenata surgió a mediados del siglo XIX.
- [ ] c  Los temas principales de las canciones vallenatas son las historias populares.
- [ ] d  Las salas de baile de Nueva York, Milán, Tokio y Madrid tienen más brillo y alegría que el ritmo de Colombia.

_____
_____
_____

**7** ¿Conoces algún festival del mundo hispánico? ¿Hay alguna semejanza con los festivales brasileños?
_____

# CAJÓN LEXICAL

## CELEBRACIONES

**1** ¿Qué se celebra en las fiestas patrias? Lee el siguiente texto y descúbrelo. Luego escribe el nombre del país hispanoamericano al lado de su bandera y comprueba sus fechas de celebración.

**Celebramos nuestra Independencia... ¡Fiestas patrias en Latinoamérica!**

Todos los países de Latinoamérica tienen fechas especiales, esos días que pasan a formar parte de la historia por un hecho que los marcó, por el logro de un objetivo, por la victoria ante una batalla o por el fin de una época. Los motivos para celebrar son diferentes en varios casos pero lo cierto es que la gente se reúne con mucha alegría para gozar de su identidad y cultura. [...]

Disponible en <www.fiesta101.com/festividades/celebramos-nuestra-independencia-%c2%a1fiestas-patrias-en-latinoamerica.html>.
Accedido el 17 my. 2012.

Disponible en <www.realinstitutoelcano.org/wps/portal/EspecialesElcano/ObservatorioBicentenarios>.
Accedido el 22 my. 2012. (Adaptado).

**2** Haz un círculo alrededor de los elementos que no forman parte de las fiestas y celebraciones.

> desfiles   diversión   enfermedad   festejos   comidas típicas   tradición   estuche   festival   gastronomía   carnicería
> espumas en lata   espectáculos   testarudo   paradas militares   artesanías   festividad   bolígrafo
> danza   baile   sombrero   estantería   feriado   bebidas típicas   prejuicio   torneo
> cabalgata   piso   trajes típicos   fuegos artificiales   juegos

**3** Elabora una frase relacionada con las celebraciones utilizando las palabras a continuación.

a  adornar / flores _____
b  aplaudir / evento _____
c  arreglarse / baile de disfraces _____
d  celebrar / los países _____
e  disfrazarse / los niños _____
f  festejar / el ayuntamiento _____

**4** ¿Cómo se celebra el Día de la Independencia en Brasil? ¿En qué fecha se lo conmemora?

_____
_____

**5** Investiga y relaciona las siguientes celebraciones con las fechas correspondientes.

a  Día de la Raza (Latinoamérica).
b  Día de los Muertos (México y Perú).
c  La Virgen de Guadalupe (México).
d  Las Posadas (México).
e  Nochebuena.
f  Navidad.
g  Nochevieja.
h  Año Nuevo.
i  Día de los Reyes.
j  Día de San Valentín.

☐ El 14 de febrero.
☐ El 6 de enero.
☐ El 16-24 de diciembre.
☐ El 12 de diciembre.
☐ El 31 de diciembre.
☐ El 12 de octubre.
☐ El 24 de diciembre.
☐ El 2 de noviembre.
☐ El 25 de diciembre.
☐ El 1.° de enero.

**6** Lee las expresiones y locuciones que están a continuación y relaciónalas con sus significados.

a  No estar para fiestas.
b  Aguarle a alguien la fiesta. / Ser un aguafiestas.
c  Pinchar el globo.
d  Se acabó la fiesta.
e  Tengamos la fiesta en paz.
f  Estar de fiesta.
g  No todos los días son de fiesta.

☐ Se dice cuando alguien intenta estropear la alegría ajena con comentarios negativos.
☐ Se dice para solicitar tranquilidad ante una situación de conflicto que puede empeorar.
☐ Expresa resignación ante un hecho negativo o que la suerte no siempre es favorable.
☐ Cuando se impide que una noticia falsa o comprometida se propague.
☐ Se dice de una persona que está más alegre de lo que es habitualmente.
☐ Se dice de alguien que no está de buen humor.
☐ Se dice cuando uno quiere cortar una discusión que empieza a fastidiar.

# GRAMÁTICA

## ORACIONES SUBORDINADAS CONCESIVAS

En español se puede expresar, por medio de una oración que recibe el nombre de subordinada concesiva, un obstáculo a lo dicho en la oración principal, el cual, sin embargo, no impide su cumplimiento. De allí proviene su nombre: a pesar de contraponerse a la oración principal, "concede" que se cumpla la acción. Los nexos que comúnmente encabezan las subordinadas concesivas son:

| Nexo | Ejemplos |
|---|---|
| a pesar de que | **A pesar de que** el Festival de la Leyenda Vallenata se creó para conservar la cultura de los nativos de Valledupar, en Colombia, actualmente el concurso de grupos de música típica es lo más importante de las fiestas. |
| aunque | **Aunque** la globalización de la música impone ritmos internacionales, los festivales reflejan la importancia que la música local tiene en América Latina. |
| si bien | **Si bien** a los jóvenes les gusta la música pop y sus variedades, en Argentina, en los últimos años, se ha puesto muy de moda la cumbia, baile folclórico de Colombia. |
| aun cuándo | **Aun cuando** las festividades típicas atraen turistas, siguen siendo una expresión de la tradición de cada país y reúnen principalmente a la población nativa. |

En las oraciones subordinadas concesivas el verbo puede utilizarse en Indicativo o en Subjuntivo, según si el enunciado es real o hipotético al momento en que se produce.

| Situación | Ejemplos |
|---|---|
| Está lloviendo en el momento en que se dice la frase. | Aunque **llueve**, vamos al festival. (Presente de Indicativo) |
| No está lloviendo en el momento en que se dice la frase, pero hay probabilidad de que llueva. | Aunque **llueva**, vamos al festival. (Presente de Subjuntivo) |

Aunque llueva y truene, no me pierdo la fiesta por nada.

### ¡OJO!

La relación concesiva también puede expresarse sin un verbo. Ejs.: Este año no vamos a poder ir al festival de Colombia como todos los años. Así y todo, lo vamos a ver por la tele. / A pesar de la lluvia, la fiesta fue un éxito.

1 Elige la opción correcta.

a

☐ I  Aunque esté retrasada, voy al festival de boleros.
☐ II Aunque estoy retrasada, voy al festival de boleros.

b

☐ I  Estaré en el festival de *rock*, aunque no encuentre una ropa adecuada.
☐ II Estaré en el festival de *rock*, aunque no encuentro una ropa adecuada.

c

☐ I  Aunque tiene poco dinero, Juan va a México porque quiere celebrar el Día de los Muertos.
☐ II Aunque tenga poco dinero, Juan va a México porque quiere celebrar el Día de los Muertos.

d

☐ I  Aunque hace mal tiempo, me voy a poner mi vestido blanco para celebrar la Nochevieja.
☐ II Aunque haga mal tiempo, me voy a poner mi vestido blanco para celebrar la Nochevieja.

2 Haz un círculo alrededor del nexo concesivo en las siguientes frases.
   a  Por más que tenga que estudiar, voy a almorzar con mi familia en la Pascua.
   b  Los alumnos del 5.º grado preparaban una gran celebración para el Día de la Hispanidad, si bien los del 6.º decían que los festejos no sucederían.
   c  Aun cuando mis hermanos no pueden ayudarme, preparo la piñata para Las Posadas.
   d  Españoles de todo el país participan de Las Fallas, a pesar de que la fiesta es típica de la Comunidad Valenciana.

# GRAMÁTICA

**3** Marca la opción que contiene una oración subordinada concesiva.

- a  Si vienes a México en diciembre, te invito a participar de la procesión de la Virgen de Guadalupe.
- b  Aun cuando estaba enferma, preparaba una rosca de reyes para celebrar el Día de Reyes con mi familia.
- c  La Nochevieja es más alegre que la Navidad.
- d  Pedro y su novia estaban tan cansados que no celebraron el Día de San Valentín.
- e  Te envié una invitación para que vengas al festival de boleros de mi ciudad.

**4** Lee el siguiente fragmento de una entrevista de la revista *Shock* y señala las respuestas correctas.

### El *rock & roll* de Silvestre Dangond

El rey absoluto de la nueva generación del vallenato y máximo líder del movimiento silvestrista, en un cara a cara exclusivo con *Shock*. Lo suyo no es música, es una religión. [...]

**Muchos coincidimos en que usted en tarima es todo un *rockstar*. ¿Qué puede decir que tiene de roquero aun cuando hace vallenato?**

Los roqueros son agrestes. No hay ningún tipo de timidez en ellos. El rock es ácido, y en cierto modo así es Silvestre Dangond. A veces soy rudo, hasta en la forma de llegarle a la gente con mi música. Los roqueros son bulleros, llamativos. Nunca pasan desapercibidos. Así soy yo.

Disponible en <www.shock.com.co/actualidad/impreso/articuloshock-el-rock-roll-de-silvestre-dangond>. Accedido el 18 my. 2012.

a  La entrevista anterior fue realizada:
- I    por chat de Internet en el que participaron, además del entrevistador, los fanes del *rockstar*.
- II   únicamente y en forma personal con el entrevistador de la revista *Shock*.
- III  en una conferencia de prensa en la que estaba presente el representante de *Shock*.

b  En la pregunta del entrevistador: "¿Qué puede decir que tiene de roquero aun cuando hace vallenato?", se establece una relación entre ser "roquero" y "hacer vallenato". Esta relación es de:
- I    oposición.
- II   causa.
- III  consecuencia.

## ORACIONES SUBORDINADAS FINALES

Las oraciones subordinadas también pueden expresar la finalidad o el motivo de la acción principal. Los principales nexos que las encabezan son los siguientes:

| Nexo | Ejemplos |
| --- | --- |
| para que | **Para que** podamos bailar en el festival, tenemos que tomar unas clases de danza típica. |
| a fin de que | Meses antes, los hoteles ofrecen paquetes promocionales para la época de la fiesta **a fin de que** los turistas hagan sus reservas con anticipación. |
| con la finalidad de que | **Con la finalidad de que** el festival sea un éxito, se trae a una figura de nivel internacional para el cierre. |
| con vistas a que | Las autoridades locales promocionan las festividades **con vistas a que** los turistas acudan a la región. |

256

En las oraciones subordinadas finales el verbo va en Subjuntivo porque la finalidad de la acción no se ha alcanzado aún y es, por lo tanto, hipotética.

Pero cuando el sujeto de la oración principal y de la subordinada de finalidad es el mismo, el verbo de esta última va en infinitivo. En este caso no se coloca la conjunción "que". Ej.: Para poder ir al festival, este año sacamos los pasajes seis meses antes.

**5** Escribe oraciones subordinadas relacionadas con celebraciones usando los siguientes nexos.

a  para que

_____

b  con la finalidad de que

_____

c  a fin de que

_____

d  con vistas a que

_____

**6** Completa las oraciones eligiendo la opción correcta. Luego clasifícalas en subordinadas finales o subordinadas concesivas.

a  He salido temprano del trabajo a fin de _____ a la muestra de cine.
   ◯ I  iba          ◯ II  iría          ◯ III  ir

b  Los coordinadores del proyecto incluyeron conciertos al aire libre en la programación con el objetivo de que todos _____ verlos.
   ◯ I  pueden      ◯ II  puedan       ◯ III  poder

c  Los españoles son mayoría en los sanfermines a pesar de que los festejos _____ a muchos turistas.
   ◯ I  atraen      ◯ II  atraiga      ◯ III  atraer

d  He comprado muchas flores y cintas para que _____ el balcón para la Feria de las Flores.
   ◯ I  adornamos   ◯ II  adornar      ◯ III  adornemos

e  Llovió mucho en el Día de la Raza, y eso que el periódico decía que _____ a hacer sol.
   ◯ I  iba         ◯ II  ir           ◯ III  irían

**7** En la frase "He ahorrado dinero **con miras al** viaje a Oruro, Bolivia, por el Carnaval", podemos sustituir el nexo en relieve, sin cambio de significado, por:
   ◯ a  para.                    ◯ c  con la finalidad de que.       ◯ e  con el fin de.
   ◯ b  aunque.                  ◯ d  aunque cuando.                  ◯ f  con el objetivo de.

# GRAMÁTICA

## ACENTUACIÓN: PALABRAS MONOSÍLABAS

### ACENTO DIACRÍTICO

En español las palabras monosílabas, es decir, las que tienen una sola sílaba, no se acentúan. Pero cuando un monosílabo tiene más de un significado o función, en uno de ellos colocamos acento gráfico para distinguirlo del otro.

**Palabras monosílabas: acento diacrítico**

| Palabra con acento | Ejemplos | Palabra sin acento | Ejemplos |
|---|---|---|---|
| **tú** = pronombre personal sujeto | ¿**Tú** también vas al festival? | **tu** = posesivo | ¿Este es **tu** nuevo disfraz? |
| **él** = pronombre personal sujeto | Mi hermano quedará en casa. A **él** no le gusta el desfile de la Independencia. | **el** = artículo determinado masculino singular | **El** domingo los novios celebrarán el San Valentín. |
| **mí** = forma tónica del pronombre complemento | Para **mí**, el Año Nuevo es el mejor día festivo. | **mi** = posesivo | **Mi** profesora participó de las conmemoraciones del Día de los Muertos en México. |
| **té** = sustantivo | En Nochevieja mi abuela tiene el hábito de ofrecer **té** a todos los invitados. | **te** = pronombre personal objeto | **Te** paso a buscar por la mañana para que lleguemos temprano a la fiesta. |
| **sé** = verbo "ser" en 1.ª persona del singular en Presente de Indicativo | Todavía no **sé** a qué hora empieza la presentación de los fuegos de artificio. | **se** = pronombre reflexivo y complemento indirecto de 3.ª persona. | En Nochebuena **se** puso ropa nueva. ¿Usted todavía no ha recibido el billete del festival? **Se** lo mandé ayer. |
| **aún** = todavía | El espectáculo folclórico **aún** no ha empezado. | **aun** = incluso, hasta | Toda la familia participó del vallenato colombiano, **aun** los abuelos. |
| **más** = adverbio de comparación | Hubo sobreventa de billetes: había **más** gente que lugares para sentarse. | **mas** = pero En español, "mas" es de uso literario. | La organización del evento ofreció otros billetes al día siguiente, **mas** los espectadores, furiosos, no aceptaron. |
| **sí** = adverbio de afirmación | **Sí**, por supuesto que voy con ustedes a la fiesta patria. | **si** = conjunción condicional | **Si** quieres, podemos tomar algo antes de ir al concierto de Navidad. |
| **dé** = verbo "dar" en 1.ª y 3.ª personas del singular en Presente de Subjuntivo | Le pedí a papá que me **dé** una bici como regalo del Día de Reyes. | **de** = preposición | El primo **de** Jorge está atrasado para la celebración. |

**8** Haz un círculo alrededor de la forma que completa correctamente cada frase.

a Sé / se que el / él no quiere mas / más comprarse el billete para ver el espectáculo de danza.

b Sí / Si, nosotros vamos a la casa de / dé la abuela en Nochevieja.

c Para mi / mí lo más / mas importante a la hora de / dé celebrar es estar con los amigos.

**9** Completa las frases con "aún" o "aun".

a _____ no me he comprado un nuevo disfraz para el desfile.

b Clara va a la feria de la hispanidad y _____ va a llevar algunos platos típicos de Perú.

c Gael y Rafa trajeron gaseosas y agua para la fiesta de Año Nuevo, y _____ van a comprar algunas frutas.

# LECTURA

**PRECALENTAMIENTO**

- ¿Qué hecho histórico ocurrió el 12 de octubre de 1492?
- ¿Sabes qué reyes ayudaron a realizar ese proyecto?
- ¿Qué sabes sobre la colonización de lo que hoy llamamos Latinoamérica?

**1** Lee el siguiente texto sobre el Día de la Hispanidad.

## El Día de la Hispanidad: ¿motivo de celebración?

Juanjo Robledo – Madrid

*Los latinoamericanos y sus danzas típicas estarán en la fiesta del Día de la Hispanidad en Madrid. ¿Tienen algo que celebrar el 12 de octubre?*

Que más de medio millón de personas salgan a las calles a celebrar es algo excepcional. Pero más aún si la mayoría son latinoamericanos que festejan el Día de la Hispanidad, una fecha que polariza.

A pesar de la sensibilidad que despierta el 12 de octubre, aniversario de la llegada de Cristóbal Colón a América, en Madrid se organiza una multitudinaria fiesta para celebrarlo. Es la fiesta nacional.

[...] En el marco del Festival VivAmérica, también se celebrará "La Marcha": un carnaval de trajes y músicas que llenan el Paseo del Prado con variopintas manifestaciones culturales procedentes desde los Andes hasta el Caribe.

Pero ¿es una fecha para festejar? En medio de los bicentenarios de las independencias de España, estamos en época de revisión de las relaciones de ambos lados del Atlántico.

"El pasado es el que es y no lo podemos cambiar. Lo importante es reconocer lo que nos une, el idioma, los proyectos comunes y mirar hacia adelante. De ese sentimiento nace este festival", le comentó a BBC Mundo Andrés Pérez Perruca, director del Ateneo Iberoamericano.

"Seguramente hasta hace poco ha habido un desconocimiento del español promedio hacia lo que es latinoamericano. La gente no diferenciaba entre un colombiano o un paraguayo, los metía en el mismo saco", afirmó Pérez. "Lo cierto del caso es que hay muchas personas y organizaciones en España interesadas en lo que pasa en América Latina, en sus problemáticas, en sus propuestas", agregó.

Un ejemplo de ello puede ser el crecimiento que ha tenido el festival. El encuentro se realiza paralelamente en Cádiz, Zaragoza y Barranquilla, en Colombia. [...] Se espera que más de medio millón de personas acompañen a las carrozas de artistas y comparsas que desfilan por el principal paseo madrileño. El principal atractivo será el grupo puertorriqueño Calle 13.

El boliviano Martín José Valderrama prepara su presentación. Con la Fraternidad de Amigos de Bolivia van a ejecutar un baile típico de su país, los caporales. "Es un baile que representa a los esclavos que llevaron los españoles a América. El caporal era el capataz que estaba a cargo. Para el baile nos ponemos cascabeles en las botas que recuerdan el sonido de las cadenas", explicó a BBC Mundo.

Valderrama cuenta que el festival le ha permitido conocer la cultura de países vecinos, "como los bailes de Perú, un país tan cercano a Bolivia pero que desconocía".

[...] "También te reconoces en la gente que ha emigrado, en lo difícil que es cambiar de país. Son personas como tú que han venido a España a trabajar por un futuro. Me gusta celebrar estas fechas porque así los que vivimos en esta ciudad nos vemos", subraya. [...]

La Marcha [...] pasará muy cerca de la plaza de Colón, donde se alza una estatua del almirante genovés. Al mexicano Aldo Canado, del mariachi Charros de Jalisco, y quien también participará en el desfile, siempre le ha llamado la atención.

"En el D. F. hay una estatua de Colón que tienen que cubrir el 12 de octubre porque le tiran jitomates. Incluso va la policía", comenta sonriente a BBC Mundo. "Cuando llegas aquí y te cuentan que en España estuvieron los romanos, los árabes, los franceses... Te das cuenta que lo de Colón pasó hace mucho tiempo", señala.

Disponible en <www.bbc.co.uk/mundo/noticias/2010/10/101008_espana_dia_hispanidad_az.shtml>. Accedido el 22 my. 2012. (Adaptado).

# LECTURA

**2** Contesta las preguntas sobre el texto.

a ¿Dónde se realizan las celebraciones del Día de la Hispanidad? ¿Qué celebran ese día?

b ¿Por qué le gusta la fiesta al boliviano Martín José Valderrama?

c ¿Qué le llama la atención al mexicano Aldo Canado? ¿Por qué?

d ¿Cómo se posiciona el autor en cuanto a la participación de los latinoamericanos en la fiesta?

**3** Señala la única alternativa incorrecta y corrígela.
- [ ] a Ya hace cerca de 200 años que algunos países de América se independizaron de España.
- [ ] b En los festejos no se hace ninguna referencia a la época de la colonización, pues todos entienden que "lo de Colón pasó hace mucho tiempo".
- [ ] c Para el director del Ateneo Iberoamericano, aunque el pasado es doloroso, el festival debe celebrar los motivos de unión entre España y América.
- [ ] d El crecimiento del festival puede ser una señal de que los españoles se están interesando por saber más sobre los latinoamericanos.

**4** ¿Qué recurso emplea el autor para corroborar su afirmación de que "estamos en época de revisión de las relaciones de ambos lados del Atlántico"?

**ESTRATEGIA ARGUMENTATIVA**

La inclusión de una **cita de autoridad**, o una declaración de un especialista sobre el tema en cuestión, reforza los argumentos del autor.

**5** ¿A qué género pertenece el texto? Señala la alternativa correcta y fundamenta tu respuesta.
- [ ] a Noticia.
- [ ] b Reportaje objetivo.
- [ ] c Reportaje interpretativo.
- [ ] d Artículo de opinión.

**6** Lee nuevamente el texto "Al ritmo del Caribe" y contesta: ¿qué manifestaciones artísticas contribuyen a que otros países, incluso España, conozcan más sobre la cultura de Latinoamérica? ¿Crees que forman parte de los festejos del Día de la Hispanidad? ¿Por qué?

Accede a <www.youtube.com/watch?v=N3m0J2WdpXs> (accedido el 23 my. 2012) para conocer un poco más acerca del Festival de la Leyenda Vallenata.

**RINCÓN DE ESCRITURA**

Elige un ritmo musical típico de Brasil y escribe un reportaje que cuente su historia.

260

# LA EXPERIENCIA ES LA MADRE DE LA CIENCIA

**LECCIÓN 22**

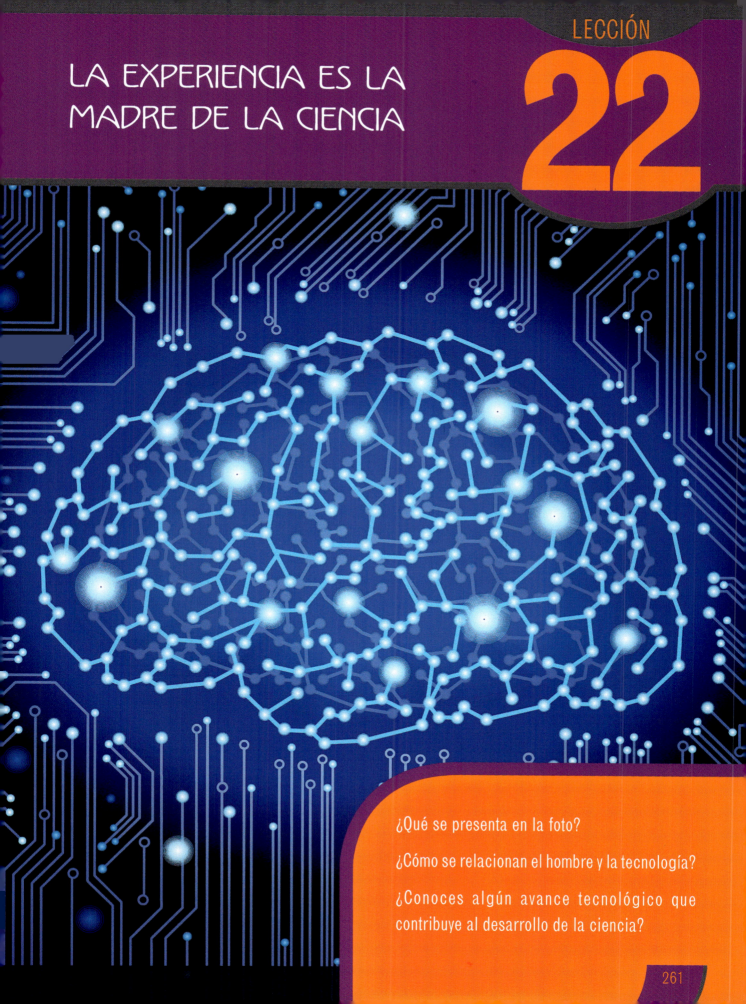

¿Qué se presenta en la foto?

¿Cómo se relacionan el hombre y la tecnología?

¿Conoces algún avance tecnológico que contribuye al desarrollo de la ciencia?

# LECTURA

## PRECALENTAMIENTO

- ¿De qué órgano del cuerpo humano se dice que aún sabemos muy poco? ¿Por qué?
- ¿Cómo se llama la ciencia que se dedica al estudio de ese órgano? ¿Qué avances te gustaría que se realizaran en esa área?
- ¿Qué habilidades cerebrales de la ciencia ficción esperas que sean realidad un día?

**1** Lee el siguiente texto sobre recientes avances en el estudio del cerebro.

# MENTE AL LÍMITE

Mejorar la memoria y manipular objetos a distancia son solo algunos de los beneficios que la comprensión del funcionamiento del cerebro podría ofrecer en el futuro.

*Por Sarai J. Rangel*

Pese a que en el pasado el encéfalo representó un completo misterio, en décadas recientes la ciencia ha logrado dar importantes avances hacia el entendimiento de este órgano y su dinámica. Ello se debe en gran parte a los adelantos en técnicas instrumentales que permiten observar de forma directa las interacciones entre neuronas, así como a los recientes conocimientos en torno a la química cerebral. En general, se considera que ahondar en las dinámicas de la mente provocaría importantes progresos como el desarrollo de neuroprótesis o la cura de lesiones cerebrales causadas por trastornos neurodegenerativos. Pero también se vislumbran usos enfocados en potenciar las capacidades del ser humano [...].

## Control mental

Un objetivo de la indagación en neurociencias es el desarrollo de interfaces cerebro-computadora para controlar objetos a distancia. El ingeniero biomédico de la Universidad de Minnesota, EUA, Alexander J. Doud, creó un *software* que emplea electroencefalografía —o EEG, una técnica no invasiva que mide la actividad bioeléctrica del cerebro— para controlar un helicóptero virtual. Por medio de órdenes sencillas como imaginar el movimiento del brazo izquierdo o derecho, la lengua o los pies, los participantes podían hacer que el aparato girara en una u otra dirección, se elevara o bajara. Estos pensamientos producen diferencias de potencial en la corteza cerebral que, con un gorro provisto de sensores EEG, son captadas y enviadas a un programa que las traduce en movimiento. Se espera que este sistema abra el camino al desarrollo de neuroprótesis o al manejo de vehículos por medio de ondas cerebrales. [...]

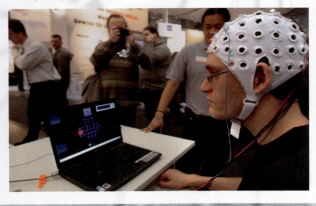

## No más problemas

De acuerdo con el neurólogo Roi Cohen Kadosh, de la Universidad de Oxford, Reino Unido, quien ha centrado sus investigaciones en la cognición numérica, se pueden mejorar las habilidades matemáticas de forma segura e indolora y con efecto a largo plazo utilizando estimulación transcraneal de corriente directa. En este método se aplica, a través de electrodos en el cuero cabelludo, una corriente eléctrica en el lóbulo parietal, región del cerebro encargado del pensamiento matemático. Su investigación ayudaría a las personas con discalculia, una discapacidad que afecta el proceso de aprendizaje de las habilidades numéricas. [...]

## Mejor memoria

Theodore Berger, ingeniero biomédico de la Universidad del Sur de California, EUA, diseñó una prótesis neuronal que duplica las conexiones sinápticas que convierten la memoria de corto plazo en memoria de largo plazo. Berger utilizó ratas a las cuales previamente les fueron bloqueadas las conexiones de la memoria de largo plazo con neurofármacos. Tras implantar la neuroprótesis en el hipocampo —zona del cerebro donde se desarrollan los procesos mnemotécnicos—, reprodujo exitosamente la sinapsis neuronal al aplicar leves impulsos de estimulación eléctrica, y restauró la memoria en los roedores. En animales que no habían sido sometidos al bloqueo neuronal, el dispositivo fortaleció y mejoró su retención. Se espera que las neuroprótesis restablezcan las sinapsis dañadas por la acción de enfermedades como el Alzheimer o por derrames cerebrales.

Revista *Muy Interesante*. México D. F., abr. 2012, n.º 4, p. 62-63.

**2** ¿En qué género se clasifica el texto que acabas de leer? ¿En qué características te basaste para identificarlo?

_____

_____

**3** Relaciona las palabras con sus significados en el texto.

a  Mnemotécnico.  c  Prótesis.  e  Sinapsis.
b  Corteza.  d  Neurona.  f  Encéfalo.

☐ Que auxilia a la memoria.
☐ Contacto entre las terminaciones de las células nerviosas.
☐ Aparato que sustituye artificialmente un órgano o parte de él.
☐ Órganos que forman el sistema nervioso de los vertebrados.
☐ Capa más superficial del cerebro.
☐ Célula nerviosa de forma variable y diversas prolongaciones.

> **ESTRATEGIA DE LECTURA**
>
> La **inferencia léxica** consiste en deducir el significado de una palabra basándose en su estructura morfológica y/o en el contexto, sin la ayuda de un diccionario.

**4** Lee las siguientes afirmaciones y señala la alternativa correcta. Luego corrige las equivocadas.

I  La comprensión de la química cerebral y de cómo interactúan las neuronas permite al hombre profundizar en el conocimiento del cerebro.

II  El interés de los científicos en descifrar el funcionamiento del cerebro se debe únicamente al deseo de curar lesiones y enfermedades neurológicas.

III  Para controlar los movimientos del helicóptero virtual, los participantes tenían que mover los brazos, la lengua y los pies.

IV  La conversión de la memoria de corto plazo en de largo plazo depende de la sinapsis neuronal.

V  Para mejorar las habilidades matemáticas de personas con discalculia, es necesario implantar una neuroprótesis en el lóbulo parietal.

☐ a  Están correctas las afirmaciones II y IV.
☐ b  Están correctas las afirmaciones III y V.
☐ c  Están correctas las afirmaciones I y V.
☐ d  Están correctas las afirmaciones I y IV.

_____

_____

**5** Contesta las preguntas sobre el texto.

a  ¿Qué beneficios puede aportar la comprensión del funcionamiento del cerebro?

_____

b  ¿Cómo funciona el *software* del ingeniero biomédico Alexander J. Doud?

_____

c  ¿El método de estimulación transcraneal mejoraría las habilidades numéricas del individuo inmediatamente?

_____

d  ¿Qué adelanto neurocientífico te pareció el más útil y urgente? ¿Por qué?

_____

# CAJÓN LEXICAL

## LA CIENCIA Y LA TECNOLOGÍA

① Del texto a continuación se sacaron los subtítulos, que se refieren a los descubrimientos más destacados, según la revista *Science*. Léelos y relaciónalos con el fragmento correspondiente.

### Los avances científicos a destacar en el 2012

La prestigiosa revista *Science* hizo una selección de los [...] descubrimientos destacados en 2011. Desde la prevención del HIV al hallazgo de sistemas solares extraños.

Por primera vez, se pudo ver de cerca el polvo de un pequeño asteroide rocoso, que fue transportado accidentalmente a la Tierra desde el espacio por la misión japonesa Hayabusa. Gracias a esto, se pudo confirmar que los meteoritos más comunes que caen en el planeta representan el 17% de los asteroides que están en el Sistema Solar.

Por primera vez, astrónomos de la Universidad de California encontraron restos de la materia prima original del Universo en nubes de gas, que contienen remanentes absolutamente intactos del gas "limpio" que apareció en los primeros minutos después del Big Bang y que nunca llegó a formar parte de las estrellas.

Un estudio permitió identificar las bacterias que habitan en el intestino humano y su comportamiento con respecto a las dietas adecuadas para cada organismo. Por ejemplo, algunos cuerpos necesitan más proteínas y otros, más vegetales. Esto ayudaría a prevenir enfermedades.

Ayudaría a controlar la epidemia, al reducir a la mitad el riesgo de infección en niños de corta edad. Si las pruebas prosperan, la vacuna sería una realidad en 2015.

Un experimento con ratones avanza en dirección a retrasar el comienzo de los problemas asociados con la edad, como las cataratas en los ojos y la debilidad muscular. No extiende el tiempo de vida, pero sí su calidad.

Disponible en <www.vanguardia.com.mx/losavancescientificosadestacarenel2012-1180657.html>. Accedido el 29 my. 2012.

② Contesta las preguntas de acuerdo con el texto. Fundamenta tus respuestas.

a ¿Qué descubrimiento crees que se acerca más al cotidiano de la gente común?

b ¿Qué descubrimiento pertenece más al mundo académico, al de los científicos?

**3** Lee el texto y haz lo que se te pide.

> **TECNOLOGÍA**
>
>
>
>
> Algunos de los avances tecnológicos que han servido a la humanidad durante milenios se desarrollaron en tiempos primitivos. Las primeras herramientas fueron de madera y de piedra, material que ha proporcionado los utensilios más duraderos, y evolucionaron durante millones de años, desde las sencillas lascas y astillas cortantes, hasta las refinadas cuchillas que los humanos modernos hicieron hace unos 50 000 años.
>
> Los arqueólogos han desvelado los misterios de la tecnología relacionada con la piedra mediante el análisis de dichas herramientas y de los productos que se fabricaron con ellas. Sabemos muy poco de los objetos de madera, pues se conservan escasos hallazgos. Nuestros antecesores más antiguos dominaron el fuego y lo usaron para endurecer las puntas de las lanzas de madera, para procurarse calor y protección, y también para quemar tierras cubiertas de maleza. Se dice que la técnica de prender fuego mediante frotación de dos palos es **el más poderoso invento humano**. [...]

FAGAN, Brian M. *Los setenta grandes inventos y descubrimientos del mundo antiguo.* 1.ª ed. en Lengua Española, Barcelona: Art Blume, S.L., 2005, p. 19, 20 y 24.

a   ¿Crees que podríamos vivir sin el fuego actualmente? Fundamenta tu respuesta.

b   De las utilidades del fuego, ¿cuál crees que es la más importante para la humanidad? Fundamenta tu respuesta.

c   Elige, a partir de tu propio cotidiano, ¿qué actividades serían imposibles si el fuego no hubiera sido descubierto? Ejemplifícalo.

d   Según la definición de "tecnología", ¿por qué podemos afirmar que el hombre primitivo inventó una? Coméntalo.

> **Tecnología.** 1. f. Conjunto de teorías y de técnicas que permiten el aprovechamiento práctico del conocimiento científico.

Disponible en <www.rae.es>. Accedido el 28 my. 2012.

**4** Relaciona las expresiones y locuciones con sus significados.

a   Echar alguien fuego por los ojos.
b   Estar alguien entre dos fuegos.
c   Estar alguien hecho un fuego.
d   Huir del fuego y dar en las brasas.
e   Meter fuego a una empresa.
f   Sacar un fuego con otro fuego.

☐ Estar demasiado acalorado por exceso de una pasión.
☐ Estar entre dos situaciones difíciles y comprometedoras.
☐ Darle animación, activarla, promoverla eficazmente.
☐ Manifestar gran furor o ira.
☐ Para indicar que, al procurar evitar un inconveniente o daño, se cae en otro.
☐ Desquitarse o vengarse de alguien, empleando en el desagravio los mismos medios que sirvieron para la ofensa.

Disponible en <www.rae.es>. Accedido el 28 my. 2012.

# GRAMÁTICA

## ORACIONES CONDICIONALES

Las oraciones condicionales son aquellas que expresan un hecho o acción principal que depende de que se cumpla una condición. Según el grado de probabilidad de que se realice el hecho, hay varios tipos de condicionales.

| Hecho o acción principal | Condición | Probabilidad de realización |
|---|---|---|
| La tecnología **es** accesible a todos | si en las escuelas se **incentiva** la investigación científica. | Hecho real o probable |
| Presente de Indicativo | Presente de Indicativo | |
| Pronto se **podrán** restaurar lesiones medulares | si la investigación sobre las células madre **continúa** al ritmo actual. | |
| Futuro de Indicativo | Presente de Indicativo | |
| Muchas enfermedades **podrían** tener cura | si los científicos **consiguieran/consiguiesen** avanzar más rápido en la investigación de las células madre. | Hecho irreal o poco probable |
| Condicional Simple | Pretérito Imperfecto de Subjuntivo | |

> Si consigo una beca, voy a ser investigador científico...

### ¡OJO!
A diferencia del portugués, en español **no** se usa Futuro de Subjuntivo para construir oraciones condicionales porque ese tiempo verbal ha caído en desuso.

**1** Relaciona las partes de las frases.
   a  Si Alejandro fuera más aplicado,...
   b  Si lee más revistas y periódicos,...
   c  Si se esfuerza más...

   ☐ Alejandro logrará tener más contenido y así se saldrá mejor en la carrera de Química.
   ☐ Alejandro sale adelante y empieza sus estudios de Matemáticas e Informática.
   ☐ vendría a Alemania a estudiar Ingeniería y tendría muchas más oportunidades de trabajo.

**2** Completa los huecos usando el condicional "si" y las siguientes frases.

> encontrar una buena publicación científica   participar del programa de desarrollo científico internacional
> no estar al tanto de las novedades del mundo de las nuevas tecnologías   no publicar importantes investigaciones científicas
> poder entender cómo funcionan muchas de las máquinas industriales
> obtener una beca de estudios en una de las más reconocidas universidades del mundo

a _____, no podrás discutir sobre ese tema en la mesa redonda.

b _____, podrás hacer un buen trabajo en el proyecto de la ONG.

c _____, viajarás y conocerás a mucha gente del área de Ciencias.

d _____, podrás elegir la carrera de Ingeniería.

e _____, tendrás que dedicar un poco de tu tiempo al estudio de los idiomas español e inglés.

f _____, no participarás del grupo de estudios de la Secretaría de Tecnología e Infraestructura.

**3** ¿Cuál es la probabilidad de realización de las oraciones de la actividad anterior? Fundamenta tu respuesta a partir de la estructura de las oraciones condicionales.

_____

**4** Ahora transforma las siguientes frases basadas en la actividad 2 en condicionales que expresan hechos irreales o poco probables.

a  comprarme una revista de Ciencias y Tecnología / si / encontrar una buena publicación científica

b  yo / participar del programa de desarrollo científico internacional / si / mi profesor de Ciencias / apoyarme

c  si / sus empleados elaborar informes con datos actualizados / el empresario estar al tanto de las novedades del mundo de las nuevas tecnologías

d  si / institutos privados no fomentar las áreas de Medicina y Electrónica / no se publicar importantes investigaciones científicas

e  los alumnos poder entender cómo funcionan muchas de las máquinas industriales / si / las empresas compartir más información técnica en los centros de secundaria

f  si / tú / obtener una beca de estudios en una de las más reconocidas universidades del mundo, ¿qué hacer (tú)?

# GRAMÁTICA

**5** Lee el siguiente texto y señala las respuestas correctas.

### ¿Cómo podría conectarme a Internet2?

Si formas parte de una universidad, una organización sin ánimo de lucro relacionada con el trabajo en red, o una empresa interesada en estar relacionada con Internet2, deberás revisar la documentación disponible en Internet2 como primer paso.

Internet2 es una red de investigación y educación que une equipos en las instituciones miembros. Conectarte a Internet2 en el modo que una persona se conecta con Internet a través de un proveedor de Internet o a través de la red de una empresa no es posible. Internet2 no es simplemente una red separada o privada que requiere una conexión especial. No proporcionará enlaces como la www o el correo electrónico. Los desarrollos harán posible hacerlo; de cualquier manera, pronto se encontrará la manera de introducir cualquier red de ordenadores, incluyendo Internet. Las aplicaciones y equipos proporcionados por Internet2 transformarán la manera que tiene la gente de trabajar con los ordenadores.

Disponible en <www.monografias.com/trabajos13/idos/idos.shtml#CUAL>. Accedido el 20 my. 2012.

a   El texto se refiere a:
   - I   los pasos a seguir para conectarse a Internet2 y a su comparación con la Internet que conocemos.
   - II  quiénes pueden conectarse a Internet2 y qué puede realizarse a través de esta.
   - III en qué consiste la revolución que trae Internet2 en la manera de trabajar con los ordenadores.

b   El primer párrafo del texto se refiere a:
   - I   un hecho real o probable.
   - II  un hecho irreal o poco probable.
   - III un hecho imposible.

## ADVERBIOS Y LOCUCIONES ADVERBIALES DE MODO

Hay adverbios que se refieren a la forma o manera en que sucede un hecho o tiene lugar una acción.

| Adverbios de modo | Ejemplos |
|---|---|
| bien | Antes de comprar un aparato nuevo, hay que informarse **bien** sobre su utilidad y funcionamiento. |
| mal | Algunos inventos terminaron **mal**: fueron usados para una finalidad bélica en lugar de aquella a la que se destinaban. |
| mejor | Lo pensé **mejor** y voy a comprarme un lector de libros electrónicos. |
| peor | A veces los programas digitales recién desarrollados funcionan **peor** que los que ya tenemos instalados en nuestra computadora. |
| regular | El lector óptico antiguo funcionaba **regular**: teníamos problemas frecuentemente. |
| igual | Me da **igual** usar una computadora de mesa que una portátil. |
| así | Este aparato funciona **así**. Te voy a explicar... |
| la mayoría de los adverbios formados por un adjetivo + "-mente" | India ha avanzado mucho **tecnológicamente** gracias al polo informático que desarrolló. |

Hay locuciones adverbiales que desempeñan la misma función de un adverbio de modo.

| Locuciones adverbiales de modo | Ejemplos |
|---|---|
| de pronto = de repente | A veces deseamos tener un producto durante mucho tiempo y **de pronto** aparece otro más moderno que lo sustituye y lo supera rápidamente. |
| a ciegas | Compré **a ciegas** el aparato más moderno y después me arrepentí. |
| en un santiamén | Hoy en día la tecnología se torna obsoleta **en un santiamén**. |
| a las mil maravillas = de maravilla | ¡Qué suerte que cambié de computadora! La nueva funciona **a las mil maravillas**. |

**¡OJO!**
Los adverbios terminados en "-mente" se construyen a partir de la forma femenina del adjetivo del cual derivan y no pierden el acento si el adjetivo lo tiene. Ejs.: rápidamente, científicamente.

**6** Sustituye las palabras en relieve por adverbios de modo.

a Busca **con tranquilidad** los datos técnicos de la computadora.
_____

b Lee **con rapidez** las instrucciones de uso.
_____

c La chica dijo **con facilidad** las fechas de los inventos más importantes.
_____

d El alumno maneja **con habilidad** el robot.
_____

**7** Completa las frases con el adverbio adecuado.

| bien | mal | mejor | peor | regular | igual | así |

a Configura tu móvil _____ como te lo enseño, o sea, del modo que ya te había explicado.
b Ella buscó más informaciones en Internet sobre los avances de la cirugía de corazón, pero al final su investigación resultó _____, ni _____ ni _____.
c No quiero un coche ni _____ ni _____ que el que tengo, quiero uno de _____ desempeño.

**8** Completa las frases con las locuciones adverbiales de modo a continuación.

| de pronto | a ciegas | a las mil maravillas |

a Todos quieren que las ciencias estén muy desarrolladas, _____, pues de eso depende la cura de muchas enfermedades.
b Se pudo ver _____ cómo el perrito reaccionaba a los nuevos medicamentos. Fue todo muy rápido.
c No voy a conectar _____ los cables de la televisión y del DVD. Quiero estar bien segura si lo que hago está bien hecho.

# GRAMÁTICA

## HETEROSEMÁNTICOS

**¡OJO!** Comúnmente, los heterosemánticos son conocidos como "falsos amigos".

Son palabras cuya grafía en español y en portugués es igual o muy parecida, pero su significado es diferente.

| Español | Ejemplos | Significado en portugués |
|---|---|---|
| apellido | El **apellido** del investigador que dio la conferencia es Rodríguez. | sobrenome |
| cachorro | A pesar de la tecnología, el milagro de la vida es maravilloso: mi gata tuvo **cachorros**. | filhote |
| embarazada | Hoy en día, las ecografías que se hacen a las mujeres **embarazadas** permiten sacar fotos del bebé. | grávida |
| exquisito | El diseño de las cocinas vitrocerámicas es **exquisito**. Parecen un objeto de decoración. | refinado; delicioso |
| garrafa | Deberían inventar algo para sustituir las **garrafas** de gas; son peligrosas. | botijão |
| largo | El nuevo lector es más **largo** que el anterior: mide tres centímetros más. El ancho es el mismo. | comprido |
| sobrenombre | Su nombre es José pero su **sobrenombre**, Pepe. Así lo llamamos. | apelido |
| suceso | Hubo un **suceso** que cambió la historia del siglo XX: la invención de la bomba atómica. | fato, acontecimento |
| vaso | Deberían inventar algún tipo de vidrio irrompible para fabricar **vasos**. | copo |

**9** Escribe las siguientes palabras en las columnas correspondientes.

> éxito   exquisito   fechar   estafa   apellido   cerrar   cansancio, fatiga   pulpo   agarrar, coger   vaso   pegar   perro   florero, maceta   ancho   botella   avergonzada   raro   gracia   dulce   polvo   cachorro   suceso   largo   garrafa   embarazada   doce   grasa   sobrenombre

| Portugués | Español | Portugués | Español | Portugués | Español | Portugués | Español |
|---|---|---|---|---|---|---|---|
| filhote | | grávida | | cachorro | | embaraçada | |
| sobrenome | | doze | | apelido | | doce | |
| copo | | gordura | | vaso | | graça | |
| fato, acontecimento | | colar | | sucesso | | pegar | |
| longo, comprido | | calote, engano | | largo | | estafa | |
| delicioso | | datar | | esquisito | | fechar | |
| garrafão, botijão | | pó | | garrafa | | polvo | |

**10** Haz un círculo alrededor de la palabra correcta de cada par de opciones.

a   La <u>clase</u> / <u>aula</u> de Física será en el <u>aula</u> / <u>clase</u> 18.

b   Qué <u>mala suerte</u> / <u>azar</u> he tenido con este aparato, tendré que elegir un código al <u>azar</u> / <u>mala suerte</u>.

c   El <u>aceite</u> / <u>óleo</u> para pintar el lienzo ya está preparado, ahora es empezar a pintar mientras voy a cambiar el <u>óleo</u> / <u>aceite</u> de mi coche. ¡Ya nos veremos!

d   La <u>cena</u> / <u>escena</u> ha sido genial, un exquisito pollo al horno con hierbas finas y patatas con salsa bechamel. Y lo de la película, perfecto, todas las <u>escenas</u> / <u>cenas</u> en altísima resolución.

# LECTURA

**PRECALENTAMIENTO**

- Si fueras un científico, ¿a qué experimentos o proyectos te dedicarías para ayudar a mejorar la vida de las personas?
- ¿Te acuerdas de alguna noticia reciente sobre un avance, descubrimiento o invento de la ciencia o de la tecnología?

1. Lee el siguiente texto sobre la técnica del control mental de robots.

## Paralíticos controlan un robot con el pensamiento

**Dos pacientes con cuadriplejia lograron controlar con el pensamiento un brazo robótico gracias a un sensor implantado en su cerebro. Ahora esperan aplicar la técnica a extremidades de afectados.**

18/5/2012 | BBC Mundo

■ **Dos pacientes con cuadriplejia** lograron controlar con el pensamiento un brazo robótico y tomar una bebida sin ayuda por primera vez en 15 años, revela un estudio en Estados Unidos.

La técnica, que aparece publicada en la revista Nature, involucra el uso de un sensor implantado en el cerebro que, vinculado a una computadora, traduce señales eléctricas en instrucciones.

La investigación es un proyecto conjunto de la Universidad de Brown, el Departamento de Asuntos de Veteranos, en Rhode Island, el Departamento de Neurología del Hospital de Massachusetts y la Escuela Médica de la Universidad de Harvard en Boston.

Los científicos esperan eventualmente poder reemplazar la computadora y conectar el sensor cerebral a las propias extremidades del paciente paralizado.

[...] La clave es un sensor microscópico implantado en la superficie de la corteza motora, la región del cerebro responsable del control y ejecución de los movimientos voluntarios.

Cuando el paciente piensa en mover un brazo o mano activa neuronas en esta región del cerebro y esa actividad eléctrica envía impulsos a través de un cable hacia una computadora, la cual traduce esas señales en instrucciones.

Los dos pacientes que participaron en la [...] investigación quedaron paralizados hace muchos años debido a eventos cerebrovasculares y no tenían movimientos viables debajo del cuello.

Una de las pacientes, Cathy Hutchinson de 58 años, pudo utilizar la interfaz neural para controlar el brazo robótico y llevar un recipiente con café hacia la boca.

[...] "No pude creer lo que estaba viendo cuando logré beber café sin ayuda", escribió la mujer en el tablero que utiliza para comunicarse con el movimiento ocular.

Cathy Hutchinson controla un brazo robótico con el pensamiento.

"Estaba extasiada. Sentí esperanza y un enorme sentido de independencia".

El profesor John Donoghue, neurólogo de la Universidad de Brown que participó en el estudio, expresó algo semejante.

"Hubo un momento de verdadera alegría y felicidad. Era algo más profundo que el hecho de que se trataba de un avance. Creo que es un logro importante en el campo de la interfaz cerebro-computadora porque ayudamos a alguien a hacer algo que había deseado desde hace muchos años", expresa el científico.

La investigación muestra que la región del cerebro responsable del movimiento continúa funcionando más de una década después de sufrir una parálisis. [...]

Cathy Hutchinson fue sometida al implante hace seis años.

[...] La tecnología está lejos todavía del uso práctico y los participantes utilizaron el sistema en condiciones controladas en sus hogares con ayuda de técnicos [...].

Disponible en <www.el-nacional.com/noticia/35439/24/Paraliticos-controlan-un-robot-con-el-pensamiento.html>. Accedido el 23 my. 2012. (Adaptado).

# LECTURA

**2** Pasa los ojos rápidamente por el texto y encuentra lo que se te pide a continuación.

a País en que se está realizando el estudio: _____
b Revista que ha publicado la investigación: _____
c Región del cerebro en la que se implanta el sensor: _____
d Qué pudo hacer una de las pacientes con el brazo robótico: _____

> **ESTRATEGIA DE LECTURA**
>
> El *scanning* es una técnica de lectura rápida que consiste en pasar los ojos por el texto para localizar contenidos específicos. Esa estrategia es particularmente eficaz cuando ya se ha realizado una lectura detenida del texto.

**3** Contesta las preguntas con base en el texto.

a ¿Qué tipo de parálisis tienen los pacientes voluntarios? ¿Por qué la tienen?

b ¿Cómo funciona el sistema de control del brazo robótico?

c ¿Qué otro dispositivo de auxilio utiliza la paciente Cathy Hutchinson?

**4** ¿Cuál es el género del texto de la página anterior? Fíjate en sus características y señala las alternativas que completan correctamente la explicación siguiente.

A través de la narración **a** y **b** de uno o más hechos **c** y de interés para el lector, la **d** cumple la principal función del periodismo: **e**. El texto se divide en titular, **f** (que resume el contenido del relato) y cuerpo (que empieza por las informaciones **g** relevantes); contesta las preguntas "qué", "cuándo", "quién", "dónde", "por qué" y "cómo"; **h** la opinión del periodista.

| | | | |
|---|---|---|---|
| **a** ☐ subjetiva | ☐ objetiva |
| **b** ☐ precisa | ☐ creativa |
| **c** ☐ recientes | ☐ históricos |
| **d** ☐ columna | ☐ noticia |
| **e** ☐ informar | ☐ argumentar |
| **f** ☐ firma del autor | ☐ entradilla |
| **g** ☐ menos | ☐ más |
| **h** ☐ y no incluye | ☐ e incluye |

**5** Lee nuevamente el texto "Mente al límite" y contesta: ¿qué semejanzas y diferencias hay entre el sistema del ingeniero biomédico de la Universidad de Minnesota y el proyecto del brazo robótico que acabas de conocer?

Para saber más sobre un invento "muy moderno", accede a <www.youtube.com/watch?v=iwPj0qgvfIs> (accedido el 24 my. 2012).

**RINCÓN DE ESCRITURA**

En parejas, escriban un reportaje sobre un invento o avance tecnológico que les interesa. Puede ser sobre las computadoras táctiles, los teléfonos móviles, las redes sociales, el control por voz, etc.

# LAS PALABRAS VUELAN, Y LO ESCRITO PERMANECE

**LECCIÓN 23**

¿Cuál es el grado de formalidad de la situación representada en la imagen? Fundamenta tu respuesta.

¿Qué están haciendo estas personas?

¿Qué tipo de texto pueden estar leyendo?

# LECTURA

**PRECALENTAMIENTO**

- ¿Pensaste alguna vez en ser un(a) escritor(a)? ¿Qué te gustaría escribir?
- ¿Cómo imaginas que trabaja un escritor?
- ¿Cómo crees que puede empezar a practicar alguien que quiere ser escritor?

**1** Para leer el siguiente texto sobre cómo escribir bien, relaciona las preguntas con las respuestas que les corresponden.

## 10 claves para escribir bien, según Rosa Montero

*La escritora y articulista ha ofrecido a los lectores de EL PAÍS a través de Eskup todas sus claves para entender el oficio literario*
EL PAÍS Madrid - 29 NOV 2010

La escritora española y el autor mexicano Jorge Volpi imparten un cibertaller de escritura durante la Feria del Libro de Guadalajara. Cada día, de 16:00 a 18:00, hora peninsular española, charlan con los lectores sobre los entresijos de escribir. [...]

**1** ¿Para qué se escribe?
**2** ¿Cómo empezar?
**3** ¿Cómo enfrentarse a la página en blanco?
**4** ¿Es bueno escribir sobre uno mismo?
**5** ¿Cómo se elige el nombre de un personaje?
**6** ¿Qué hacer ante el bloqueo del escritor?
**7** ¿Y ante el embrollo de ideas que luchan unas con otras?
**8** ¿Es bueno juntar textos diferentes sobre el mismo tema?
**9** ¿Hay que dejar dormir los textos?
**10** ¿Cómo encontrar el final de una novela?

La escritora Rosa Montero.

○ Ah, sí, el bloqueo existe, sin duda. [...] Pero a veces no es un verdadero bloqueo, sino miedo, exigencia excesiva. No hay manera de escribir sin dudas: siempre se duda horriblemente. [...] A menudo escribir es como picar piedra.

○ Uno no escribe para decir nada, sino para aprender algo. Escribes porque algo te emociona y quieres compartir esa emoción. [...]

○ Los personajes suelen traer su propio nombre. "Escucha" lo que te dicen. Es decir, escucha el nombre que se te ocurre al pensar en él. El escritor maduro es el que tiene la modestia suficiente para dejarse contar la novela o el cuento por sus personajes.

○ Toma notas de las cosas que te llamen la atención o te emocionen. Y déjalas crecer en la cabeza. Luego, escribe un cuento en torno a una de las ideas... [...] Puedes hacer ejercicios como escribir algo que ha sido muy importante en tu vida, quizá en tu infancia, pero contado desde fuera por un narrador real (por ejemplo un tío tuyo) o inventado, e incluyéndote como personaje.

○ Tardo unos tres años en cada novela; el primer año, la historia va creciendo en mi cabeza, en cuadernitos, en fichas y grandes cuadros de la estructura, personajes, etc. Cuando ya sé todo, [...] me siento al ordenador, y vuelve a cambiar.

○ Hay escritores que hablan de su propia vida, pero que son tan buenos que consiguen convertirla en algo universal [...] y otros que cuentan cosas que no tienen nada que ver con ellos en apariencia, pero que las sienten como propias. [...] El autor joven siempre escribe de sí mismo aun cuando hable de los demás, y el autor maduro siempre escribe de los demás aun si habla de sí mismo. Ese es el lugar que hay que ocupar. La distancia con lo narrado. No importa que el tema sea "personal" si lo escribes desde fuera.

○ Me encanta que todas tus historias tengan relación. [...] Mira a ver si el conjunto te sugiere algo más. En estos casos, el todo tiene que aportar algo más que la suma de las partes... Es un buen ejercicio.

○ Sí, ese es un problema. No has conseguido enamorarte lo suficiente de una idea. A veces me ha pasado. Creo que es porque le damos demasiadas vueltas racionales: ¿saldrá mejor esta historia? ¿O esta otra? Ponte frente a tus ideas, escoge la que más te emocione y olvida las demás.

○ De nuevo, depende de las personas. A mí el final se me ocurre muy pronto y escribir es conseguir llegar a ese final... Pero a otros escritores se les ocurre el final mientras escriben, porque la novela es una criatura viva que te enseña. Déjate llevar [...].

○ "Llamar la atención" es el primer paso. El huevecillo. Déjalo crecer en la cabeza... Juega a imaginar en torno a eso. Consecuencias de los hechos, posibilidades... Se escribe sobre todo en la cabeza. Y cuando tengas más o menos una historia, escríbela. En cuanto a la rutina, depende del escritor. Tienes que encontrar tu método. [...] Siempre es bueno forzarte a sentarte todos los días un rato, aunque no sea a la misma hora, y aunque no escribas nada.

Disponible en <http://cultura.elpais.com/cultura/2010/11/29/actualidad/1290985206_850215.html>. Accedido el 24 my. 2012. (Adaptado).

274

**2** ¿A qué género pertenece el texto de la página anterior? Fundamenta tu respuesta.

**3** Extrae del texto las palabras o los fragmentos claves que sinteticen los consejos de la escritora.

> **ESTRATEGIA DE LECTURA**
> La selección de las **palabras claves** de un texto es un buen ejercicio para comprenderlo y fijar su contenido.

| 1 | 6 |
| --- | --- |
| 2 | 7 |
| 3 | 8 |
| 4 | 9 |
| 5 | 10 |

**4** Contesta las preguntas de acuerdo con el texto.

a Según la escritora, ¿qué sentimiento debe estar presente en el ejercicio de escribir? ¿En qué fragmentos se refiere a ese sentimiento?

b ¿Qué hay que tener en cuenta al escribir sobre algo personal?

c ¿Qué etapas forman parte del proceso de escritura de la entrevistada? ¿Crees que seguirías el mismo proceso si fueras un escritor?

d ¿Cuál es la diferencia entre el autor joven y el maduro?

e ¿Qué crees que es el "bloqueo del escritor"?

**5** Pon V (verdadero) o F (falso) en las siguientes afirmaciones. Luego, corrige las falsas.
- a La historia nace de un "huevecillo", es decir, de una idea que puede atraer la atención del lector.
- b El escritor escribe para enseñar algo a sus lectores.
- c Cuando tiene varias ideas, el escritor debe juntarlas todas en una misma historia.
- d Las características de los personajes ayudan a definir sus nombres y a contar la historia.
- e Juntar textos diferentes no es una buena estrategia en la opinión de Rosa Montero.

# CAJÓN LEXICAL

# LAS CORRESPONDENCIAS

**1** Lee el texto a continuación y señala el número correspondiente en cada parte de las cartas.

## Partes de las que se compone una carta

**I MEMBRETE**
Nombre o título de una persona, oficina o corporación, estampado en la parte superior del papel de escribir. Se suele usar en las cartas profesionales. En el caso de que conste el lugar de emisión junto al nombre de la empresa, no será necesario repetirlo.

**II FECHA**
El lugar más propicio para colocar tales datos será el margen superior derecho del papel y se expresa: (nombre de la ciudad), (día) de (mes) de (año).

**III DESTINATARIO**
En una carta privada se menciona en el sobre y en las cartas de tipo profesional o comercial habrá de figurar justo debajo del lugar y fecha o únicamente de la fecha.

**IV SALUDO**
Toda carta ha de comenzar por una fórmula inicial seguida de dos puntos ( : ). Querido amigo:; Estimado Profesor Juan Suárez:, Distinguido Doctor Martín:, estas dos últimas fórmulas se reservarán para cartas de tipo comercial o profesional.

**V CUERPO DE LA CARTA**
Es el desarrollo de lo que uno desea conseguir o expresar.

**VI DESPEDIDA**
En las cartas familiares y privadas valdrá cualquier expresión cariñosa: un beso, un fuerte abrazo, etc., mientras que en las profesionales, las fórmulas más corrientes serán: Un cordial saludo, Cordiales saludos, Reciba un cordial saludo, Afectuosos saludos, Cordialmente, Atentamente, Respetuosamente, etc. En las cartas de tipo comercial y profesional, antes de la firma hay una antefirma (nombre, apellidos y cargo del remitente) y debajo, la firma. En las cartas familiares se pone al final el nombre completo o el apodo con el que suelen llamar al que escribe.

**OLIVARES S. A.**
Calle del Estrecho, 14
23001 Villafranca
España

6 de marzo de 2003.

Calle Virgen del Rocío, 19
41310 Brenes (Sevilla)
España

Distinguidos señores:
Con miras a la próxima producción nos interesaría conocer, lo antes posible, la situación en la que se encuentra ese mercado con respecto a la aceituna; por lo que les rogamos encarecidamente nos envíen su última cotización.
Sin otro particular, reciban ustedes un cordial saludo.

Francisco Reyes
Director Comercial

**COASA S. A.**
Calle Virgen del Rocío, 19
41310 Brenes (Sevilla)
España

18 de marzo de 2003.
Calle del Estrecho, 14
23001 Villafranca
España

Muy señores míos:
En respuesta a su atenta carta del 6 de marzo, nos complace adjuntarles el estado de situación en el mercado de la aceituna durante la última producción.
Observarán ustedes que la cotización de la aceituna se mantiene firme con tendencia a la subida, por lo que es aconsejable su compra inmediata.
Siempre a su disposición les saluda atentamente,

Juan García
Director General

SAN JUAN, Beatriz Taberner. *Guía para escribir cartas y* e-mails. Madrid: Edimat, 2006, cap. V, p. 49-56. (Colección Manuales de la Lengua Española). (Adaptado).

**2** Ahora contesta las siguientes preguntas.

a ¿Qué relación hay entre las dos cartas? Coméntalo.
_____

b La empresa de la carta B ¿le ha facilitado la información solicitada a la empresa de la A? ¿Cómo se puede comprobar? Fundamenta tu respuesta.
_____

**3** Apunta en los siguientes tipos de cartas de qué partes se componen según el texto de la página anterior. Luego, elige de qué tipo son las cartas A y B y fundamenta tu respuesta.

a correspondencias entre amigos: _____
b cartas de agradecimiento: _____
c peticiones de favor: _____
d reclamaciones: _____
e cartas comerciales: _____
f cartas de presentación: _____
_____

**4** Lee las locuciones y expresiones a continuación y completa las frases haciendo las modificaciones necesarias.

**Borrar de un plumazo:** suprimir, eliminar algo de forma expeditiva y casi permanente.

**Ser leído y escribido:** a veces se usa de manera irónica, referida a alguien que se cree culto sin serlo.

**Ser alguien (muy) leído:** ser muy culto, ilustrado. Se dice de alguien dedicado al estudio y a la lectura.

**Escribir (algo) con letras de oro:** se expresa la necesidad de destacar previamente un hecho sobresaliente.

**Lo que no está escrito:** acompaña un verbo y equivale al superlativo "muchísimo".

**Eso son palabras mayores:** tener un asunto con más gravedad, seriedad o importancia que el tratado.

**El mejor escribiente echa un borrón:** tener un fallo; cometer alguien un error por más perito que sea.

a Javier _____, alcanza a leer más de un libro a la semana.
b Carmen cree que lo sabe todo y piensa que siempre es la más culta, y en verdad _____, un día voy a decírselo, ¡ya verás!
c Hacía meses que teníamos todo planificado para el viaje, y cuando llegamos a la casa de veraneo nos dimos cuenta de que se nos había olvidado traer las llaves de la puerta, o sea, que hasta _____.
d Margarita _____ una idea cuando no es suya, es muy dura con los demás.
e Con las notas que has sacado, hay que _____ que irás a la mejor universidad.
f Tras pelearse con su amigo, Pedro tendrá que salir de su casa y _____.
g Esa chica duerme _____.

# GRAMÁTICA

## PRETÉRITO PLUSCUAMPERFECTO DE SUBJUNTIVO

El Pretérito Pluscuamperfecto es otro tiempo del pasado en el modo Subjuntivo.

|  | Verbo auxiliar "haber" | MANDAR | SABER | SEGUIR |
| --- | --- | --- | --- | --- |
| Yo | hubiera/se | | | |
| Tú/Vos | hubieras/ses | | | |
| Él/Ella/Usted | hubiera/se | mandado | sabido | seguido |
| Nosotros(as) | hubiéramos/semos | | | |
| Vosotros(as) | hubierais/seis | | | |
| Ellos(as)/Ustedes | hubieran/sen | | | |

El Pretérito Pluscuamperfecto de Subjuntivo se forma con el verbo auxiliar "haber" conjugado en Pretérito Imperfecto de Subjuntivo más el participio pasado del verbo principal. Se usa para:

- expresar la condición de la que dependía un hecho pasado. Ej.: Si **me hubieran/hubiesen avisado** que había una vacante, habría mandado mi currículo.
- expresar hipótesis sobre hechos pasados. Ej.: Tal vez **hubiera/hubiese sido** mejor aceptar aquel trabajo en el exterior.

Si hubiera llegado temprano, habría tenido más posibilidades de obtener el trabajo...

**1** Completa las siguientes frases con los verbos en Pretérito Pluscuamperfecto de Subjuntivo.

a Si Jorge _____, habría aprobado el examen de interpretación de textos. (estudiar)

b El texto tenía tantos errores que los examinadores no creyeron que _____ cuidado al escribirlo. (tener/tú)

c Tal vez _____ juntos el texto más largo de nuestras vidas. (escribir)

d La profesora no pensó que _____ una revisión ortográfica de la redacción. (hacer/vosotros)

e Habría leído la carta si no la _____. (perder/yo)

## 2 Forma frases con los elementos dados.

a  pedir (Pretérito Pluscuamperfecto de Subjuntivo) + ayuda para aprender a comunicarse

_____

b  estar (Pretérito Pluscuamperfecto de Subjuntivo) + atento a las reglas gramaticales

_____

c  fechar (Pretérito Pluscuamperfecto de Subjuntivo) + carta

_____

d  recibir (Pretérito Pluscuamperfecto de Subjuntivo) + currículo

_____

e  estudiar (Pretérito Pluscuamperfecto de Subjuntivo) + prueba de español

_____

## 3 Relaciona las partes de las frases.

a  Tal vez el profesor           c  El gerente no creyó que nosotros     e  Hubiera sido mejor
b  Mis compañeros deseaban       d  Tal vez no hubieras presentado

☐ el catálogo a los directores precipitadamente, si contaras con nuestra ayuda.
☐ que hubiera realizado más cursos de perfeccionamiento para poder ayudarlos.
☐ nos hubiera enseñado todo lo que necesitábamos si hubiéramos participado en las clases.
☐ hubiéramos elaborado todas las convocatorias solos.
☐ entregar el currículo al asistente de la empresa.

## CONDICIONAL COMPUESTO

|  | Verbo auxiliar "haber" | PRESENTAR | VENCER | CONSEGUIR |
|---|---|---|---|---|
| Yo | habría | | | |
| Tú/Vos | habrías | | | |
| Él/Ella/Usted | habría | presentado | vencido | conseguido |
| Nosotros(as) | habríamos | | | |
| Vosotros(as) | habríais | | | |
| Ellos(as)/Ustedes | habrían | | | |

El Condicional Compuesto se forma con el verbo auxiliar "haber" conjugado en Condicional Simple más el participio pasado del verbo principal. Se usa para:

• dar consejos sobre hechos pasados.
  Ejemplo:  Yo, en tu lugar, **habría mandado** una carta junto con el currículo.
• expresar deseos referidos al pasado.
  Ejemplo:  Me **habría gustado** trabajar en una compañía aérea.
• expresar hechos o acciones pasados sujetos a condiciones.
  Ejemplo:  Si hubieran pedido jóvenes con conocimientos de español, nos **habríamos presentado**.

# GRAMÁTICA

**4** Observa las imágenes y completa los huecos con el Condicional Compuesto.

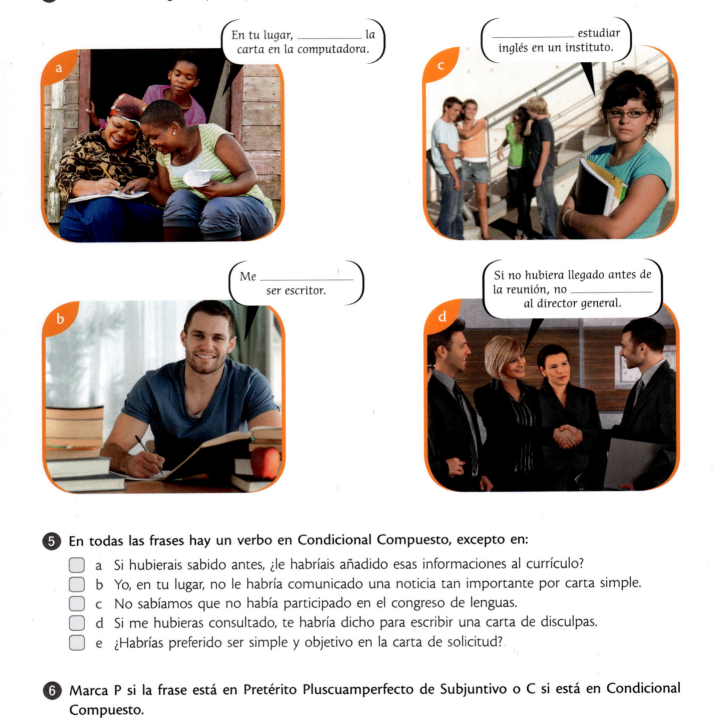

En tu lugar, _____ la carta en la computadora.

_____ estudiar inglés en un instituto.

Me _____ ser escritor.

Si no hubiera llegado antes de la reunión, no _____ al director general.

**5** En todas las frases hay un verbo en Condicional Compuesto, excepto en:

- a  Si hubierais sabido antes, ¿le habríais añadido esas informaciones al currículo?
- b  Yo, en tu lugar, no le habría comunicado una noticia tan importante por carta simple.
- c  No sabíamos que no había participado en el congreso de lenguas.
- d  Si me hubieras consultado, te habría dicho para escribir una carta de disculpas.
- e  ¿Habrías preferido ser simple y objetivo en la carta de solicitud?

**6** Marca P si la frase está en Pretérito Pluscuamperfecto de Subjuntivo o C si está en Condicional Compuesto.

- a  Tal vez ella hubiera analizado el currículo de Marco antes de todos los otros.
- b  En tu lugar, habría solicitado el acta de la reunión.
- c  ¿Hubiera sido importante añadir mi trayectoria profesional a la carta de solicitud?
- d  Si hubiéramos presentado nuestras sugerencias por escrito, tal vez hubiéramos logrado una promoción.
- e  Nunca habríamos dejado de responder a las cartas de los clientes si el gerente del proyecto no hubiera salido de la empresa.

# ORACIONES CONDICIONALES

Las oraciones condicionales pueden referirse a hechos o acciones que dependían de una condición para que se hubieran realizado en el pasado. En este caso, por no haberse cumplido la condición, al momento presente estos hechos o acciones han resultado imposibles o no realizables.

| Hecho o acción | Condición | Probabilidad de realización |
|---|---|---|
| **Habría obtenido** ese trabajo | si **hubiera sabido** escribir mejor. | hecho imposible |
| Condicional Compuesto | Pretérito Pluscuamperfecto de Subjuntivo | |

**7** Continúa las siguientes frases formando oraciones condicionales.
   a  Si hubiera remitido la carta hoy, ... _____
   b  ¿Habrían esperado la respuesta... _____
   c  Habrías estado en condición de componer un texto... _____
   d  Si hubiéramos confirmado el recibimiento del pedido, ... _____
   e  Si hubierais descrito mejor vuestras habilidades en el currículo, ... _____

**8** Completa las siguientes frases con la opción correcta.
   a  Si ▬ mis dudas en la carta que redactaron, no ▬ tan difícil escribirle al director general.
      ☐ I   habrían aclarado – ha sido
      ☐ II  hubiera aclarado – haya sido
      ☐ III hubiéramos aclarado – hubiera sido
      ☐ IV  habría aclarado – hubieras sido
      ☐ V   hubieran aclarado – habría sido
   b  No creo que ▬ tu currículo en casa si lo hubieras dejado sobre la mesa.
      ☐ I   habríais olvidado
      ☐ II  habrá olvidado
      ☐ III hubiéramos olvidado
      ☐ IV  habrías olvidado
      ☐ V   hayáis olvidado
   c  Si no les hubiéramos escrito la carta, no ▬ de la conferencia.
      ☐ I   hubieran participado
      ☐ II  habríamos participado
      ☐ III habremos participado
      ☐ IV  habría participado
      ☐ V   hubierais participado
   d  Si los ▬, le habría gustado su método de trabajo.
      ☐ I   habrás contratado
      ☐ II  hubiera contratado
      ☐ III habría contratado
      ☐ IV  hubieras contratado
      ☐ V   habrá contratado
   e  Me ▬ entrevistarte si hubiera visto tu currículo.
      ☐ I   habrás gustado
      ☐ II  habría gustado
      ☐ III habríamos gustado
      ☐ IV  hubieras gustado
      ☐ V   habremos gustado
   f  Habría elaborado el acta de la asamblea si me ▬ con antelación.
      ☐ I   hubieran invitado
      ☐ II  habrías invitado
      ☐ III habrán invitado
      ☐ IV  habrían invitado
      ☐ V   habrás invitado

# GRAMÁTICA

**9** Lee el siguiente texto de la Oficina de Diseño Curricular de la Universidad de Alicante y señala las respuestas correctas.

### El currículo

[...]
Respecto a los cursillos, hay que seleccionar para el currículo los de mayor número de horas, dejando de lado otros de corta duración (congresos, jornadas, seminarios, talleres y los que no lleguen a veinte horas), por considerar que su peso específico en el conjunto de la formación recibida es poco relevante, a no ser que hubieras participado en ellos como ponente o responsable de la organización. Las materias sobre las que versan los cursillos determinarán que los incorpores o no al currículo, según el perfil que quieras imprimirle atendiendo al puesto de trabajo que estás buscando. [...]

Disponible en <www.ua.es/es/alumnado/ofidiscur/curriculo05.html>. Accedido el 21 my. 2012.

a  La finalidad del fragmento transcrito es:
- ☐ I   dar las directrices necesarias para la elaboración de un currículo completo.
- ☐ II  dar los criterios de inclusión de los cursillos dentro de un currículo.
- ☐ III dar la definición de los cursillos.

b  Siguiendo los consejos que da el texto, en el caso de haber participado en cursillos de corta duración como ponente o responsable de la organización, debes:
- ☐ I   incluir solamente estos.
- ☐ II  incluir solo los de mayor duración.
- ☐ III incluirlos junto con los de mayor duración.

## ARTÍCULO NEUTRO "LO" CON FUNCIÓN DE INTENSIFICADOR

| Palabras que el "lo" acompaña | Función | Ejemplos |
|---|---|---|
| adjetivo | aumentar la intensidad de la característica que representa el adjetivo | No sabes **lo** importante que es indicar tu conocimiento de idiomas en tu currículo. |
| adverbio | aumentar la intensidad de la característica que representa el adverbio | Cuando me hicieron la entrevista, no sabía **lo** cerca que estaba de conseguir la vacante. |

Esta construcción equivale al exclamativo "qué". Ej.: No te cuento **lo** estupendo que es trabajar en una compañía que ofrece tantas posibilidades de seguir carrera. = No te cuento **qué** estupendo es trabajar en una compañía que ofrece tantas posibilidades de seguir carrera.

> ¡OJO!
> El adjetivo que intensifica el artículo neutro "lo" siempre concuerda en género y número con el sustantivo al que se refiere. Ej.: Ni te imaginas lo bien remuneradas que son las oportunidades de trabajo en esa región.

**10** Reescribe las oraciones con el artículo neutro "lo" con función de intensificador. Haz las modificaciones necesarias.

a  Es importante enviar una carta de presentación adjunta al currículo.
_____

b  Es bueno viajar a trabajo y poder conocer otras culturas.
_____

c  Es imprescindible lucir bien en el día de la entrevista.
_____

# LECTURA

**PRECALENTAMIENTO**

- ¿Ya elaboraste un currículo o ayudaste a alguien a hacerlo? ¿Qué te pareció?
- ¿Qué informaciones hay que poner en un currículo?
- Si fueras un seleccionador de personal, ¿qué datos te llamarían la atención en el currículo de un candidato con poca formación y experiencia?

**1** Lee el siguiente texto sobre cómo elaborar un buen currículo.

## CÓMO HACER UN BUEN CURRÍCULUM CUANDO SE TIENE POCA FORMACIÓN

*La elaboración de un buen currículum cuando existe poca formación y experiencia dependerá de otros factores, como una buena estructuración.*

Todo buen currículum debe suscitar interés y para ello deberá llamar la atención. Un buen currículum será breve, y no por ello, poco interesante. Se trata de mostrar en poco espacio las mejores cualidades del candidato.

Si tanto la formación como la experiencia profesional son escasas, se utilizarán amplios espacios entre líneas y párrafos, y se tendrá especial cuidado en la estructura del currículum. Para cuidar la estructura será conveniente utilizar párrafos, márgenes, encabezamientos, numeración y viñetas.

Un buen currículum debe incluir una fotografía. Esta debe ser clara y no estar desenfocada. Debe ofrecer una buena imagen del candidato y ser actual. La colocación de la fotografía en el currículum debe ser la correcta; para ello, se situará en la esquina superior derecha.

Los datos personales importantes comprenden: nombre y apellidos, lugar y fecha de nacimiento, dirección actual completa (calle, número, piso y puerta, código postal, población y provincia). El número de teléfono es un dato imprescindible porque suele ser el medio más frecuente a través del cual los seleccionadores de personal se ponen en contacto con la persona que entrega el currículum. Por último, se debe poner una dirección de correo electrónico que sea usada frecuentemente. En estos casos, es importante que la dirección de correo electrónico no coincida con la dirección de correo personal usada habitualmente en redes sociales y eventos personales. [...]

La formación académica más importante suele ser la formación reglada. Este tipo de formación se refiere a los estudios primarios, o en su defecto, al certificado de escolaridad si se posee. También se incluye dentro de la formación reglada la formación profesional específica, los ciclos formativos de grado medio o superior, o los programas de cualificación profesional.

La formación no reglada es aquella que comprende cursos de formación en algún otro aspecto. En estos cursos deberá constar la entidad donde se realizaron, el número de horas y la fecha de inicio y finalización.

[...] Si se poseen conocimientos de informática o idiomas deberán constar en el currículum. Normalmente se citarán los programas informáticos que se conocen, así como el nivel: usuario o experto.

[...] Es recomendable citar [...] en primer lugar el puesto de trabajo más reciente. Si la persona posee mucha experiencia en diversos campos (por ejemplo, sector construcción y sector hostelería), pueden separarse por bloques, poniendo en cada uno de ellos los diferentes trabajos por orden, del más reciente al más remoto. [...] Si se posee suficiente experiencia en un sector, se puede omitir poner la experiencia profesional en otros campos, ya que puede no resultar interesante para el puesto solicitado.

En la experiencia profesional se debe hacer constar el puesto de trabajo, el nombre de la empresa y la duración del contrato. También se pueden describir las características del puesto y las funciones que se realizaron.

[...] Al finalizar el currículum se harán constar otros datos, como por ejemplo, la disponibilidad horaria o geográfica. Esto se pondrá siempre y cuando la persona tenga total disponibilidad en el caso de la disponibilidad horaria, y cuando la persona esté dispuesta a desplazarse durante largos periodos de tiempo, en el caso de la disponibilidad geográfica.

Otro dato muy importante serán los permisos para conducir. Se hará constar todos los permisos que se posea y si se dispone de vehículo.

Por último, no estará de más resaltar cualidades personales, como por ejemplo, la capacidad para trabajar en equipo, ser una persona responsable, tener capacidad de aprendizaje, y demás.

Disponible en <http://suite101.net/article/como-hacer-un-buen-curriculum-cuando-se-tiene-poca-formacion-a63081>. Accedido el 24 my. 2012.

# LECTURA

**2** Señala las alternativas equivocadas y corrígelas.

☐ a La estructuración del currículo es más importante que la inclusión de la formación académica y de la experiencia profesional.
☐ b Además de datos personales conviene incluir una fotografía reciente en el currículo.
☐ c Los puestos de trabajo previos del candidato deben apuntarse del último hacia el primero.
☐ d Cuanto más largo y completo el currículo, mayor será la probabilidad de contratación.

_____
_____

**3** ¿Qué ejemplos ofrece el autor al tratar de...

a ... la estructuración del currículo? _____
_____

b ... los datos extras que se pueden incluir en el currículo?
_____

c ... las informaciones que deben constar en la "experiencia profesional"? _____
_____

> **ESTRATEGIA ARGUMENTATIVA**
> Es importante identificar en el texto **ejemplos** que ayuden al lector a entender lo que se está exponiendo.

**4** Elige las alternativas correctas en cuanto al tipo de texto que leíste.

| a | Lenguaje:   | ☐ rebuscado y subjetivo.        | ☐ claro y objetivo.                    |
|---|-------------|----------------------------------|----------------------------------------|
| b | Objetivo:   | ☐ instruir, explicar y orientar. | ☐ invitar a la reflexión sobre el tema.|
| c | Estructura: | ☐ argumentación y conclusión.    | ☐ etapas, ejemplos y explicaciones.    |
| d | Tipo:       | ☐ instructivo.                   | ☐ argumentativo.                       |

**5** Contesta las siguientes preguntas sobre el texto.

a ¿Cómo debe ser la fotografía y dónde debe ubicarse en el currículo?
_____

b ¿Por qué es tan importante incluir el número del teléfono en los datos personales?
_____

c ¿Por qué crees que la dirección de correo electrónico indicada en el currículo no debe coincidir con la usada en redes sociales?
_____

**6** Escribir un currículo es muy diferente de escribir cuentos o novelas, pero hay un punto en común entre las recomendaciones del texto "10 claves para escribir bien, según Rosa Montero" y las instrucciones de la página anterior. ¿Cuál es?
_____

Para saber más sobre cómo crear un currículo, accede a <www.youtube.com/watch?v=0xIIyAkSkJA&> (accedido el 24 my. 2012).

> **RINCÓN DE ESCRITURA**
> Redacta tu currículo siguiendo las claves de esta lección.

# LECCIÓN 24

## HAZ BIEN Y NO MIRES A QUIÉN

¿Qué se observa en la imagen?

¿Con qué actitud relacionas esta escena?

¿Te parece que todas las personas actúan de esta manera? Fundamenta tu respuesta.

# LECTURA

**PRECALENTAMIENTO**

- ¿Sabes qué es un estereotipo? Da un ejemplo.
- ¿Te parece que "estereotipo" es lo mismo que "prejuicio"?
- ¿Te acuerdas de algún caso de discriminación basada en estereotipos que hayas visto en los noticieros recientemente?

 **1** Lee el siguiente texto sobre una posible solución para el prejuicio contra los inmigrantes.

## Medicina contra el RACISMO

*El Ayuntamiento de Barcelona ha creado la Red Antirrumores, un plan que involucra a los ciudadanos para desmontar los prejuicios y los estereotipos hacia los inmigrantes.*

- Fernando Navarro

Muchos españoles piensan que los inmigrantes son delincuentes, que se aprovechan de la sanidad pública sin pagar impuestos o que no hacen esfuerzo por integrarse. Pero es falso.

Son rumores que se extienden entre la población y que dificultan la convivencia entre españoles y personas inmigradas. Para evitar esto, el Ayuntamiento de Barcelona ha decidido tomar cartas en el asunto y ha creado una red de "agentes antirrumores". […]

La idea es diseñar una estrategia contra los rumores negativos y sin fundamento que dificultan la convivencia en la diversidad en la ciudad de Barcelona, a partir del trabajo en red con diferentes actores y entidades sociales. […]

### Los pasos de un agente antirrumor

Un agente antirrumor va siempre "armado" de una estrategia para combatir los rumores y los estereotipos cuando se los encuentra, ya sea en plena calle, en su casa o en el trabajo. Se trata de adoptar una actitud de diálogo con la persona que se hace eco de un rumor. Si el agente antirrumor le dice directamente que ese rumor es falso, la batalla está perdida. Al contrario, la estrategia de esta red es hacer ver a los demás que los rumores no tienen ninguna base.

Los rumores, los prejuicios y los estereotipos surgen de la desinformación. Por ello, el agente antirrumor trata de averiguar qué intención tiene el rumor, a quién le interesa y en qué espacios nace y se desarrolla. De este modo, ayuda a la gente a pasar del estereotipo al conocimiento. […]

El objetivo no es convencer a las personas con muchos argumentos, sino hacerles reflexionar sobre los rumores: pedirles que expliquen el rumor, hacerles conscientes de su fuente de información, proponerles el debate y hacerles dudar usando el sentido común y preguntas que obliguen a reflexionar. En un momento de diálogo, la persona que sostiene el rumor no podrá defenderlo: entonces, el agente antirrumor le habrá hecho dudar y habrá logrado su objetivo, habrá roto el muro del rumor. Para desarrollar este tipo de estrategia, los agentes reciben una formación específica.

### La red contra 12 rumores

La Red Antirrumores centra su estrategia en combatir 12 rumores típicos, todos ellos falsos: que los inmigrantes nos invaden; que copan las ayudas sociales; que no pagan impuestos; que reciben ayudas para abrir comercios y no los inspeccionan; que abusan de los servicios sanitarios y colapsan las urgencias; que nos hacen perder la identidad; que son incívicos; que viven apiñados y bajan el nivel de los pisos; que bajan el nivel de las escuelas; que sobreocupan y hacen un mal uso del espacio público; que no tienen formación y nos quitan el trabajo; y que son una carga para el Estado y no quieren integrarse. […]

En los cursos de formación para los agentes antirrumor, los profesores dan a los alumnos una hoja con el título *Cómo ven los autóctonos a este colectivo de inmigrantes*, sin especificar de qué inmigrantes se trata. Bajo el título, aparecen las respuestas de una encuesta que dice que esos inmigrantes "inspiran poca confianza y a veces dan miedo, son incultos y un poco bárbaros, no tienen interés por la cultura del país de acogida, son culturalmente homogéneos: todos saben cantar y bailar su música folclórica y a todos les gusta la comida y la bebida típica de su país, son ruidosos y poco respetuosos con las reglas de la sociedad de acogida, tienen hábitos higiénicos precarios y son machistas y pobres". Entonces el alumno intenta adivinar de qué colectivo de inmigrante se trata, sin saber que la encuesta habla de los españoles que se fueron a trabajar a Bélgica en los años sesenta. Ningún español se vería así a sí mismo.

Revista *Punto y Coma*. España, n.º 34, 2012, p. 9-11.

**2** Fíjate en este fragmento del texto y explica cuál es la función de la palabra en relieve: "El objetivo no es convencer a las personas con muchos argumentos, **sino** hacerles reflexionar sobre los rumores".

**3** Señala el género periodístico al que pertenece el texto y fundamenta tu respuesta.

☐ a Noticia. ☐ b Artículo de opinión. ☐ c Reportaje.

**4** Relaciona las columnas según el texto.

a Desinformación.
b Desmontar estereotipos.
c Inducir a la reflexión.
d Incívicos y delincuentes.
e Ruidosos e incultos.

☐ Idea equivocada de los españoles sobre los inmigrantes.
☐ Objetivo de la Red Antirrumores.
☐ Principal causa de los rumores y prejuicios.
☐ Idea de los belgas sobre los españoles en los años 60.
☐ Estrategia de la Red Antirrumores.

**5** Lee las siguientes afirmaciones y señala la alternativa correcta. Luego corrige las afirmaciones equivocadas.

I Al oír un comentario discriminatorio sobre los inmigrantes, el agente antirrumor debe decir inmediatamente que se trata de un estereotipo basado en una idea equivocada.

II El conocimiento y la información son esenciales para desarmar los estereotipos hacia los inmigrantes.

III El Ayuntamiento de Barcelona quiere evitar la entrada de más inmigrantes a la ciudad para que no se extiendan rumores falsos entre la población.

IV El diálogo entre el agente antirrumor y la persona que se hace eco de un rumor debe ocurrir en horarios y sitios preestablecidos.

V Uno de los propósitos del diálogo "antirrumor" es hacer que las personas empiecen a dudar de las ideas que consideraban verdaderas y ayudaban a propagar.

☐ a Están correctas las afirmaciones II y V.
☐ b Están correctas las afirmaciones I y III.
☐ c Están correctas las afirmaciones IV y V.
☐ d Están correctas las afirmaciones II y IV.

**6** Contesta las siguientes preguntas.

a Mientras leías el último párrafo del texto, ¿te imaginabas que aquellos rumores se referían a los propios españoles? ¿Por qué?

b ¿Qué te parece la estrategia de pedir a los alumnos del curso que adivinen a quiénes se refieren los rumores? Coméntalo.

c ¿La "Red Antirrumores" es una buena iniciativa? ¿La implantarías en tu ciudad si pudieras? ¿Por qué?

# CAJÓN LEXICAL

# SENTIMIENTO Y EMOCIÓN

**1** Nuestro sentimiento con respecto a las personas o las cosas tiene que ver con la forma como pensamos. Lee el siguiente texto y contesta las preguntas.

## ¿Cómo se genera un sentimiento?

¿Cuántas veces has dicho: "Estoy (enojado, angustiado, preocupado, etc.) y aunque quiera, no puedo evitarlo"? Generalmente pensamos que no podemos controlar lo que sentimos. Que cuando nos enojamos, angustiamos o deprimimos, no podemos hacer nada al respecto.

Sin embargo, esto no es así. ¿Te has dado cuenta que ante una misma situación no todas las personas sienten lo mismo? ¿Sabes a qué se debe?

Los sentimientos están directamente relacionados con nuestros pensamientos y si dos personas piensan de distinta manera ante un mismo hecho, tienen sentimientos diferentes.

Los sentimientos pueden originarse de dos maneras diferentes:

1. Una situación ➔ una activación fisiológica (cambios físicos en el organismo) ➔ pensamientos (evaluación de la situación) = sentimiento.

2. Una situación ➔ pensamientos (evaluación de la situación) ➔ activación fisiológica (cambios físicos en el organismo) = sentimiento.

Cuando los pensamientos son negativos, el sentimiento es negativo, cuando son positivos, el sentimiento también lo es. Veamos un ejemplo.

En el primer caso, se da un estímulo o situación: un coche enfrena bruscamente atrás de nosotros. Esto provoca una respuesta física en nuestro organismo; nos late rápidamente el corazón, se nos enfrían las manos, etc. (síntomas de temor y angustia). Evaluamos y pensamos negativamente sobre lo sucedido: "Que horror, casi me choca", "Me podía haber matado". Este tipo de pensamientos mantienen e incrementan el miedo y la angustia.

En el segundo caso sucede algo similar, pero primero se dan los pensamientos y después la activación del organismo y el sentimiento. Cada vez que recordemos el suceso y empecemos a repetirnos los mismos pensamientos, una y otra vez, vamos a experimentar síntomas de angustia y temor.

Por lo tanto, tenemos que tener cuidado con nuestros pensamientos, porque estos pueden mantener o agrandar una emoción e incluso, hacerla desproporcionada al hecho que la provocó. [...]

©Silvia Russek. Disponible en <www.crecimiento-y-bienestar-emocional.com/controlar-sentimientos.html>. Accedido el 28 my. 2012.

a  ¿Por qué ante una misma situación no todas las personas sienten lo mismo?

b  ¿Cómo crees que la mayoría de la gente reacciona ante un acontecimiento: según la situación 1 o la 2? Fundamenta tu respuesta.

c  ¿Qué relación hay entre pensamiento y sentimiento?

d  ¿Por qué podemos afirmar que es importante pensar positivo?

e  Según el texto, ¿podemos controlar nuestros sentimientos? ¿Y tú, controlas los tuyos?

**2** Lee las siguientes entradas de un diccionario.

> **emoción.** (Del lat. **emotĭo, -ōnis**). 1. f. Alteración del ánimo intensa y pasajera, agradable o penosa, que va acompañada de cierta conmoción somática. 2. f. Interés expectante con que se participa en algo que está ocurriendo.
>
> **sentimiento.** 1. m. Acción y efecto de sentir o sentirse. 2. m. Estado afectivo del ánimo producido por causas que lo impresionan vivamente. 3. m. Estado del ánimo afligido por un suceso triste o doloroso.

Disponible en <www.rae.es>. Accedido el 28 my. 2012.

Ahora contesta: ¿cuál es la diferencia entre sentimiento y emoción?
_____
_____

**3** De las siguientes acciones, señala P para las positivas y N para las negativas de acuerdo con lo que expresan.

| | | | | |
|---|---|---|---|---|
| ☐ Abrazar. | ☐ Angustiar. | ☐ Conmoverse. | ☐ Emocionar. | ☐ Lamentar. |
| ☐ Acariciar. | ☐ Apenar. | ☐ Cooperar. | ☐ Enojar. | ☐ Llorar. |
| ☐ Afligir. | ☐ Apiadarse. | ☐ Deplorar. | ☐ Entristecer. | ☐ Mentir. |
| ☐ Alegrar. | ☐ Complacer. | ☐ Depravar. | ☐ Envidiar. | ☐ Odiar. |
| ☐ Amar. | ☐ Confiar. | ☐ Desamparar. | ☐ Estimar. | ☐ Pelearse. |
| ☐ Amargar. | ☐ Conmocionar. | ☐ Despreciar. | ☐ Gustar. | ☐ Querer. |

**4** Escribe los adjetivos correspondientes a los siguientes sustantivos.
Ejemplo: La aflicción: afligido(a).

a La amistad: _____
b La compasión: _____
c Los celos: _____
d La culpa: _____
e La desesperación: _____
f El dolor: _____
g La envidia: _____
h La esperanza: _____
i El miedo: _____
j La nostalgia: _____
k La pasión: _____
l La pena: _____
m El pesar: _____
n La piedad: _____
ñ La rabia: _____
o La sensatez: _____
p El temor: _____
q La ternura: _____

**5** Completa las siguientes expresiones con los sustantivos a continuación.

| miedo | envidiado | culpa | esperanza | amigos |

a A los _____, hay que cuidarlos.
b Más vale ser _____ que compadecido.
c El deseo vence el _____.
d La _____ es lo último que se pierde.
e Quien esté libre de _____, que tire la primera piedra.

# GRAMÁTICA

## ESTILOS DIRECTO E INDIRECTO

Cuando se transmiten las palabras de otra persona se las puede repetir textualmente, en cuyo caso se adopta el estilo directo. Ej.: El presidente de la asociación dijo: "Soy defensor de los derechos humanos".

Pero también se pueden reproducir sin repetirlas en forma textual. En ese caso, se usa el estilo indirecto. Ej.: El presidente de la asociación dijo que era defensor de los derechos humanos.

Para introducir el estilo indirecto se usa comúnmente el verbo "decir", pero, según el tipo de frase que se reproduce, se pueden usar otros:

| Frase que se reproduce | Verbo de comunicación que se usa para reproducirla |
|---|---|
| información | informar  avisar  comentar  explicar  comunicar  manifestar  contar |
| pregunta | preguntar  inquirir |
| opinión | opinar |
| pedido | pedir  rogar  proponer |
| consejo | aconsejar  sugerir |
| orden | ordenar  mandar |
| exclamación | exclamar |

Al pasar las frases al estilo indirecto se debe tener en cuenta si el momento en que se reproduce una frase es el mismo en que se la dice o si es posterior.

### ■ REPRODUCCIÓN DE UNA FRASE EN EL MISMO MOMENTO EN QUE SE DICE

| Tipo de frase | Estilo directo | Estilo indirecto |
|---|---|---|
| información/ opinión | **Participo** del abrazo al Congreso en contra a la violencia. | Dice que **participa** del abrazo al Congreso en contra a la violencia. |
| pregunta | ¿Cuándo **será** el acto del abrazo? | Pregunta cuándo **será** el acto del abrazo. |
| pedido/orden/ consejo | Por favor, **ven**. | Pide que, por favor, **vaya**. |

Cuando una frase se reproduce en el momento en que se dice, se utiliza el mismo tiempo verbal que en la frase original; si se trata de un pedido, orden o consejo en Imperativo, la frase se reproduce en Presente de Subjuntivo.

Ejemplo: **Haz** una cadena por Internet para divulgar el abrazo al Congreso. / Pide que **haga** una cadena por Internet para divulgar el abrazo al Congreso.

> **¡OJO!**
> Al pasar al discurso indirecto una pregunta cuya respuesta es sí o no, en el estilo indirecto se coloca la conjunción "si". Ej.: ¿Eres socio de alguna ONG? / Pregunta si soy socio de alguna ONG.

1. **Transmite las informaciones que se anuncian por altavoz en una conferencia sobre los derechos humanos y el medioambiente. Haz los cambios necesarios.**

   a "Apoyamos los derechos humanos ante cualquier sospecha de malos tratos".
   Anuncian _____

   b "Los directores de las ONG ya pueden presentarse a la conferencia de prensa".
   Avisan _____

   c "Los ponentes de trabajos sobre el medioambiente tienen preferencia en las salas de presentación en esta primera etapa de los trabajos".
   Comunican _____

   d "Los oyentes ya pueden firmar la lista de asistencia".
   Informan _____

   e "Recoge la carpeta con la programación del evento en los mostradores ubicados en la puerta de entrada del salón principal".
   Piden _____

2. **Ahora, transmite las siguientes preguntas.**

   a ¿Qué son los derechos humanos?
   _____

   b ¿Podemos participar del grupo de discusión sobre los derechos de los niños y adolescentes?
   _____

   c ¿Cuáles son las estadísticas de cumplimiento de los derechos humanos en los países sudamericanos?
   _____

   d ¿Cómo se llama aquella famosa defensora de los derechos humanos en Guatemala?
   _____

# GRAMÁTICA

## REPRODUCCIÓN DE UNA FRASE EN UN MOMENTO POSTERIOR AL QUE SE DICE

| Tipo de frase | Estilo directo | Estilo indirecto |
|---|---|---|
| información/ opinión/ pregunta/ exclamación | **Voy** a participar del abrazo al Congreso en contra a la violencia. *(Presente de Indicativo)* | Dijo que **iba** a participar del abrazo al Congreso en contra a la violencia. *(Pretérito Imperfecto de Indicativo)* |
| | **Participé/He participado** del abrazo... *(Pretéritos Perfecto Simple y Compuesto de Indicativo)* | Dijo que **había participado** del abrazo... *(Pretérito Pluscuamperfecto de Indicativo)* |
| | **Participaba** del abrazo... *(Pretérito Imperfecto de Indicativo)* | Dijo que **participaba** del abrazo... *(Pretérito Imperfecto de Indicativo)* |
| | **Participaré** del abrazo... *(Futuro de Indicativo)* | Dijo que **participará/participaría** del abrazo... *(Futuro de Indicativo/Condicional Simple)* |
| | **Participaría** del abrazo... *(Condicional Simple)* | Dijo que **participaría** del abrazo... *(Condicional Simple)* |
| | Es importante que **participes** del abrazo... *(Presente de Subjuntivo)* | Dijo que era importante que **participaras/ses** del abrazo... *(Pretérito Imperfecto de Subjuntivo)* |
| pedido/ orden/ consejo | Por favor, **ven**. *(Imperativo afirmativo)* | Pidió que, por favor, **fuera/se**. *(Pretérito Imperfecto de Subjuntivo)* |
| | Por favor, no **vengas**. *(Imperativo negativo)* | Pidió que, por favor, no **fuera/se**. *(Pretérito Imperfecto de Subjuntivo)* |
| | Quiero que **participes** del abrazo... *(Presente de Subjuntivo)* | Dijo que quería que **participara/se** del abrazo... *(Pretérito Imperfecto de Subjuntivo)* |

Cuando una frase se reproduce en un momento posterior al que se dice, los tiempos verbales cambian según lo indicado en la tabla anterior.

Al pasar las frases al discurso indirecto en un momento posterior, se debe ser fiel al sentido original. Por lo tanto, si el hecho del cual se habló todavía es vigente, debe respetarse el tiempo original de la frase.

Ejemplo: Soy un defensor de la causa ecológica. / Dijo que es un defensor de la causa ecológica. [Lo sigue siendo al momento en que se reproduce la frase].

**3** Pasa las frases al discurso indirecto, considerando que las vas a reproducir en un momento posterior al que se enunciaron.

a La protección del medioambiente es un tema importante y debe ser tratado con mucha seriedad.

b Hablé por primera vez a un público extranjero sobre la deforestación de la mata atlántica.

c Siempre participaba de trabajos comunitarios de concienciación sobre el problema del abandono de animales domésticos.

d Viajaré a Nicaragua para participar de la cumbre centroamericana sobre el calentamiento global y sus efectos en las áreas pobres.

e Iría a la reunión de defensa de los derechos de las mujeres trabajadoras si me invitasen a exponer mi situación actual.

## 24

**4** Completa las frases con los verbos a continuación.

| advirtió | reclamara/se | respetaran/sen | aconsejó |
| saliera/se | exigió | enseñáramos/semos | quería |
| tendrían | pidió | entregara/se | |

a   María me _____ que _____ si no _____ mis derechos de madre en la empresa.

b   Lola me _____ que _____ de la ciudad por unos días para pensar bien acerca del libro que tengo que escribir sobre la delincuencia juvenil.

c   Mi jefe nos _____ que le _____ los informes sobre la calidad de vida de sus empleados. No _____ más excusas, todos _____ que colaborar.

d   Raquel me _____ que le _____ el último ejemplar de la publicación no gubernamental sobre la situación de los Derechos Humanos en la China.

**5** Lee el siguiente texto y señala las respuestas correctas.

**Bloguera cubana Yoani Sánchez escéptica sobre una "primavera árabe" en Cuba**

La disidente cubana Yoani Sánchez dijo que Cuba no está preparada aún para un movimiento de contestación social contra el gobierno como la primavera árabe o los indignados pero no descartó una sorpresa, en entrevista en La Habana a un diario limeño publicada este lunes.

"¿Cuándo va a llegar un movimiento así a Cuba? Me parece que todavía no. Aunque nos podrían dar la sorpresa y empezar mañana. Hay mucho miedo, la sociedad civil está muy fragmentada", dijo la cubana que alcanzó notoriedad mundial por su *blog* "Generación Y" sobre las protestas en el mundo árabe y en Occidente. [...]

Disponible en <http://noticias.terra.com.pe/elecciones-presidenciales/2011/bloguera-cubana-yoani-sanchez-esceptica-sobre-una-primavera-arabe-en-cuba,980ad6b3b20a4310VgnVCM10000098f154d0RCRD.html>. Accedido el 22 my. 2012.

a   En la entrevista, Yoani Sánchez habla de la situación de Cuba en el aspecto:
  ☐ I   político.
  ☐ II  social.
  ☐ III económico.

b   En opinión de Yoani Sánchez:
  ☐ I   Cuba, en la época de la entrevista, no estaba preparada para una "primavera árabe".
  ☐ II  Cuba todavía no estaba preparada para una "primavera árabe" en la época de la entrevista y sigue sin estarlo.
  ☐ III Cuba nunca estará preparada para una "primavera árabe".

# GRAMÁTICA

## REFERENCIAS PERSONALES, TEMPORALES Y DE LUGAR

| Tipo de referencia | Estilo directo | Estilo indirecto |
|---|---|---|
| personal | yo/tú<br>nosotros(as)/vosotros(as)<br>me/te<br>nos/os<br>mí/ti<br>mi(s)/tu(s) | él/ella<br>ellos(as)<br>lo/la/le<br>los/las/les<br>él/ella<br>su(s) |
| temporal | hoy<br>ayer<br>mañana<br>ahora<br>la semana/el mes/el año pasado(a)<br>la semana/el mes/el año próximo(a)<br>dentro de una semana/un mes/un año | ese/aquel día<br>el día anterior<br>al día siguiente<br>en ese/aquel momento<br>la semana/el mes/el año anterior<br>la semana/el mes/el año siguiente<br>al cabo de una semana/un mes/un año |
| de lugar | aquí/acá<br>venir<br>traer<br>este(a)/estos(as) | allí/allá/en ese/aquel lugar<br>ir<br>llevar<br>ese(a)/aquel(la)/esos(as)/aquellos(as) |

**6** Relaciona las columnas.

a Hoy.
b Mañana.
c Aquí/acá.
d Este.
e Me/te.
f Nos/os.
g Mis/tus.
h Ayer.
i Ahora.
j La semana pasada.
k Traer.
l Venir.

☐ Allí/allá/en ese lugar/en aquel lugar.
☐ Llevar.
☐ Los/las/les.
☐ Ese día/aquel día.
☐ Ir.
☐ Sus.
☐ Ese/aquel.
☐ Al día siguiente.
☐ Lo/la/le.
☐ El día anterior.
☐ La semana anterior.
☐ En ese momento/en aquel momento.

**7** Haz un círculo alrededor de las palabras que completan correctamente el fragmento.

"Enrique, tráeme los cuadernillos con lo que presentamos el año pasado en el encuentro de las madres de hijos desaparecidos. Ellas nos piden que dentro de una semana puedan venir aquí a visitarnos y ofrecernos más informaciones sobre sus casos".

Le/La/Lo dijo a Enrique que le/lo/les llevara/lleven/llevaba los cuadernillos con lo que presentaron/han presentado/habían presentado el año anterior/ayer/al cabo de una semana en el encuentro de las madres de hijos desaparecidos. Ellas les/los/las pedían que en aquel día/al cabo de una semana/la semana anterior pudiesen ir/venir/fuera allí a visitarlos/visitarlas/visitarme y ofrecerles/ofrecerlos/ofrecerlas más informaciones sobre sus/mis/tus casos.

294

**LECTURA**

**PRECALENTAMIENTO**

- ¿Consideras el miedo una emoción totalmente negativa? ¿O te parece que es necesario en algunos casos? Coméntalo.
- ¿Qué otras emociones consideras negativas? ¿Por qué?
- ¿Sueles actuar de acuerdo con tus emociones? ¿Te parece la mejor conducta?

**1** Lee el siguiente texto sobre la influencia de la ética y de las emociones en nuestra vida.

# Victoria Camps: "Los sentimientos nos mueven a actuar, no la razón"

*¿Por qué actuamos como actuamos? ¿Por qué las emociones nos asaltan y se imponen a la reflexión, moviendo nuestra conducta? De estas y otras cuestiones hablamos con la filósofa Victoria Camps.*

**[...] La filosofía, a lo largo del tiempo, ¿ha rehuido o despreciado profundizar en el estudio de las emociones?**

La filosofía se ha referido mucho a las emociones, pero con otros nombres: pasiones, sentimientos. Sin embargo, más bien ha tendido a considerarlas negativamente, como algo que había que reprimir para que prevaleciera el juicio racional. Hay excepciones, como las de los tres filósofos que tomo como base de mi libro [...]. Son Aristóteles, Spinoza y Hume. No se puede decir que no sean racionalistas, pero consideran que razón y sentimientos se alimentan mutuamente y, además, que son los sentimientos los que motivan el comportamiento y no la razón. [...]

**¿Los afectos y los sentimientos merman o subvierten de algún modo nuestra capacidad de razonar?**

Es cierto que los sentimientos en principio están descontrolados, pueden motivarnos para bien o para mal. El miedo es el mejor ejemplo. Es un sentimiento necesario, pero una persona temerosa de todo es cobarde, no se compromete y no actúa. Por otra parte, hay miedos provocados por creencias infundadas que conviene erradicar. Hay miedos producidos por alguien que quiere manipularnos. Por eso conviene saber qué produce miedo y si es conveniente cultivarlo o no. Meter a todos los sentimientos en el mismo saco, aduciendo que son pasiones que siempre impiden ver con claridad y comportarse en consecuencia, resulta contraproducente.

**[...] Las emociones más incapacitantes, en su opinión, son las que, como la tristeza, merman la potencia de actuar y desmoralizan al ser humano. El miedo, la vergüenza, la indignación, la culpa pueden bloquear a quien los padece y hacer que su vida se detenga, inhibiendo sus deseos y la capacidad de elegir.**

Efectivamente, las emociones son necesarias porque sin ellas no hay motivación para actuar. Pero hay emociones inadecuadas, que solo nos inhiben de actuar o nos llevan a actuar erróneamente. El miedo o la vergüenza pueden ser buenos, pero pueden paralizar la acción. Indignarse está bien si el objeto de indignación merece esa reacción, pero puede ser pueril. Conocer el porqué de las emociones y gobernarlas es, a mi juicio, lo que hace la ética.

**¿Cómo cree usted que deberíamos luchar contra el pesimismo y el miedo en nuestra época? ¿Cuáles son nuestros principales recursos?**

[...] Saber que las emociones tristes no nos convienen, pero que es posible luchar contra ellas y superarlas, es el primer paso para no desesperarse. Finalmente, el recurso es la educación, pensar que los sentimientos son educables. Lo que dudo es que haya técnicas para hacerlo aplicándolas a cualquier caso. El "conócete a ti mismo" es la vía para analizar por qué uno actúa como lo hace.

*Pepa Castro*

**Victoria Camps**, catedrática de Filosofía Moral y Política de la Universidad de Barcelona, ha escrito *El gobierno de las emociones* (Herder) para ayudarnos a entenderlo y a entendernos, partiendo de la hipótesis de que no hay razón práctica sin sentimientos. A lo largo de las páginas de este libro analiza cuál es el lugar de las emociones en la ética.

Victoria Camps defiende que la ética no puede prescindir de la parte afectiva o emotiva del ser humano porque una de sus tareas es, precisamente, poner orden, organizar y dotar de sentido a los afectos o las emociones. ¿Para qué? Para aprender a vivir y a convivir mejor.

"También la ética —escribe en su libro Victoria Camps— es una inteligencia emocional. Llevar una vida correcta, conducirse bien en la vida, saber discernir, significan no solo tener un intelecto bien amueblado, sino sentir las emociones adecuadas en cada caso".

Disponible en <www.filosofiahoy.es/index.php/mod.pags/mem.detalle/idpag.5653/cat.4132/chk.b759546120dadad01c61e576d54e83b5.html>. Accedido el 24 my. 2012. (Adaptado).

# LECTURA

**2** ¿Cuál es el género del texto? Completa la explicación con las siguientes palabras.

| entrevistadora | preguntas | titular | entrevistado | diálogo | respuestas | entrevista |

El texto es una _____ y se divide en _____ (en este caso una declaración de la entrevistada), copete (que sintetiza el contenido de la entrevista y/o el perfil del _____), y cuerpo (que está estructurado en forma de _____ y _____ y reproduce el _____ entre la _____ y la filósofa).

**3** ¿A qué "autoridades" de la filosofía recurre la autora para reforzar su argumento de que "los sentimientos nos mueven a actuar, no la razón"? ¿Qué dicen ellos?

> **ESTRATEGIA ARGUMENTATIVA**
>
> La **cita de autoridad** consiste en mencionar a un autor, citar fragmentos de sus textos y/o parafrasear sus ideas para apoyar lo que se dice.

**4** Contesta las preguntas de acuerdo con el texto.

a ¿Es posible separar la ética y la razón de los sentimientos y emociones? ¿Por qué?

b ¿En qué situaciones te parece bueno sentir miedo? ¿Y en cuáles el miedo puede ser un freno para la acción?

**5** Relaciona las columnas según el texto.

a Emoción necesaria.  ☐ Considera que la razón debe prevalecer sobre la emoción.
b Emoción inadecuada.  ☐ Inhibe de actuar o induce a actuar erróneamente.
c Educación.  ☐ Sirven para manipular las acciones de la gente.
d Filósofo racionalista.  ☐ Motivación para actuar.
e Miedos producidos.  ☐ Recurso para luchar contra emociones tristes.

**6** Vuelve a leer el texto "Medicina contra el racismo" y contesta las siguientes preguntas.

a Basándote en la explicación de la filósofa sobre qué es "ética", ¿qué crees que diría ella acerca de la conducta discriminatoria de muchos españoles hacia los inmigrantes?

b ¿En qué momento se refiere la filósofa a una especie de "estereotipo" hacia las emociones?

Accede a <www.youtube.com/watch?v=x2NAgjM13u0> (accedido el 29 my. 2012) para ver un vídeo acerca de los esfuerzos de la Conferencia Sudamericana sobre Migración en avanzar en el proyecto para una ciudadanía latinoamericana.

> **RINCÓN DE ESCRITURA**
>
> ¿Qué situación enfrentan los inmigrantes en Brasil? ¿Sufren estereotipos o prejuicios? Haz una entrevista a un inmigrante en la que relates las experiencias vividas por él/ella en nuestro país.

# CUADERNO DE ACTIVIDADES

## LECCIÓN 1

**1** Si tuvieras la oportunidad de entrevistar a una persona famosa, ¿a quién entrevistarías? ¿Qué preguntas le harías? ¿Por qué?

_____

_____

**2** Lee el siguiente texto y contesta: ¿en qué parte de la entrevista el escritor demuestra su irritación con la periodista?

### Palabras, palabras

De repente, en medio de una entrevista que discurría por los cauces habituales, sin que nada inquietante surgiera por uno u otro lado, la periodista me preguntó con expresión ingenua:

—A usted le están pidiendo palabras todo el día, ¿verdad?

—¿Qué quiere decir?

—Palabras para artículos, palabras para conferencias, palabras para novelas... ¿No se le acaban nunca las palabras?

—Uso varias veces la misma —respondí para salir del paso, e intercambiamos una sonrisa cómplice.

—Pero en algún momento se le acabarán —insistió ella.

—A veces, sí —concedí—, de ahí la expresión "quedarse sin palabras".

—¿Y entonces qué hace?

—Continúo hablando o escribiendo. Tarde o temprano empiezan a salir otra vez.

—¿De dónde?

—Es usted una pesada. Yo no sé de dónde salen las palabras, pero sí sé que tengo más cuanto más las consumo. [...] Hace diez años tenía menos palabras que ahora, a pesar de haberlas derrochado a millones, y dentro de otros diez espero haber multiplicado mi capital por mil.

—¿Y qué hará con ellas?

—Lo mismo que ahora. Darlas en conferencias, en artículos, en libros. Darlas por teléfono. Darlas a grito. Darlas a través del fax y del telégrafo... [...] ¿Pero usted por qué no me pregunta lo que todo el mundo?

—Porque estoy llena de palabras y no sé qué hacer con ellas.

—Démelas, escribiré con ellas una novela.

Pero no me las dio. Moraleja: sí sabía qué hacer.

MILLÁS, Juan José. *Articuentos*. Madrid: Punto de lectura, 2008, p. 342-343.

**3** En el fragmento "respondí para **salir del paso**" la expresión en relieve significa:

☐ a librarse de cualquier manera de un asunto, compromiso, dificultad, apuro o trabajo.

☐ b acelerar, ir más rápido.

☐ c aprovechar la circunstancia u ocasión.

**4** En el texto, ¿el escritor y la periodista se tratan formal o informalmente? Extrae al menos una frase que confirme tu respuesta.

_____

297

## LECCIÓN 1

**5** En el primer párrafo del texto "¿Y usted por qué tutea?", de la lección, la escritora usa el tratamiento informal para dirigirse a una lectora mayor y a partir de eso se desarrolla la reflexión. Busca la frase que confirma este tratamiento y reescríbela utilizando el formal.
_____

**6** Ordena las letras para identificar las palabras deletreadas. Luego, búscalas en el texto "Palabras, palabras" y haz un círculo alrededor de ellas.

a  i – de – zeta – e: _____
b  uve – a – ele – o – ese – ene – e: _____
c  e – jota – eme – a – ere – o – ele – a: _____
d  a – pe – i – ere – te – o – de – ese – i – e: _____
e  i – te – u – hache – e – ele – a – be – a – ese: _____

**7** Pon los signos de puntuación en el diálogo.

—____Hola____ ____ ____qué tal____
—Bien, ____ y tú____
—Estoy fatal____ He tenido un día horrible____
—____Qué te ha pasado____
—Me han robado el bolso en el metro y he pasado la tarde en la comisaría.
—____Qué lástima____ amiga____

**8** Señala las frases en las que los pronombres personales en relieve están incorrectos. Luego reescríbelas adecuando el pronombre al verbo y viceversa.

☐ a  **Tú** es mi mejor amigo.
☐ b  ¿Por qué **usted** estás tan nerviosa?
☐ c  **Ella y vosotros** estamos muy bien.
☐ d  ¿**Usted** es el primo de Ricardo?

_____
_____
_____

**9** Si cambiamos el pronombre personal de las frases "¿Dónde vives?" y "¿Cómo te llamas?" a "vos", lo correcto es:

☐ a  ¿Dónde vivís? / ¿Cómo vos llamáis?
☐ b  ¿Dónde vivís? / ¿Cómo te llamás?
☐ c  ¿Dónde vives? / ¿Cómo te llamás?
☐ d  ¿Dónde vives? / ¿Cómo os llamáis?

**10** Completa las frases con los verbos "ser" o "estar" conjugados en Presente de Indicativo.

a  Las bicicletas _____ en el portaequipaje del coche de papá.
b  La casa de veraneo _____ muy lejos de la ciudad.
c  ¿A qué hora _____ la fiesta de cumpleaños de Miguel?
d  ¿Por qué vosotros _____ tan enfadados hoy?

298

# LECCIÓN 2

**1** ¿Qué importancia tienen los ejercicios de estiramiento antes y después de una actividad física?
___
___

**2** Lee el texto y relaciona sus párrafos con las siguientes imágenes.

## Estiramientos

**1** [...] Las técnicas de estiramiento han de aplicarse en una rutina de ejercicios después de una fase previa de calentamiento muscular. Podrán efectuarse también ejercicios de flexibilidad y estiramiento intercalados entre las distintas secciones de ejercicios y grupos del trabajo muscular [...].

**2 Región inferior de la espalda**
Tumbado en una superficie plana [...], agarra con ambas manos la parte posterior de las rodillas y llévalas hacia el tronco, por lo que las piernas quedan semiflexionadas. Presiona hacia abajo y hacia atrás para elevar ligeramente los glúteos. [...]

**3 Muslo**
De pie, apoyado en una pared, banco, etcétera, para guardar el equilibrio; con la mano contraria agárrate la parte frontal del tobillo doblando la rodilla y llevándola hacia atrás. [...]

**4 Hombro**
De pie, eleva un brazo a la altura del hombro, flexiónalo y pásalo por delante hacia el otro hombro. Sujeta el codo elevado con la mano opuesta y empújalo hacia atrás. Según eleves o bajes ligeramente el brazo, notarás el estiramiento en distintas zonas del hombro, muy próximas entre ellas. [...]

SANTONJA, Rafael; LOMBAO, Bernardino. *La ciencia de la revitalización.* Madrid: Aguilar, 2008, p. 229, 233, 237 y 242.

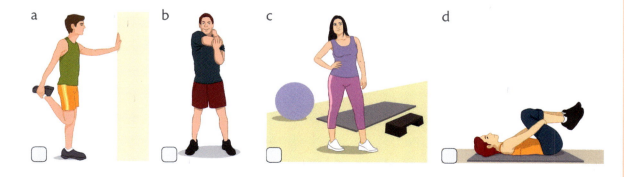

a   b   c   d

## LECCIÓN 2

**3** Vuelve al texto de la página anterior, subraya los artículos y haz un círculo alrededor de las contracciones.

**4** Relaciona las frases y complétalas conjugando los verbos del recuadro en Presente de Indicativo.

| entrenar | beber | practicar | trabajar |
|---|---|---|---|

a  Mi amiga y yo  ☐ _____ todos los días?
b  Juan  ☐ _____ dos litros de agua al día como se nos recomendó el médico.
c  ¿Vosotros  ☐ _____ en un gimnasio los fines de semana.
d  Tú  ☐ _____ musculación junto con mi hermano, ¿verdad?

**5** Relaciona las palabras con su significado. Luego, haz un círculo alrededor de la definición en la que hay un verbo conjugado en Presente de Indicativo y dos conjunciones, y subráyalos.

| 1 Calentamiento | 2 Culturismo | 3 Yoga | 4 Hipertrofia |
|---|---|---|---|

☐ a  Práctica de ejercicios gimnásticos encaminada al desarrollo de los músculos.
☐ b  Conjunto de disciplinas físico-mentales originarias de la India, destinadas a alcanzar la perfección espiritual y la unión con lo absoluto.
☐ c  Serie de ejercicios que realizan los deportistas antes de una competición o de un entrenamiento para desentumecer los músculos y entrar en calor.
☐ d  Aumento excesivo del volumen de un órgano.

Definiciones disponibles en <www.rae.es>. Accedido el 28 mzo. 2012. (Adaptado).

**6** Lee y completa los diálogos con las conjunciones "o/u" o "y/e".
a  —¿Qué practicamos hoy? ¿Natación __ musculación?
   —Podemos practicar los dos; por la mañana estiramiento __ musculación, __ por la tarde, natación. ¿Qué te parece?
b  —¿Quién irá a la academia conmigo? ¿Isabel, Andrea __ Olga?
   —Yo voy contigo, pues Andrea __ Isabel no están nada bien hoy.

**7** Señala la alternativa en la que los numerales están escritos incorrectamente. Luego, corrígelos.
☐ a  Doce, treinta y cinco, setenta y nueve, noventa.
☐ b  Ocho, veinte, cuarenta y tres, sesenta y dos.
☐ c  Diecenueve, veinte y cuatro, sietenta y uno, ochenta y trés.
☐ d  Diecisiete, veintiséis, cincuenta y siete, ochenta.

**8** Escribe una frase en la que haya un verbo en Presente de Indicativo, una conjunción, un artículo, un número de 0 a 99 y una contracción.

# LECCIÓN 3

**1** La tecnología permite que muchas personas hagan su trabajo en cualquier lugar, sin quedarse detenidas en embotellamientos por horas, y definan su propio horario de trabajo. ¿Cuáles son los pros y los contras de trabajar en cualquier lugar y momento?

_____
_____

**2** Lee el siguiente texto y contesta las preguntas.

### Qué es el teletrabajo

Es el trabajo realizado a distancia utilizando tecnologías de la información y la comunicación (más conocidas como TIC) para vender productos y servicios al mundo.

El concepto "a distancia" significa que se puede trabajar desde su casa, la de un familiar o amigo, un hotel, un restaurante, un ómnibus, un auto, un ciber o cualquier otro lugar.

Las TIC necesarias para estas tareas son básicamente PC, Internet, celular, teléfono y cámara digital, entre otras. Dentro de Internet se engloba principalmente la navegación web y el correo electrónico. Y, según el caso, *blogs*, sitios web, software de traducción, mensajería instantánea (chat) y telefonía IP (voIP).

Por ello, una definición corta y rápida de teletrabajo es: "Teletrabajo es el trabajo a distancia usando Internet".

**Las diferencias con el trabajo habitual son:**

- Permite trabajar desde cualquier lugar (no dispone un lugar fijo de trabajo).
- Permite trabajar en cualquier momento (no requiere un horario fijo de trabajo).
- Se utilizan siempre las TIC como apoyo.
- En la mayoría de los casos no se tienen jefes.
- En la mayoría de los casos no se conoce personalmente a los empleadores o clientes.

Disponible en <www.teletrabajo.com.uy/teletrabajo/que-es-el-teletrabajo/3>. Accedido el 2 mzo. 2012.

a De acuerdo con la definición de teletrabajo, ¿qué profesionales pueden trabajar de esa manera?
_____

b ¿Cuáles son las "herramientas" en ese tipo de trabajo?

**3** De las diferencias entre el trabajo formal y el teletrabajo, ¿cuál de ellas crees que es la más ventajosa para el teletrabajador? Fundamenta tu respuesta.

_____

**4** Investiga y escribe el género opuesto al de los siguientes sustantivos.

a la mujer: _____
b el yerno: _____
c el policía: _____
d el jefe: _____
e la cantante: _____
f el caballo: _____

## LECCIÓN 3

**5** Escribe el artículo correspondiente delante de las siguientes palabras.

a ___ árboles
b ___ equipos
c ___ nariz
d ___ costumbre
e ___ dolor
f ___ legumbres
g ___ sal
h ___ puente
i ___ sangre
j ___ orden
k ___ sonrisa
l ___ viajes

**6** Suma los puntos de las alternativas en las que todos los sustantivos están correctos en cuanto a su género.

[2] a La bufanda, un bolso, la origen.
[4] b La corbata, la alarma, la leche.
[6] c El énfasis, unos calcetines, los colores.
[8] d La miel, las pupitres, el lenguaje.

**7** Lee las informaciones y escribe frases comparativas entre Rosario y Carmen.

| Rosario | Carmen |
|---|---|
| Soy periodista. | Soy abogada. |
| Trabajo ocho horas al día. | Trabajo diez horas al día. |
| Mi lugar de trabajo está a 6 km de mi casa. | Mi lugar de trabajo está a 15 km de mi casa. |
| Trabajo en un periódico. | Trabajo en dos oficinas. |
| Mi sueldo no es muy bueno. | Tengo un buen sueldo al mes. |
| Mi profesión exige que yo lea mucho. | Leo mucho todos los días. |

**8** Completa las frases con el superlativo adecuado.

a El computador de mi despacho es _____. (moderno)
b Este es _____ jefe que ya he tenido. (bueno)
c El alquiler de este edificio es _____. (caro)
d Esta es _____ oficina que ya he visto. (pequeño)

**9** Señala la alternativa en que todos los números cardinales están escritos correctamente. Luego, corrige los que están equivocados.

☐ a Ochocientos y dos, novecientos y treinta y siete, cien.
☐ b Doscientos cuatro, quinientos setenta y dos, ciento y deciseis mil millones.
☐ c Ciento y cinquienta, veinticuatro millones, setecientos y doce.
☐ d Novecientos veintidós, cuatrocientos trece, setecientos cuarenta.

302

# LECCIÓN 4

**1** ¿Qué opinas sobre el divorcio? ¿Quiénes sufren más con la separación: los padres, los hijos o ambos?
_____
_____

**2** Lee el siguiente texto.

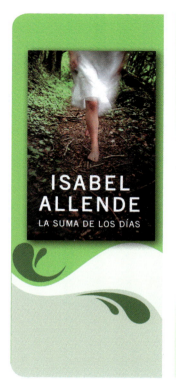

### La tribu reunida

[...] La familia llevaba más de diez años en esa danza de escaramuzas que suelen ser los divorcios, un tira y afloja agotador. La relación entre las parejas de padres pasaba por altibajos, era difícil ponerse de acuerdo en los detalles de la crianza de los hijos que tienen en común, pero en la medida en que estos se despegan del hogar para hacer sus propias vidas, habrá menos razones para confrontarse y llegará un día en que no tendrán necesidad de verse. No falta mucho para eso. A pesar de los inconvenientes que han soportado, pueden felicitarse mutuamente: han criado a tres chiquillos contentos y simpáticos, de buena conducta y buenas notas, que hasta el momento no han dado ni un solo problema serio. Durante las dos semanas de la pulmonía de Andrea, yo viví la ilusión de una familia unida porque me pareció que las tensiones desaparecían junto a la cama de esa niña. Pero en estas historias no hay finales perfectos. Cada uno lo hace lo mejor que puede, eso es todo. [...]

ALLENDE, Isabel. *La suma de los días.* 7.ª ed. Buenos Aires: Debolsillo, 2011, p. 354.

**3** ¿Estás de acuerdo con la opinión de la autora sobre la familia en la frase "... llegará un día en que no tendrán necesidad de verse"? Fundamenta tu respuesta.
_____
_____

**4** Según el texto, ¿cuál(es) de las siguientes afirmaciones está(n) correcta(s)?
  I   Hay dicotomía entre las parejas a la hora de educar a los hijos.
  II  Los miembros de la familia se confrontan más cuando están lejos unos de los otros.
  III Las tensiones entre los familiares aumentan en los momentos de dificultades, enfermedades y tristeza.

☐ a  I y II.    ☐ c  II y III.    ☐ e  I.
☐ b  II.       ☐ d  I, II y III.  ☐ f  I y III.

## LECCIÓN 4

**5** En la frase "... pero en la medida en que **estos** se despegan del hogar..." la palabra en relieve se refiere a:

- [ ] a  las parejas.
- [ ] b  los hijos.
- [ ] c  los padres.
- [ ] d  los familiares.

**6** Busca en el texto una frase en la que hay un demostrativo:

a  femenino en plural.
___

b  neutro en singular.
___

**7** Ordena las palabras para formar frases y conjuga en Presente de Indicativo los verbos que están en infinitivo.

a  tener / casi / mis / noventa / abuelos / años
___

b  ir (yo) / mis / escuela / la / con / a / hermanos / siempre
___

c  que / soy / regalos / los / generosa / con / me / mis / decir (ellos) / sobrinos
___

d  por / eso / salir (yo) / mediodía / estudiar / colegio / del / al / mañana / la / por
___

**8** Señala la opción en la que el(los) verbo(s) está(n) conjugado(s) en el mismo tiempo y persona verbal del que está en relieve en la frase: "... ponerse de acuerdo en los detalles de la crianza de los hijos que **tienen** en común...".

- [ ] a  Los hermanos de mi padre vinieron a cenar con nosotros anoche.
- [ ] b  Todos los días mis padres salen de casa temprano y van a caminar por el parque.
- [ ] c  El hermano mayor de Javier siempre nos ayuda con la tarea de Matemáticas.
- [ ] d  Antiguamente las parejas tenían mucho más hijos que hoy.

**9** Completa las frases escribiendo los números ordinales en letras según lo que se indica entre paréntesis.

a  El _____ (3) hijo de Javier nació hace dos años.

b  Mi familia y yo vivimos en el _____ (11) piso del edificio más moderno de la ciudad.

c  Mi abuela cumplirá su _____ (76) cumpleaños.

d  ¡Este es el _____ (12) partido de fútbol que juego con mis mejores amigos este año!

e  Esta es la _____ (3) vez esta semana que le digo a mi hermano que no se olvide de las llaves...

f  Mi cuñada fue la _____ (22) colocada en la lista de aprobados en los exámenes de selectividad de aquella reconocida universidad.

# LECCIÓN 5

**1** En una casa, ¿qué muebles y objetos son indispensables? ¿Cuáles son prescindibles, es decir, solo sirven para adornar y se puede vivir sin ellos?

**2** De los muebles y objetos que listaste, ¿alguno tiene la función dada por parte del título del siguiente texto: "siempre a nuestros pies"? ¿Cuál(es)?

**3** Lee el siguiente texto y apunta qué sustantivo completa su título. Luego fundamenta tu respuesta extrayendo del texto una frase que califica negativamente una de las funciones de tal sustantivo.

### ⭐ : siempre a nuestros pies

Yo he estado estudiando ardua y afanosamente el asunto de las ⭐, y el problema es que no está nada clara su función.

Hay varias corrientes de pensamiento. Hay quien dice que son para proteger del frío. Hay quien dice que adornan. Hay quien dice que, como son blanditas, sirven para que los pasos no hagan tanto ruido. Pues de eso, nada. Las ⭐ solo sirven para una cosa: almacenar porquería y suciedad. Por cierto, lo hacen estupendamente bien. [...]

¿Cómo va a ser una ⭐ para adornar? Las cosas bonitas no son para pisarlas, sería como pisar flores, koalas o modelos de lencería.

¿Para no hacer ruido? Tampoco son para la cosa del silencio. Porque vale que cada paso suena menos, pero cada vez que te tropiezas con la ⭐ y te caes suena: "¡Patapum!". [...]

¿Y lo de que son calentitas? Bueno, eso puede tener cierto sentido, porque como van atrapando toda partícula que se les acerca, cada vez son más gordas y cada vez abrigan más. Pero si son para abrigar, no tendría sentido que las señoras las sacudieran por la ventana. [...]

PIEDRAHITA, Luis. *Un cacahuete flotando en una piscina... ¿sigue siendo un fruto seco?*. Madrid: Punto de lectura, 2009, p. 61-62.

**4** Al decir que "Las cosas bonitas no son para pisarlas", se presupone que:

☐ a   no se pueden pisar las cosas feas.
☐ b   se pueden pisar tanto las cosas feas como las bonitas.
☐ c   solo se pueden pisar las cosas feas.

## LECCIÓN 5

**5** Lee las frases e identifica en cuáles el posesivo ubica la misma posición del que está en relieve en la frase: "... y el problema es que no está nada clara **su** función". Luego suma los respectivos puntos para contestar.

- [2] a Las sábanas de tu oficina están todas viejas.
- [4] b ¿Son tuyos estos patines?
- [6] c Esta blusa es mía y no tuya.
- [8] d Nos ha costado una fortuna la nueva decoración de nuestro piso, pero todo ha salido como habíamos planeado.

**6** Pasa las siguientes frases al plural.

a El móvil está sobre la mesilla de noche.

b La alfombra del salón está sucia.

c Hay una silla estropeada cerca de la mesa.

d Hay un cinturón en el cajón del ropero.

**7** Según el Feng Shui, la casa ▬ más fluidez si en las habitaciones ▬ espacios libres, o sea, ▬ más energía positiva en los espacios en que no ▬ muchos objetos, adornos, etc.

- ☐ a tiene – tiene – hay – hay
- ☐ b tiene – hay – hay – hay
- ☐ c hay – hay – tiene – tiene
- ☐ d tiene – hay – hay – tiene

**8** Extrae del texto una frase en la que hay un adverbio o una locución adverbial de cantidad.

**9** Se han modificado las siguientes frases extraídas del texto. Señala aquella(s) en la(s) que el uso de "muy" y "mucho" está correcto.

- ☐ a Las alfombras cada vez son mucho más gordas y cada vez abrigan mucho más.
- ☐ b Las alfombras cada vez son muy más gordas y cada vez abrigan mucho más.
- ☐ c Las alfombras cada vez son muy más gordas y cada vez abrigan muy más.
- ☐ d Porque vale que cada paso suena muy menos...
- ☐ e Porque vale que cada paso suena mucho menos...

**10** En la frase "Ayer llovió **a cántaros**; mi hijo llegó a casa todo mojado", ¿la expresión en relieve podría sustituirse por cuál adverbio de cantidad? Haz un círculo alrededor de la respuesta correcta.

| apenas | bastante | mucho | muchísimo |

306

# LECCIÓN 6

**1** ¿Qué consejos darías a una persona que quiera tener buenos hábitos alimentarios?
___
___

**2** Lee el siguiente texto.

## Calcule su plato de comida

*Maricarmen Hernández, nutricionista, 30/08/11*

Una forma rápida de asegurarse del consumo de alimentos saludables en cada comida son las porciones. [...] Siga las instrucciones y encuentre una herramienta práctica para planificar sus alimentos.

Cuando se vaya a servir [...], dibuje una línea imaginaria en el centro del plato. Trace una línea para dividir una parte en dos y se distribuirán así los alimentos:

**½ del plato** puede llenarlo con vegetales sin almidón como brócoli, zanahorias, pepinos, ensaladas, tomates y coliflor. Para el desayuno utilice los dos cuartos del plato y no la otra mitad. Para el almuerzo y la cena utilice todo el plato.

**¼ del plato** debe contener proteínas: carnes, pescado, pollo, pavo, queso fresco y huevos.

**¼ del plato** debe contener cereales o alimentos ricos en almidón como arroz, yuca, pasta, papas, maíz y frijoles.

*"No hay alimentos buenos o malos, solo dietas mal balanceadas. El secreto está en el equilibrio entre una alimentación balanceada y la práctica diaria de actividad física".*

Yadira Cortés, nutricionista dietista.

Disponible en <vidasana.com.sv/calcule-su-plato-de-comida> y <vidasana.com.sv/como-llevar-una-vida-saludable-en-tiempos-de-hoy>. Accedidos el 28 mzo. 2012. (Adaptado).

**3** Pon V (verdadero) o F (falso) a las siguientes afirmaciones de acuerdo con el texto.
- [ ] a En el desayuno se deben utilizar dos tercios del plato.
- [ ] b La actividad física debe ser diaria.
- [ ] c Solo los alimentos malos contribuyen a una dieta mal balanceada.
- [ ] d La cantidad de proteínas debe ser mayor que la de carbohidratos.
- [ ] e La mitad del plato se debe llenar con vegetales.
- [ ] f Las porciones garantizan un plato saludable.

**4** Corrige las frases falsas de la actividad anterior.
___
___
___
___

## LECCIÓN 6

**5** Señala la alternativa cuyos verbos completan correctamente las frases.

I Siempre ▬ unas tapas antes de la comida.
II Los camareros ▬ a los clientes con mucho gusto.
III Los empleados de esta empresa ▬ en el restaurante de la esquina.

- a  pedimos – sierven – almuerzan
- b  pidimos – sirven – almuerzan
- c  pedimos – sirven – almuerzan
- d  pedimos – sirven – almuerzan

**6** Señala la opción cuyo verbo tiene, en Presente de Indicativo, la misma irregularidad que el destacado en la frase: "**Pienso** abrir un restaurante de comidas orgánicas. ¿Qué te parece?".

- a  Depender.
- b  Comprender.
- c  Vender.
- d  Entender.

**7** Completa las frases con los verbos del recuadro conjugados en Presente de Indicativo.

**pensar
almorzar
pedir
poder**

a  En la oficina nosotros siempre _____ sobre las 12:00 h.
b  _____ en ti siempre que vengo a este restaurante.
c  Los niños _____ cenar sin mí, pues llegaré tarde hoy.
d  Voy por el coche mientras ellos _____ la cuenta, ¿vale?

**8** Completa las frases con los interrogativos y exclamativos del recuadro, acentuándolos.

**donde
quienes
que (2x)
cuanto
quien**

a  ¡_____ sabroso este postre! Quiero uno más.
b  ¿_____ ha preparado la cena hoy?
c  ¿_____ hay un restaurante español en Perú?
d  ¿Con _____ van a almorzar?
e  ¿_____ quieres para tomar?
f  ¡_____ tiempo hace que mi tía no prepara una tortilla!

**9** Completa las frases escribiendo los números fraccionarios y multiplicativos en letras, según se indica entre paréntesis.

a  He limpiado _____ (⅔) de esta casa hoy por la mañana.
b  Mi perro mordiscó _____ (¼) del pie de la mesa de la cocina.
c  Esta casa es el _____ (2x) de la que teníamos en la ciudad.
d  Las pantallas de los televisores de hoy día son el _____ (3x) de las de antiguamente.
e  Comparto mi habitación con mi hermano: _____ (½) de ella es para el armario y la mesa del ordenador, en la otra _____ (½) están nuestras camas.
f  Un piso en el centro de la ciudad vale el _____ (5x) de uno en la periferia.
g  El albañil todavía no utilizó ni _____ (⅛) del material que compramos para la reforma del techo.

# LECCIÓN 7

**1** Contesta las siguientes preguntas.

a ¿Ya has visitado museos o galerías de arte físicas o virtuales? ¿Cuáles? ¿Qué te han parecido?

_____

b ¿Cuáles son las ventajas de una muestra virtual? ¿Y de una muestra física?

_____
_____

**2** Lee el siguiente texto. Luego señala la afirmación correcta.

Disponible en <www.expresoartemexicano.com>. Accedido el 28 mzo. 2012.

☐ a El Museo Nacional de Arte fue inaugurado para celebrar el Bicentenario y Centenario de la Independencia y Revolución de México.

☐ b El museo ha organizado la muestra con obras de su propio acervo, divididas en diez distintos temas.

☐ c Además de las pinturas, la muestra incluye música, poesía, refranes y otras manifestaciones artísticas del periodo.

**3** Haz un círculo alrededor de la alternativa que presenta el objetivo del texto.

a Informar sobre una muestra virtual de arte.

b Celebrar el Bicentenario y Centenario de la Independencia y la Revolución de México.

c Promover discusiones sobre la historia, la narrativa, la música, la poesía, los refranes y corridos, el pensamiento filosófico y la crítica del arte mexicano.

## LECCIÓN 7

**4** Completa las frases con el verbo adecuado conjugándolo en Presente de Indicativo.

| pertenecer | incluir | lucir | construir | conocer |

a  Las pinturas al óleo _____ muy bonitas.
b  Yo _____ toda la obra del pintor surrealista Salvador Dalí.
c  En el libro sobre la vida de Frida Kahlo se _____ radiografías de su espalda lesionada por un grave accidente.
d  Todos dicen que yo _____ al grupo de los artistas no comprendidos.
e  Mis compañeros y yo reciclamos materiales y con ellos _____ esculturas.

**5** Forma frases en Presente de Indicativo con los elementos dados, haciendo las adaptaciones correspondientes.

a  Julia / las pinturas de Diego Rivera / gustar
_____

b  mi novio y yo / el nuevo grupo de música erudita / agradar
_____

c  tú / películas del cine europeo / encantar
_____

**6** Tacha el pronombre inadecuado.

a  A ellos les / le gusta mucho la obra *La Guernica*.
b  A mi vecina le / les encantan los museos de París.
c  A todos los jóvenes le / les agrada la música extranjera.
d  A Inés les / le gustan las danzas folclóricas.
e  A mis primos le / les encantan las esculturas de Botero.

**7** Señala la opción cuyos verbos se conjugan como el que está en relieve en: "Me **parezco** a mi hermana que es pintora".

☐ a  crecer – pertenecer – nacer
☐ b  florecer – tener – merecer
☐ c  establecer – ofrecer – temer
☐ d  oscurecer – hacer – correr

**8** Escribe las preguntas adecuadas a las siguientes respuestas.

a  _____
Me parecen un poco raras...

b  _____
Sí, a Rafael y a Julia les encanta la arquitectura árabe.

c  _____
No, no nos gusta.

310

# LECCIÓN 8

**1** Hay ropas para todos los gustos, con precios y marcas variadas. ¿Qué tipo de ropa prefieres? ¿Crees que las ropas más caras se mantienen en buen estado por más tiempo?

_____

**2** Lee el siguiente texto y contesta las preguntas a continuación.

### La adolescente

Andrea entró a la adolescencia de golpe y porrazo. Una noche de noviembre llegó a la cocina, donde la familia estaba reunida, con lentes de contacto, los labios pintados, un vestido blanco largo, unas sandalias plateadas y unos pendientes de Tabra que había escogido para cantar en el coro del colegio en la fiesta de Navidad. No reconocimos a esa dorada beldad de Ipanema, sensual, con un aire distante y misterioso. Estábamos acostumbrados a verla en vaqueros astrosos, zapatones de explorador y un libro en la mano. Jamás habíamos visto a esa joven que nos sonreía cohibida desde la puerta. Cuando Nico, de cuya serenidad zen tanto nos reíamos, se dio cuenta de quién era, se demudó. En vez de celebrar a la mujer que acababa de llegar, debimos consolar al padre de la pérdida de la niña torpe que había criado. Lori, quien había acompañado a Andrea a comprar el vestido y el maquillaje, era la única que sabía el secreto de la transformación. Mientras los demás nos sacudíamos la impresión, Lori le tomó una serie de fotografías a Andrea, unas con su mata de pelo color miel oscura suelto sobre los hombros, otras con moño, en poses de modelo que eran en realidad de afectación y burla. […]

ALLENDE, Isabel. *La suma de los días*. 7.ª ed. Buenos Aires: Debolsillo, 2011, p. 354.

a ¿Cómo reaccionó la familia de Andrea al ver su transformación?

_____

b ¿Qué prendas utilizaba Andrea antes del cambio? ¿Cuáles utilizó el día de la transformación? ¿Son del mismo estilo? ¿Por qué?

_____

**3** Y tú, ¿te identificas con cuál de los estilos de Andrea: el más informal o el que requiere más cuidados y producción?

_____

**4** Señala la opción que contiene solamente adverbios y locuciones adverbiales de tiempo. Luego escribe frases relacionadas con la moda y el vestuario, utilizando los adverbios o locuciones adverbiales de tiempo de la alternativa correcta.

☐ a En absoluto, casi, dentro de un rato.
☐ b De aquí en adelante, mañana, dentro de poco.
☐ c En breve, ahora, a lo mejor.
☐ d Ya, nunca, tal vez.

311

# LECCIÓN 8

**5** Observa las imágenes y completa las frases con un pronombre reflexivo si es necesario.

a) Ella ____ llama María.

Pablo ____ llama a Carlos.

b) El peluquero ____ peina a su cliente.

¿Tú ____ peinas en el baño?

c) En casa nosotros ____ acostamos muy tarde.

Yo ____ acuesto a mi hermano menor.

d) Mira a qué hora ____ estamos levantando…

____ levanto todos los días a las 6:00 h.

**6** Une las partes y arma tres frases con perífrasis de futuro conjugando el verbo "ir".

| ir + a | comprar / visitar / salir / regalar / estudiar | unos pantalones a vuestros hijos / con mi mejor amiga / a nuestros primos en Honduras |
|---|---|---|

_____
_____
_____

**7** Escribe dos planes para el próximo fin de semana y cómo piensas vestirte para ellos. Si es necesario, consulta el glosario del libro o un diccionario.

_____
_____

# LECCIÓN 9

**1** ¿Cómo es la ciudad en donde vives? Escribe las ventajas y desventajas de vivir ahí.

**2** Lee el siguiente poema y contesta: ¿el poeta ha convivido siempre con la soledad de las ciudades? Fundamenta tu respuesta con una estrofa.

## Soledad de las ciudades
*Jorge Carrera Andrade*

Sin conocer mi número.
Cercado de murallas y de límites.
Con una luna de forzado
y atada a mi tobillo una sombra perpetua.

Fronteras vivas se levantan
a un paso de mis pasos.

No hay norte ni sur, este ni oeste,
solo existe la soledad multiplicada,
la soledad dividida para una cifra de hombres.
La carrera del tiempo en el circo del reloj,
el ombligo luminoso de los tranvías,
las campanas de hombros atléticos,
los muros que deletrean dos o tres palabras
de color,
están hechos de una materia solitaria.

Imagen de la soledad:
el albañil que canta en un andamio,
fija balsa del cielo.
Imágenes de la soledad:
el viajero que se sumerge en un periódico,
el camarero que esconde un retrato en el pecho.

La ciudad tiene apariencia mineral.
La geometría urbana es menos bella
que la que aprendimos en la escuela.
Un triángulo, un huevo, un cubo de azúcar
nos iniciaron en la fiesta de las formas. [...]

¿Dónde estuviste, soledad,
que no te conocí hasta los veinte años?
En los trenes, los espejos y las fotografías
siempre estás a mi lado.

Los campesinos se hallan menos solos
porque forman una misma cosa con la tierra.
Los árboles son hijos suyos,
los cambios de tiempo observan en su propia carne
y les sirve de ejemplo la santoral de los animalitos.

La soledad está nutrida de libros,
de paseos, de planos y pedazos de muchedumbre,
de ciudades y ciclos conquistados por la máquina,
de pliegos de espuma
desenrollándose hasta el límite del mar.
Todo se ha inventado,
mas no hay nada que pueda librarnos de la soledad. [...]

*Antología de poesía.* Selección de Iván Carvajal y Raúl Pacheco. Madrid: Alfaguara: 2009, p. 66-67.

**3** ¿A qué o a quiénes se refiere el autor en los siguientes versos?

a "La carrera del tiempo en el circo del reloj".

b "el ombligo luminoso de los tranvías".

c "las campanas de hombros atléticos".

# LECCIÓN 9

**4** Escribe el participio de los verbos que te damos a continuación.

a sentir: _____
b ganar: _____
c volver: _____
d pedir: _____
e hacer: _____
f escribir: _____

**5** Señala la alternativa que completa correctamente el diálogo.

—¿Este año tú ▬ a Madrid?
—No, todavía no ▬.

☐ a has ido – he ido
☐ b has ido – ha ido
☐ c ha viajado – he viajado
☐ d has viajado – has viajado

**6** Completa las frases con las perífrasis de participio con los verbos que te damos entre paréntesis.

a _____ parte de los regalos que voy a llevar a mi país. (comprar)
b Los turistas _____ el itinerario para los primeros días. (hacer)
c ¿_____ todas las galerías de arte de la ciudad? (visitar/tú)

**7** Reescribe las frases sustituyendo las palabras en relieve por otros adverbios o locuciones adverbiales.

a **Pronto** saldremos de este embotellamiento.
_____

b **Aún** no he alquilado la casa en la playa.
_____

**8** Ordena las frases y conjuga los verbos en Pretérito Perfecto Compuesto de Indicativo.

a la / de / ciudad / esta / centro / conocer (nosotros) / Bogotá / de / tarde / el
_____

b los / ir / al / no / los / todavía / museo / turistas / de / transportes
_____

**9** Conjuga los verbos que están entre paréntesis en Pretérito Imperfecto de Indicativo. Luego escribe el final del texto.

Cuando _____ (ser/yo) niña mi familia y yo _____ (vivir) en el campo. Recuerdo que mi hermano mayor y yo siempre _____ (ir) a bañarnos en el río. _____ (Quedarse/nosotros) tan ansiosos que ¡_____ (llevar puesto) el bañador el día anterior al viaje! _____ (Pasar/nosotros) casi todas las tardes allí, y después _____ (visitar) a nuestros abuelos, que _____ (tener) una casa cerca del río. Cuando _____ (acercarse/nosotros) a la casa, _____ (sentir) el buen olor de la torta de manzana que nuestra abuela _____ (preparar) para esperarnos. ¡Qué tiempos maravillosos! Ahora, vivo en la ciudad y no me alcanza el tiempo ni para... _____
_____

# LECCIÓN 10

**1** ¿Crees que los nombres de los días de la semana en portugués y en español tienen el mismo origen? Fundamenta tu respuesta.

_____

_____

**2** Lee el siguiente texto y pon V (verdadero) o F (falso) en las siguientes afirmaciones.

### ¿De dónde provienen los nombres de los días de la semana?

En el mundo antiguo las formas de entender el tiempo variaban de un lugar a otro según las circunstancias locales [...].

El conocimiento de los babilonios se difundió a lo largo y ancho del mundo conocido y llegó a Grecia, Egipto, la India e incluso a China. [...]

Al parecer los babilonios [...] fueron los primeros que dividieron los meses lunares en períodos de siete días (cada uno dedicado a uno de los siete planetas o "errantes", cuerpos celestes que, a diferencia de las estrellas, no permanecían "fijos" en el cielo). [...] El orden de los días de la semana deriva de un complicado horario. Cada una de las horas del día tenía un nombre inspirado en los siete planetas, dispuestos en orden descendente según la longitud de sus órbitas, empezando por Saturno (veintinueve años), Júpiter (doce años), Marte (seiscientos ochenta y siete días), el Sol (trescientos sesenta y cinco días), Venus (doscientos veinticuatro días), Mercurio (ochenta y ocho días) y la Luna (veintinueve días). Cuando este ciclo de siete se dispone a lo largo de las veinticuatro horas del día, las primeras horas de cada día de la semana se ordenan de la siguiente manera: Saturno, Sol, Luna, Marte, Mercurio, Júpiter y Venus.

"Alejandría, Occidente y Oriente en el año 0". In: WATSON, Peter. *Ideas: historia intelectual de la Humanidad.*
Traducción de Luis Noriega. Barcelona: Crítica, 2006, p. 273-276.

☐ a  Las estrellas son cuerpos celestes fijos en el cielo.
☐ b  El orden de los días de la semana proviene de un enrevesado horario.
☐ c  Los babilonios, inspirados por los griegos, egipcios, indianos y chinos, dividieron los meses en períodos de siete días.

**La secuencia correcta de las respuestas es:**
☐ V – V – F.            ☐ F – V – F.
☐ V – V – V.            ☐ V – F – V.

**3** Haz un círculo alrededor de los adverbios y de las locuciones adverbiales de tiempo.

a  No he dormido bien anteanoche, por eso me dolió la cabeza todo el día.

b  Estaré eternamente feliz cuando todos contribuyan para la preservación del planeta.

c  Al mediodía el sol está en el punto más alto de su elevación.

d  De cuando en cuando voy a la escuela en bicicleta.

e  Por la tarde, siempre dejo todas las luces de casa apagadas.

## LECCIÓN 10

**4** Ordena las siguientes frases conjugando los verbos en Pretérito Indefinido de Indicativo.

a  vivir / años / 30 / yo / mis / en / padres / casa / durante / y / esta
_____

b  ¿ / periódico / ayer / no / el / por qué / comprar (tú) / ?
_____

c  y / mucho / comer / anoche / Marco / Julia
_____

d  Navidad / sacar / vosotros / fotos / en / pasada / muchas / la
_____

e  andar / el / Inés / en / de / octubre / hijo / a / aprender
_____

**5** Subraya la forma que completa correctamente cada frase.

a  Estaba tan cansada el sábado que no hice nadie / nada.
b  ¿Hay algo / alguien orgánico en esta verdulería?
c  Todos / Muchos los animales tienen derecho a la atención, a los cuidados y a la protección del hombre.
d  Ella tiene todas / varias ideas para frenar el calentamiento global.
e  ¿Alguien / Algún podría ayudarme en la campaña de preservación del medioambiente?

**6** En todas las frases hay un indefinido, excepto en:

☐ a  Alfonso, José y Manolo van a trabajar los sábados y los demás, los domingos.
☐ b  No te deshagas de pilas y baterías viejas en cualquier lugar.
☐ c  Hay muchas maneras de ahorrar agua.
☐ d  Es importante reducir el uso de bolsas plásticas en el mercado.
☐ e  Algunas medidas ayudan a la perpetuación de la flora y fauna del planeta.

**7** Completa las frases con los verbos a continuación conjugados adecuadamente en Pretérito Pluscuamperfecto de Indicativo.

| ir | practicar | pensar | cambiar | participar |
|---|---|---|---|---|

a  Los directores nunca _____ en soluciones para disminuir el consumo de energía.
b  Yo _____ en muchas manifestaciones a favor de la preservación del medioambiente.
c  Cuando llegué de la escuela, tú _____ a la Reserva Natural.
d  Juan y yo aún no _____ las bombillas tradicionales por las de bajo consumo en nuestra casa.
e  ¿Vosotros ya _____ la agricultura sostenible?

# LECCIÓN 11

**1** En tu opinión, ¿cuáles son las adicciones más comunes entre los jóvenes? ¿Conoces alguna que no tiene que ver con las drogas?

---

**2** En el siguiente texto se presentan varios problemas causados por el uso compulsivo de los videojuegos. Apunta los tres más perjudiciales, en tu opinión.

## PROBLEMAS DEBIDOS AL USO INCONTROLADO DE LOS VIDEOJUEGOS

[...] El empleo incontrolado de estos juegos puede suponer un desorden grave en la vida de los niños y adolescentes. El jugador obsesivo ha perdido el control sobre el juego. Al principio el empleo de los videojuegos se hace de forma esporádica, a continuación la frecuencia aumenta hasta hacerse prácticamente diaria. En este momento la situación es de alto riesgo, advirtiéndose repercusiones sobre otros aspectos de la vida ordinaria. Si la adicción a los videojuegos va a más, el jugador puede acabar convirtiéndose, según algunos autores, en un verdadero ludópata.

La vida del jugador gira en torno al videojuego, centrando en él todo el pensamiento y recurriendo incluso a mentiras o artimañas para seguir jugando. En este punto, se antepone el uso del videojuego a otras actividades como el deporte, la lectura o el contacto con los amigos. Se produce incluso una ruptura con la vida social, llevando a un aislamiento de consecuencias nefastas (potenciación del individualismo). En los casos más graves, la práctica excesiva de estos juegos lleva al niño a una huida del mundo real encerrándose en otro virtual.

La atención puesta en el juego desarrolla un agotamiento y un cansancio del sistema nervioso con aparición de síntomas de depresión o ansiedad. Se produce en esos casos un deterioro en el rendimiento académico significativo, apreciándose defectos en la capacidad de atención y un desinterés llamativo por las actividades escolares. Por último, estos niños pierden el control sobre sí mismos, lo que da lugar incluso a la aparición de síntomas de abstinencia cuando no pueden practicarlos o se les priva de su uso, unido a un comportamiento impulsivo y violento.

El uso excesivo de los videojuegos se ha relacionado también con un mayor riesgo de desarrollar un sedentarismo nocivo para la salud del niño o adolescente. Este sedentarismo, ayudado por el consumo de alimentos perjudiciales (chucherías), desencadena la aparición de sobrepeso y obesidad.

Disponible en <encontrarte.aporrea.org/media/101/videojuegos.pdf>. Accedido el 20 abr. 2012. (Adaptado).

---

**3** Según el texto, se puede asegurar que:

☐ a   la vida de los adictos cambia socialmente, pero ninguno llega a sufrir problemas de salud.
☐ b   los videojuegos contribuyen a la vida social de los jugadores.
☐ c   se pueden desarrollar síntomas de depresión y ansiedad por la atención puesta en los juegos.

**4** Con relación a los videojuegos, ¿cuál piensas que es el límite entre la diversión y la adicción?

## LECCIÓN 11

**5** Completa la parte que falta de los verbos conjugados en Pretérito Indefinido.

a  tener: _____e
b  conducir: _____te
c  leer: _____ó
d  pedir: _____mos
e  dormir: _____ron
f  ser: _____teis

**6** Señala la alternativa en que todos los verbos son irregulares en Pretérito Indefinido de Indicativo.

☐ a  Traer, hacer, ser.
☐ b  Besar, llevar, conducir.
☐ c  Contar, salir, comer.
☐ d  Pedir, saber, viajar.

**7** Reescribe las frases conjugando el verbo en la persona que se indica entre paréntesis en Pretérito Indefinido de Indicativo. Haz los cambios necesarios.

a  Ayer leí un reportaje sobre los adictos a las compras. (nosotros)
_____

b  El jugador compulsivo pasó más de diez horas delante del ordenador. (los jugadores)
_____

c  Te hiciste dependiente del alcohol para escaparte de tus problemas. (yo)
_____

d  Ayer nos divertimos muchísimo con el campeonato de videojuegos. (vosotros)
_____

**8** Señala y corrige la alternativa en la que están incorrectas las formas del gerundio.

☐ a  Estudiando, comiendo, haciendo.
☐ b  Huyendo, viendo, charlando.
☐ c  Mediendo, sentiendo, dormiendo.
☐ d  Dibujando, saliendo, leyendo.

_____

**9** Completa las frases a continuación con los verbos del recuadro. Usa la perífrasis verbal de gerundio conjugada adecuadamente.

| caminar | practicar | dormir | fumar | beber |

a  La señora _____ actividades físicas en la playa.
b  ¡_____ (tú) muchos cigarrillos al día!
c  El hombre _____ en un bar.
d  Mientras _____ (yo), mi marido _____.

**10** Relaciona las siguientes interjecciones con la función correspondiente.

a  ¡Hola!, ¡Adiós!          ☐ Expresan incentivos.
b  ¡Oh!, ¡Ah!               ☐ Imitan los sonidos que producen las cosas y los animales.
c  ¡Pum!, ¡Miau!            ☐ Sirven para saludar o despedirse.
d  ¡Hala!, ¡Hale!           ☐ Expresan sorpresa y admiración.

# LECCIÓN 12

**1** ¿Alguna vez recibiste una carta? ¿Por qué razón crees que te mandaron el mensaje por carta y no por correo electrónico?

_____

**2** Las cartas son "registros de la memoria de la humanidad". Ejemplifica la afirmación con al menos una carta de importancia histórica.

_____

_____

**3** Lee el siguiente texto y señala la alternativa que corresponde a las afirmaciones correctas.

### Seis razones para enviar una carta en lugar de un correo electrónico

**1** Cuando quieras que un documento pueda ser archivado (en un armario), conservado en un registro (el papel puede durar siglos; nadie sabe todavía cuánto pueden durar los archivos electrónicos) o enmarcado.

**2** Cuando quieras crear algo que el destinatario pueda saborear, como una carta de recomendación o una carta de amor.

**3** Cuando no quieras interrumpir a alguien.

**4** Cuando quieras presentar y tratar temas complejos.

**5** Cuando quieras ponerte serio en un asunto de negocios: una carta certificada, una citación, un memorando que estipule la política de la compañía.

**6** Cuando tu material sea tan confidencial que no puedas correr el más mínimo riesgo de que, con un simple clic en la función de *Reenvío*, este encuentre la forma de llegar hasta otra persona que no sea su destinatario.

SHIPLEY, David; SCHWALBE, Will. *Enviar: manual de estilo del correo electrónico.* Madrid: Taurus, 2008, p. 43.

I   El texto explica por qué hoy día el correo electrónico ha sustituido las cartas.
II  El texto informa sobre los diversos estilos de carta.
III El texto presenta las funciones de un documento manuscrito.
IV  El texto trata de medios de comunicación interpersonal.

☐ a  II y III.      ☐ b  III y IV.      ☐ c  II y IV.      ☐ d  I y IV.

**4** Si tuvieras que escribir un mensaje para que se lea dentro de cien años, ¿qué medio elegirías: carta o correo electrónico? ¿Por qué?

_____

## LECCIÓN 12

**5** Explica por qué se utilizó la carta en lugar del correo electrónico en las siguientes situaciones.

a Invitación para una boda: por ser un _____

b Carta de amor: porque se trata de un _____

c Convocación jurídica: porque suele ser un _____

**6** Señala la opción cuyos verbos presentan la misma irregularidad del que está en relieve en: "Mañana mi profesor **pondrá** en el correo la carta de recomendación para mi solicitud de beca".

☐ a Leer, hacer, salir.
☐ b Recibir, pagar, querer.
☐ c Poder, saber, subir.
☐ d Tener, haber, venir.

**7** "No sé qué ▬ pasado. A lo mejor, mis padres no ▬ enviado la carta". La alternativa que contiene los verbos que completan la frase es:

☐ a habrán – habrán
☐ b habré – habremos
☐ c habrá – habrán
☐ d habré – habrá

**8** Señala la alternativa en la que se sustituye el complemento directo por el pronombre correspondiente en la frase: "¿**La carta**? Mi novio envió **la carta** el mes pasado".

☐ a ¿La carta? Mi novio le envió el mes pasado.
☐ b ¿La carta? Mi novio la envió el mes pasado.
☐ c ¿La carta? Mi novio lo envió el mes pasado.

**9** Sustituye los complementos en relieve en las frases por los pronombres que les correspondan. Luego señala la(s) opción(ones) en que el pronombre ha de colocarse en la misma posición que en la frase: "Cuando quieras pone**rte** serio en un asunto de negocios…".

☐ a Envié **un correo electrónico** por la tarde. _____
☐ b Estoy llamando **a Julia** por el móvil. _____
☐ c Leo **el periódico** todas las mañanas. _____
☐ d ¿Viste **el telediario** hoy? _____
☐ e ¡Envía **la carta** ahora mismo! _____

**10** Completa las frases con la preposición "a", según corresponda.

a He encontrado ___ muchos amigos en las redes sociales.

b Soledad ha conocido ___ su novio en Internet.

c Hay que buscar ___ la dirección de Consty para enviarle una carta.

d ¿Ya has alimentado ___ los perros o sigues buscando ___ la gente en Internet?

# LECCIÓN 13

**1** ¿Tocas algún instrumento musical? ¿Hace cuánto tiempo? Si no tocas ninguno, ¿cuál te gustaría aprender a tocar? ¿Por qué?

_____

**2** Lee el siguiente texto.

## Anotaciones sobre la maraca

Juan Bautista Varela de Vega

[...] La maraca más común es la de calabaza, que se toca sosteniéndo**la** por su cuello natural o por un mango de madera y agitándo**la** para golpear los pequeños guijarros, semillas secas u otros elementos, contra las paredes reforzadas interiormente por unas largas y duras espinas. En los países en que no existen calabazas [...] ha sido imitada con materiales apropiados, como mimbre, arcilla, metal o madera.

[...] En calabazas en forma de pera abren un pequeño agujero en el botón del fondo o en el extremo del cabo, extrayendo las semillas y los restos de la pulpa seca, e introducen luego en su lugar piedrecitas y dos o más clases de semillas duras, obturando a continuación el agujero con cera o con un tapón de madera reajustado con tela. [...]

Acerca de la ejecución [...] el instrumentista abraza el cabo con la mano derecha, doblado el codo, el recipiente hacia arriba a la altura del pecho y, moviendo principalmente la muñeca, agita o sacude el instrumento en dos tiempos: primero, hacia el hombro; segundo, hacia adelante. En las dos direcciones el desplazamiento cesa con brusquedad. La fórmula del ruido que se produce es, por lo tanto, doble: con el primer tiempo o movimiento, las partículas chocan contra la pared "posterior" del recipiente y, antes de que caigan al fondo por gravitación, el segundo movimiento las lanza hacia la pared "anterior". [...]

Las fórmulas rítmicas de la maraca no varían a lo largo de una canción, es decir, se sostienen del principio al fin; pero en manos distintas, e incluso en las de un mismo ejecutante, el instrumento da diversas fórmulas.

Disponible en <www.funjdiaz.net/folklore/07ficha.cfm?id=408>. Accedido el 20 abr. 2012. (Adaptado).

**3** Según el texto, ¿cómo se transforma la calabaza en instrumento musical?

_____

**4** Completa las siguientes frases con palabras del texto.

a La maraca mantiene las fórmulas rítmicas durante las _____ pero en _____ diferentes proporciona diversos sonidos.

b El _____ toca la maraca en dos tiempos, por eso, el _____ es doble. Las piedrecitas y _____ duras se chocan contra las paredes "posterior" y "anterior".

321

# LECCIÓN 13

**5** "Ojalá mis padres ▬ un saxofón en mi cumpleaños". La forma verbal que completa correctamente la frase es:

☐ a  me regalen.   ☐ b  me regalaré.   ☐ c  me regalaron.   ☐ d  me regalaría.

**6** Completa las frases conjugando los verbos en Presente de Subjuntivo. Luego clasifícalas según sus funciones.

| comprar | ser | querer | llegar |
|---------|-----|--------|--------|

I   Quizá el examen para la audición _____ el próximo sábado.
II  Aunque _____ comprar otra mandolina, mi padre no me dará el dinero.
III Ojalá _____ pronto los nuevos instrumentos para el concierto.
IV  Es importante que _____ otro arco para tu violín.

☐ a  Expresa deseo.               ☐ c  Expresa suposición.
☐ b  Complementa una oración.     ☐ d  Se refiere a un supuesto hecho futuro.

**7** En el fragmento en relieve del texto, los pronombres complemento que aparecen subrayados se refieren a:

☐ a  calabaza.   ☐ b  maraca.   ☐ c  mango de madera.

**8** Señala las frases en que los pronombres complemento están mal colocados. Luego corrígelas.

☐ a  ¡No, aquí no! Lo ponga al lado de los tambores.
☐ b  Voy a te ayudar a poner en tono los instrumentos musicales.
☐ c  Estoy vendiéndolos a buen precio.

_____
_____

**9** Marca la alternativa que sustituye correctamente el pronombre complemento indirecto en la frase: "Jimena prestó la flauta a su hermana".

☐ a  Jimena lo prestó a su hermana.      ☐ c  Jimena se prestó la flauta.
☐ b  Jimena le prestó la flauta.          ☐ d  Jimena se prestó a su hermana.

**10** Reescribe las frases sustituyendo las partes en relieve por los pronombres complemento directo (CD) e indirecto (CI) que correspondan.

a   Ricardo regaló **un violín a su novia**.
   I    CD: _____
   II   CI: _____
   III  CD y CI: _____

b   El músico mostró **su guitarra eléctrica a los principiantes**.
   I    CD: _____
   II   CI: _____
   III  CD y CI: _____

# LECCIÓN 14

1. Con base en lo que conoces acerca de la obesidad, pon C (correcta) o I (incorrecta) en las siguientes afirmaciones.
   - ☐ a  La única causa de la obesidad es el exceso de comida.
   - ☐ b  Las nuevas medicinas para disminuir el peso pueden ser usadas sin prescripción médica.
   - ☐ c  Es necesario prevenir la obesidad desde la niñez.
   - ☐ d  Solo los ejercicios físicos no son suficientes para reducir el peso. Es importante combinarlos con una alimentación saludable.
   - ☐ e  La obesidad genética no presenta riesgo para la salud.

2. Lee el siguiente texto y contesta: ¿qué características debe reunir una actividad física para ser agradable? Da ejemplos.

## Ejercicio y obesidad

Lo primero que debes saber es que existen dos tipos de actividad física: la actividad cotidiana y el ejercicio físico programado. La actividad cotidiana son los ejercicios habituales que uno practica a lo largo del día: subir y bajar escaleras, ir a la compra, limpiar, ir andando al trabajo, etc. [...] El ejercicio físico programado consiste en dedicarle un tiempo determinado a algún deporte, a cualquiera, al que más te guste. Pero para que te acostumbres a ello, tiene que resultarte agradable, no hacerlo por obligación. [...] Un ejercicio bueno, sencillo, sin contraindicaciones de ningún tipo y que puedes practicar en cualquier sitio es el andar a paso ligero durante una hora al día todos los días [...].

Los beneficios del ejercicio son múltiples:

- Favorece la pérdida de peso, especialmente en los pacientes que siguen una dieta.
- Ayuda a mantener el peso equilibrado.
- Contribuye a prevenir la obesidad, sobre todo en la edad infantil.
- Previene las enfermedades cardiacas, como la angina de pecho y el infarto.
- Mejora el control metabólico en los diabéticos.
- Ayuda a bajar la tensión en los pacientes hipertensos.
- Mejora el estado anímico, aumenta la autoestima y disminuye la ansiedad y la depresión.
- Reduce la mortalidad. [...]

TORREIGLESIAS, Manuel. *Gran guía de la salud*. Madrid: TVE, 2003, tomo IV, p. 21-22.

3. Busca informaciones en periódicos, revistas, libros o Internet sobre tres enfermedades que no se mencionan en el texto y cuyos efectos se pueden disminuir con la práctica regular de ejercicios físicos. Apúntalas en tu cuaderno.

## LECCIÓN 14

**4** Identifica si las afirmaciones son verdaderas (V) o falsas (F).

I Las actividades cotidianas no aportan beneficios relevantes, por eso los ejercicios físicos programados son más adecuados.

II La práctica de ejercicios físicos nos ayuda a llevar una vida más sana y a equilibrar el peso.

III Caminar a paso ligero es un ejercicio físico sin restricciones.

IV Lo ideal es tratar de hacer actividades físicas placenteras.

La secuencia correcta de las respuestas es:

☐ a V – F – F – F.   ☐ b F – V – V – V.   ☐ c F – V – F – V.

**5** Señala la alternativa cuyos verbos completan las orientaciones para la práctica del ciclismo.

I ▬ una bicicleta adecuada.
II ▬ el asiento y el manillar.
III ▬ los pies sujetos a los pedales.
IV ▬ el código de circulación.

☐ a Elige – Regulas – Mantienes – Respetas
☐ b Elegirás – Regularás – Mantuve – Respetarás
☐ c Eligiese – Regulase – Mantuviese – Respetase
☐ d Elijan – Regulan – Mantienen – Respetan
☐ e Elige – Regula – Mantén – Respeta

**6** Reescribe las frases conjugando los verbos en Imperativo afirmativo, según la persona que se indica entre paréntesis.

a **estirarse** (tú) antes de cualquier ejercicio físico para no sufrir lesiones

___

b **obligarse** (vosotros) a cumplir el programa de actividades que habéis elegido

___

c **dormirse** (usted) ocho horas por noche

___

d **ponerse** (ustedes) ropas de colores llamativos al andar en bicicleta en las carreteras

___

**7** En todas las frases hay una perífrasis verbal de infinitivo, excepto en:

☐ a He de llegar a la hora en el gimnasio.
☐ b Suelo caminar todas las mañanas.
☐ c Para adelgazar, practica deportes.
☐ d Este año voy a comer más verduras y legumbres.
☐ e Debes comer menos para adelgazar.

**8** Las palabras que siguen las mismas reglas de acentuación de "obligación" e "infantil" son:

☐ a béisbol – esquí – lesionar.
☐ b boxeo – actividad – glándula.
☐ c árbitro – balón – fútbol.
☐ d páncreas – maratón – corrida.
☐ e ajedrez – abdominal – natación.
☐ f acentuación – juvenil – héroe.

# LECCIÓN 15

**1** Contesta las preguntas.

a ¿Cuáles son tus planes de vida? ¿Qué estás haciendo hoy para lograr lo que quieres?
_____

b ¿Por qué crees que hay personas que sí llevan la vida que desean y otras no?
_____

**2** Lee el siguiente texto y contesta las preguntas a continuación.

## Educación financiera

### ¿Qué es el ahorro?
Ahorrar es separar una parte del dinero que recibes y guardarla para el futuro. Ahorrar es una decisión que te permitirá alcanzar metas y satisfacer necesidades presentes y futuras. [...]

### ¿Cómo empezar?
Te sugerimos seguir estos pasos:

**1 Define tu motivo para ahorrar**
Puede ser:
- comprar algo que te guste;
- pagar tu universidad;
- viajar con amigos;
- construir tu futuro.

**2 Establece tu meta**
(con base en tu principal motivo para ahorrar)
Para que una meta sirva, debe ser:
- clara;
- realista (según tus posibilidades reales);
- concreta (algo que puedas visualizar);
- medible (con un plazo para cumplirla).

**3 Elabora un plan de ahorro**
Sin un plan de acción no lograrás tu meta. En este plan debes definir:
- la cantidad de dinero que vas a ahorrar;
- qué necesitas hacer para reducir tus gastos y apartar una cantidad para el ahorro (recuerda: aunque pienses que no te alcanza, siempre se puede economizar en algo).

**4 Conserva tu ahorro**
Cuando saques el dinero ahorrado, deja siempre una cantidad para que no empieces de cero otra vez.

Disponible en <www.condusef.gob.mx/Sitio_Ed_Fin/index.html>. Accedido el 28 mzo. 2012. (Adaptado).

a ¿Qué hay que hacer para ahorrar dinero?
_____

b ¿Qué utiliza el autor como ejemplos de motivos para ahorrar? Añade otros.
_____

c ¿Qué características debe tener el objetivo del ahorro?
_____

**3** Elabora un proyecto de ahorro basado en las orientaciones del texto.
_____

325

# LECCIÓN 15

**4** La madre de Magda quiere ahorrar para un viaje de fin de año. Conjuga los siguientes verbos en Imperativo negativo para completar las orientaciones que le ha dado a su hija.

| usar | comer | ir | dejar | hablar |
|------|-------|-----|-------|--------|

a _____ por teléfono mucho tiempo.
b _____ la luz encendida cuando salgas.
c _____ en restaurantes caros.
d _____ a la escuela en taxi.
e _____ la tarjeta de crédito.

**5** En todas las frases hay un verbo impersonal, excepto en:
- a No me gusta el invierno porque anochece muy temprano.
- b Se dice que debemos comprar solamente lo que realmente necesitamos.
- c Hace muchos años que ahorro en el banco.
- d Ella se parece mucho a su hermana.
- e Esta es una de las ciudades en que más llueve.

**6** Haz un círculo alrededor de la forma que completa correctamente las frases.
a Voy a / – ahorrar dinero a / para comprar una tele nueva.
b Ayuda a / – Carla a ahorrar dinero.
c Según / Con mis cálculos, tengo que ahorrar dos meses más.
d Fui a la escuela en / de tren porque cuesta menos que en / de taxi.
e Mi dinero está entre / sobre la mesa.

**7** Señala la opción que indique las frases con pronombres complemento tónicos.
I  El planeamiento llevó a vosotros a la realización de un sueño.
II  Nos gusta ahorrar todo el año para viajar en las vacaciones.
III  No dudo que Mirta haya gastado mucho dinero hoy; la he visto en el centro comercial.
IV  Nuestro jefe dio a nosotros un aumento de sueldo.
V  He aprendido a ahorrar dinero contigo.

- a I – III – V
- b I – IV – V
- c II – III – IV
- d II – IV – V

**8** Tacha las palabras que siguen las mismas reglas de acentuación de "ahorro" y "dólar".

| rentar | compras | crédito | banco | dinero |
|--------|---------|---------|-------|--------|
| economía | gastos | ahorrar | plata | inversión |
| móvil | rentabilidad | consumo | nivel | abono |

# LECCIÓN 16

**1** En tu opinión, ¿cuáles son las ventajas y desventajas de las motocicletas?
_____

**2** Lee el siguiente texto y contesta las preguntas.

### Fiebre de moto evidencia la falta de transporte público
Constructores dicen que el aumento en ventas de motos reducirá calidad de las vías

El crecimiento de 35,3 por ciento en la venta de motos en lo corrido del año "evidencia la falta de transporte público en las ciudades y se constituye en una amenaza directa para la movilidad, la productividad y la competitividad del país".

Esa es la alerta que lanzó la Cámara Colombiana de la Infraestructura (CCI) [...].

"Si bien es cierto que el aumento de la demanda de motos está relacionado con el incremento del poder adquisitivo de los colombianos, resulta equivocado suponer que representa una mejora en la calidad de vida de quienes las utilizan como medio de transporte", insistió la CCI, al recordar que en el 50 por ciento de los accidentes de tránsito hay involucrada una moto.

[...] Desde el punto de vista económico, agrega la Cámara de Infraestructura, baja la movilidad, incrementa los costos del transporte, haciendo las ciudades menos competitivas y, en consecuencia, poco atractivas para los inversionistas. La Cámara enfatiza que, solo para el caso de Bogotá, las motos expulsan media tonelada de contaminantes diarios, luego es incorrecto siquiera sugerir que son amigables con el medioambiente.

Otra crítica contra las motos es que "los problemas de inseguridad en las ciudades se han incrementado por la utilización de estos vehículos en hurtos, actividades ilícitas y casos de 'fleteo'".

El gremio ve con preocupación el crecimiento a corto plazo que pueda tener la venta de vehículos de dos ruedas, utilizadas por 6 millones de colombianos. [...] De seguir esa tendencia, en el 2040 circularán por las calles del país 13 millones de estos vehículos.

Disponible en <www.portafolio.co/economia/fiebre-moto-evidencia-la-falta-transporte-publico>. Accedido el 26 abr. 2012.

a ¿Qué revela la popularización de las motocicletas en Colombia?
_____

b ¿Cuántas personas en Colombia usan motos como medio de transporte?
_____

**3** Explica los motivos por los cuales el autor censura fuertemente el aumento del número de motociclistas en Colombia.
_____

**4** Busca en el texto...
  a ... una frase con artículo neutro: _____
  b ... tres palabras esdrújulas: _____
  c ... un heterotónico: _____

# LECCIÓN 16

**5** Relaciona los diferentes medios de transporte con las siguientes descripciones.

- a  El camello se utiliza en regiones desérticas porque resiste elevadas temperaturas sin agua por mucho tiempo.
- b  El tren bala (de alta velocidad) se usa en Europa y Asia, y es muy seguro.
- c  El *rickshaw* es un tipo de carruaje arrastrado por una persona. Se utiliza mucho en varios lugares del mundo como India, Madagascar, África del Sur, etc.
- d  Las chivas son autobuses típicos de Colombia, Ecuador y Panamá muy coloridos y con bancos anchos de madera.
- e  Las motonieves se utilizan como medio de transporte en territorios árticos.
- f  Las góndolas son botes a remos largos y muy estrechos típicos de Venecia.

**6** Subraya el artículo neutro en las frases a continuación.
- a  Lo malo de las motos es la inseguridad.
- b  Este coche es muy bueno. Lo compraré.
- c  Lo llamaron en la cabina del tren.
- d  Vi lo rápido que es este metro.
- e  Busco billetes de avión baratos. ¿Los tienes?

**7** Haz un círculo alrededor de la sílaba tónica de las siguientes palabras.

| democracia | academia | nivel | cerebro | alergia | fobia | nostalgia |

**8** Completa las frases con los verbos entre paréntesis conjugados en Condicional Simple.
- a  Yo no _____ (hacer) un viaje en moto porque es muy peligroso.
- b  Seguro que ustedes _____ (divertirse) mucho en un viaje en crucero.
- c  Si alquilarais una limusina, _____ (poder) llevar a todos los invitados para la cena.
- d  Le has prometido a tu madre que no _____ (andar) en bicicleta en las carreteras.
- e  Si tuviéramos más dinero, _____ (tener) un coche para cada persona de la familia.

# LECCIÓN 17

**1** Describe tus características físicas y la ropa que llevas hoy.

_____

**2** Lee el siguiente texto y señala la alternativa que indica el tipo textual al cual pertenece.

### De los dos lados

La niña se llamaba Carlota; la niñera, Celia; tomadas de la mano, estaban reunidas en una fotografía en el álbum de la estancia El Portón. Celia llevaba suelta la cabellera —le caía hasta la mitad de la espalda—, vestía un largo chaleco de lana, con gruesas rayas blancas y negras, con bolsillos bajos, y una falda que se diría formada de capas superpuestas y acariciaba con la mano izquierda un gato negro, manchado de blanco en el pescuezo. Carlota sujetaba con la mano derecha un arco. Tal vez **porque** estaba arrodillada junto a la figura anterior, un tanto estatuaria, parecía muy pequeña y delgada. [...]

Carlota era una niña alta para su edad, pálida, grave, con pelo castaño, anudado atrás, con una cinta celeste o rosada, con ojos de color azul plomizo, pensativos y grandes, con nariz chata (mal terminada, según la expresión de su padre), con boca picuda (según otra expresión de su padre). Celia era una muchacha de veintitrés o veinticuatro años, hija de ingleses, rubia, con ojos celestes, con pecas. A primera vista, alguna saludable vulgaridad acentuaba su belleza [...].

En ese momento entró Teo, la cocinera, y anunció:

—*Miss*, tiene el agua caliente para su baño.

Voy a bañarme y vuelvo en seguida —dijo Celia; agregó en un tono que pretendía ser imperioso—: Mientras tanto, aprende la historia de Elías. No quiero que te muevas de este cuarto.

Cuando Celia y la cocinera se fueron, Carlota bajó de la silla, salió por otra puerta [...] y, por una escalera endeble, pintada de rojo, llegó al altillo de la despensa: desde allí, por la rotura de un vidrio de una luneta con vidrios azules, espió y escuchó, como era su costumbre, a las personas que hablaban alrededor de la mesa de la cocina [...]. Carlota no ignoraba que estaba cometiendo un acto reprobable, pero ignoraba por qué era reprobable; en cambio podía apreciar sus ventajas: por ese medio sabía más que nadie sobre cada una de las personas de la estancia y había aprendido que aun la gente que nos quiere tiene mala opinión de nosotros. Observando las pláticas [...], descubrió que todo el mundo trataba a los presentes con irritación y a los ausentes con desprecio. [...]

BIOY CASARES, Adolfo. *Historia prodigiosa*. Buenos Aires: Emecé, 1961, p. 151-163.

☐ a Argumentativo.  ☐ b Expositivo.  ☐ c Narrativo.

**3** Según el texto, ¿qué aprendió Carlota con su acto reprobable?

_____

**4** Señala la alternativa con el pronombre relativo que completa la frase a continuación.

"Celia llevaba suelta la cabellera ▬ le caía hasta la mitad de la espalda".

☐ a cuya  ☐ b el que  ☐ c que  ☐ d a quien

# LECCIÓN 17

**5** ¿Qué función tiene la palabra en relieve en el texto?

_____

**6** Completa las frases conjugando los verbos en Pretérito Imperfecto de Subjuntivo.

| ser | tener | quemar | comer |

a  Si _____ un niño, sin duda se parecería a tu esposo.
b  Ellas no estarían tan gordas si no _____ tantas chucherías.
c  Mi novio no habría dado un cabezazo en el techo del autobús si no _____ tan alto.
d  Si no me _____ las cejas en la facultad, habría reprobado.

**7** Señala la alternativa en que todos los verbos se conjugan de la misma forma en Pretérito Imperfecto de Subjuntivo.

☐ a  Venir, producir, elegir.
☐ b  Reducir, tener, ir.
☐ c  Traducir, producir, conducir.
☐ d  Partir, ocurrir, introducir.

**8** Reescribe las siguientes frases corrigiendo sus errores.

a  Si no fuera tan parecido a tu padre, las vecinas no te habría reconocido.
_____

b  Soledad participarías del concurso de belleza si no estuvieses tan enferma.
_____

**9** Une las frases utilizando los siguientes pronombres relativos.

**de quien**
**cuyo**
**que**
**cuyas**

a  La bufanda es una prenda de vestir. La llevamos en el cuello.
_____

b  Encontramos a nuestra amiga. Su hermano es guapísimo.
_____

c  Tengo una camisa. La camisa es de rayas rojas.
_____

d  Ayer conocimos al amigo de Pedro. María está enamorada de él.
_____

**10** Completa los siguientes diálogos con "porqué", "porque" y "por qué".

a  —¿_____ no vas al peluquero? ¡Tu pelo está horrible!
   —_____ no tengo dinero para teñirlo.
   —Es siempre lo mismo. No sé _____ nunca tienes dinero…

b  —Rosario es una mujer muy inteligente. ¿_____ no sales más con ella? Nunca me has dicho el _____.
   —_____ ella es muy pedante y habla por los codos.

# LECCIÓN 18

**1** ¿Qué es el calentamiento global? ¿Cuál es su principal causa?

_____
_____
_____

**2** Lee el texto. Luego identifica en él las respuestas a las preguntas a continuación. Ojo: la respuesta a una de ellas no se encuentra en el texto.

## EL IMPACTO DEL CAMBIO CLIMÁTICO EN LA INFANCIA

Partimos de una evidencia clara: el calentamiento global es un hecho probado y su impacto sobre la humanidad será dramático. Los efectos previstos del calentamiento (aumento en la frecuencia y severidad de los desastres naturales, temperaturas extremas, subida generalizada de los niveles del mar) serán sufridos de forma desigual, afectando más intensamente a las niñas y niños de países en vías de desarrollo. A pesar del discurso político que asegura que la infancia es nuestro futuro, en la práctica se desconocen los riesgos que el cambio climático supone para la infancia. Sin embargo, cuando valoramos los peligros que el cambio climático supone para las generaciones futuras, nos percatamos de que la necesidad de emprender una acción internacional centrada en la infancia y el cambio climático es crítica. [...]

El 10% de la población mundial son niños menores de cinco años, pero la Organización Mundial de la Salud (OMS) asegura que ese grupo de edad sufre el 40% de las enfermedades relacionadas con el medioambiente. Miles de niños menores de cinco años mueren cada año en todo el mundo a causa del agua y del saneamiento insalubre, de la contaminación del aire en exteriores e interiores y del paludismo. [...]

Las enfermedades relacionadas con el entorno pueden causar diarreas, enfermedades respiratorias, malaria y lesiones derivadas de accidentes. Además de las muertes, muchos desarrollan problemas crónicos relacionados con el medioambiente, desde alergias hasta discapacidad mental o física. [...]

Aunque el cambio climático es una realidad, sus efectos en la infancia dependerán en gran medida de las elecciones de los gobiernos y de los países donantes. Ya que el cambio climático contribuye a otras causas de mortalidad y vulnerabilidad, los responsables políticos deben solucionar esta seria amenaza para la salud infantil y el sustento familiar de países en vías de desarrollo. [...]

Disponible en <www.savethechildren.es/docs/Ficheros/21/Informe%20Medio%20Ambiente%202%20red.pdf>. Accedido el 4 abr. 2012.

a ¿Qué efectos podemos observar en el planeta debidos al calentamiento global?

b ¿El cambio climático afectará de igual manera a todos los habitantes del planeta, sin importar el sexo, nivel social o la edad?

c ¿Cuáles son las principales causas y consecuencias del calentamiento global?

d ¿Qué relación hay entre las decisiones gubernamentales y los efectos del cambio climático en los niños?

e ¿Cuáles son las enfermedades no relacionadas al cambio climático que matan a miles de niños y niñas anualmente?

# LECCIÓN 18

**3** El texto afirma que "... los responsables políticos deben solucionar **esta seria amenaza** para la salud infantil y el sustento familiar de países en vías de desarrollo". El fragmento en relieve se refiere a:

- [ ] a  mortalidad infantil.
- [ ] b  cambio climático.
- [ ] c  enfermedades como diarrea y malaria.
- [ ] d  saneamiento insalubre.

**4** Ordena los elementos y arma frases conjugando los verbos en Pretérito Perfecto de Subjuntivo.

a  temperatura / los / sospechan / la / que / elevada / animales / los / morir / por / científicos
_____

b  es / de / cambiar / comunes / que / consumo / todavía / no / las / por / inaceptable / bajo / las / bombillas / vosotros
_____

c  pasado / que / creo / este / que / no / invierno / ser / más / frío / el
_____

d  y / temen / no / antes / que / mis / la / padres / yo / volver / mis / de / tormenta / hermanos / a / casa
_____

e  protector / la / sorprende / sin / que / ir / a / me / piscina / tú / solar
_____

**5** Haz un círculo alrededor de la forma que completa correctamente las frases.

a  Aprendí a jugar el / al fútbol el verano pasado con mi padre y mis hermanos.
b  Me enamoré por / de mi novio en la primavera.
c  Todos en aquella ciudad se rebelaron contra / con el desperdicio de agua de la industria.
d  Siempre ando en / de bicicleta cuando el clima está agradable.
e  Hoy estamos a / en 16 de octubre.

**6** Señala la alternativa en que es obligatorio el uso de "e" en lugar de "y", como en la frase "Miles de niños menores de cinco años mueren cada año en todo el mundo a causa del agua y del saneamiento insalubre, de la contaminación del aire en exteriores **e** interiores y del paludismo".

- [ ] a  nieve ▬ hielo
- [ ] b  león ▬ oso
- [ ] c  natación ▬ hidrogimnasia
- [ ] d  plata ▬ oro

**7** En el último párrafo del texto aparece la conjunción "aunque". Tacha, de las conjunciones a continuación, las que no la pueden reemplazar.

| en cuanto | así que | ya que | como | a pesar de que |

# LECCIÓN 19

**1** ¿Ya presenciaste una situación de acoso escolar? ¿Cómo reaccionaste?
___

**2** ¿Cómo debemos actuar frente al acoso escolar?
___

**3** Lee el siguiente texto y contesta las preguntas.

## CONCEPTO DE ACOSO ESCOLAR

Cuando hablamos de "acoso escolar" nos estamos refiriendo a situaciones en las que uno o más alumnos(as) persiguen e intimidan a otro u otra [...] a través de insultos, rumores, vejaciones, aislamiento social, motes, agresiones físicas, amenazas y coacciones, pudiendo desarrollarse a lo largo de meses e incluso años, siendo sus consecuencias ciertamente devastadoras, sobre todo para la víctima, pero también para los espectadores y para el propio agresor o agresora.

[...] No se puede calificar de acoso escolar o *bullying* situaciones en las que un alumno o alumna se mete con otro de forma amistosa o como juego. Tampoco cuando dos estudiantes a un mismo nivel discuten, tienen una disputa o se pelean.

**Elementos presentes en el *bullying*:**
- Deseo inicial obsesivo y no inhibido de infligir daño, dirigido contra alguien indefenso(a).
- El deseo se materializa en una acción.
- Alguien resulta dañado(a). La intensidad y la gravedad del daño dependen de la vulnerabilidad de las personas.
- El maltrato se dirige contra alguien menos poderoso(a), bien sea porque existe desigualdad física o psicológica entre víctimas y actores, o bien porque estos últimos actúan en grupo.
- El maltrato carece de justificación.
- Tiene lugar de modo reiterado. Esta expectativa de repetición interminable por parte de la víctima es lo que le da su naturaleza opresiva y temible. [...]

Disponible en <www.acosomoral.org/pdf/guia_acoso.pdf>. Accedido el 30 abr. 2012.

a ¿Quiénes sufren las consecuencias físicas y psicológicas del acoso escolar?
___

b ¿Cuando dos o más alumnos se pelean se puede considerar un caso de acoso escolar? Explica.
___

**4** El propósito fundamental del texto es:
- [ ] a orientar sobre cómo actuar en casos de pelea, discusión o maltrato en el ambiente escolar.
- [ ] b suscitar una reflexión sobre el papel de la escuela en situaciones de conflicto.
- [ ] c ayudar a identificar casos de acoso escolar.
- [ ] d aclarar al lector qué es el acoso escolar, las formas como se puede manifestar y sus características.
- [ ] e concienciar al lector acerca de los efectos psicológicos del acoso escolar alrededor del mundo.

# LECCIÓN 19

**5** Señala la alternativa que indica las frases en que hay oraciones subordinadas temporales.

　I　Cuando fui a la escuela, hice muchos amigos.
　II　Te educan para que seas una buena persona.
　III　Siempre busco comprender antes de juzgar a alguien.
　IV　Yo te ayudaba mientras te quejabas de mí.

　☐ a　I – II – IV　　☐ b　II – III – IV
　☐ c　I – III – IV　　☐ d　I – II – III

**6** Forma frases con los elementos dados. No te olvides de conjugar los verbos.

　a　hermanos menores / pelearse / quererse
　_____

　b　mis compañeros y yo / aconsejarse / problema
　_____

　c　Javier y Nuria / conocerse / enamorarse
　_____

**7** Haz un círculo alrededor de la forma que completa correctamente las frases.

　a　Mi casa <u>queda / se queda</u> al lado de mi escuela.
　b　Los alumnos fueron reprendidos porque <u>burlaron / se burlaron</u> de un compañero.
　c　Este ejercicio <u>se puso / puso</u> a prueba nuestros conocimientos.
　d　Ella <u>se volvió / volvió</u> loca con el comportamiento de los alumnos.

**8** Señala la(s) alternativa(s) en que se indica la falta de culpa del sujeto respecto a un hecho.

　☐ a　¡Se duerme siempre que empieza la clase!
　☐ b　Se me acabó el dinero antes de que se terminara el mes...
　☐ c　¡Me saqué un diez en la prueba, así que estoy muy contento!
　☐ d　¿Se te olvidó de llamarme anoche?

**9** Reescribe las frases sustituyendo las palabras en relieve por sus antónimos.

　a　Mi escuela está **lejos** de aquí.
　_____

　b　Me senté **detrás** de los asientos preferenciales.
　_____

　c　¿Por qué no guardas tus útiles? Están **encima** de la mesa.
　_____

# LECCIÓN 20

**1** ¿Alguna vez hiciste un viaje a pie o en bici? ¿Cómo fue esa experiencia? Si no hiciste un viaje de este tipo, ¿cómo te gustaría que fuera?

_____

**2** Lee el texto y pon V (verdadero) o F (falso) en las siguientes afirmaciones. Luego corrige las falsas.

## 10 TRUCOS PARA MOCHILEROS EN UN VIAJE A PIE O EN BICI

1. Los tramos sin agua son muy largos. Incluir como mínimo una cantimplora de dos litros por persona.
2. No llevar nunca nada colgando por el exterior de la mochila.
3. Unos imperdibles sirven para tender la ropa húmeda. Así se seca mientras se camina. Otra opción consiste en incluir una cuerda para tender en los refugios.
4. Un mismo bote de jabón líquido puede usarse para el aseo personal y para lavar la ropa. Se ahorra peso.
5. Los ronquidos en los albergues son de espanto; unos tapones de oídos aliviarán la serenata.
6. Los objetos más pesados han de ir al fondo de la mochila y pegados al cuerpo.
7. Llevar siempre un rollo de papel higiénico; en los refugios se acaba o no hay.
8. No transportar pesadas latas de comida; incluir solo algo ligero para el almuerzo y comprar víveres en cada final de etapa.
9. Salvo excepciones, las almohadas de los refugios están muy sucias; una funda de almohada no pesa y evita el contacto con ellas.
10. Si el segundo par de calzado, necesario para que los pies descansen en los refugios, es de goma, puede utilizarse también en la ducha sin necesidad de cargar con otras zapatillas.

*La Vía de la Plata a pie y en bicicleta.* Madrid: El País/Aguilar, 2008, p. 27.

- a Uno debe cargar zapatillas para la hora de la ducha, aunque tenga otro calzado de goma.
- b Los objetos más pesados deben ir pegados al cuerpo y no en el fondo de la mochila.
- c No se debe llevar nada colgado fuera de la mochila.
- d Los tapones de oídos no alivian los ronquidos.
- e Hay que llevar una funda para evitar el contacto con la suciedad de las almohadas de los albergues.

_____
_____

**3** Busca en un diccionario el significado de las siguientes palabras del texto.
- a Víveres: _____
- b Cantimplora: _____
- c Imperdible: _____

## LECCIÓN 20

**4** ¿Qué frases están en voz pasiva? Suma los puntos.
- [2] a  En este país se ofrecen paquetes turísticos especialmente destinados a la tercera edad.
- [4] b  En los restaurantes son casi obligatorias las propinas.
- [6] c  Las empresas aéreas nunca pagan por los daños causados en los equipajes.
- [8] d  Los daños causados en los equipajes se pagarán en la moneda del país a que pertenece la empresa aérea.
- [10] e  Los paquetes de viaje a Sudamérica fueron todos vendidos la semana pasada.

**5** Pasa las siguientes frases a la voz pasiva. Luego reescríbelas utilizando la partícula "se" y ocultando el sujeto de la primera frase.

**Ejemplo:** Azucena cambió los billetes del viaje.
   Los billetes del viaje fueron cambiados por Azucena. / Se cambiaron los billetes del viaje.

a  Los mochileros compran víveres durante sus viajes.

b  Los guías cargaron cantimploras en los paseos.

c  Los viajeros piden informaciones sobre la ciudad.

**6** Señala la alternativa que completa correctamente la frase: "_____ triste en el momento en que supo que no iba a viajar".
- ☐ a  Se quedó
- ☐ b  Se volvió
- ☐ c  Se puso
- ☐ d  Se hizo

**7** Completa las frases con los verbos "ponerse", "quedarse", "volverse" y "hacerse". Ojo al tiempo verbal en que se los debe conjugar.

a  Los turistas _____ loca cuando no llegan a la hora acordada.
b  Ana _____ viuda a los 25 años de edad.
c  Lorenzo _____ guía turístico cuando tenía 20 años.
d  ¡(Tú) _____ verde de envidia cuando me regalaron el viaje a Indonesia!
e  Mis hijos _____ muy amables en estos días que anteceden el viaje del colegio.

**8** Contesta las preguntas empleando en las respuestas los verbos de cambio adecuados.

a  ¿Cómo están los preparativos para el viaje de vacaciones?

b  ¿Qué hizo tu madre cuando supo que compraste el peaje sin hablar con ella?

c  ¿Cómo está Jimena hoy?

# LECCIÓN 21

**1** Contesta las preguntas.

a ¿Por qué las fiestas populares son importantes culturalmente para el país?
_____

b ¿Qué fiestas populares ocurren en tu región?
_____

**2** Lee el siguiente texto.

## Fiestas de Cuba por estaciones

[...] El clima y el gusto de los cubanos por los acontecimientos musicales y culturales hacen que durante todo el año abunden los conciertos, festivales y fiestas religiosas y tradicionales. [...]

### Primavera

En esta estación aumentan los espectáculos teatrales y de danza. Las playas están llenas, sobre todo de turistas, ya que los cubanos solo suelen visitarlas en verano.

• **Festival de Arte Danzario**, La Habana y Camagüey (abr-may). Festival con gran variedad de bailes, desde danzas tradicionales a danza experimental contemporánea. Incluye también [...] actividades educativas y talleres dirigidos por expertos bailarines.

### Verano

Los meses de verano son testigo de varias fiestas y festivales, especialmente en La Habana y Santiago de Cuba. Casi todas las noches se celebran conciertos al aire libre en el Malecón de La Habana [...].

• **Festival Boleros de Oro**, Santiago, Morón, La Habana (mediados de jun). Conciertos de los mejores intérpretes cubanos y extranjeros de boleros y conferencias.

### Otoño

Tras el caluroso agosto, en el que todo lo relacionado con el trabajo parece ralentizarse, la vida se normaliza. Comienza el curso escolar y el trabajo vuelve a su ritmo normal. [...]

• **Festival de teatro de La Habana**, La Habana (2.ª mitad sep). Festival bienal que incluye ópera, danza, teatro de marionetas y espectáculos callejeros. Expertos de todo el mundo discuten sobre aspectos teóricos del teatro.

### Invierno

La estación más activa desde el punto de vista cultural es el invierno, durante el cual se celebran importantes conferencias y festivales, la mayoría en la capital. [...]

• **Festival Internacional del Nuevo Cine Latinoamericano**, ICAIC, La Habana (1.ª mitad dic). El festival de cine más importante de Cuba atrae a importantes figuras internacionales. En los principales cines se proyectan películas latinoamericanas presentadas a concurso, así como retrospectivas sobre directores cubanos y extranjeros.

*Cuba*. Madrid: El País/Aguilar, 2010, p. 34-37.

**3** Ahora analiza las afirmaciones sobre el texto.

I   Las fiestas y festivales son poco frecuentes en verano, excepto por conciertos al aire libre.
II  Los cubanos, al igual que los turistas, no están acostumbrados a ir a la playa en primavera.
III Agosto es uno de los meses más dinámicos para el cubano. El ritmo de las fiestas, del trabajo y de las escuelas está aceleradísimo.

Es correcto decir que:
☐ a todas las alternativas son verdaderas.
☐ b todas las alternativas son falsas.
☐ c solo la I es correcta.
☐ d solo la I y la II son correctas.

337

# LECCIÓN 21

**4** Completa las frases de acuerdo con el texto.

a Todos pueden participar del Festival de Teatro de la Habana porque hay _____ _____.

b La temporada de _____ es la más próspera desde el punto de vista cultural.

c En _____ ocurre un festival dedicado a un género musical cubano bastante popular en todos los países hispanoamericanos.

d En el festival dedicado al séptimo arte están presentes _____ y se presentan retrospectivas sobre directores cubanos y extranjeros.

**5** Subraya las oraciones subordinadas concesivas y haz un círculo alrededor de las oraciones subordinadas finales.

a Aunque lo intente, no conseguiré llegar a tiempo a la fiesta.

b Me invitaron para que presentase un trabajo en el Festival de Teatro de La Habana.

c Marcos compró la entrada con el fin de que fueras al festival.

d Por más que llueva, iremos a la romería.

e Cancelaron la presentación de danza, y eso que los organizadores decían que iba a ocurrir hasta con lluvia.

**6** Reescribe las frases de la actividad anterior sustituyendo los conectores por otros equivalentes, sin cambiarles el significado.

a _____
b _____
c _____
d _____
e _____

**7** Acentúa las palabras que lo necesiten.

a No se en que mes empiezan las fiestas de verano.

b ¿Prefieres beber agua o te?

c Alejandro desea que María le de una oportunidad.

d Te invito a participar de las celebraciones de fin de año.

e Si vienes a mi casa el domingo, contesta este SMS con un "si".

f Tomate un te antes de dormir y estaras mas relajada para celebrar tu fiesta mañana.

g Cuando llegue al festival de comidas tipicas de Hispanoamerica, de unas vueltas y enterese de todas las opciones gastronomicas.

# LECCIÓN 22

**1** ¿Ya escuchaste hablar acerca de Internet2? ¿Puedes imaginar lo que sea?

_____

**2** ¿Crees que todos los contenidos que encuentras en la Red son confiables?

_____

**3** Lee el texto y señala la alternativa en que se indica el número de opciones correctas. Luego identifícalas.

## INTERNET2

La nueva Internet, conocida como Internet2, fue desarrollada para cubrir ciertas necesidades de unos centros educativos y de investigación para acceder a las nuevas tecnologías y aplicaciones con la ayuda de computadoras más eficientes, conexiones más veloces e infraestructura de redes más refinada. Mediante Internet2, estos institutos están desarrollando investigaciones interactivas y proyectos colaborativos que permiten que sitios distribuidos alrededor del mundo puedan trabajar en forma conjunta, como si estuviesen todos en el mismo lugar al mismo tiempo.

¿Cómo se utiliza Internet2? De diversas formas, por ejemplo, las cirugías se pueden realizar a un paciente en un lugar mientras que profesionales médicos de otras regiones remotas participan de la experiencia en tiempo real (mientras que sucede), proporcionando sugerencias o simplemente observando para aprender nuevas técnicas. Mientras tanto, una cámara fotográfica digital puede transmitir el estado de salud tanto exterior como interior de un paciente. [...]

Actualmente, Internet permite que las universidades proporcionen educación a distancia; que los gobiernos transformen sus políticas en documentos electrónicos; que la gente hable y haga sus compras a través de la red, pague sus cuentas, compre un auto, reserve una habitación de hotel, consulte su legajo médico, o llame para pedir ayuda —todo a través de la red—. [...]

Sin embargo, todos estos usos y servicios requieren seguridad, privacidad, integridad de la información, servicio de calidad, velocidad, equipos nuevos y confianza. Por este motivo, los miembros de Internet2 intentan desarrollar un entorno abierto para estar juntos, facilitar el intercambio de la información y mejorar el estilo de vida de la "gente común". Este nuevo mundo de nuevas tecnologías y aplicaciones avanzadas pronto estará disponible a través de las computadoras para toda la gente, sea en su casa, oficina, escuela, biblioteca, almacén, hospital, clínica, parque zoológico, laboratorio —en cualquier lugar, a cualquier hora...

Disponible en <www.educoas.org/portal/es/tema/tinteres/temaint26.aspx?culture=es&navid=1>. Accedido el 25 abr. 2012. (Adaptado).

I   Internet2 es una herramienta de estudio disponible para toda la sociedad.

II  Los científicos proyectaron Internet2 con la finalidad de atender necesidades de centros educativos y de investigación, servicios gubernamentales, sociales y comerciales.

III Actualmente, Internet proporciona intercambio de información e interactividad.

IV  Una gran ventaja de Internet2 es que sitios de todo el mundo trabajen en forma conjunta en investigaciones interactivas y proyectos colaborativos.

☐ a 1  ☐ c 3
☐ b 2  ☐ d 4

# LECCIÓN 22

**4** Observa las siguientes frases y señala cuáles son oraciones condicionales.

I   Si quieres encontrar una información confiable, usa la Internet2.
II  Sí, voy a comprar un móvil 4G porque la velocidad de acceso a Internet es mayor.
III Aunque no tenga mucho dinero, quiero comprar un Blu-ray.
IV  Si quisieras un televisor más moderno, comprarías uno con la tecnología 3D.

- a  I – II – IV
- b  I – IV
- c  II – IV
- d  III – IV

**5** Completa las frases a continuación conjugando el verbo en el tiempo adecuado.

a  Si ahorro un poco, _____ (poder) comprar una cámara fotográfica.
b  Si leyeras el periódico todos los días, _____ (estar) más informado sobre las ventajas de Internet2.
c  Si hubiéramos comprado un televisor nuevo, _____ (ver) la película en alta definición.
d  Si tengo tiempo, _____ (ir) a la conferencia *on-line* por la noche.
e  Si hubieras instalado programas de seguridad, tu ordenador no _____ (ser) infectado por ese virus.

**6** Completa las frases con los siguientes adverbios o locuciones adverbiales.

| sin más ni más | conscientemente | en resumen | mejor |

a  La red wifi de ese hotel funciona _____ por la tarde.
b  Mi filmadora paró de funcionar _____.
c  _____, esa es la mejor tecnología disponible en nuestro país.
d  Elegí este móvil _____ porque he buscado los precios.

**7** Relaciona cada palabra en español con su traducción al portugués.

a  Apellido.
b  Rato.
c  Taller.
d  Cachorro.
e  Exquisito.
f  Polvo.

○ Oficina.
○ Sobrenome.
○ Delicioso.
○ Momento.
○ Filhote.
○ Pó.

**8** Traduce las siguientes frases al portugués.

a  Antes de firmar, feché la carta.
_____

b  Mi hermano es zurdo.
_____

c  No hay más gasa en el botiquín.
_____

340

# LECCIÓN 23

**1** ¿Crees que la manera como los jóvenes escriben en Internet perjudica la lengua?

_____

**2** ¿Buscas respetar las normas de la lengua cuando escribes en la Red?

_____

**3** Lee el texto y contesta las siguientes preguntas.

### La lucha entre los jóvenes y el idioma: ¿quién es el más fuerte?

No solo los puristas de la lengua, sino cualquiera que viva de las palabras como maestros de español, literatos, periodistas o alguien respetuoso de la gramática, critican, se asombran y hasta convulsionan cada vez que leen comentarios escritos por jóvenes, especialmente en redes sociales [...].

Sobre el asunto, dos expertos [...] discutieron con los asistentes, muchos profesores de español aterrorizados con la jerga de sus estudiantes, cada vez más soez y menos legible. [...]

¿Cómo enfrentar ese lenguaje de los jóvenes que a través de nuevas tecnologías o en su uso diario se ha vuelto soez y sin normas?

No es nada grave, al contrario, es muy saludable. Es normal, y siempre lo ha sido, que exista una manera de hablar propia de distintos grupos, como los jóvenes [...]. Lo que sí me parece importante es que gracias a los celulares, Twitter o correos electrónicos los jóvenes se están comunicando, se están hablando. Unos años atrás esto no sucedía, porque ni siquiera se hablaban, la comunicación era muy limitada. Algunos periodistas en México me preguntaban si la escuela debería incluir en sus clases enseñanza sobre esta novedad de la lengua. De ninguna manera, si son los jóvenes quienes deben enseñarles a los maestros cómo chatear; eso no se enseña en la escuela, los jóvenes lo saben.

Pero lo que sí es importante decirles, y es el papel de la educación, es que la sociedad impone unas normas, porque se trata de una especie de club en el que uno debe cumplir reglas para vivir armoniosamente; entonces, en la sociedad se ha establecido que uno se comunique de determinada manera para hacerse entender y si ese joven, además de su chat, no aprende a usar el español, el día de mañana, cuando le pidan que escriba por qué desea trabajar en una empresa, seguramente no va a obtener el empleo si está redactado con mala ortografía y de manera ilegible. [...]

Disponible en <www.revistadiners.com.co/interna.php?ids=14&id=432>.
Accedido el 26 abr. 2012. (Adaptado).

a ¿Está correcto afirmar que, según los expertos, pronto se incluirá en las clases de lengua la nueva manera de escribir de los jóvenes? Fundamenta tu respuesta.

_____

b ¿Por qué es fundamental que los jóvenes aprendan a usar la lengua de acuerdo con las normas establecidas?

_____

c ¿Estás de acuerdo con la opinión del experto de que unos años atrás los jóvenes ni siquiera se hablaban? Fundamenta tu respuesta.

_____

# LECCIÓN 23

**4** Relaciona cada palabra con su equivalente.

- a  Jerga.
- b  Soez.
- c  Chatear.
- d  Convulsionar.
- e  Legible.

- ○ Tener un achaque.
- ○ Argot.
- ○ Inteligible.
- ○ Charlar por Internet.
- ○ Grosero.

El orden correcto es:
- ☐ I  d – b – e – c – a.
- ☐ II c – e – b – d – a.
- ☐ III c – a – b – d – e.
- ☐ IV d – a – e – c – b.

**5** Completa las frases a continuación con los verbos conjugados en la forma adecuada.

a  Aunque le _____, el profesor no me _____ en la redacción del examen. (pedir/yo – auxiliar)

b  ¿Por qué _____ que no _____ el significado de esa palabra si yo ya te lo _____? (decir – saber – decir)

c  Mis padres, que siempre me _____ el significado de las palabras, me _____ a escribir bien. (aclarar – enseñar)

d  Si no _____ un buen profesor, ¿_____ de aprender correctamente las reglas gramaticales? (encontrar/tú – desistir)

e  Me _____ muy contenta cuando _____ la carta de Miguel. (poner – recibir)

f  Cuando Inés _____ en Europa, no _____ muchas cartas a sus padres. Yo, en su lugar, les _____ muchas veces. (vivir – enviar – escribir)

g  Si vosotros _____ la oportunidad, ¿_____ más? (tener – estudiar)

h  Si él _____ el libro que nos sugirió el profesor, seguramente _____ las nuevas reglas gramaticales. (leer – aprender)

i  De todas formas, no les _____. No sabemos cómo se escribe un memorando. (ayudar/nosotros)

j  ¿Ya _____ alguna vez aquella gramática que te _____ ayer para estudiar? (consultar – recomendar/yo)

**6** Escribe las formas verbales que se te piden.

a  (morir/él) Condicional Compuesto: _____

b  (ver/yo) Pluscuamperfecto de Subjuntivo: _____

c  (volver/nosotros) Pluscuamperfecto de Subjuntivo: _____

d  (poner/tú) Condicional Compuesto: _____

e  (hacer/ellos) Condicional Compuesto: _____

f  (descubrir/vosotros) Pluscuamperfecto de Subjuntivo: _____

**7** Escribe dos frases relacionadas con el lenguaje escrito utilizando el artículo neutro "lo" como intensificador.

_____

_____

# LECCIÓN 24

**1** ¿Ya participaste alguna vez en las elecciones? Si sí, ¿qué te pareció?
_____

**2** ¿Cómo es el sistema del voto en nuestro país?
_____

**3** Lee el siguiente texto.

### Chile aprueba voto voluntario e inscripción automática

Santiago de Chile, Chile (21/12/2011)

Chile cambió su sistema de votación, pasando a un voto voluntario en vez de obligatorio e inscripción automática al cumplir 18 años, lo cual según analistas hará que puedan votar casi cinco millones de personas —en su mayoría jóvenes— que antes no lo hacían, sumando incertidumbre a los próximos comicios. [...]

"El Congreso nacional aprobó la ley que establece la inscripción automática y el voto voluntario. Eso significa que casi cinco millones de chilenas y chilenos que no participaban de nuestra democracia van a ser ciudadanos con derecho a voto", expresó el presidente Sebastián Piñera.

La reforma termina con el sistema impuesto por la pasada dictadura, que estableció la inscripción voluntaria para los mayores de 18 años y el voto obligatorio de por vida una vez cumplido el trámite, con fuertes sanciones económicas para aquellos que no votaran.

[...] La nueva ley supone adicionar al envejecido padrón electoral chileno a 4,7 millones de potenciales nuevos electores, especialmente jóvenes.

"Esta reforma, sin duda, significa rejuvenecer, revitalizar y darle una nueva fuerza, una nueva vida a nuestra democracia", dijo Piñera.

Analistas prevén, **sin embargo**, que un gran número de votantes permanecerá al margen de los comicios cuando el voto sea voluntario, especialmente la población pobre y rural, abriendo una gran incertidumbre en los próximos comicios.

"Nadie sabe con certeza qué ocurrirá en Chile. Las ciencias sociales se parecen a la sismología. Sabemos dónde puede haber terremotos, pero no podemos anticipar su magnitud", señaló el politólogo Patricio Navia. [...]

Disponible en <www.informador.com.mx/internacional/2011/346163/6/chile-aprueba-voto-voluntario-e-inscripcion-automatica.htm>.
Accedido el 22 ag. 2012. (Adaptado).

**4** Pon V (verdadero) o F (falso) en las siguientes afirmaciones acerca del texto.
- ☐ a  El voto voluntario y la inscripción automática al cumplir 18 años sustituye un antiguo sistema heredado de la dictadura.
- ☐ b  Con el nuevo sistema los comicios estarán más accesibles a la población pobre y rural.
- ☐ c  Después de aprobada la ley, 4,7 millones de nuevos electores podrán ejercer la ciudadanía participando en las elecciones.
- ☐ d  Antes de la ley de la inscripción automática, al cumplir 18 años el voto era obligatorio a todos los chilenos.

**5** Ahora corrige las afirmaciones falsas de la actividad anterior.
_____
_____

## LECCIÓN 24

**6** En la frase "Esta reforma, sin duda, significa rejuvenecer, revitalizar y darle una nueva fuerza, una nueva vida a nuestra democracia", el pronombre "le" se refiere a:
- ☐ a  esta reforma.
- ☐ b  el país.
- ☐ c  el joven.
- ☐ d  nuestra democracia.
- ☐ e  el voto.

**7** Según el texto, ¿qué sentimiento acompaña el pronóstico de los próximos comicios en Chile?
_____

**8** Relaciona cada palabra con su equivalente.

| a Incertidumbre. | d Rechazo. |
| b Desprecio. | e Asombro. |
| c Regocijo. | |

- ○ Repudio.
- ○ Alegría.
- ○ Indiferencia.
- ○ Sorpresa.
- ○ Duda.

**9** La expresión "sin embargo", destacada en el texto, quiere decir:
- ☐ a  pero.
- ☐ b  no obstante.
- ☐ c  sin duda.
- ☐ d  más.
- ☐ e  al tanto.

**10** Identifica el estilo narrativo de la siguiente frase.

> "Nadie sabe con certeza qué ocurrirá en Chile. Las ciencias sociales se parecen a la sismología. Sabemos dónde puede haber terremotos, pero no podemos anticipar su magnitud", señaló el politólogo Patricio Navia.

_____

**11** Pasa las frases al estilo directo o indirecto.

a  Iván le dijo a su hijo: "Quiero que seas un ciudadano consciente de tus derechos y deberes".
_____

b  Mi madre me dijo que comprará donativos para el abrigo de niños.
_____

c  Me preguntaron si yo cumplía los requisitos para el uso de los servicios sociales.
_____

d  Yo conclamé: ¡participad en las ONG de auxilio a los discapacitados!
_____

e  Me preguntaron: ¿qué día celebrarán en la escuela la abolición de la esclavitud?
_____

# GLOSARIO – CAJÓN LEXICAL

## ESPAÑOL-PORTUGUÉS

**a diario:** diariamente
**a la vez:** ao mesmo tempo
**a lo largo:** ao longo de, durante
**a menudo:** com frequência
**abogado(a):** advogado(a)
**abrazo:** abraço
**abrigo:** sobretudo, casaco
**abril:** abril
**abuelo(a):** avô/avó
**aburrido(a):** entediado(a)
**aceite:** azeite; óleo
**aceituna:** azeitona
**acera:** calçada
**acercar(se):** aproximar(-se)
**acolchado(a):** acolchoado(a)
**aconsejar:** aconselhar
**acordeón:** acordeão, sanfona
**actuar:** agir
**adelante:** adiante
**además:** além de/disso
**adicción:** dependência, vício
**adicto(a):** dependente
**adjuntar:** anexar
**adornar(se):** enfeitar(-se)
**afección:** doença
**aficionar(se):** interessar(-se)
**afilado(a):** afilado(a)(nariz, mão, etc.); afiado(a)
**afligido(a):** aflito(a)
**aflojar:** enfraquecer; afrouxar
**agosto:** agosto
**agotamiento:** esgotamento
**agrandar:** aumentar
**aguafiestas:** desmancha-prazeres
**aguileño(a):** aquilino(a)
**ahorrar:** economizar
**aire:** ar
**ajeno(a):** alheio(a)
**ajustado(a):** ajustado(a)
**al tanto:** a par
**albañil(a):** pedreiro(a)
**albergar:** receber, hospedar
**alcanzar:** conseguir; alcançar
**alcohol:** álcool
**alegre:** alegre
**alejar(se):** afastar(-se)
**alforja:** alforje
**aliento:** sopro; fôlego
**allá:** lá, ali
**allí:** ali, lá
**almacén:** depósito; armazém
**almendrado(a):** amendoado(a)
**almuerzo:** almoço
**alrededor:** ao redor; aproximadamente

**amarillo(a):** amarelo(a)
**amenazar:** ameaçar
**amigo(a):** amigo(a)
**amistad:** amizade
**amueblar:** mobiliar
**ananás:** abacaxi
**anciano(a):** ancião/anciã
**anillo:** anel
**ante:** diante de
**antecesor(a):** antepassado(a); antecessor(a)
**antelación:** antecipação
**añadir:** acrescentar
**aparador:** aparador, bufê
**aparato:** aparelho
**apasionado(a):** apaixonado(a)
***apellido:** sobrenome
**apenado(a):** magoado(a); triste
**apesadumbrado(a):** pesaroso(a)
**apiadar(se):** apiedar(-se), compadecer(-se)
**aplacar(se):** acalmar(-se)
**apodo:** apelido
**apretado(a):** apertado(a)
**aprovechar(se):** aproveitar(-se)
**apuntar:** anotar; apontar
**ardid:** ardil
**armar:** montar; armar
**armario:** armário
**arquitecto(a):** arquiteto(a)
**arreglar(se):** arrumar(-se)
**arroz:** arroz
**arrugar:** enrugar
**arruinar:** destruir, arruinar
**artesanía:** artesanato
**artículo:** artigo
**asador:** churrascaria
**ascender:** subir, ascender
**asesino:** assassino
**así:** assim
**asimismo:** também
**astilla:** lasca (de madeira)
**atasco:** engarrafamento
**atentamente:** atenciosamente
**aunque:** embora; mesmo que
**auto:** automóvel, carro
**autobús:** ônibus
**automóvil:** automóvel, carro
**avance:** avanço
**avería:** avaria, dano
**ayuntamiento:** prefeitura
**azafato(a):** aeromoço(a), comissário(a) de bordo

**bailar:** dançar
**baile:** dança
**bailotear:** dançar sem formalidade
**bajar:** baixar; descer

**bajo(a):** baixo(a)
**bajo:** sob
**balcón:** sacada
**baloncesto:** basquete
**balonvolea:** voleibol
**banda ancha:** banda larga
**banda sonora:** trilha sonora
**bañador:** maiô; sunga
**baño:** banheiro; banho
**barbilla:** queixo
**barco:** barco
**barniz:** verniz
**barrendero(a):** varredor(a), gari
**barrer:** varrer
**barrio:** bairro
**basar(se):** basear(-se)
**bata:** roupão
**batería:** bateria
**berenjena:** berinjela
**beso:** beijo
**bici:** bicicleta
**bicicleta:** bicicleta
**bizco(a):** vesgo(a)
**bizcocho:** bolo
**blanco(a):** branco(a)
**bloque:** bloco
**boca:** boca
**boda:** casamento
**bodega:** porão (de navio); adega
**bolígrafo:** caneta esferográfica
**bollería:** confeitaria
***bolso:** bolsa feminina
**borrachera:** bebedeira
**borrar:** apagar; borrar
**borrón:** borrão
**botella:** garrafa
**botón:** botão
**bóveda:** abóbada
**boxeo:** boxe (esporte)
**braga(s):** calcinha
**brasileño(a):** brasileiro(a)
**brazo:** braço
**bruto(a):** bruto(a), grosseiro(a)
**buceo:** mergulho
**bueno(a):** bom/boa
**bufanda:** cachecol
**bufete:** escritório (de advocacia); escrivaninha
**buque:** navio
**burlón(a):** brincalhão/ona
**butaca:** poltrona (de cinema, teatro, etc.)

**cabalgata:** cavalgada
**caballero:** cavaleiro; cavalheiro
**caballo:** cavalo
**cabeza:** cabeça
**cabina:** cabine

*falso amigo

345

# GLOSARIO

**cachete:** bochecha
***cadera:** quadril
**caja:** caixa
**cajero(a):** caixa (pessoa)
**calcetín:** meia
**calle:** rua
**calzón:** calção
**calzoncillos:** cueca
**camarero(a):** garçom/garçonete; camareiro(a)
**cambiar(se):** mudar(-se), trocar(-se)
**camerino:** camarim
**caminata:** caminhada
**camión:** caminhão
**camisón:** camisola
**canoso(a):** grisalho(a)
**cansancio:** cansaço
**cantante:** cantor(a)
**cañería:** encanamento
**caramelo:** bala
**carboncillo:** lápis de carvão
**carné de conducir:** carteira de motorista
**carnicería:** açougue
**carnicero(a):** açougueiro(a)
**carretera:** estrada
**carril de bicicleta:** ciclovia
**casco:** capacete; centro urbano; vasilhame
**casero(a):** caseiro(a)
**casi:** quase
**castañuela:** castanhola
**castillo:** castelo
**ceja:** sobrancelha
**celos:** ciúme(s)
**celoso(a):** ciumento(a)
**cena:** janta; ceia
**centro comercial:** *shopping center*
**ceñido(a):** ajustado(a)
**cerca:** perto
**chaleco:** colete
**chancleta:** chinelo
**chándal:** moletom
**chaqueta:** casaco; paletó
**chato(a):** achatado(a) (nariz, vasilha, etc.)
**chaval(a):** menino(a); criança
**chef:** chefe de cozinha
**chico(a):** menino(a); criança
**chismoso(a):** fofoqueiro(a)
**chocar:** colidir
**cielo:** céu
**científico(a):** cientista; científico(a)
**cigarillo:** cigarro
**cincelar:** cinzelar
**cine:** cinema
**cinematografiar:** cinematografar, filmar
**cinturón:** cinto
**ciudad:** cidade
**claqueta:** claquete
***clase:** aula
**cobrizo(a):** avermelhado(a)
**coche:** carro
**cocina:** cozinha; fogão
**cocinero(a):** cozinheiro(a)

**codo:** cotovelo
**coger:** pegar
**colectivo:** ônibus
**colgar:** pendurar; desligar telefone
**color:** cor
**colorear:** colorir
**comandante:** piloto de avião, comandante
**combustible:** combustível
**comenzar:** começar
**comestible:** comestível
**comida:** comida; refeição
**comisaría:** delegacia
**compadecer(se):** compadecer(-se), apiedar(-se)
**complacer:** condescender; ter o prazer de
**componer:** compor
**computadora:** computador
**con miras a:** tendo em vista
**concuñado(a):** concunhado(a)
**condón:** preservativo
**conductor(a):** motorista
**conmocionar(se):** perturbar(-se), ficar abalado(a)
**conmover(se):** comover(-se)
**conocer:** conhecer
**contable:** contador(a); contável
**contaminación:** poluição; contaminação
**contenedor:** lixeira; contêiner
**contener:** conter
**contenido:** conteúdo
**contento(a):** contente
**contestar:** responder
**contrabajo:** contrabaixo
**convertir(se):** tornar(-se)
**cónyuge:** cônjuge
**corbata:** gravata
**correo electrónico:** *e-mail*
**corresponsal:** correspondente (de jornal)
**cortar:** interromper; cortar
**cortometraje:** curta-metragem
**cosa:** coisa
**coser:** costurar
**costar:** custar
**costo:** custo
**costumbre:** costume
**cotización:** cotação
**crear:** criar, inventar
**creer:** acreditar, achar, crer
**criollo(a):** nativo(a) da América Hispânica
**cristal:** vidro; cristal
**cubierto:** talher
**cubierto(a):** coberto(a)
**cuchillo(a):** faca
**cucurucho:** casquinha de sorvete
***cueca:** dança popular chilena
**cuello:** pescoço
**cuerda:** corda
**culpable:** culpado(a)
**cumple:** aniversário
**cumpleaños:** aniversário
**cumplir:** completar (anos); cumprir
**curro:** trabalho
**cuyo(a):** cujo(a)

**dato:** dado (informação)
**debajo:** debaixo
**débil:** fraco(a)
**decir:** dizer
**decorado:** cenário; decoração
**decorado(a):** enfeitado(a)
**dejar:** deixar
**delante:** em frente, diante de
**delgado(a):** magro(a)
**demás:** demais
**demasiado (adverbio):** demais, excessivamente, muito
**demasiado(a) (adjetivo):** muito(a)
**denigrante:** humilhante
**dependiente(a):** vendedor(a); dependente
**deplorar:** lamentar
**deporte:** esporte
**depravar(se):** corromper(-se)
**derecho(a):** direito(a)
**desagravio:** desagravo
**desarrollar(se):** desenvolver(-se)
**desarrollo:** desenvolvimento
**descender:** descer; descender
**descubrimiento:** descoberta; descobrimento
**descuento:** desconto
**desear:** desejar
**desentenderse:** desinteressar-se
**desesperación:** desespero
**desesperado(a):** desesperado(a)
***despejado(a):** aberto(a) (tempo, céu, mente, etc.)
**despreciar:** desprezar
**desproporcionado(a):** desproporcional
**después:** depois
***desquitar(se):** vingar(-se)
**destrozar:** destroçar, destruir
**desván:** sótão
**dibujar:** desenhar
**diciembre:** dezembro
**dios(a):** deus(a)
**dirección:** endereço; direção
**discapacidad:** deficiência
**disfraz:** fantasia; disfarce
**disgustado(a):** zangado(a); magoado(a)
**distinguido(a):** distinto(a)
**DNI:** documento nacional de identificação
**doblaje:** dublagem
**docena:** dúzia
**dolido(a):** doído(a)
**dolor:** dor
**domicilio:** domicílio
**dormitorio:** quarto, dormitório
**drogadicto(a):** dependente de drogas
**ducha:** chuveiro
**dulce:** doce

*falso amigo

346

# GLOSARIO

**echar:** jogar; colocar; demitir
**edificar:** edificar, construir
**edificio:** prédio, edifício
**ejecutivo(a):** executivo(a)
**ejemplo:** exemplo
**ejercer:** exercer
**ejercicio:** exercício
**elegir:** escolher; eleger
**embarazo:** gravidez
**empeorar:** piorar
**empezar:** começar
**emplear(se):** empregar(-se)
**empotrar:** embutir (móveis)
**en juicio:** judicialmente
**en marcha:** em funcionamento; em andamento
**enero:** janeiro
**enfadado(a):** irritado(a), aborrecido(a)
**enfermedad:** doença, enfermidade
**enfermero(a):** enfermeiro(a)
**enfrenar:** refrear
**enfriar:** esfriar
**enganchar(se):** viciar(-se)
**enlace:** *link*
***enojado(a):** irritado(a), zangado(a)
**enseguida:** logo, em seguida
**entallar:** entalhar
**enterar(se):** informar(-se)
**entrenamiento:** treinamento
**envase:** embalagem; vasilhame
**envejecimiento:** envelhecimento
**envidiar:** invejar
**envidioso(a):** invejoso(a)
**erigir:** construir, erguer
**error:** erro
**escaparate:** vitrine
**escaparatista:** vitrinista
**escena:** cena
**escenario:** cenário; palco
**esclavo:** escravo
***escoba:** vassoura
**escribiente:** escrevente
**escribir:** escrever
***escritorio:** escrivaninha
**escuela:** escola
**espalda:** costas
**espejo:** espelho
**esperanza:** esperança
**esperanzado(a):** esperançoso(a)
**espinaca:** espinafre
**estantería:** estante
**estrecho(a):** apertado(a); estreito(a)
**estribillo:** estribilho, refrão
**estropear:** estragar
**estuche:** estojo
**evaluación:** avaliação
**evolucionar:** evoluir
**expositor:** balcão de loja
**extender:** estender
**extranjero(a):** estrangeiro(a)

*falso amigo

**facilitar:** proporcionar; facilitar
**faena:** afazeres
**falda:** saia
**fallo(a):** falha
**fastidiar(se):** aborrecer(-se)
**fatiga:** fadiga
**febrero:** fevereiro
**fecha:** data
**feo(a):** feio(a)
**fideo(s):** macarrão
**fiesta patronal:** festa do padroeiro
**figurar:** constar; representar
**fijarse:** prestar atenção
**filete:** filé
**firma:** assinatura
**flaco(a):** magro(a)
**florero:** vaso
**floristería:** floricultura
**fontanero(a):** encanador(a)
**frente a:** diante de
**frente:** testa; frente
**frotar(se):** esfregar(-se)
**fútbol:** futebol

**gafas:** óculos
**galardón:** prêmio
**galleta:** bolacha
***gamba:** camarão
**ganga:** pechincha
**garbanzo:** grão-de-bico
**gasolinera:** posto de gasolina
**generación:** geração
**general:** geral; general
**generar:** gerar
**gestionar:** administrar
**gimnasia:** ginástica
**gimnasio:** academia de ginástica
**gira:** turnê; excursão
**globo:** bexiga; globo
**golondrina:** andorinha
**gorra:** boné; gorro
**gorro:** gorro
**grado:** grau
**griego(a):** reto (nariz); grego(a)
**grifo:** torneira
**gris:** cinza
**grúa:** guincho; guindaste
**guante:** luva
**guía:** guia
**guion:** roteiro
**guitarra:** violão
**guitarra eléctrica:** guitarra

**H**

**habitación:** quarto, dormitório
**hablar:** falar

**hacer:** fazer
**hacer clic:** clicar
**hacia:** em direção a
**hallazgo:** achado, descoberta
**hamaca:** rede de balanço
**harto(a):** farto(a)
**hasta:** até
**hecho:** fato
**hecho(a):** feito(a)
**helada:** geada
**heladera:** geladeira
**heladería:** sorveteria
**helado:** sorvete
**heno:** feno
**heredar:** herdar
**herencia:** herança
**hermano(a):** irmão/irmã
**herramienta:** ferramenta
**hervir:** ferver
**hijo(a):** filho(a)
**hinchar:** inchar
**historieta:** história em quadrinhos, tirinha
**hogar:** lar
**hombre:** homem
**honor:** honra
**horno:** forno
**hostal:** hostal, albergue
**hoy:** hoje
**huevo:** ovo
**huir:** fugir

**iglesia:** igreja
**impermeable:** capa de chuva; impermeável
**imponer(se):** impor(-se)
**importe:** valor, preço
**impuesto:** imposto
**incluso:** inclusive
**inexperto(a):** inexperiente
**ingeniero(a):** engenheiro(a)
**inodoro:** vaso sanitário
**intentar:** tentar
**interactuar:** interagir
**interés:** interesse; juro
**investigador(a):** investigador(a); pesquisador(a)
**invitar:** convidar
**isla:** ilha
**izquierdo(a):** esquerdo(a)

**jamón:** presunto
**jefe(a):** chefe
**jeringa:** seringa
**jersey:** pulôver
**jirafa:** girafa; *boom* (de microfone)
**joven:** jovem
**juego:** jogo
**jueves:** quinta-feira

347

# GLOSARIO

**jugar:** jogar; brincar
**jugo:** suco
**juguete:** brinquedo
**juguetería:** loja de brinquedos
**julio:** julho
**junio:** junho

**kárate:** caratê
**kiosco:** banca de jornal; quiosque

**labor:** labor, trabalho
**lacio:** liso
**ladrillo:** tijolo
**lámpara:** abajur; lâmpada
***largo(a):** comprido(a), longo(a)
**largometraje:** longa-metragem
***latir:** bater (coração)
**lavadero:** lavanderia; tanque de lavar roupa
**lavadora:** máquina de lavar roupa
**lavavajillas:** lava-louça
**leche:** leite
**lechuga:** alface
**lector(a):** leitor(a)
**legumbre:** legume
**lejos:** longe
**lengua:** língua
**ley:** lei
**librería:** livraria
**lienzo:** tela de pintura
**limón:** limão
**línea:** linha
**litera:** beliche
**llamar(se):** chamar(-se); telefonar
**llave:** chave
**llegar:** chegar
**llenar:** encher; preencher
**llevar(se) a cabo:** realizar(-se)
**llorar:** chorar
**llover:** chover
**llovizna:** garoa
**lluvia:** chuva
**locutorio:** local destinado ao uso individual de telefone e internet
**lograr:** conseguir
**loncha:** fatia
**luchar:** lutar
**ludopatía:** dependência de jogos
**luego:** depois; logo
**lujoso(a):** luxuoso(a)
**lunar:** pinta
**lunes:** segunda-feira

***madre:** mãe; freira
**maestro(a):** professor(a); maestro(a); mestre

**maíz:** milho
**maleta:** mala
**maletero:** porta-malas
**maleza:** mato
**malhumor:** mau humor
**malo(a):** mau/má
**mampara:** boxe (de banheiro)
**mando a distancia:** controle remoto
**manicuro(a):** manicuro(e)
**mano:** mão
**mantener:** manter
**mantequilla:** manteiga
**manzana:** maçã
**mañana:** manhã; amanhã
**máquina tragaperras:** máquina caça-níquel
**martes:** terça-feira
**marzo:** março
**más:** mais
**matrícula:** placa (de automóvel); matrícula
**matrimonio:** casamento; casal
**mayo:** maio
**mayor:** mais velho(a); maior
**media:** meia (roupa); média
**médico(a):** médico(a)
**medio(a):** meio(a)
**mejilla:** bochecha
**mejor:** melhor
**mejorar:** melhorar
**membrete:** timbre
**mentón:** queixo
**mesita de noche:** criado-mudo
**mesón:** local em que se servem comidas e bebidas típicas
**mestizaje:** mestiçagem
**metro:** metrô
**miedo:** medo
**miedoso(a):** medroso(a)
**mientras:** enquanto
**miércoles:** quarta-feira
**mitad:** metade
**mojado(a):** molhado(a)
**molde:** forma, molde
**molestar(se):** incomodar(-se)
**monitorizar:** monitorar
**montañismo:** montanhismo
**mostrador:** balcão de loja
**muchacho(a):** jovem,
**mucho(a):** muito(a)
**mueble:** móvel
**mujer:** mulher; esposa
**mundial de fútbol:** copa do mundo
**musculación:** musculação
**muslo:** coxa
**muy:** muito

**nadie:** ninguém
**naturaleza:** natureza
**nave:** astronave; navio
**Navidad:** Natal
**neumático:** pneumático, pneu
**ni:** nem

**nieto(a):** neto(a)
**nieve:** neve
**niñez:** infância
**niño(a):** menino(a); criança
**noche:** noite
**nombrar:** nomear; denominar
**nombre:** nome
**noreste:** nordeste
**nostalgia:** nostalgia
**nostálgico(a):** nostálgico(a)
**noviembre:** novembro
**novio(a):** namorado(a); noivo(a)
**nube:** nuvem
**nuboso(a):** nublado(a)
**nuera:** nora
**nuez:** noz

**obtener:** obter
**ocasionar:** causar, ocasionar
**octubre:** outubro
***oficina:** escritório
**ojo:** olho; atenção
**oleada:** onda, grande quantidade
**olla:** panela
**olvidar(se):** esquecer(-se)
**ombligo:** umbigo
**ómnibus:** ônibus
**oniomanía:** compulsão por fazer compras
**ordenador:** computador
**oreja:** orelha
**órgano:** órgão
**orgulloso(a):** orgulhoso(a)
**orilla:** orla, margem
**oro:** ouro
**otoño:** outono

***padre:** pai; padre
**palo:** pau
**pan:** pão
**panadero(a):** padeiro(a)
**pandereta:** pandeiro
**pantalla:** tela de projeção
**pantalón corto:** bermuda
**pantalón:** calça
**pantufla:** chinelo
**pañal:** fralda
**pañuelo:** lenço
**papa:** batata
**papelería:** papelaria
**paquete:** pacote
**para colmo:** ainda por cima
**parapente:** parapente
**parasol:** guarda-sol
**pasajero(a):** passageiro(a)
**pasante:** estagiário
**pasar:** acontecer; passar

*falso amigo

348

# GLOSARIO

**pasillo:** corredor
**pasión:** paixão
*****pastel:** bolo
**pastelería:** confeitaria, doceria
**pastilla:** comprimido
**patata:** batata
**patinaje:** patinação
**peaje:** pedágio
**peatón(ona):** pedestre
**pecho:** peito
**pecoso(a):** sardento(a)
**peinar(se):** pentear(-se)
**pelearse:** brigar
**película:** filme
**pelirrojo(a):** ruivo(a)
**pelo:** cabelo
**pelota:** bola
**peluquería:** salão de beleza
**peluquero(a):** cabeleireiro(a)
**pendiente:** brinco; pendente
**percusión:** percussão
**peregrinante:** peregrino(a)
**periódico:** jornal
**periódico(a):** periódico(a)
**periodista:** jornalista
**permiso:** permissão; licença
**pero:** mas
**perro(a):** cachorro/cadela
**persona:** pessoa
**pesar:** pesar
**pescadería:** peixaria
**pescado:** peixe (alimento)
**petición:** pedido, petição
**pie:** pé
**piel:** pele
**pila:** pia; pilha
**pinchar:** furar; clicar
**pinchazo:** furo (de pneu)
**pintaúñas:** esmalte
**piña:** abacaxi
**piragüismo:** canoagem
**piso:** apartamento; andar (de prédio)
**pizarra:** lousa
**planchar:** passar roupa
**planificar:** planejar
**planta:** andar (de prédio); planta
**planta baja:** térreo
**plantilla:** quadro de funcionários (de empresa)
**platea:** plateia
**playa:** praia
**plaza:** praça; vaga, lugar
**pluma:** pena
**población:** população, povo; povoado
**policía:** polícia
**pollo:** frango
*****polvo:** pó, poeira
**poner:** pôr, colocar
**por casualidad:** por acaso
**pordiosero:** mendigo

*falso amigo

**portada:** capa
**portal:** *hall* (de entrada)
**posada:** pousada
**poseer:** possuir
**predecir:** prever
**predicción:** previsão
**prejuicio:** preconceito
**prenda:** peça de roupa
**prender:** acender; prender
**presentación:** apresentação
**prestar:** emprestar
**profesor(a):** professor(a)
**pronóstico:** previsão, prognóstico
**provenir:** provir
**prueba:** exame; prova
**pueblo:** povo; povoado
**puentismo:** *bungy jumping*
**pues:** pois

**quedar(se):** ficar
**querer:** querer; gostar
**queso:** queijo
*****quitar(se):** tirar

**rabia:** raiva
**rabioso:** furioso
**racha:** rajada
**rapel:** rapel
**raro:** estranho; raro
**rasgado:** puxado (olho)
**ratón:** rato; *mouse* (de computador)
**raza:** raça
**reaccionar:** reagir
**rebaja:** liquidação, desconto
**rechazar:** recusar, rejeitar
**recitación:** declamação
**recoger:** recolher
**recolección:** colheita; coleta
**reconocer:** reconhecer
*****recorrer:** percorrer
**recorrido:** trajeto
**recorte:** corte, recorte
**recuadro:** boxe (de texto), quadro
**red:** rede
**refrán:** provérbio, ditado popular
**refresco:** refrigerante
**regalo:** presente
**reloj:** relógio
**remanente:** remanescente
**repartidor(a):** entregador(a)
**reportar:** representar; relatar
**reportero(a):** repórter
**repostar:** abastecer

**residencia:** residência, domicílio
**respecto a:** com respeito a, em relação a
**respingón(ona):** arrebitado(a)
**retrasar(se):** atrasar(-se)
**rey/reina:** rei/rainha
**riada:** cheia (de rio)
**riesgo:** risco
**rizado(a):** cacheado(a), crespo(a)
**roca:** rocha
**rocoso(a):** rochoso(a)
**rodilla:** joelho
**rogar:** pedir, rogar
**rojo(a):** vermelho(a)
**romper:** quebrar; rasgar
**ropero:** guarda-roupa
**rubio(a):** loiro(a)

**sacar(se):** tirar (de algum lugar)
**saciado(a):** saciado(a), satisfeito(a)
**salir:** sair
**salón:** sala; salão
**salsa:** molho; salsa (ritmo musical)
**salud:** saúde
**saludo:** saudação
**sancionar:** penalizar
**sandía:** melancia
**sano(a):** saudável; são/sã
**sartén:** frigideira
**sastre:** alfaiate
**saxofón:** saxofone
**segador(a):** ceifeiro(a)
**seguir:** seguir; continuar
**según:** de acordo com, segundo
**seguramente:** certamente
**seguridad:** segurança
**sencillo(a):** simples
**senderismo:** trilha (esporte)
**sendero:** trilha (caminho)
**sensatez:** sensatez
**sensato(a):** sensato(a)
**señal:** sinal
**señalar:** assinalar, indicar
**septiembre:** setembro
**siembra:** plantio
**siglo:** século
**silla:** cadeira
**sillón:** poltrona
**sin embargo:** entretanto, contudo
**sin:** sem
**siquiera:** sequer
**sitio:** lugar; *site*
**sobre:** envelope; sobre
**sobre todo:** sobretudo
**sobrevenir:** sobrevir
**sobrino(a):** sobrinho(a)
**sofá:** sofá

349

# GLOSARIO

solamente: somente
soler: costumar
solo: somente
solo(a): sozinho(a)
sombrero: chapéu
sonar: tocar; soar
sonido: som
sordo(a): surdo(a)
sorprendido(a): surpreso(a)
sostenible: sustentável
submarino: submarino
subte: metrô
subtítulo: legenda; subtítulo
suceder: acontecer, suceder
suceso: acontecimento
sucio(a): sujo(a)
suegro(a): sogro(a)
sueldo: salário
suelo: chão; solo
sujetador: sutiã
súper: supermercado; excelente
supermercado: supermercado
suponer: supor
sur: sul

tabla: tabela
tabla de planchar: tábua de passar roupa
tacaño(a): avarento(a), mesquinho(a)
tacón: sapato de salto
talla: tamanho
tallar: entalhar, esculpir
tan solo: tão somente
tañer: tanger, tocar
taquilla: bilheteria
tardar: demorar
tarea: tarefa
tarta: bolo, torta doce
tasa: taxa
tejado: telhado
tela: tela (de pintura)
tele: TV, televisão
teleadicto(a): compulsivo(a) por televisão
telediario: noticiário
teléfono móvil: celular
televisión: televisão
temeroso(a): temeroso(a)
temor: temor
templar: afinar (instrumentos)
temprano(a): cedo; precoce
tendedero: varal
tender: estender
tener: ter
teñir: tingir
término: termo
ternura: ternura
testarudo(a): teimoso(a)
tienda: loja; tenda
tierno(a): terno(a); tenro(a)

timón: timão
tío(a): tio(a); cara
*tirar: jogar (fora); atirar
titular: manchete
tobillo: tornozelo
tomar: comer; beber; tomar
tontería: bobagem, besteira
toxicómano(a): toxicômano(a), dependente de drogas
trabajo: trabalho
trabajoadicto(a): compulsivo(a) por trabalho, *workaholic*
traductor(a): tradutor(a)
traer: trazer
tráfico: trânsito; tráfico
traje: terno; traje
traje de baño: maiô; sunga
tranquilo(a): tranquilo(a)
tranvía: bonde
trigueño(a): moreno(a); trigueiro(a)
trompeta: trompete
trotamundos: pessoa que gosta muito de viajar e percorrer países
*trozo: pedaço
trueno: trovão

ubicar(se): localizar(-se), situar(-se)
ubicuo: onipresente
uno: um; a gente; pessoa indeterminada

vacaciones: férias
vacuna: vacina
vaquero: calça *jeans*
varón: varão, indivíduo do sexo masculino
*vaso: copo
vecino(a): vizinho(a); morador(a)
vendimia: colheita (de uva)
venir: vir
ventaja: vantagem
ventana: janela
verano: verão
verdulería: quitanda
vergüenza: vergonha
viajero(a): viajante
videojuego: *videogame*
viejo(a): velho(a)
viernes: sexta-feira
vino: vinho
violín: violino
visa: visto
vivienda: moradia, casa
vivir: viver; morar
volcán: vulcão
volver(se): voltar; tornar(-se)

yerno: genro

zampoña: flauta andina
zanahoria: cenoura
zapatería: loja de sapatos; sapataria
zapatilla(s): tênis
zumo: suco

## PORTUGUÉS-ESPAÑOL

a gente: uno(a), nosotros
a par: al tanto
abacaxi: piña, ananás
abaixar: bajar, descender
abajur: lámpara, velador
abastecer: abastecer, repostar
aberto(a) (tempo, céu , mente, etc.): despejado(a)
abóbada: bóveda
aborrecer(-se): fastidiar(se)
aborrecido(a): enfadado(a), enojado(a), molesto(a)
abraço: abrazo
abril: abril
academia de ginástica: gimnasio
acalmar(-se): calmar(se), aplacar(se)
acender: encender, prender
achado: hallazgo
achar: creer; encontrar
achatado(a) (nariz , vasilha, etc.): chato(a)
acolchoado(a): acolchado(a)
aconselhar: aconsejar
acontecer: suceder, ocurrir, pasar
acontecimento: suceso, hecho
acordeão: acordeón
acostumar(-se): acostumbrar(se)
açougue: carnicería
açougueiro(a): carnicero(a)
acreditar: creer
acrescentar: añadir
adega: bodega
adiante: adelante
administrar: administrar, gestionar
advogado(a): abogado(a)
aeromoço(a): azafato(a)
afastar(-se): alejar(se), apartar(se)
afazeres: quehaceres, faena
afiado(a): afilado(a)
afilado(a) (nariz, mão, etc.): afilado(a)
afinar (instrumentos): afinar, templar
aflito(a): afligido(a)
afrouxar: aflojar
agir: actuar
ainda por cima: y encima, para colmo
ajustado(a): ajustado(a), ceñido(a)
albergue: albergue, hostal
alcançar: alcanzar
álcool: alcohol

*falso amigo

350

# GLOSARIO

**alegre:** alegre
**além de/disso:** además
**alface:** lechuga
**alfaiate:** sastre
**alforje:** alforja
**ali:** allí, allá
**almoço:** almuerzo, comida
**amanhã:** mañana
**amarelo(a):** amarillo(a)
**ameaçar:** amenazar
**amendoado(a):** almendrado(a)
**amigo(a):** amigo(a)
**amizade:** amistad
**ancião/anciã:** anciano(a)
**andar (de prédio):** piso, planta
**andorinha:** golondrina
**anel:** anillo
**anexar:** adjuntar
**aniversário:** cumpleaños, cumple
**anotar:** apuntar, anotar
**antecessor(a):** antecesor(a)
**antecipação:** antelación
**antepassado(a):** antepasado(a)
**ao longo de:** a lo largo de
**ao mesmo tempo:** a la vez, al mismo tiempo
**ao redor:** alrededor
**apagar:** apagar, borrar
**apaixonado(a):** apasionado(a)
**aparador:** aparador
**aparelho:** aparato
**apartamento:** piso, departamento
**apelido:** apodo
**apertado(a):** apretado(a), estrecho(a)
**apiedar(-se):** apiadar(se), compadecer(se)
**apontar:** apuntar
**apresentação:** presentación
**aproveitar(-se):** aprovechar(se)
**aproximadamente:** aproximadamente, alrededor de
**aproximar(-se):** aproximar(se), acercar(se)
**ar:** aire
**ardil:** ardid
**armar:** armar
**armário:** armario
**armazém:** almacén, abarrotería
**arquiteto(a):** arquitecto(a)
**arrebitado(a):** respingón(a)
**arroz:** arroz
**arruinar:** arruinar
**arrumar(-se):** arreglar(se)
**artesanato:** artesanía
**artigo:** artículo
**ascender:** ascender
**assassino:** asesino
**assim:** así
**assinalar:** señalar, indicar
**assinatura:** firma
**astronave:** nave
**até:** hasta
**atenção:** atención; ojo
**atenciosamente:** atentamente
**atirar:** tirar, disparar

**atrasar(-se):** retrasar(se)
**aula:** clase
**aumentar:** aumentar, agrandar
**automóvel:** automóvil, auto
**avaliação:** evaluación
**avanço:** avance
**avarento(a):** tacaño(a), avaro(a)
**avaria:** avería
**avermelhado(a):** rojizo(a), cobrizo(a)
**avião:** avión
**avô/avó:** abuelo(a)
**azeite:** aceite
**azeitona:** aceituna

**bairro:** barrio
**baixar:** bajar
**baixo(a):** bajo(a)
**bala:** caramelo; bala, proyectil
**balcão de bar:** barra
**balcão de loja:** mostrador, expositor
**banca de jornal:** kiosco, revistería
**banda larga:** banda ancha
**banheiro:** baño, cuarto de baño
**banho:** baño, ducha
**barco:** barco
**basear(-se):** basar(se)
**basquete:** baloncesto, basket
**batata:** patata, papa
**bater (coração):** latir
**bateria:** batería
**bebedeira:** borrachera
**beber:** beber, tomar
**beijo:** beso
**beliche:** litera, cucheta
**berinjela:** berenjena
**bermuda:** bermudas, pantalón corto
**besteira:** tontería
**bexiga:** globo, balón
**bicicleta:** bicicleta, bici
**bilheteria:** taquilla, ventanilla
**bloco:** bloque
**bobagem:** tontería, pavada
**boca:** boca
**bochecha:** mejilla, cachete
**bola:** pelota, balón
**bolacha:** galleta
**bolo:** pastel, tarta, bizcocho
**bolsa feminina:** bolso, cartera
**bom/boa:** bueno(a)
**bonde:** tranvía
**boné:** gorra
***boom* (de microfone):** jirafa
**borrão:** borrón
**borrar:** borrar
**botão:** botón
**boxe:** boxeo (deporte); mampara (de baño); recuadro (de texto)
**braço:** brazo

**branco(a):** blanco(a)
**brasileiro(a):** brasileño(a)
**brigar:** pelearse
**brincalhão(ona):** bromista, burlón(ona)
**brincar:** jugar; bromear
**brinco:** pendiente, arete
**brinquedo:** juguete
**bruto(a):** bruto(a)
**bufê:** aparador
***bungy jumping*:** puentismo

**cabeça:** cabeza
**cabeleireiro(a):** peluquero(a)
**cabelo:** pelo, cabello
**cabine:** cabina
**cacheado(a):** rizado(a)
**cachecol:** bufanda
**cachorro/cadela:** perro(a)
**cadeira:** silla
**caixa:** caja; cajero(a) (pessoa)
**calça:** pantalón
**calça *jeans*:** vaquero, *jeans*
**calção:** calzón
**calçada:** acera, vereda
**calcinha:** braga(s), bombacha
**camarão:** camarón, gamba
**camareiro(a):** camarero(a)
**camarim:** camerino
**caminhada:** caminata
**caminhão:** camión
**camisola:** camisón
**caneta esferográfica:** bolígrafo, esferográfica
**canoagem:** piragüismo
**cansaço:** cansancio
**cantor(a):** cantante
**capa:** portada
**capa de chuva:** impermeable
**capacete:** casco
**cara:** tío(a)
**caratê:** kárate
**carro:** coche, auto, automóvil
**cartão:** tarjeta
**carteira de motorista:** carné/permiso de conducir
**casa:** casa, vivienda, residencia
**casaco:** chaqueta; abrigo, sobretodo
**casal:** pareja; matrimonio
**casamento:** boda, casamiento, matrimonio
**caseiro(a):** casero(a)
**casquinha de sorvete:** cucurucho
**castanhola:** castañuela
**castelo:** castillo
**causar:** causar, ocasionar
**cavaleiro:** caballero, jinete
**cavalgada:** cabalgata
**cavalheiro:** caballero, hidalgo
**cavalo:** caballo
**cedo:** temprano
**ceia:** cena

351

# GLOSARIO

**ceifeiro(a):** segador(a)
**celular:** móvil, celular, teléfono móvil
**cena:** escena
**cenário:** escenario, decorado
**cenoura:** zanahoria
**centro urbano:** casco
**certamente:** ciertamente, seguramente
**céu:** cielo
**chamar(-se):** llamar(se)
**chão:** suelo, piso
**chapéu:** sombrero
**chave:** llave
**chefe:** jefe(a)
**chefe de cozinha:** chef
**chegar:** llegar
**cheia (de rio):** riada, crecida
**chinelo:** pantufla(o), chancleta
**chorar:** llorar
**chover:** llover
**churrascaria:** asador, parrilla
**chuva:** lluvia
**chuveiro:** ducha
**ciclovia:** carril de bicicleta
**cidade:** ciudad
**científico(a):** científico(a)
**cientista:** científico(a)
**cigarro:** cigarrillo
**cinema:** cine
**cinematografar:** cinematografiar, filmar
**cinto:** cinturón
**cinza:** gris
**cinzelar:** cincelar
**ciúme(s):** celos
**ciumento(a):** celoso(a)
**claquete:** claqueta
**clicar:** hacer clic, pinchar
**coberto(a):** cubierto(a)
**coisa:** cosa
**coleta:** recolección, recopilación, recogida
**colete:** chaleco
**colheita:** cosecha, recolección; vendimia (de uva)
**colidir:** chocar
**colocar:** poner, colocar
**colorir:** colorear
**com frequência:** a menudo, con frecuencia
**com respeito a:** (con) respecto a
**comandante:** comandante
**combustível:** combustible
**começar:** comenzar, empezar
**comer:** comer, tomar
**comestível:** comestible
**comida:** comida
**comissário(a) de bordo:** azafato(a)
**comover(-se):** conmover(se)
**compadecer(-se):** compadecer(se), apiadar(se)
**completar (anos):** cumplir
**compor:** componer
**comprido(a):** largo(a)
**comprimido:** comprimido, pastilla
**compulsão por compras:** oniomanía
**compulsão por jogos:** ludopatía
**compulsivo por televisão:** teleadicto(a)
**compulsivo por trabalho:** trabajoadicto(a)
**computador:** computadora, ordenador
**concunhado(a):** concuñado(a)
**condescender:** condescender, complacer
**confeitaria:** confitería, pastelería, bollería
**conhecer:** conocer
**cônjuge:** cónyuge
**conseguir:** conseguir, lograr, alcanzar
**constar:** constar, figurar
**construir:** construir, edificar, erigir
**contável:** contable
**contador(a):** contable
**contaminação:** contaminación
**contêiner:** contenedor
**contente:** contento(a)
**conter:** contener
**conteúdo:** contenido
**continuar:** continuar, seguir
**contrabaixo:** contrabajo, bajo
**controle remoto:** mando a distancia
**contudo:** sin embargo
**convidar:** invitar, convidar
**copo:** vaso
**cor:** color
**corda:** cuerda
**corredor:** pasillo
**correspondente de jornal:** corresponsal
**corromper(-se):** corromper(se), depravar(se)
**cortar:** cortar
**corte:** corte, recorte
**costas:** espalda(s)
**costumar:** soler
**costume:** costumbre
**costurar:** coser
**cotação:** cotización
**cotovelo:** codo
**coxa:** muslo
**cozinha:** cocina
**cozinheiro(a):** cocinero(a)
**crespo(a) (cabelo):** rizado(a)
**criado-mudo:** mesita de noche
**criança:** niño(a), chico(a), chaval(a)
**criar:** crear, inventar; criar, educar
**cristal:** cristal
**cueca:** calzoncillos
**culpado(a):** culpable
**cumprir:** cumplir
**curta-metragem:** cortometraje
**custar:** costar
**custo:** costo, coste

**dado (informação):** dato
**dança:** baile, danza
**dança popular chilena:** cueca
**dançar:** bailar, danzar
**dano:** daño, avería
**data:** fecha
**de acordo com:** de acuerdo con, según
**debaixo:** debajo
**declamação:** recitación
**decoração:** decorado
**deficiência:** discapacidad
**deixar:** dejar
**delegacia:** comisaría
**demais:** demás; demasiado
**demitir:** echar, despedir
**demorar:** tardar
**denominar:** denominar, nombrar
**dependência:** dependencia; adicción
**dependente de drogas:** drogadicto(a), toxicómano(a)
**dependente:** dependiente; adicto(a)
**depois:** después, luego, tras
**depósito:** depósito, galpón, almacén
**desagravo:** desagravio
**descender:** descender
**descer:** descender, bajar
**descoberta:** descubrimiento, hallazgo
**descobrimento:** descubrimiento
**desconto:** descuento, rebaja
**desejar:** desear
**desenhar:** dibujar
**desenvolver(-se):** desarrollar(se)
**desenvolvimento:** desarrollo
**desesperado(a):** desesperado(a)
**desespero:** desesperación
**desinteressar-se:** desinteresarse, desentenderse
**desligar telefone:** colgar
**desmancha-prazeres :** aguafiestas
**desprezar:** despreciar
**desproporcional:** desproporcionado(a)
**destroçar:** destrozar
**destruir:** destruir, destrozar, arruinar
**deus(a):** dios(a)
**dezembro:** diciembre
**diante de:** delante de, frente a, ante
**diariamente:** a diario
**direção:** dirección
**direito(a):** derecho(a)
**disfarce:** disfraz
**distinto(a):** distinguido(a)
**ditado popular:** dicho, refrán
**dizer:** decir
**doce:** dulce
**doceria:** pastelería, confitería
**doença:** enfermedad, afección
**doído(a):** dolido(a)
**domicílio:** domicilio, residencia
**dor:** dolor
**dormitório:** dormitorio, habitación
**dourado(a) (pele):** trigueño(a), moreno(a)
**dublagem:** doblaje
**durante:** durante, a lo largo de
**dúzia:** docena

**economizar:** ahorrar, economizar
**edificar:** edificar
**edifício:** edificio
**eleger:** elegir
**em andamento:** en marcha
**em direção a:** hacia
**em frente:** enfrente, delante
**em funcionamento:** en marcha
**em relação a:** (con) respecto a

352

# GLOSARIO

**em seguida:** enseguida, pronto
**e-mail:** correo electrónico, *e-mail*
**embalagem:** embalaje, envase
**embora:** aunque
**embutir (móveis):** empotrar
**empregar(-se):** emplear(se)
**emprestar:** prestar
**encanador(a):** fontanero(a), plomero(a)
**encanamento:** fontanería, cañería, tubería
**encher:** llenar
**endereço:** dirección
**enfeitar(-se):** adornar(se), engalanar(se)
**enfermeiro(a):** enfermero(a)
**enfermidade:** enfermedad
**enfraquecer:** enflaquecer; aflojar, debilitar
**engarrafamento:** atasco, embotellamiento
**engenheiro(a):** ingeniero(a)
**enquanto:** mientras
**enrolado(a) (cabelo):** rizado(a)
**enrugar:** arrugar
**entalhar:** entallar, tallar
**entediado(a):** aburrido(a)
**entregador(a):** repartidor(a)
**entretanto:** sin embargo
**envelhecimento:** envejecimiento
**envelope:** sobre
**erguer:** erigir, construir
**erro:** error
**escola:** escuela
**escolher:** escoger, elegir
**escravo:** esclavo
**escrevente:** escribiente
**escrever:** escribir
**escritório:** oficina, despacho; bufete (de abogados)
**escrivaninha:** escritorio, bufete
**esculpir:** esculpir, tallar
**esfregar:** frotar; fregar, restregar
**esfriar:** enfriar
**esgotamento:** agotamiento
**esmalte:** esmalte, pintaúñas
**espelho:** espejo
**esperança:** esperanza
**esperançoso(a):** esperanzado(a)
**espinafre:** espinaca
**esporte:** deporte
**esposa:** mujer, esposa
**esquecer(-se):** olvidar(se)
**esquerdo(a):** izquierdo(a)
**estagiário:** practicante, pasante
**estante:** estantería
**estender:** tender; extender
**estojo:** estuche, funda
**estrada:** carretera
**estragar:** estropear
**estrangeiro(a):** extranjero(a)
**estranho:** extraño, raro
**estreito(a):** estrecho(a)
**estribilho:** estribillo
**evoluir:** evolucionar
**exame:** examen, prueba
**excelente:** excelente, súper
**excessivamente:** demasiado, en exceso
**excursão:** excursión, gira

**executivo(a):** ejecutivo(a)
**exemplo:** ejemplo
**exercer:** ejercer
**exercício:** ejercicio

**faca:** cuchillo
**facilitar:** facilitar
**fadiga:** fatiga
**falar:** hablar
**falha:** fallo(a)
**fantasia:** disfraz; fantasía
**farto(a):** harto(a)
**fatia:** loncha, lonja, feta
**fato:** hecho
**fazer:** hacer
**feio(a):** feo(a)
**feito(a):** hecho(a)
**feno:** heno
**férias:** vacaciones
**ferramenta:** herramienta
**ferver:** hervir
**festa do padroeiro:** fiesta patronal
**fevereiro:** febrero
**ficar:** quedar(se)
**filé:** filete, bife
**filho(a):** hijo(a)
**filmar:** filmar
**filme:** película, film
**flauta andina:** zampoña
**flauta:** flauta
**floricultura:** floristería, florería
**fofoqueiro(a):** chismoso(a)
**fogão:** cocina, estufa
**fogo:** fuego
**fôlego:** aliento
**forma:** forma, molde
**forno:** horno
**fraco(a):** débil
**fralda:** pañal
**frango:** pollo
**freira:** madre
**frente:** frente
**frigideira:** sartén
**fugir:** huir
**furar:** pinchar
**furioso:** furioso, rabioso
**furo:** agujero
**furo (de pneu):** pinchazo
**futebol:** fútbol

**garçom/garçonete:** camarero(a), mozo(a), mesero(a)
**gari:** barrendero(a)
**garoa:** llovizna

**garrafa:** botella
**geada:** helada
**geladeira:** heladera, nevera, refrigeradora
**general:** general
**genro:** yerno
**geração:** generación
**geral:** general
**gerar:** generar
**ginástica:** gimnasia
**girafa:** jirafa
**globo:** globo
**gorro:** gorro, gorra
**gostar:** gustar, querer
**grão-de-bico:** garbanzo
**grau:** grado
**gravata:** corbata
**gravidez:** embarazo
**grisalho(a):** canoso(a)
**grosseiro(a):** grosero(a), bruto(a)
**guarda-roupa:** ropero, guardarropa
**guarda-sol:** parasol, sombrilla
**guia:** guía
**guincho:** grúa, guinche
**guindaste:** grúa
**guitarra:** guitarra eléctrica

*hall* (de entrada): portal; vestíbulo
**herança:** herencia
**herdar:** heredar
**história em quadrinhos:** historieta, tira cómica
**hoje:** hoy
**homem:** hombre, varón
**honra:** honor
**hospedar:** hospedar, albergar
**hostal:** hostal
**humilhante:** humillante, denigrante

**igreja:** iglesia
**ilha:** isla
**impermeável:** impermeable
**impor(-se):** imponer(se)
**imposto:** impuesto
**inchar:** hinchar, inflar
**inclusive:** incluso; inclusive
**incomodar(-se):** molestar(se), incomodar(se)
**indicar:** indicar, señalar
**inexperiente:** inexperto(a)
**infância:** infancia, niñez
**informar(-se):** informar(se), enterar(se)
**interagir:** interactuar
**interessar(-se):** interesar(se); aficionar(se)
**interesse:** interés
**interromper:** interrumpir; cortar
**invejar:** envidiar
**invejoso(a):** envidioso(a)
**investigador(a):** investigador(a)

353

# GLOSARIO

**inventar:** crear, inventar
**irmão/irmã:** hermano(a)
**irritado(a):** enfadado(a), enojado(a)

**janeiro:** enero
**janela:** ventana
**janta:** cena
**joelho:** rodilla
**jogar fora:** tirar, echar
**jogo:** juego
**jornal:** periódico, diario
**jornalista:** periodista
**jovem:** joven, muchacho(a)
**judicialmente:** en juicio
**julho:** julio
**junho:** junio
**juro:** interés

**lá:** allá, allí
**labor:** labor
**lamentar:** lamentar, deplorar
**lâmpada:** bombilla, lámpara
**lápis de carvão:** carboncillo
**lar:** hogar
**lasca (de madeira):** astilla
**lava-louça:** lavavajillas, lavaplatos
**lavanderia:** lavandería, lavadero
**legenda:** subtítulo; leyenda
**legume:** legumbre
**lei:** ley
**leite:** leche
**leitor(a):** lector(a)
**lenço:** pañuelo
**licença:** permiso
**limão:** limón
**língua:** lengua
**linha:** línea
*link:* enlace
**liquidação:** liquidación, rebaja
**liso:** lacio
**livraria:** librería
**lixeira:** basurero
**localizar(-se):** localizar(se), ubicar(se)
**logo:** enseguida, pronto; luego
**loiro(a):** rubio(a)
**loja:** tienda
**loja de brinquedos:** juguetería
**loja de sapatos:** zapatería
**longa-metragem:** largometraje
**longe:** lejos
**longo(a):** largo(a)
**lousa:** pizarra, pizarrón
**lugar:** sitio, lugar; plaza
**lutar:** luchar
**luva:** guante

**maçã:** manzana
**macarrão:** fideo(s)
**mãe:** madre
**maestro(maestrina):** maestro(a)
**magoado(a):** disgustado(a), apenado(a)
**magro(a):** delgado(a), flaco(a)
**maiô:** bañador, traje de baño
**maio:** mayo
**maior:** mayor; más grande
**mais:** más
**mais velho(a):** mayor
**mala:** maleta, valija
**manchete:** titular
**manhã:** mañana
**manicuro(e):** manicuro(a)
**manteiga:** mantequilla, manteca
**manter:** mantener
**mão:** mano
**máquina caça-níquel:** máquina tragaperra
**máquina de lavar roupa:** lavadora
**março:** marzo
**margem:** margen; orilla
**mas:** pero
**massagem:** masaje
**mato:** maleza
**matrícula:** matrícula
**mau humor:** malhumor
**mau/má:** malo(a)
**média:** media
**médico(a):** médico(a), doctor(a)
**medo:** miedo, temor
**medroso(a):** miedoso(a)
**meia (roupa):** calcetín, media
**meio(a):** medio(a)
**melancia:** sandía
**melhor:** mejor
**melhorar:** mejorar
**mendigo:** mendigo, pordiosero
**menino(a):** niño(a), chico(a), chaval(a)
**mergulho:** buceo
**mesmo que:** aunque
**mesquinho(a):** tacaño(a), mezquino(a)
**mestiçagem:** mestizaje
**mestre(a):** maestro(a)
**metade:** mitad
**metrô:** metro, subte
**milho:** maíz, choclo
**mobiliar:** amueblar, amoblar
**molde:** molde
**moletom:** chándal
**molhado(a):** mojado(a)
**molho:** salsa
**monitorar:** monitorizar
**montanhismo:** montañismo
**montar:** montar, armar
**moradia:** vivienda, morada
**morador(a):** habitante, vecino(a)
**morar:** vivir

**moto:** moto, motocicleta
**motorista:** conductor(a)
*mouse* (de computador): ratón
**móvel:** mueble; móvil
**mudar(-se):** cambiar(se); mudar(se)
**muito (adverbio):** mucho, muy, demasiado
**muito(a) (adjetivo):** mucho(a), demasiado(a)
**mulher:** mujer
**musculação:** musculación

**namorado(a):** novio(a)
**Natal:** Navidad
**nativo da América Hispânica:** criollo(a)
**natureza:** naturaleza
**navio:** navío, buque, nave
**nem:** ni
**neto(a):** nieto(a)
**neve:** nieve
**ninguém:** nadie
**noite:** noche
**noivo(a):** novio(a), prometido(a)
**nome:** nombre
**nomear:** nombrar
**nora:** nuera
**nordeste:** noreste
**nostalgia:** nostalgia
**nostálgico(a):** nostálgico(a)
**noticiário:** noticiario, telediario, noticiero
**novembro:** noviembre
**noz:** nuez
**nublado(a):** nublado(a), nuboso(a)
**nuvem:** nube

**obter:** obtener
**ocasionar:** ocasionar, causar
**óculos:** gafas, anteojos
**óleo:** aceite (de cocina); óleo (de pintura)
**olho:** ojo
**ônibus:** autobús, ómnibus, colectivo
**onipresente:** omnipresente, ubicuo
**orelha:** oreja
**órgão:** órgano
**orgulhoso(a):** orgulloso(a)
**orla:** orilla
**ouro:** oro
**outono:** otoño
**outubro:** octubre
**ovo:** huevo

**pacote:** paquete
**padeiro(a):** panadero(a)
**padre:** padre
**pai:** padre

# GLOSARIO

**paixão:** pasión
**paletó:** chaqueta
**pandeiro:** pandero, pandereta
**panela:** olla
**pão:** pan
**papelaria:** papelería
**parapente:** parapente
**passageiro(a):** pasajero(a)
**passar:** pasar
**passar roupa:** planchar
**patinação:** patinaje
**pau:** palo
**pé:** pie
**pechincha:** ganga
**pedaço:** pedazo, trozo
**pedágio:** peaje
**pedestre:** peatón(ona)
**pedido:** pedido, petición
**pedir:** pedir, rogar
**pedreiro(a):** albañil(a)
**pegar:** coger, agarrar
**peito:** pecho
**peixaria:** pescadería
**peixe (alimento):** pescado
**pele:** piel
**pena:** pluma
**penalizar:** penalizar, sancionar
**pendente:** pendiente
**pendurar:** colgar
**pentear(-se):** peinar(se)
**percorrer:** recorrer
**percussão:** percusión
**peregrino(a):** peregrinante, peregrino(a)
**periódico(a):** periódico(a)
**permissão:** permiso
**perto:** cerca
**perturbar(-se):** perturbar(se), conmocionar(se)
**pesar:** pesar, sopesar (verbo); pesar, pesadumbre (sust.)
**pesaroso(a):** apesadumbrado(a), pesaroso(a)
**pescoço:** cuello
**pesquisador(a):** investigador(a)
**pessoa:** persona
**petição:** petición
**pia:** pila; lavamanos
**pilha:** pila, batería
**piloto:** piloto; comandante (de avión)
**pinta:** lunar
**piorar:** empeorar
**placa (de automóvel):** matrícula
**planejar:** planificar, planear
**planta:** planta
**plantio:** siembra
**plateia:** platea
**pneu:** neumático, goma
**pneumático:** neumático, goma
**pó:** polvo

**poeira:** polvo, polvareda
**pois:** pues
**polícia:** policía
**poltrona:** sillón; butaca (de cine, teatro, etc.)
**poluição:** contaminación, polución
**população:** población
**pôr:** poner, colocar
**por acaso:** por/de casualidad
**porão (de navio):** bodega
**porta-malas:** maletero, baúl
**possuir:** poseer
**posto de gasolina:** gasolinera, estación de servicio
**poupança:** ahorro
**pousada:** posada; hostal, hostería
**povo:** pueblo, población
**povoado:** pueblo, población, poblado
**praça:** plaza
**praia:** playa
**praticar:** practicar
**preço:** precio, importe
**precoce:** precoz; temprano(a)
**preconceito:** prejuicio
**prédio:** edificio
**preencher:** llenar, rellenar
**prefeitura:** ayuntamiento, alcaldía, municipalidad
**prêmio:** premio, galardón
**prender:** prender; apresar
**presente:** regalo; presente
**preservativo:** condón
**prestar atenção:** fijarse, prestar atención
**presunto:** jamón
**prever:** prever, predecir
**previsão:** previsión, pronóstico, predicción
**professor(a):** profesor(a); maestro(a)
**prognóstico:** pronóstico
**proporcionar:** proporcionar, facilitar
**prova:** prueba; examen
**provérbio:** proverbio, refrán
**provir:** provenir
**pulôver:** jersey, suéter
**puxado (olho):** rasgado, achinado

**quadril:** cadera
**quadro:** cuadro, recuadro
**quadro de funcionários (de empresa):** plantilla
**quarta-feira:** miércoles
**quarto:** habitación, dormitorio, pieza
**quase:** casi
**quebrar:** romper, quebrar
**queijo:** queso
**queixo:** barbilla, mentón
**querer:** querer
**quinta-feira:** jueves
**quiosque:** kiosco
**quitanda:** verdulería

**raça:** raza
**raiva:** rabia
**rajada:** racha, ráfaga
**rapel:** rapel
**raro(a):** raro(a), escaso(a)
**rato:** ratón, laucha
**reagir:** reaccionar
**receber:** recibir; albergar
**recusar:** recusar, rechazar
**recolher:** recoger
**reconhecer:** reconocer
**rasgar:** rasgar, romper
**realizar(-se):** realizar(se), llevar(se) a cabo
**recorte:** recorte
**rede:** red; cadena
**rede de balanço:** hamaca
**refeição:** comida
**refrão:** estribillo; refrán
**refrear:** frenar, enfrenar
**refrigerante:** refresco, gaseosa
**rei/rainha:** rey/reina
**rejeitar:** rechazar
**relatar:** reportar
**relógio:** reloj
**remanescente:** remanente
**repórter:** reportero(a)
**representar:** representar, figurar, reportar
**residência:** residencia
**responder:** responder, contestar
**risco:** riesgo
**rocha:** roca
**rochoso(a):** rocoso(a)
**rogar:** rogar
**roteiro:** guion, pauta
**roupão:** bata, albornoz
**rua:** calle
**ruivo(a):** pelirrojo(a)

**saber:** saber, enterarse
**sacada:** balcón
**saciado(a):** saciado(a)
**saia:** falda, pollera
**sair:** salir
**sala:** salón
**salão:** salón
**salão de beleza:** peluquería
**salário:** salario, sueldo
**salsa (ritmo musical):** salsa
**sanfona:** acordeón
**são/sã:** sano(a), saludable
**sapataria:** zapatería
**sapato:** zapato
**sapato de salto:** (zapato de) tacón
**sardento(a):** pecoso(a)
**satisfeito(a):** satisfecho(a); saciado(a)
**saudação:** saludo

355

# GLOSARIO

**saudável:** saludable, sano(a)
**saúde:** salud
**saxofone:** saxofón
**século:** siglo
**seguir:** seguir
**según:** segundo
**segundo(a):** segundo(a)
**segunda-feira:** lunes
**segurança:** seguridad
**sem:** sin
**sensatez:** sensatez
**sensato(a):** sensato(a), cuerdo(a)
**sequer:** siquiera
**seringa:** jeringa
**setembro:** septiembre
**sexta-feira:** viernes
*shopping center:* centro comercial
**simples:** simple, sencillo(a)
**sinal:** señal
*site:* sitio
**situar(-se):** ubicar(se)
**soar:** sonar
**sob:** bajo; debajo de
**sobrancelha:** ceja
**sobre:** sobre
**sobrenome:** apellido
**sobretudo:** abrigo, sobretodo; sobre todo
**sobrevir:** sobrevenir
**sobrinho(a):** sobrino(a)
**sofá:** sofá
**sogro(a):** suegro(a)
**solo:** suelo
**som:** sonido
**somar:** sumar
**somente:** solamente, solo,
**sopro:** soplo, aliento
**sorvete:** helado
**sorveteria:** heladería
**sótão:** desván, buhardilla, altillo
**sozinho(a):** solo(a)
**subir:** subir, ascender
**submarino:** submarino
**subtítulo:** subtítulo
**suceder:** suceder
**suco:** jugo, zumo
**sujo(a):** sucio(a)
**sul:** sur
**sunga:** bañador, traje de baño
**supermercado:** supermercado, mercado, súper
**supor:** suponer
**surdo(a):** sordo(a)
**surpresa:** sorpresa
**surpreso(a):** sorprendido(a)
**sustentável:** sostenible, sustentable
**sutiã:** sujetador, sostén, corpiño

**tabla:** tabela
**tábua de passar roupa:** tabla de planchar
**talher(es):** cubierto(s)
**tamanho:** tamaño, talla
**também:** también; asimismo
**tanger:** tañer, tocar
**tanque de lavar roupa:** lavadero
**tarefa:** tarea
**taxa:** tasa
**teimoso(a):** terco(a), testarudo(a)
**tela de pintura:** lienzo, tela
**tela de projeção:** pantalla
**telefonar:** telefonear, llamar
**televisão:** televisión, tele
**telhado:** tejado
**temeroso(a):** temeroso(a), receloso(a)
**temor:** temor, recelo
**tenda:** tienda
**tendo em vista:** con miras a
**tênis:** zapatilla(s)(calzado); tenis (deporte)
**tenro(a):** tierno(a)
**tentar:** intentar
**ter:** tener
**terça-feira:** martes
**termo:** término
**terno:** traje
**terno(a):** tierno(a)
**ternura:** ternura
**térreo:** planta baja
**testa:** frente
**tijolo:** ladrillo
**timão:** timón
**timbre:** membrete, sello
**tingir:** teñir
**tio(a):** tío(a)
**tirar:** quitar(se), sacar(se)
**tirinha:** tira cómica, historieta
**tocar:** tocar, tañer; sonar
**tomar:** tomar
**tornar(-se):** convertir(se), transformar(se), volver(se)
**torneira:** grifo, canilla
**tornozelo:** tobillo
**torta doce:** tarta
**torta salgada:** torta
**toxicômano(a):** toxicómano(a)
**trabalho:** trabajo, tarea, labor, curro
**tradutor(a):** traductor(a)
**tráfico:** tráfico
**traje:** traje
**trajeto:** trayecto, recorrido
**tranquilo(a):** tranquilo(a)
**trânsito:** tránsito, tráfico
**trazer:** traer
**treinamento:** entrenamiento
**triste:** triste
**trilha:** sendero (camino); senderismo (deporte)
**trilha sonora:** banda sonora

**trocar(-se):** cambiar(se)
**trompete:** trompeta
**trovão:** trueno
**turnê:** gira
**TV:** tele

**um(a):** un(o/a)
**umbigo:** ombligo

**vacina:** vacuna
**vaga:** plaza
**valor:** valor, importe
**vantagem:** ventaja
**varal:** tendedero
**varão:** varón
**varredor(a):** barrendero(a)
**varrer:** barrer
**vasilhame:** casco; envase
**vaso:** florero; maceta
**vaso sanitário:** inodoro, retrete
**vassoura:** escoba
**velho(a):** viejo(a)
**vendedor(a):** vendedor(a), dependiente(a)
**verão:** verano
**vergonha:** vergüenza
**vermelho(a):** rojo(a), colorado(a)
**verniz:** barniz
**viajante:** viajero(a)
**viciar(-se):** viciar(se), enganchar(se)
**vício:** vicio, adicción
*videogame:* videojuego
**vidro:** vidrio, cristal
**vingar(-se):** vengar(se), desquitar(se)
**vinho:** vino
**violão:** guitarra
**violino:** violín
**vir:** venir
**visto:** visa, visado
**vitrine:** vitrina, escaparate, vidriera
**vitrinista:** escaparatista
**viver:** vivir
**vizinho(a):** vecino(a)
**voleibol:** voleibol, balonvolea
**voltar:** volver, regresar
**vulcão:** volcán

**zangado(a):** enojado(a), enfadado(a), disgustado(a)

356